核心课程规划教材

工程经济学

刘贵文 主 编

王雪青 田 琼 梁学栋 向鹏成 副主编

重庆大学出版社

内 容 提 要

本书为"MEM核心课程规划教材"、全国工程管理专业学位研究生教育指导委员会推荐教材,是依据《工程管理硕士(MEM)研究生核心课程指南》编写的规划教材。本书系统、全面地介绍了工程经济学的理论基础、方法与实务。主要内容包括:资金时间价值与等值计算、现金流及其构成、评价指标与方案评价、不确定性与风险分析、价值工程、技术创新及理论和方法创新、项目决策与建议书、项目可行性研究、工程项目融资、社会评价、环境评价、项目后评价等内容。

本书以实践应用为导向,强调理论与实践有机结合,力求知识完整系统、说明简明扼要、案例典型实用。本书适宜用作高等院校工程管理硕士的"工程经济学"课程教材,也可作为高等院校通识课程"工程经济学"的教材,同时还可作为研究生、工程技术和管理人员的参考书。

图书在版编目(CIP)数据

工程经济学/刘贵文主编. --重庆:重庆大学出版社,2023.9
全国工程管理专业学位研究生教育核心课程规划教材
ISBN 978-7-5689-3980-5

Ⅰ.①工… Ⅱ.①刘… Ⅲ.①工程经济学 Ⅳ.①F062.4

中国国家版本馆 CIP 数据核字(2023)第 181746 号

工程经济学

主　编　刘贵文
副主编　王雪青　田　琼　梁学栋　向鹏成
责任编辑:马　宁　龙沛瑶　　　版式设计:龙沛瑶
责任校对:刘志刚　　　　　　责任印制:张　策

*

重庆大学出版社出版发行
出版人:陈晓阳
社址:重庆市沙坪坝区大学城西路 21 号
邮编:401331
电话:(023) 88617190　88617185(中小学)
传真:(023) 88617186　88617166
网址:http://www.cqup.com.cn
邮箱:fxk@cqup.com.cn(营销中心)
全国新华书店经销
重庆正光印务股份有限公司印刷

*

开本:787 mm×1 092 mm　1/16　印张:21.5　字数:553 千
2023 年 9 月第 1 版　　2023 年 9 月第 1 次印刷
印数:1—3 000
ISBN 978-7-5689-3980-5　定价:69.00 元

工程管理硕士(Master of Engineering Management, MEM)是经中国工程院多次建议,经严密论证,于2010年批准新设立的专业学位类别。MEM 培养重大工程建设项目实施中的管理者,重要复杂新产品、设备、装备在开发、制造、生产、运维过程中的管理者,技术创新与改造、企业转型转轨以及与国际接轨中的管理者,以及产业、工程和科技的重要布局与发展战略的研究与管理者等工程管理人才。2011年3月18日,国务院学位委员会、教育部、人力资源和社会保障部在京联合召开了全国工程管理等29个专业学位研究生教育指导委员会成立会议。

2018年,按照国务院学位委员会办公室统一部署,全国工程管理专业学位研究生教育指导委员会(以下简称工程管理教指委)确定了《工程管理导论》《工程经济学》《系统工程》《定量分析:模型与方法》《质量与可靠性管理》《工程信息管理》6门 MEM 核心课,研究起草了核心课程大纲,并由国务院学位办统一发布。

2019年4月,工程管理教指委正式启动6门核心课程的教材编写工作,组建了核心课程系列教材编写委员会,由时任(第二届)副主任委员叶金福教授担任编委会主任,时任秘书长郑力教授担任副主任,十多位第二届工程管理教指委委员主动担任教材主编、副主编工作,并牵头组建了各门课程的编写小组。核心教材的出版工作得到了清华大学出版社和重庆大学出版社的大力支持。

根据工程管理教指委和教材编委会的统一规划设计,核心教材的编写充分考虑 MEM 培养要求,体现专业学位教育特点,根据发布的核心课程大纲选择知识点内容,精心设计编写方式,采用问题导向的思路,以工程管理实际问题引出各章节的知识点内容,并在各章节后提供了思考题目。

2020年新冠疫情期间,工程管理教指委克服困难,利用线下和线上工作方式,对教材草稿进行了初审、复审等工作,邀请全国多位工程管理重点培养院校有丰富教学经验的专家就教材知识框架、知识点和写作质量等内容给出详细意见和建议,秘书处逐一反馈至教材主编。教材编写小组在主编组织下开展了认真细致的修改工作。

在工程管理教指委和教材编委会统一指导下,经过众多专家们创造性的辛苦劳动,这套系列教材才得以出版。这套教材不仅适用于 MEM 人才培养,也适用于从事工程管理实际工作的广大专业人员深入学习工程管理核心知识。下一步,工程管理教指委(目前为第三届)将围绕本系列教材,开展6门对应核心课程的师资培训和交流工作,征集相应的精品配套资料(PPT、教学视频、延伸学习材料、精品案例等),全面提高课程质量,服务我国 MEM 高质量人才培养的教育目标。

因作者水平所限,时间仓促,加之工程管理发展迅速,故教材中不妥之处在所难免,欢迎广大读者批评指正,以便再版时修改、完善。

郑　力

2023 年 4 月于清华大学

工程经济学(Engineering Economics)是工程与经济的交叉学科,是研究工程技术实践活动经济效果的学科。即以工程项目为主体,以技术经济系统为核心,研究如何有效利用资源,提高经济效益的学科。工程经济学研究各种工程技术方案的经济效益,研究各种技术在使用过程中如何以最小的投入获得预期产出或者说如何以等量的投入获得最大产出;如何用最低的寿命周期成本实现产品、作业以及服务的必要功能。

工程经济学是根据现代科学技术和社会经济发展的需要,各学科相互渗透,相互促进,相互交叉,逐渐形成和发展起来的。其核心内容是一套工程经济分析的思想和方法,是人类提高工程经济活动效率的基本工具。工程经济学作为工程管理硕士研究生培养的核心课程之一,其设置是为了培养工程管理硕士研究生掌握现代工程经济基础理论,综合应用工程经济分析方法,解决工程经济学实践问题的系统性思维能力。

本书为全国工程管理专业学位研究生教育指导委员会指定的工程管理硕士(MEM)核心课程规划教材之一。本书紧紧围绕新时代我国工程管理硕士研究生培养对工程经济学教学的需求,系统全面地介绍工程经济学的基础理论、方法与实务。本书强调理论与实践有机结合,基础理论简明扼要,实务案例典型实用,反映当下工程经济学研究的热点问题,体现明显的时代特色。本书每章都给出教学内容、重点与难点和知识框架,帮助读者理清思路;每章通过导入案例引入主题,增强其可读性。本书的主要对象是工程管理硕士研究生,同时也兼顾本科生、其他专业研究生、工程技术和管理人员的需求。

本书共两编,13章。上编为基础理论,由7章构成。第1章为概论,第2章为资金时间价值与等值计算;第3章为工程经济要素与估算方法;第4章为工程经济效果评价指标与工程方案评价;第5章为不确定性与风险分析;第6章为价值工程;第7章为技术创新。下编为方法与实务,由6章构成。第8章为项目决策与项目建议书;第9章为项目可行性研究;第10章为工程项目融资;第11章为社会评价;第12章为环境评价;第13章为项目后评价。

本书由刘贵文担任主编,王雪青、田琼、梁学栋、向鹏成担任副主编。全书共分13章。具体编写分工如下:重庆大学刘贵文教授和向鹏成教授负责第1章、第6章、第8章、第11章的编写,东南大学夏妮妮副教授负责第2章、第13章的编写,北京航空航天大学田琼教授和王玉灵副教授负责第 3 章、第 5 章、第 7 章的编写,四川大学梁学栋教授负责第 4 章、第 12 章的编写,天津大学孙慧教授和王雪青教授负责第 9 章、第 10 章的编写。全书由刘贵文教授拟定大纲和总纂定稿。

  在编写本书的过程中,我们参阅了众多国内外专家学者的相关著作、论文和国内外同行的观点及其研究成果,在此对他们的支持、贡献表示衷心的感谢,并向对本书出版付出了艰辛劳动的全国工程管理专业学位研究生教育指导委员会秘书处和重庆大学出版社表示诚挚的谢意。由于作者水平有限,书中疏漏与不当之处在所难免,敬请专家和广大读者批评 指正。

编者　于重庆大学

2023 年 4 月

目录

CONTENTS

上　编

基础理论

第1章

概　论

教学内容、重点与难点

教学内容：了解工程、技术、经济三者的关系，明确工程经济学的研究对象。重点掌握工程经济学的研究内容与研究程序，运用工程经济学解决实际工程的经济问题。

教学重点：了解工程经济学的产生及其历史发展，并掌握工程经济分析的研究方法与研究目的，清晰认识工程经济分析的重要地位。

教学难点：理解工程经济学的概念与研究对象，掌握从工程项目投资全过程角度出发进行工程经济分析。

知识框架

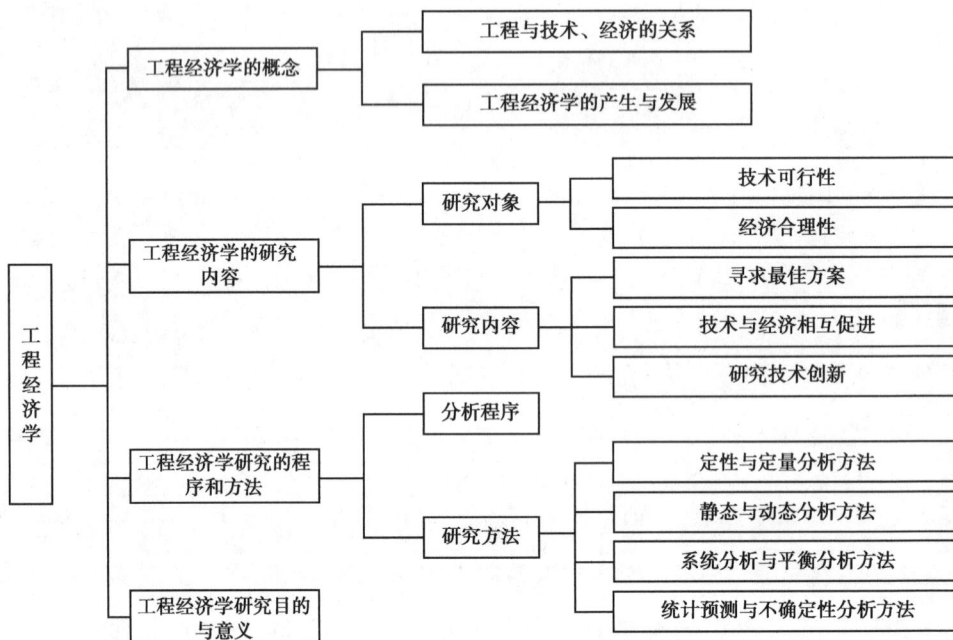

导入案例

渝西高铁项目建设中的工程经济学分析①

渝西高速铁路是国家《中长期铁路网规划》"八纵八横"高铁通道中包（银）海通道、京昆通道的重要组成部分，也是《"十三五"现代综合交通运输体系发展规划》十条纵向综合运输通道包头至防城港的一部分。规划设计过程中有多条线路可供选择，不同线路方案对应的项目建设投资和后期的运营收益水平各不相同。由于高铁项目具有长期性、不可撤销性和投资额较大的特性，项目前期的合理测算和分析具有重要意义，特别是对项目的经济分析必不可少。因此，在项目可行性研究和方案比选的过程中，需要引入工程经济分析的基础理论知识和方法，进行科学的经济分析，为渝西高铁的方案比选提供有效支撑。对高速铁路建设项目各阶段进行经济分析的步骤如下：

其一，投资决策阶段。对建设项目进行投资决策是选择和决定投资行动方案的过程，是对拟建项目的必要性和可行性进行技术经济论证，也是对不同建设方案进行技术、经济比较选择及做出判断和决定的过程。铁路工程项目投资决策正确与否，将直接关系到铁路项目建设的成败，正确的投资决策是合理确定与控制项目造价的前提。在对铁路项目进行投资决策以前，需要对其决策进行可行性研究。可行性研究就是根据审定的项目建议书，对投资项目在技术、工程、经济、社会和外部协作条件等方面的可行性和合理性进行全面的分析论证，做多方案的比选，推荐最佳方案的一个阶段。这就需要深入调查研究，收集大量数据，运用系统工程学原理和经济学原理对研究对象进行技术与经济两个方面的综合预测与论证评价。

其二，设计阶段。在铁路项目设计阶段需要对设计方案进行优选，也就是从若干设计方案中选出最佳方案的过程。设计方案在选择时，要综合考虑各方面因素，对方案进行全方位的技术分析和比较，选择功能完善、技术先进、经济合理的设计方案。同时，也需要对设计方案进行经济评价，经济评价的必要性表现在以下几个方面：①设计方案必须要处理好经济合理性与技术先进性之间的关系。②设计方案必须兼顾建设与使用，考虑项目全寿命费用。③设计方案必须兼顾近期与远期的要求。

其三，投标报价阶段。在采用合理低价中标的工程投标过程中，投标报价是整个过程的核心，报价过高并不一定意味着高利润，过高的报价会导致企业不能中标；而报价过低，则可能因为低于"合理低价"而废标，或者即使中标，也可能会给企业带来亏本的风险。所以，针对工程的实际情况，算出工程成本是敲定最终报价的关键。要想保证预测工程成本的准确性，必须做好充分的报价准备。

其四，施工阶段。铁路工程项目在施工阶段需要进行的一项重要管理工作就是施工组织设计，施工组织设计是对工程施工活动实行科学管理的重要手段，它编制得成功与否将直接影响工程经济组织管理的效果。对施工组织设计进行技术、经济分析的目的就是论证所编制的施工组织设计在技术上是否可行、在经济上是否合理，从而选择满意的方案。

---

① 资料来源：百度百科。

其五,运营阶段。铁路工程项目在投入运营后,项目的相关设备维护、更新也需要工程经济分析。设备更新同技术方案选择一样,应遵循有关技术政策,进行技术论证和经济分析,从而做出最佳的选择。

上例即是在日常经济生活中常遇到的典型工程经济学问题,在完成了对本书的学习以后,能够对上述案例所述情况有较为直观的认识。

1.1 工程经济学及其研究对象

1.1.1 工程、技术、经济及其关系

1)工程

工程是人们综合运用科学的理论和技术的手段去改造客观世界的具体实践活动以及它所取得的实际成果。在长期的生产和实践中,人们根据数学、物理、化学、生物等自然科学和经济、地理等社会科学的理论,应用各种技术手段,去研究、开发、设计、制造产品或解决工艺和使用等方面的问题,逐渐形成了门类繁多的专业工程,如土木工程、机械工程、交通工程、水利工程等。

一项工程要为人们所接受,必须具备两个条件:一是技术上的可行性;二是经济上的合理性。在技术上无法实现的项目是不可能存在的,但一项工程只讲技术上的可行性而忽略经济上的合理性,这同样是不能被接受的。技术的可行性与它的经济合理性是一致的,凡是先进可行的技术一般来说具有较高的经济效果。因此为了工程项目更好地服务经济,最大限度地满足社会需要,就必须研究、寻找技术与经济的最佳结合点,在具体目标和条件下,获得投入产出的最大效益。

2)技术

工程建设活动离不开技术,一般认为,技术是人类在利用自然和改造自然的过程中积累起来的、在生产劳动中体现出来的经验和知识以及操作技巧的科学总结,是人类改造自然的手段和方法。技术是在生产和生活领域中,运用各种科学所揭示的客观规律,进行各种生产和非生产活动的技能,以及根据科学原理改造自然的一切方法,如电工技术、木工技术、焊工技术等。

人们往往把科学与技术视为一体,严格来讲,科学是人们对客观规律的认识和总结,而技术是人类改造自然的手段和方法,是应用各种科学所揭示的客观规律进行各种产品开发、设计和制造所采用的方法、措施、技巧等水平的总称。

要进行工程活动,必须依赖于技术,但并非先进的技术都能生产出市场需要而又价廉物美的产品。因此,工程技术的应用必须结合经济因素的分析,也就是说,必须符合工程经济的基本原则:技术上先进,经济上合理。

3)经济

经济一词在我国古汉语中有"经邦济世""经世济民"的含义,是治理国家、拯救庶民的意思,与现在所用的"经济"含义完全不同。目前人们对经济的理解多种多样,概括起来有以下四种含义:①生产关系,如经济制度、经济基础;②国民经济的总称及其各种部门,如工

业经济、农业经济;③社会的物质生产和再生产过程,如经济效益、经济规模;④节约、节省的意思,如某工程比较经济、某产品经济实惠。

①、②点属于宏观经济的范畴,③、④点主要属于微观经济的范畴。本书涉及的经济概念既有宏观含义又有微观含义,但更多的是指微观方面。

4)工程与技术、经济的关系

在工程活动中,常常要面临两个彼此相关且至关重要的要素,一个是技术,另一个是经济。图 1-1 说明了技术、工程活动以及经济三者之间的关系。其中,技术具有强烈的应用性和明显的经济目的性,没有应用价值和经济效益的技术是没有生命力的;而经济的发展必须依赖于一定的技术手段,世界上不存在没有技术基础的经济发展。同样,任何技术的产生与应用都需要经济的支持,受到经济的制约。纵观世界各国,凡是科技领先的国家和产品超群的企业,无一不是对研究与开发高投入的国家和企业;但同时,技术的突破将会对经济产生巨大的推动作用。在世界层面上,科技革命导致了产业革命,产业革命引起的经济高涨又对新技术提出了更高的要求,提供了更多的经济支持,从而引发了新一轮的技术革命。每一轮的技术革命都促进了新兴产业的形成和发展,世界的经济就在这种周而复始的运动中繁荣与发展。

由此可见,技术与经济之间存在着相互依赖、互相影响、互相制约的关系,其中工程活动将技术与经济的这种特性紧密地联系在一起。

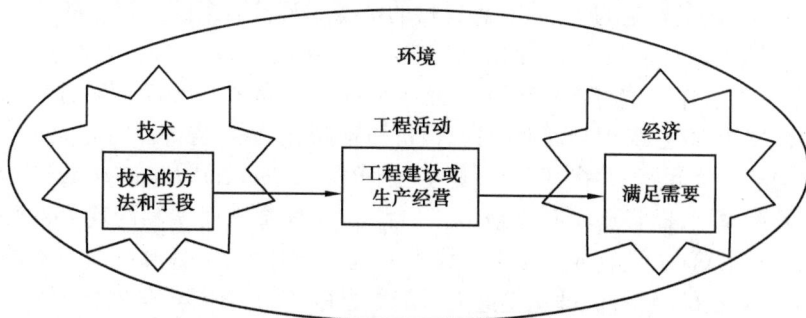

图 1-1　技术与工程活动、经济的关系示意图

资料来源:张仕廉.建设工程经济学[M].北京:科学出版社,2014.

1.1.2　工程经济学

随着科学技术的快速发展,在资源有限的情况下可以采用多样化的技术方法和手段,实现多种需求。因此,多样化技术方案的经济效果对比分析问题越发突出和复杂。工程经济学(Engineering Economics)正是研究工程活动中技术经济效果的学科,即以工程项目为主体,以技术经济系统为核心,研究如何有效利用资源,提高经济效果的科学。

工程经济学是一门介于自然科学和社会科学之间的边缘学科或交叉学科,在性质上仍属于经济科学。工程经济学的研究领域是技术、经济、社会、生态的交叉、渗透与综合,其核心内容是一套工程经济分析的思想和方法,是人类提高工程经济活动效率的基本工具。

1.1.3　工程经济学的产生与发展

工程经济学是根据现代科学技术和社会经济发展的需要,在自然科学和社会科学的发展过程中,各学科互相渗透、互相促进、互相交叉,逐渐形成和发展起来的。

工程实践活动的经济效果分析,在我国可追溯到古代。战国时,李冰父子设计和修建的都江堰水利工程,巧妙地采用了"鱼嘴"分江、"飞沙堰"排沙、"宝瓶口"引水等技术方案,至今仍被学者们推崇为中国古代讲求工程经济效果的典范;宋真宗时(约公元 1015 年),丁谓主持的皇宫修复工程,由于提出了挖沟渠取泥制砖、引水行船运载、竣工前回填土等综合而经济的施工组织设计方案,缩短了工期,节约了投资,也被誉为讲求工程经济效果的范例。但工程经济学真正形成一门学科却是近 100 多年来的事。

1886 年,亨利·汤(Henry Towne)和亨利·麦克卡尔夫(Henry Metcalfe)在美国机械工程师学会的年会上发表了《作为经济学家的工程师》(*The Engineer as an Economist*)和《车间一定电记账制度》(*The Shop Order System of Accounts*)两篇论文,提出要把对经济问题的关注提高到与技术同等重要的地位,成为"工程经济"思想的先驱[①]。1887 年,美国的土木工程师亚瑟·M. 惠灵顿的著作《铁路布局的经济理论》(*The Economic Theory of Railway Location*),首次将资本化的成本分析方法应用于铁路的最佳长度或路线的曲率选择问题,并提出了工程利息的概念,开创了工程领域中的经济评价工作。在其著作中,他将工程经济学描述为"一门少花钱多办事的艺术"。惠灵顿的精辟见解被后来的工程经济学家所承袭。

1915 年,斯坦福大学教授菲什出版了第一部直接冠以《工程经济学》(*Engineering Economics*)名称的著作。他将投资模型与证券市场联系起来,分析内容包括投资、利率、初始费用与运营费用、商业组织与商业统计、估价与预测、工程报告等。与此同时,戈尔德曼研究了工程结构的投资问题,并在其著作《财务工程学》(*Financial Engineering*)中提出了决定相对价值的复利模型,而且还颇有见地地指出:"有一种奇怪而遗憾的现象,就是许多作者在他们的工程学书籍中,没有或很少考虑成本问题。实际上,工程师的最基本的责任,是分析成本,以达到真正的经济性,即赢得最大可能数量的货币,获得最佳财务效益。"

1930 年,格兰特出版的《工程经济原理》(*Principles of Engineering Economy*)一书,使工程经济学真正成为一门系统化学科,从而奠定了经典工程经济学的基础。他指出了古典工程经济的局限性,并以复利计算为基础,讨论了判别因子和短期投资评价的重要性,以及与资本长期投资的一般比较,首创了工程经济的评价理论和原则。格兰特的许多贡献获得了社会承认,故被誉为工程经济学之父。

20 世纪 50 年代之后,数学和计算技术迅速发展,运筹学、概率论、数理统计等方法以及系统工程、计量经济学、最优化技术在生产建设领域大量应用,促使工程经济学在风险投资、决策敏感性分析、市场不确定性因素分析以及非经济因素的研究等方面获得了长足的发展。主要代表人物是德加莫教授,他偏重于研究工程企业的经济决策分析,他的《工程经济》(1968 年)一书以投资形态和决策方案的比较研究,开辟了工程经济学对经济计划和公用事业的应用研究途径;卡纳达教授的理论重视外在经济因素和风险性投资分析,代表作为《工

---

① SMITH M R. Military Enterprise and Technological Change:Perspectives on the American Experience[M]. Cambridge, MA,USA:MIT Press,1985.

程经济学》(1980年);塔奎因教授等人的理论则强调投资方案的选择与比较,他们提出的各种经济评价原则(如利润、成本与服务年限的评价原则,盈亏平衡原则和债务报酬率分析等)成为美国工程经济学教材中的主要理论;J. L. 里格斯教授(曾任世界生产力科学联合会主席)1977年出版的《工程经济学》,系统阐述了工程经济学的内容。

我国工程经济方面的研究始于20世纪50年代,在计划工作和基本建设等领域主要通过借鉴和学习苏联的方法,在实践中积累了大量的资料和经验,对重点投资项目进行经济论证,并作为项目决策的依据。在《1956—1967年科学技术发展远景规划纲要(修正草案)》和《1963—1972年科学技术发展规划纲要》中,工程经济的研究作为独立的学科被列入了规划。但在后来的一段时期里,在我国的经济发展中出现了只重视发展速度、不讲究经济效果的问题,相应地,工程经济学的发展也受到了阻碍,发展停滞不前。直到20世纪80年代,为了适应改革开放的需要,工程经济学才又在我国重获新生,并取得较大的发展。

20世纪80年代初期,国内工程经济分析主要进行财务评价。我国引进大量西方现代经济理论与科学分析的评价方法,例如可行性研究、价值工程、不确定分析、敏感分析等理论方法,极大地完善了项目财务评价,为建设项目方案的比选决策提供科学、可靠的依据,加强了投资项目前期的决策分析。财务评价是站在企业的角度来考察项目自身的财务生存能力,跟踪的是货币流动。国内学者意识到一个投资项目不仅会对企业自身产生具体和直接的影响,而且还会对社会、国家和地区的经济发展产生多方面的影响,因此评价一个项目就不仅要考虑它对企业自身的影响,而且还应考虑它对社会和国家的影响。尤其对许多公共工程项目而言,它们是以宏观经济效益和社会效益为主,单纯采用企业盈利性分析进行财务评价不能反映其实际效益。

20世纪80年代中期,国内工程经济分析开始重视国民经济评价。1987年国家计划委员会出版的《建设项目经济评价方法与参数》(第一版)明确规定:建设项目经济评价包括财务评价和国民经济评价。国民经济评价是按照资源合理配置的原则,从国家整体角度考察项目的效益和费用,用货物影子价格、影子工资、影子汇率和社会折现率等经济参数分析、计算项目对国民经济的净贡献,评价项目的经济合理性。1993年国家计划委员会和建设部组织修订并出版《建设项目经济评价方法与参数》(第二版),其中规定:一个建设项目的经济评价应包括财务评价和国民经济评价两大部分,对于财务评价结论可行而国民经济评价结论不可行的项目,一般应予否定;对于财务评价结论不可行而国民经济评价结论可行的项目,主要是基础性项目和公益性项目,一般给予通过,或重新考虑方案使之具有财务上的生存能力。2006年,国家发展和改革委员会和建设部发布了《建设项目经济评价方法与参数》(第三版),其中规定:建设项目经济评价方法包括总则、财务效益与费用估算、资金来源与融资方案、财务分析、经济费用效益分析、费用效果分析、不确定性分析与风险分析、区域经济与宏观经济影响分析、方案经济比选、改扩建项目与并购项目经济评价的特点、部分行业项目经济评价的特点。目前,第三版的规定是国内使用的权威标准。

20世纪80年代后期,建设项目评价将项目对自然环境的影响纳入考虑。我国是最早实施建设项目环境影响评价制度的发展中国家之一。1979年,第五届全国人大常委会第十一次会议通过了《中华人民共和国环境保护法(试行)》,首次将建设项目进行环境影响评价作为法律制度确立下来。之后陆续制定的《中华人民共和国环境影响评估法》(2003)、《中华人民共和国环境影响评价法》(2018修正)等各项环境保护法律,均含有建设项目环境影响评价的原则规定。通过实施工程项目的环境评价工作,可以推进企业的优化选址和产业合理布局,更重要的是能够帮助企业预防许多由开发建设活动产生的环境污染和生态破坏,以便取得良好的环境保护效果。工程项目建设在促进经济发展、改善基础设施、美化社会、提高人民生活水平的同时,也引发了很多社会问题,如为获得项目经济利益而导致的道德问题,为取得工程建设用地导致的拆迁、补偿、移民、生态破坏等问题。所以,对工程项目建设只进行财务评价、国民经济评价和环境评价已不能满足我国以人为本、全面、协调、可持续的科学发展理念,对工程项目建设进行社会问题分析已刻不容缓。

2002年,国家发展计划委员会办公厅出版的《投资项目可行性研究指南(试用版)》对投资项目的社会评价作了正式明文规定,强调了社会评价在项目可行性研究中的重要性。国务院在2004年发布的《关于投资体制改革的决定》中提到,对投资项目除了进行技术评价、经济评价外,更不能忽视社会评价对项目的影响。从经济与社会协调发展的角度考虑,项目的社会可行性要考虑社会可接受性和与当地社会环境的相互适应性,来维护社会民众利益,避免项目引发的社会危害,促进经济、社会协调发展。"十二五"期间,我国加快经济发展方式的转变,抛弃过去以项目规模为导向的评价体系,创设一套科学、规范、可行的项目社会影响评价指标体系,促使项目社会目标与社会总体发展目标相一致。党的十八大报告首次将经济、政治、生态、社会和文化五大建设并列,这是中国特色社会主义事业"五位一体"的总体布局,更加强调均衡、可持续和以人为本,为工程经济发展指明了方向。

由此可见,工程经济学的发展是趋于可持续发展,对应这个发展的趋势和方向,我国要加快工程经济学的发展,只有充分运用好了工程经济分析这把利器,才能在提高项目经济性的同时兼顾环境保护和社会发展,使经济又好又快、持续稳定地发展。

1.1.4　工程经济学的研究对象

永动机违背了物理学的能量守恒定律,在技术上无法实现。然而,技术可行不一定能够实施,项目实施之前需要深入分析项目的经济效果。一个成功的项目必须涉及两个方面:技术的可行性和经济的合理性。

一方面,随着科学技术的飞速发展,为了保证科技能够很好地服务于社会经济的发展,使有限的资源最大限度地满足社会的需要,就要考虑如何根据资金和资源条件建立可供选择的工程技术方案或项目方案,以及用什么经济指标体系计算这些方案的经济效果,通过比较和评价,从中选出最优方案。另一方面,随着社会经济的不断发展,人类的创新活动增多,创新活动的经济环境和经济结构也日益复杂。如何用客观的经济规律指导创新活动,并充分估计创新活动中的风险和不确定性对创新活动经济效果的影响,则是一个不可回避的现实问题。工程经济学是融合了工程学和经济学各自特点的交叉科学,它运用经济理论和定量分析方法,研究项目方案和经济效益的关系。

经济发展是人类社会发展的主要标志之一,经济的发展依赖于科技进步。以较少的劳动消耗获得较多的劳动成果是人类在物质资料生产过程中摸索出并遵循的一条基本规律。在人类的社会经济形态发生巨大变化的今天,这条规律也符合非物质生产过程。任何科技的采用都必然消耗人力、物力和财力等各类有形资源及无形资源。这些有形和无形资源都是某种意义上的稀缺资源,因为对于人类日益增长的物质生活和文化等非物质生活的需求,再多的资源都是不能完全满足的。另外,同一种资源往往有多种用途,人类对资源的各种需求又有轻重缓急之分。因此,如何把有限的资源合理配置到各种生产经营或服务经营活动(或者说竞争机会)中,是人类生产活动有史以来就存在的问题,是学界和商界必须面对的问题。随着科学技术的飞速发展,为了用有限的资源来满足人类的需求,经济学家绞尽脑汁去探讨怎样最优地统筹安排稀缺资源,充分发挥稀缺资源的功能,以期望实现"人尽其才、物尽其用、货畅其流"。

工程项目的经济分析作为工程项目投资决策中的重要组成部分,需要结合项目的实际建设背景、基本建设情况以及相关经济学参数,运用经济学的分析方法和模型,测算工程项目的各项经济指标,为项目的投资决策提供参考。

工程经济分析的实质是研究项目的不同方案在投资效益上的差别,如投资收益率的差别。其基本思路是将投资最少的方案作为基准与其他方案进行比较,如果追加投资能够获得满意的经济效果,就采用投资较多的方案,否则不应投入更多资金。

可见,工程经济学是一门以投资项目的方案为对象,以如何有效利用项目资源获得满意的经济效果为目的,研究投资方案经济效果评价与比选的学科。它不研究工程技术原理及其应用本身,也不研究影响经济效果的各种因素自身,而是研究这些因素如何影响项目方案的经济性。其具体内容包括项目的资金筹集、经济评价、优化决策,以及风险和不确定性分析等。工程经济学中的工程技术内涵是广义的,它不仅包括劳动者的技能,还包括一些取代这些技能的手段。因此,工程技术是指包括劳动工具、劳动对象等一切劳动的物质手段,以及体现为工艺、方法、程序、信息、经验、技巧和管理的非物质手段。工程技术的使用直接涉及生产或服务经营活动中的投入与产出。所谓投入,是指各种资源(包括机器设备、厂房、基础设施、原材料、能源等物质要素和具有各种知识与技能的劳动力)的消耗或占用;所谓产出,是指各种形式的产品或服务。工程技术属于资源的范畴,但它不同于日益减少的自然资源,是可以重复使用和再生的。但是,在特定的时期内,相对于需求,工程技术在数量和质量上还是稀缺的。

工程经济学研究各种工程技术方案或项目方案的经济效果,即研究实现产品、作业或服务的必要功能所需的最低寿命周期成本。就工业产品来说,寿命周期成本是指从产品的研究、开发、设计开始,经过制造和长期使用,直至被废弃的整个产品寿命周期内所花费的全部费用。对产品的使用者来说,寿命周期成本体现为一次性支付的产品购置费与在整个产品使用期限内支付的经常性费用之和。

1.2　工程经济学的研究内容

工程经济学的研究任务是正确地认识和处理工程和经济之间的关系,寻找工程经济的客观规律,寻找工程和经济之间的最佳平衡和协调关系。

工程经济学的研究内容主要有以下三方面。

1.2.1　研究工程方案的经济效果,寻找具有最佳经济效果的方案

工程方案的经济效果是指工程方案的产出投入比,所谓产出是指工程方案实施后的一切效果,包括可量化的经济产出和不可量化的产品和服务;所谓投入是指各种资源的消耗和占用,任何工程的实施都必须消耗和占用人力、物力和财力,由于资源的有限性,特别是一些自然资源的不可再生性,要求人们有效地利用各种资源,以满足人类社会不断增长的物质生活的需要,工程经济学就是研究在各种工程的实施过程中如何以最小的投入取得最大产出的一门学问,即研究工程的经济效果。投入和产出在工程经济分析中一般被归结为货币量

计算的费用和效益。因此,工程经济学是研究工程应用的费用与效益之间关系的科学。

研究工程的经济效果,既包括工程方案实施前,也包括工程方案实施后。在工程方案实施前,通过各种可能方案的分析、比较、完善,选择出最佳的工程方案,保证决策建立在科学分析之上,实现有限资源的最大化利用,提升国家和企业的竞争力。可行性研究就是在工程方案实施前,在调查研究基础上,通过对工程方案的市场分析、技术分析、经济效益分析,对工程可行性和经济合理性进行综合评价。

研究工程的经济效果,不仅仅应用在投资项目实施前的科学论证上,还广泛应用于产品设计开发中的经济效果比较和分析,应用于设备更新、原料选择、工艺选择等领域。

在工程方案实施后,通过实际调查分析方案实施后的工程经济效果,为工程方案的运行提供优化建议,也为以后决策提供经验借鉴。

1.2.2　研究工程技术和经济相互促进与协调发展

技术和经济是人类社会发展不可缺少的两个方面,技术和经济相互促进、相互制约,工程经济的研究要从这对矛盾关系中寻找一条协调发展的途径,实现经济快速、可持续发展。

技术和经济的关系体现在两方面:一方面发展经济必须依靠技术,技术进步是推动经济发展的强大动力。18世纪末,从英国开始的以蒸汽机的广泛应用为标志的工业革命,使生产效率大大得到提高:到19世纪中叶,科学技术的进步使生产效率提高到手工劳动的108倍,20世纪40年代以来,科学技术迅猛发展导致的社会生产力的巨大进步更是有目共睹。另一方面,技术总是在一定的经济条件下产生和发展的,经济上的需求是技术发展的直接动力,技术的进步要受到经济条件的制约,只有经济发展到一定的水平,技术才有条件广泛应用和进一步发展。

技术和经济相互渗透、相互促进又相互制约,使任何技术的发展和应用不仅是技术问题,也是经济问题。研究技术和经济的关系,探讨如何通过技术进步促进经济发展,在经济发展中推动技术进步,是技术经济学进一步丰富和发展的一个新领域。

技术与经济的协调包含两层含义:第一层,技术选择要视经济实力而行,不能脱离实际;第二层,协调的目的是发展,所以在处理技术和经济关系时,发展是中心问题。以发展为中心,在发展中协调,在协调中发展,是一种动态的协调发展。处理技术与经济的协调发展的核心问题是技术选择问题,从国家层面上要研究在一定的发展阶段内各行业和经济部门的技术政策、技术路线,要明确鼓励什么,限制什么,淘汰什么,技术选择要符合技术发展的趋势,符合我国的国情,符合可持续发展的战略。

1.2.3　研究技术创新,推动技术进步,促进企业发展和国民经济增长

科学技术是第一生产力,技术创新是促进经济增长的根本动力,是技术进步中最活跃的因素,它是生产要素的一种新的组合,是创新者将科学知识与技术发明用于工业化生产,并在市场上实现其价值的一系列活动,是科学技术转化为生产力的实际过程。技术创新的这种特殊地位,决定了它是技术经济学的重要研究对象。

20世纪70年代以来,技术创新已成为世界性的热门研究课题,技术创新包括新产品的生产、新生产技术在生产过程中的应用、开辟原材料的新的供应来源、开辟新市场和实现企业的新组织。技术创新强调的是新的技术成果在商业上的第一次运用,强调的是技术对经

济增长的作用。

所谓经济增长是指在一个国家范围内,年生产的商品和劳务总量的增长,通常用国民收入或者国民生产总值的增长来表示,经济增长可以通过多种方式取得,如增加投入要素、增加投资、增加劳动力等,也可以通过提高劳动生产率、技术进步等来实现经济增长。

这里所说的技术进步并不仅仅指人们通常理解的技术的发展和进步,而是在经济增长中,除资金和劳动力两个投入要素增加以外所有使产出增长的因素,即经济增长中去除资金和劳动力增长外的余值。

学习技术创新的理论就是要树立技术创新意识,掌握技术创新规律和一些基本的实施要领,建立技术创新的机制和环境,推动技术进步,促进企业发展方式的转变和国家经济增长方式的转变。

1.3 工程经济学研究的程序与方法

1.3.1 工程经济学的分析程序

工程经济学的研究工作和其他的科学研究工作一样,也有它自己的研究工作程序,如图1-2 所示。

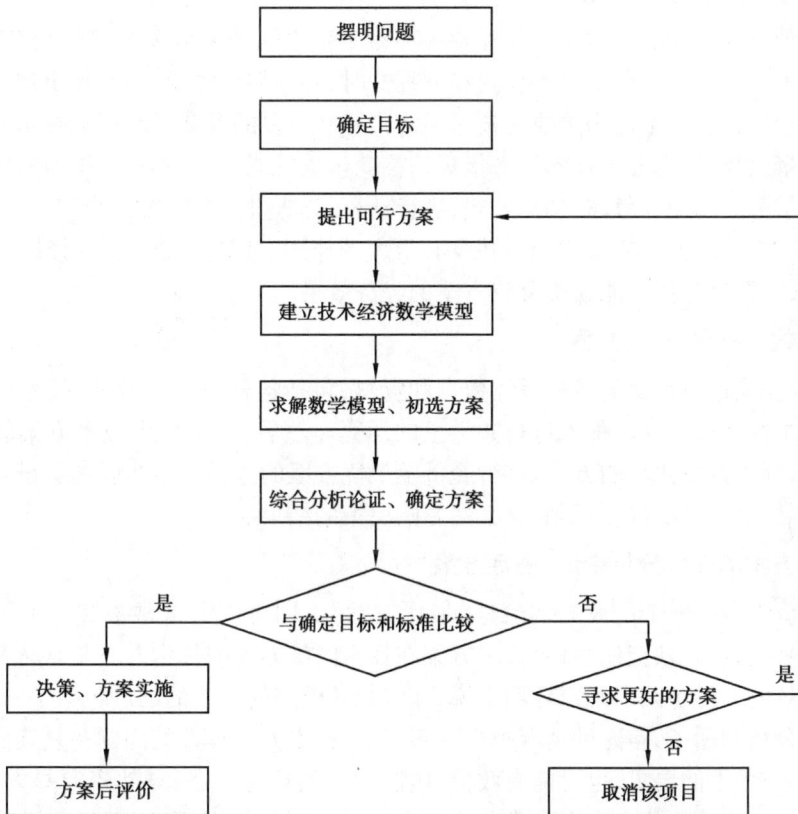

图 1-2 工程经济学的分析程序

资料来源:李伟,陶红霞.工程经济学[M].北京:北京理工大学出版社,2016.

1）摆明问题

工程经济分析的第一步就是通过调查研究寻找社会经济环境中显在和潜在的需求，即全面分析社会经济环境中某一系统的相关情况和有关资料，从中找出需要工程经济学解决的关键问题。这里所指的系统，既可以是建设项目，也可以是技术措施；既可以是宏观的，也可以是微观的。而相关情况和有关资料，则包括历史的、现状的和未来的。

2）确定目标

确定目标，这是建立方案的基础。工程活动的成功与否，取决于系统是否能满足人们的需要。因此，目标要依据分析对象的不同而定。根据第一步所摆明的问题，将问题作全面的合乎逻辑的描述，从而明确项目的目标要求，并确定评价标准和有关参数。

3）提出可行的方案

根据所确定的目标，进行调查研究，重点搜集与之有关的技术、经济、财务、市场、政策法规、社会、环境生态等方面的资料和数据，包括技术性能指标、技术水平与技术参数、投资费用和建设周期等。寻找实现目标的制约因素，在此基础上设计能解决问题、实现目标的各种可行的替代技术方案。分析各种可能的技术方案在技术、经济、社会、环境生态等方面的内部和外部的利弊关系及其影响因素。

4）建立技术经济数学模型

建立各种技术方案的技术经济指标和各种参变量之间的函数关系，列出相应的技术经济公式和方程式。在建立技术经济公式和方程式时，必须根据需要，正确地决定采用什么样的技术经济指标和参变量作为主要的技术经济指标和主要的参变量。因为技术方案的技术经济指标很多，影响技术方案技术经济指标的参变量也可能很多，不可能把所有的技术经济指标和参变量都一一加以考虑，列出公式，进行计算。如这样做，一方面会使工作复杂化，另一方面对于做出技术方案的最优选择并没有很大的作用。因此，要正确选择纳入模型的指标和参变量，既简化计算又能正确反映方案的经济效果。

5）求解数学模型，初选方案

为此，首先应把所需要的各种具体数据和资料，包括各种自然资源的、技术的和经济的指标代入技术经济公式和方程式进行数学上的运算。然后，求得各个技术方案的经济指标的具体数值，利用方案比较的方法，进行经济上最优方案的选择。本步骤的关键是所引入数据的准确可靠，且不可臆造。否则，就必然影响决策的结果。

6）技术方案的综合分析论证，确定方案

工程经济学中的一个巨大的危险是"最优方案"。因为人们常常被数学上可以证明的最优方案所吸引，但必须记住，每个技术方案在技术经济方面的优劣并不是常常都能用公式进行数量计算的。对于某个既定环境来说，如果数学模型的解真的已经包括了一切因素，那么就不需要分析判断了，但这种情况极少。事实上，技术方案涉及的问题是复杂的。它既可能有经济上、技术上的要求，也可能有政治、国防、社会、环境生态、自然资源等方面的考虑，用最优性的概念来评价技术方案常常是不实际的。在这种情况下，工程经济学着眼于对技术方案的影响因素，包括定性的和定量的因素，进行综合分析、论证和评价，以判断各方案能否达到预定的目标。据此确定各方案优先选用的顺序，最后才能选定"最佳"或者"最适"的技术方案。

将最后选出的"最佳"或者"最适"的技术方案与预定目标和标准作比较,符合者就采用,不符合者则需要重新考核项目的可行性,或寻找更好的方案,或对最初建立的一些方案或指标的合理性进行修改和补充,并按以上程序重新分析论证。

7)决策、实施方案

决策就是从若干行动方案中选择实施方案,它对工程活动的效果具有决定性的影响。在决策时,工程经济分析人员应特别注重与决策人员的信息交流,使决策人员充分了解各方案的特点和各方面的效果,这些效果既包括经济效果,也应包括社会效果和环境效果,使决策最大限度地建立在科学研究的基础之上。

在方案实施过程中,除了要加强技术方案实施的组织、控制、监督工作外,还有许多工程经济工作要做。例如,当有些重要指标随着技术和经济的发展发生较大变化的时候,也要再进行工程经济分析工作,使方案的经济效益不断提高。

8)方案后评价

方案后评价是工程经济学分析程序中必要的步骤。它主要是通过技术方案实施后的经济效果进行评价,去发现技术方案实施前后其评价结论的偏差,通过偏差分析去进一步发现那些事前的假设是否真正影响结论,影响到什么程度,结论是否符合实际情况或能否令人满意,针对存在的经济效益缺陷,及时修正。总之,通过方案后评价,有利于检验方案事前评价的水平,针对存在的问题,及时加以解决。同时,方案后评价这一信息反馈,有利于工程经济分析的提高。

必须指出,上面所述的工程经济工作程序是一种常用程序,而不是唯一的程序。根据工程活动问题性质的不同,还可以采用其他的研究方法和工作程序。同时,整个工程经济分析是一个不断深入、不断反馈的动态分析过程。

1.3.2　工程经济学的研究方法

工程经济学是一门自然科学和社会科学密切交融的综合科学,也是一门与生产建设、经济发展有着直接联系的应用性学科,其分析方法主要包括以下方面。

1)定性与定量分析方法

工程经济学对问题的研究从定性出发,通过定量分析,再返回到定性分析。根据项目的目标要求、基本指标的含义分析,通过资料的收集、数据的计算得到一系列指标,通过实际指标与参考指标的对比、不同方案之间的经济指标对比,为工程项目投资决策提供依据。

2)静态与动态分析方法

对项目根据需要进行静态分析和动态分析。静态分析就是在不考虑资金时间价值的前提下对项目经济指标进行计算和考核;动态分析就是在考虑资金时间价值的条件下分析其投入产出,从而计算项目经济效果指标。在确定项目投资机会和筛选时进行静态分析,为了更合理地反映项目投入产出关系则必须采用动态分析方法。

3)系统分析与平衡分析方法

一个工程项目通常由很多子项目组成,每个项目的运行都有自己的生命周期,因此工程经济的分析方法必须全面、系统。虽然工程经济分析的过程需要计算成本收益和费用,但是其目的在于寻求技术与经济的最优平衡点。

4)统计预测与不确定性分析方法

对工程项目进行经济分析时,项目投资、成本、收益等数据只有依靠预测来获得。评价结论的准确性与预测数据的可靠性有着密切关系。统计预测方法包括因果关系分析以及时间序列分析,以此来推算相应的数据指标。由于影响未来的因素众多,许多因素在不断地变化发展,因此还需要对项目的经济指标作不确定性分析。

应该指出,工程经济学的研究必须把上述四种方法结合起来进行综合研究,这种综合研究方法的必要性是由工程经济学本身特点所决定的。

1.4　工程经济学研究的目的与意义

1.4.1　工程经济学研究的目的

从前述工程经济学的研究对象、研究内容可知工程经济学研究的目的有以下几点:

1)为国家制定工程活动的技术政策、技术路线提供依据

因为采用不同的技术政策、技术路线,其带来的效果是大不一样的。只有通过对本国和本地区资源特点和自然、社会、经济、技术等条件进行全面、系统的工程经济学研究,才能保证工程活动中技术政策、技术路线的可靠、可行和经济合理。

2)确保工程项目获得良好的经济效益

项目的工程经济学研究,第一,在项目决策阶段,要确定投资项目是什么、投资多少、什么时候建设、对工程进度有何要求、资金怎样筹措、采用什么技术路线等重大问题;第二,在设计阶段,要确定具体的厂址、产品方案、工艺方案等;第三,在施工阶段,要确定施工组织方案、施工进度安排、材料的选择等;第四,在生产运行阶段,要根据不断变化的内外部条件进行分析,如各种原料配比的确定,各种工艺条件如温度、流量、压力、速度、尺寸、强度的选择等。

总之,工程经济学研究要渗透到项目的决策、设计、施工、运行阶段的不同层次的工程活动工作中去,才能最终保证项目有更好的经济效益。

3)促进科学技术与社会经济协调发展

为了不断地发展科学技术和提高社会生产力,人们需要研究、发展和创造更先进和更新的技术,但是到底需要研究、发展哪些技术,才能符合社会的实际需要,并能收到预期的经济效果,那就需要对科学技术的研究成果进行工程经济学研究。因此,加强建设领域科学技术研究及应用的工程经济分析,才能保证建设科学技术与社会经济高速、协调发展。

4)提高企业经济效益

在企业经营管理中,有大量的工程经济问题,如生产规模问题,新技术、新设备、新工艺、新材料、新能源的应用问题,新产品、新规划、新设计、新措施、新方案的实施问题,机械设备装备和更新的问题,技术改造问题等。因此,工程经济学研究就可为企业经营管理决策提供科学根据,进而保证企业获得良好的经济效益。

综上所述,工程经济学研究的目的归结为一点就是确保技术方案的经济效益,促进科学技术和社会经济可持续地不断向前发展。

1.4.2　工程经济分析的意义

要使应用于工程的技术能够有效地为建设服务,就必须对各种技术方案的经济效益进行计算、分析和评价,这就是工程经济分析。其重要意义体现在以下三个方面。

1)工程经济分析是提高社会资源利用效率的有效途径

任何资源都是有限的,工程师所肩负的一项重大社会和经济责任就是要合理分配和有效利用现有的资源,包括资金、劳动力、原材料、能源等,来满足人类的需要。所以,如何使产品以最低的成本可靠地实现产品的必要功能是工程师必须考虑和解决的问题。而要做出合理分配和有效利用资源的决策,则必须同时考虑技术与经济各方面的因素,进行工程经济分析。

2)工程经济分析是企业生产决策的重要保证

现代社会要求企业的产品具有较高的竞争力,不仅技术上要过硬,价格上也要有吸引力。如果只考虑提高质量,不考虑成本,产品价格过高影响销量。降低成本,增加利润,是工程师的重要任务,也是经济发展对工程师提出的要求。如果工程技术人员不懂经济,不能正确处理技术与经济的关系,就做不到这一点。一名工程师不仅必须精通本行的专业技术,具有较高的技术水平,还要有强烈的经济意识,能够进行经济分析与决策。

3)工程经济分析是降低项目投资风险的可靠保证

决策科学化是工程经济分析方法的重要体现。在工程项目投资前期进行各种技术方案的论证评价,一方面可以在投资前发现问题,并及时采取相应措施;另一方面对于技术经济论证不可行的方案,及时否定,从而避免不必要的损失,使投资风险最小化。如果盲目从事或凭主观意识发号施令,到头来只会造成人力、物力和财力的浪费。只有加强工程经济分析工作,才能降低投资风险,从而使每项投资获得预期收益。

【本章小结】

工程经济学是一门介于自然科学和社会科学之间的边缘学科或交叉学科,在性质上仍属于经济科学。工程经济学的研究领域是技术、经济、社会、生态的交叉、渗透与综合,其核心内容是一套工程经济分析的思想和方法,是人类提高工程经济活动效率的基本工具。

工程经济学源于1887年亚瑟·M.惠灵顿的著作《铁路布局的经济理论》。20世纪50年代数学和计算技术迅速发展,促使工程经济学在风险投资、决策敏感性分析、市场不确定性因素分析以及非经济因素的研究等方面获得了长足的进步。学习工程经济学既是实现投资决策科学化的重要手段,也是连接工程与经济的桥梁和纽带,有助于掌握综合应用工程经济分析方法,培养解决工程经济学实践问题的系统性思维能力。

【习题与思考题】

1. 工程与技术、经济的关系是什么？
2. 简述工程经济学的研究对象。
3. 工程经济学的研究内容主要有哪些？
4. 简述工程经济学的研究程序与研究方法。
5. 工程经济学研究的目的是什么？

第 2 章

资金时间价值与等值计算

教 学 内 容 、重 点 与 难 点

教学内容：资金的时间价值原理是工程经济学的基本理论。所有工程项目的经济分析、方案比选等经济决策行为都必须考虑资金的时间价值。资金的时间价值通常通过利息和利率来度量，不同时间点上的资金可在现金流量图上标识，并通过六个基本换算公式实现资金的等值计算。

教学重点：资金时间价值、利息及利率的概念；单利、复利计算公式；名义利率、有效利率的概念及换算公式；现值、终值和年金的概念；现金流量图的绘制；资金等值换算的基本公式；各类公式系数、系数名称及简记符号。

教学难点：理解并应用各类公式时所计算出的现值、终值或年金对应的时点。

知 识 框 架

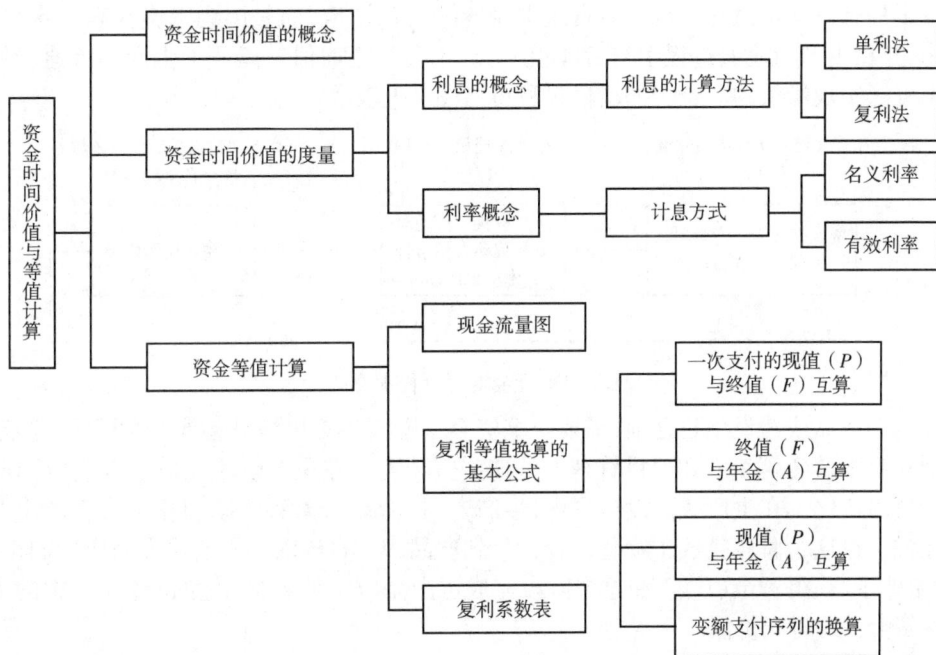

导入案例

考虑了资金时间价值的经济分析方法

某工厂计划购入一批新型生产机器,有 A 和 B 两种设备可供选择。两种设备的寿命期相同,均为 6 年,单个设备的初始投资相同,均为 50 000 元,实现收益的绝对值总额相同,但每年数值不同,见表 2-1。那么这两种设备创造的净收益价值等同吗?

表 2-1　A 和 B 两种设备的现金流表　　　　　　　　　　　　单位:元

设备＼年份	0	1	2	3	4	5	6
A	50 000	20 000	20 000	15 000	10 000	10 000	5 000
B	50 000	5 000	10 000	10 000	15 000	20 000	20 000

工程经济的经济分析与决策不仅要考虑资金量,还需要考虑资金发生的时间点。本章将介绍资金的时间价值和等值计算,将有助于理解上述问题。

2.1　资金时间价值的概念

资金的时间价值是指资金的价值随时间的推移而发生价值的增加,增加的那部分价值就是原有资金的时间价值。比如,将 100 元存入银行,1 年后获得 110 元。这增加的 10 元就是在不考虑其他因素的情况下,原有资金 100 元的时间价值。资金的时间价值表现形式多样。比如,一个农夫在开春的时候没有种子,于是他向邻居借了一斗稻种,秋天收获时,他向邻居还了一斗一升稻谷;邻居多得的一升稻谷就是他原来借出去的一斗稻种的时间价值。

资金具有时间价值并不意味着资金本身能够自动增值,而是因为资金代表一定量的物化产物,并在生产与流通过程中与劳动相结合,才会产生增值。离开了生产和流通领域,资金是不可能实现增值的。资金的增值过程可由图 2-1 表示。

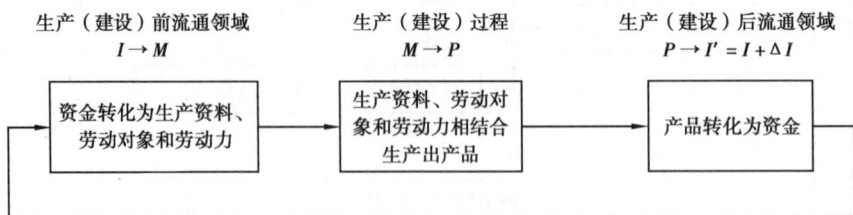

生产（建设）前流通领域 $I \rightarrow M$	生产（建设）过程 $M \rightarrow P$	生产（建设）后流通领域 $P \rightarrow I' = I + \Delta I$
资金转化为生产资料、劳动对象和劳动力	生产资料、劳动对象和劳动力相结合生产出产品	产品转化为资金

图 2-1　资金增值过程示意图

在生产产品或建设项目之前,需要一笔资金来购买施工机械设备等生产资料、建筑材料等劳动对象以及建筑工人和项目管理人员这些劳动力。在这个阶段完成了资金(I)到物化产物(M)的转化。在生产或建设过程中,生产资料、劳动对象和劳动力相结合生产出产品,比如住宅。在这个阶段完成了物化产物(M)到产品(P)的转化。住宅建设完成后向市场销售,卖给业主,获得资金(I')。在这个阶段完成了产品(P)到资金(I')的转化。I'中的 ΔI 就是原有资金 I 的时间价值。

因此,资金只有与劳动结合才有意义。资金的时间价值与通货膨胀不同。通货膨胀是指由于货币发行量超过商品流通实际需要量而引起的货币贬值和物价上涨现象。但是在实际的经济活动中,资金的时间价值和通货膨胀往往是同时存在的,因此,需要同时考虑这个两个方面。

影响资金时间价值的因素有很多,其中主要因素包括:

①资金的增值率。资金的增值率是指一笔资金在单位时间内新增加的价值与这笔资金的比值。资金的增值率是资金时间价值的基本体现,决定资金时间价值的高低。

②资金的使用时间。在单位时间的资金增值率一定的条件下,资金的使用时间越长,资金的时间价值就越大;反之,就越小。

③资金投入和回收的特点。在总投资额一定的情况下,前期投入的资金越多,资金的负效益越大;反之,负效益越小。在资金回收额一定的情况下,距投入期较近时回收的资金越多,资金的时间价值越大;反之,距投入期较远时回收的资金越多,资金的时间价值越小。

④资金的周转速度。资金周转速度越快,在一定时间内等量资金的时间价值越大;反之,就越小。

2.2　资金时间价值的度量

通常采用利息和利率来度量资金时间价值的大小,其中,利息是度量资金时间价值的绝对尺度,而利率是度量资金时间价值的相对尺度。

2.2.1　利息与利率

利息是指货币资金借贷关系中,借方(债务人)支付给贷方(债权人)的超过原借贷金额的部分。在工程经济学中,"利息"广义的含义是指投资所得的利息、利润等,即投资收益。利息一般用符号 I 表示,计算公式如下:

$$I = F - P \tag{2.1}$$

式中　I——利息;

　　　F——还款时的应付总金额(本利和);

　　　P——借款时的借款额(本金)。

在工程经济学中,利息表示占用资金所付出的代价或放弃使用资金所得到的补偿。它常常被看成资金的一种机会成本。这是因为,如果债权人放弃了现有资金的使用权力,也就放弃了现期消费的权力,为此债务人就要为占用资金付出一定的代价。

利率是指单位时间(一个借贷周期)内所得利息额与原借款资金的比例,它反映了资金随时间变化的增值率。在工程经济学中,"利率"广义的含义是指投资所得的利息率、利润率等,即投资收益率。利率一般用符号 i 表示,计算公式如下:

$$i = I_t/P \tag{2.2}$$

式中　i——利率;

　　　I_t——一个借贷周期所获得的利息;

　　　P——借款时的借款额(本金)。

影响资金时间价值的因素有很多,其中主要因素包括:

①社会平均利润率的高低。利率的高低首先取决于社会平均利润率的高低。在其他条

件不变的情况下,社会平均利润率越高,利率就越高。

②金融市场上借贷资本的供求情况。在平均利润率不变的情况下,利率高低取决于金融市场上借贷资本的供求情况。供大于求时,利率就会下降。

③借出资本承担风险的大小。借出资本要承担一定的风险,风险越大,利率可能越高。

④借款时间的长短。贷款期限长,不可预见因素多,风险大,利率相应也就高;反之,利率就低。

⑤其他因素。比如,商品价格水平、社会习惯、国家经济与货币政策等。

利息和利率在工程经济活动中起到重要的作用,体现在以下几个方面。

①利息和利率是以信用方式动员和筹集资金的动力。以信用方式筹集资金有一个特点就是自愿性,而自愿性的动力在于利息和利率。比如一个投资者,他首先要考虑的是投资某一项目所得到的利息是否比把这笔资金投入其他项目所得的利息多。如果多,他就可以在这个项目投资;如果所得的利息达不到其他项目利息水平,他就可能不在这个项目投资。

②利息促进投资者加强经济核算、节约资金使用。投资者借款需付利息,增加支出负担,这就促使投资者必须精打细算,把借入资金用到刀刃上,减少借入资金的占用以减少利息的支付。同时可以使投资者自觉压缩库存限额,减少多环节占压资金的情况。

③利息与利率是金融企业经营发展的重要条件。金融机构作为企业,必须获取利润。由于金融机构的存放款利率不同,其差额成为金融机构业务收入。此款扣除业务费后就是金融机构的利润,能刺激金融企业的经营发展。

④利息和利率是宏观经济管理的重要杠杆。国家在不同的时期制定不同的利息政策,就会对整个国民经济产生影响。

2.2.2 利息的计算方法

利息的计算方法有单利和复利之分。当计息周期在一个以上时,就需要考虑单利和复利的区别。

1)单利法

单利法仅以最初的本金为基数计算利息,已产生的利息不再计息,也就是通常所说的"利不生利"。

单利计息的利息计算公式如下:

$$I = P \times i \times n \tag{2.3}$$

单利计息的本利和计算公式如下:

$$F = P + P \times i \times n = P \times (1 + i \times n) \tag{2.4}$$

式中　P——本金;

　　　i——利率;

　　　n——计息周期数;

　　　F——本利和;

　　　I——利息。

【例2-1】假如第1年初存入1 000元,年利率6%,按单利法计算,第4年末可取多少钱?

【解】按公式(2.4)计算,第4年末的本利和为1 000×(1+6%×4)=1 240元。当然,也可以采用列表的方式逐年计算。从表2-2可以清晰地看到,单利法利息的计算仅考虑本金,不将前期利息计入。

表 2-2　单利法利息计算表　　　　　　　　　　　　　　　　单位:元

年末	存款	年末利息	年末本利和
0	1 000	0	
1		1 000×6%	1 060
2		1 000×6%	1 120
3		1 000×6%	1 180
4		1 000×6%	1 240

即第 4 年末可取 1 240 元。

2）复利法

复利法是以本金和累计利息之和作为下一计息期的基数计算利息的方法。不仅本金逐期计息,而且前期累计的利息,在后一计息期内也计算利息,也就是通常所说的"利滚利"。据此,复利计算公式的推导见表 2-3。

表 2-3　复利计算公式推导过程表

年份(n)	年初本金(P)	年末利息(I)	年末本利和(F)
1	P	Pi	$P+Pi=P(1+i)$
2	$P(1+i)$	$P(1+i)i$	$P(1+i)+P(1+i)i=P(1+i)^2$
…	…	…	…
n	$P(1+i)^{n-1}$	$P(1+i)^{n-1}i$	$P(1+i)^{n-1}+P(1+i)^{n-1}i=P(1+i)^n$

所以,复利计息的本利和公式如下:

$$F = P(1+i)^n \tag{2.5}$$

【例2-2】假如第 1 年初存入 1 000 元,年利率6%,按复利法计算,第 4 年末可取多少钱?

【解】按公式(2.5)计算,第 4 年末的本利和为 1 000×(1+6%)⁴=1 262.48 元。

当然,也可以采用列表的方式逐年计算。从表 2-4 可以清晰地看到,复利法利息的计算不仅考虑本金,还将前期利息计入下一期的计息基数。本章如无特别说明,均采用复利法计息。

表 2-4　复利法利息计算表　　　　　　　　　　　　　　　　单位:元

年末	存款	年末利息	年末本利和
0	1 000	0	
1		1 000×6%	1 060
2		1 060×6%	1 123.6
3		1 123.6×6%	1 191.02
4		1 191.02×6%	1 262.48

即第 4 年末可取 1 262.48 元。

将【例2-2】计算的结果与【例2-1】比较,同一笔存款,在利率、时间相同的情况下,复利法计算所得利息额较单利法大。复利法对资金占用的量和时间更加敏感,更加充分地反映了资金的时间价值,因此工程经济分析中普遍采用复利法计息。我国银行目前对储蓄存款实行级差单利法计息,而对贷款实行级差复利法计息。

2.2.3　计息方式

实际应用中,计息周期并不一定以年为单位,可以是半年、季度、月甚至是日。当实际计息期不以年为单位时,就要计算实际计息期的利率,也就是有效利率。

假设年初借款为 P,年利率为 r,一年中计息 m 次,则实际计息期的利率(有效利率)为:

$$i_{周期} = \frac{r}{m} \tag{2.6}$$

一年后本利和为:

$$F = P \times \left(1 + \frac{r}{m}\right)^m \tag{2.7}$$

年有效利率为:

$$i = \frac{F - P}{P} = \frac{P \times \left(1 + \frac{r}{m}\right)^m - P}{P} = \left(1 + \frac{r}{m}\right)^m - 1 \tag{2.8}$$

根据公式(2.8),当计息期数 $m=1$ 时,名义利率等于有效利率;当 $m>1$ 时,有效利率大于名义利率,且 m 越大,即一年中计算复利的有限次数越多,有效利率相对于名义利率就越高。

年名义利率 $r = 13\%$ 的年有效利率计算见表 2-5。

表 2-5　年名义利率 $r=13\%$ 在不同计息周期数下的有效利率

计息的方式	一年中的计息期数	各期的有效利率	年有效利率
按年	1	13.00%	13.00%
按半年	2	6.50%	13.42%
按季	4	3.25%	13.65%
按月	12	1.08%	13.80%
按日	365	0.04%	13.88%

因此,同样的年利率,由于计息周期数的不同,有效利率不同,本金所产生的利息也不同。因而有名义利率和有效利率之分。

2.3　资金等值的概念及复利等值换算的基本公式

对于资金的时间价值而言,即使金额相同,因其发生在不同时间,其经济价值也不相同。反之,不同时点绝对值不等的资金在时间价值的作用下却可能具有相等的经济价值。这些不同时点、不同数额但其"经济价值等效"的资金称为资金等值。比如,第一年年初将 1 000 元存入银行,年利率 6%,按复利法计算,第四年年末可取 1 262.48 元。这时候虽然 1 000 元和 1 262.48 元的绝对数额是不等的,但是经济价值却是相等的。

由于资金在生产流通的循环中一般会经历一个相当长的时间,工程项目领域尤其如此。因此,一个项目的资金投入和资金回收在时间点上形成一个序列,而资金的时间价值使得不同时点上的资金无法直接比较,必须换算到同一时点上才具有可比性,这种计算的过程称为资金的等值计算。

影响资金等值的因素有三个:资金量、计息周期的长短和利率。其中,利率是关键。在处理资金等值问题时必须以相同的利率进行计算。资金的等值计算通常要用到现金流量图。

2.3.1　现金流量图

如图2-2所示,如果把经济评价对象看成一个系统,现金流出是指流出系统的货币支出或货币等价物(表示为"−"),现金流入是指流入系统的货币收入或货币等价物(表示为"+"),净现金流量是指现金流出和现金流入的代数和。而现金流量是以上现金流的统称。

图2-2　系统的现金流量示意图

图2-3是一个完整的现金流量图,它是一个二维坐标矢量图。横坐标自左向右表示时间的进程:0点表示第一年的年初,1表示第2年的年初。0、1、2和3统称为时点。两个相邻节点之间的间距表示一个计息周期。纵坐标表示现金流:向下为负表示现金流出,向上为正表示现金流入。此外现金流量图还经常会标注一个计息周期的利率,比如这里的利率为13%。

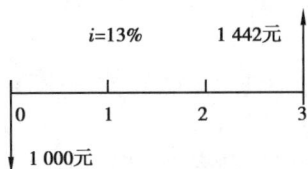

图2-3　现金流量图

现金流量图具有以下特点:
①现金流量图因借贷双方"立脚点"不同,理解不同,如图2-4所示。
②通常规定投资发生在年初,收益和经常性的费用发生在年末。
③箭线的长度基本与现金流量的数值大小成比例。

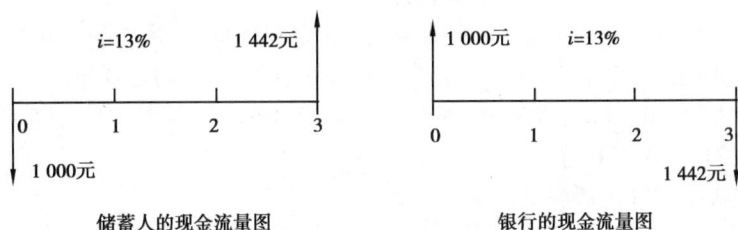

图2-4　借贷双方的现金流量图比较

现金流量图涉及以下相关概念：

①时点与时值——现金流量图上的某一点称为时点；时点上的数值称为时值。

②现值(P,Present value)——一笔资金在某时间序列起点处的价值,即现金流量图零点处的资金值。

③终值(F,Future value)——又称为未来值,指一笔资金在某时间序列终点处的价值。

④折现(贴现)——指将某时点处资金的时值折算为现值的过程。

⑤计息期数(n)——即计息次数,广义指方案的寿命期。

⑥年金(A,Annuity)——指某时间序列中每期都连续发生的数额相等的资金。年金的收款、付款方式有多种。每期期末收款、付款的年金称为后付年金,即普通年金。每期期初收款、付款的年金称为预付年金或即付年金。而距今若干期以后发生的每期期末收款和付款的年金,称为延期年金。

普通年金是最常用的年金形式,本书资金等值计算涉及的年金都是以普通年金为基础的。

2.3.2　复利等值换算的基本公式

工程项目的现金流是复杂多样的,但基本可以将其转化成现值、终值、年金等形式或几种形式的组合。这几种现金流之间的等值换算公式称为等值换算的基本公式。

1)一次支付的现值(P)与终值(F)互算

一次支付又称整付,是指分析系统的现金流量,无论是流入或流出,均在一个时点上发生,如图 2-5 所示。

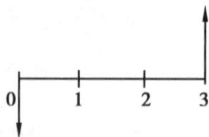

图 2-5　一次支付现金流量图

(1)复利终值公式(已知 P,求 $F=?$)

假设在年初有一笔资金 P,计息期利率为 i,复利计息,则在第一期期末该笔资金的本利和 $F_1 = P \times (1+i)$,第二期期末本利和 $F_2 = P \times (1+i) + P \times (1+i) \times i = P \times (1+i)^2$,依此类推,直至第 n 期期末的本利和 $F = P \times (1+i)^n$。因此,复利终值公式为:

$$F = P \times (1 + i)^n \tag{2.9}$$

公式(2.9)称为一次支付复利终值公式。其中,$(1+i)^n$ 称作一次支付复利系数,通常用符号($F/P,i,n$)表示。则公式(2.9)也可以写成:

$$F = P \times (F/P,i,n) \tag{2.10}$$

【例 2-3】1 000 元存银行 3 年,年利率 10%,按复利计息,三年后的本利和为多少?

【解】按公式(2.9)计算,$F = P \times (1+i)^n = 1\,000 \times (1+10\%)^3 = 1\,331$ 元。

或者按公式(2.10)计算,查复利系数表得($F/P,10\%,3$)= 1.331 0,则 $F = P \times (F/P,i,n) = 1\,000 \times 1.331\,0 = 1\,331$ 元。

因此,三年后的本利和为 1 331 元。

如图 2-6 所示,该例题也可以用 Excel 电子表格进行计算。应用电子表格财务函数公式时,需要特别注意现金流的正负号和返回值的正负号,以及输入现金流和返回值所处的时间点。

	A	B	C	D	E
1	i =	10%			
2	n =	3			
3	P =	-1000			
4	F =	1331			

=FV(B1,B2,0,B3)

图 2-6　例 2-3 电子表格解法

(2)复利现值公式(已知 F,求 P=?)

即将某一时点(非零点)的资金价值换算成资金的现值(零点处的值)。根据公式(2.9),可以求出 P:

$$P=\frac{F}{(1+i)^n} \tag{2.11}$$

公式(2.11)称为一次支付复利现值公式。其中,$\frac{1}{(1+i)^n}$称作一次支付现值系数,通常用符号$(P/F,i,n)$表示,它与一次支付复利终值系数互为倒数。因此,公式(2.11)也可以写成:

$$P=F\times(P/F,i,n) \tag{2.12}$$

【例 2-4】某设备计划在未来 5 年末进行大修,预算为 10 万元,银行年利率 10%,复利计息,那么现在应该存入银行多少维修基金?

【解】按公式(2.11)计算,$P=\frac{F}{(1+i)^n}=\frac{10}{(1+10\%)^5}=6.21$ 万元。

或者按公式(2.12)计算,查复利系数表得$(P/F,10\%,5)=0.620\ 9$,则 $P=F\times(P/F,i,n)100\ 000\times0.620\ 9=62\ 090$ 元=6.21 万元。

该例题用 Excel 电子表格的计算如图 2-7 所示。

因此,现在应该存入银行 6.21 万元的维修基金。

	A	B	C	D	E
1	i =	10%			
2	n =	5			
3	F =	10			
4	F =	-6.21			

=PV(B1,B2,0,B3)

图 2-7　例 2-4 电子表格解法

2)终值(F)与年金(A)互算

(1)年金终值公式(已知 A,求 F=?)

在一个经济系统分析期内的现金流,有的是集中在一个时点上的,但是多数现金流是多次发生的。发生在多个时点上的现金流入和流出,其数额可以是不等的,也可以是相等的。如图 2-8 所示,其含义是:在分析期内,在利率为 i 的情况下,连续在每个计息期的期末支出一笔等额的资金 A,求 n 年后各年年金的本利和 F,即已知 A,i,n,求 F。这类似于银行储蓄中的零存整取。

各期期末年金 A 相对于第 n 期期末的本利和可用表 2-6 计算。

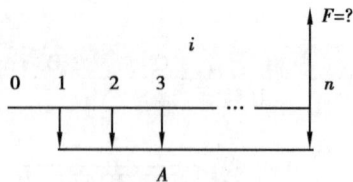

图 2-8　年金终值现金流量图

表 2-6　普通年金复利终值计算表

期数	1	2	3	...	$n-1$	n
每期期末年金	A	A	A	...	A	A
第 n 期期末年金终值	$A(1+i)^{n-1}$	$A(1+i)^{n-2}$	$A(1+i)^{n-3}$	...	$A(1+i)$	A

$$F = A(1+i)^{n-1} + A(1+i)^{n-2} + A(1+i)^{n-3} + ... + A(1+i) + A$$
$$= A\frac{(1+i)^n - 1}{i} \tag{2.13}$$

公式(2.13)即为年金终值公式,其中, $\dfrac{(1+i)^n - 1}{i}$ 称为年金(复利)终值系数,通常用符号 $(F/A, i, n)$ 表示。因此,公式(2.13)也可写成:

$$F = A \times (F/A, i, n) \tag{2.14}$$

【例2-5】某桥梁工程建成需要 4 年,每年年末投资 5 000 万元,年利率为10%,求第 4 年年末的实际累计投资总额。

【解】已知 A =5 000 万元, i =10% , n =4,求 F 。由公式(2.14)可得:

$$F = A\frac{(1+i)^n - 1}{i} = 5\ 000 \times \frac{(1+10\%)^4 - 1}{10\%} = 5\ 000 \times 4.641 = 23\ 205\ 万元$$

或者按公式(2.14)计算,查复利系数表得 $(F/A, 10\% , 4)$ = 4.641 0,则 $F = A \times (F/A, i, n)$ = 5 000×4.641 0=23 205 万元。

该例题用 Excel 电子表格的计算如图 2-9 所示。

因此,第 4 年年末的实际累计投资总额为 23 205 万元,其中 3 205 万元为利息支出。

图 2-9　例 2-5 电子表格解法

(2)偿债基金公式(已知 F ,求 A =?)

如图 2-10 所示,偿债基金的含义是:在分析期内,在利率为 i 的情况下,为了筹集未来 n 年后所需要的一笔资金,求每个计息期的期末应等额存入的资金 A ,即已知 F , i , n ,求 A 。这类似于商业活动中的分期付款业务。

由公式(2.13)可得:

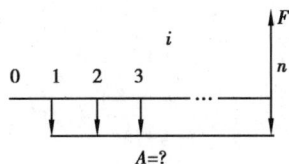

图 2-10 偿债基金现金流量图

$$A = F \times \frac{i}{(1 + i)^n - 1} \tag{2.15}$$

公式(2.15)即为偿债基金公式,其中,$\frac{i}{(1+i)^n-1}$ 称为偿债基金系数,通常用符号 $(A/F,i,n)$ 表示,它与年金终值系数互为倒数。因此,公式(2.15)也可写成:

$$A = F \times (A/F,i,n) \tag{2.16}$$

【例 2-6】某企业计划 3 年后新建一幢 1 000 平方米的工业厂房,按测算每平方米造价为 600 元。在年利率为 10%的情况下,从现在起每年年末应等额向银行存入多少钱才能满足建设该厂房的资金需求?

【解】已知 $F = 1\ 000 \times 600 = 60$ 万元,$i = 10\%$,$n = 3$,求 A。由公式(2.15)可得:

$$A = F \times \frac{i}{(1 + i)^n - 1} = 60 \times \frac{10\%}{(1 + 10\%)^3 - 1} = 18.13\ \text{万元}$$

或按公式(2.16)计算,查复利系数表得 $(A/F,10\%,3) = 0.302\ 1$,则 $A = F \times (A/F,i,n) = 60 \times 0.302\ 1 = 18.13$ 万元。

该例题用 Excel 电子表格的计算如图 2-11 所示。

因此,每年年末应等额向银行存入 18.13 万元。

图 2-11 例 2-6 电子表格解法

3)现值(P)与年金(A)互算

(1)年金现值公式(已知 A,求 $P = ?$)

如图 2-12 所示,年金现值的含义是:n 年内每年等额收支一笔资金 A,在利率为 i 的情况下,求此等额年金收支的现值总额,即已知 A,i,n,求 P。这类似于商业活动中的整存零取。

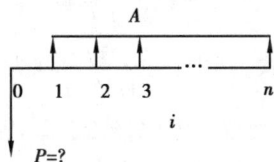

图 2-12 年金现值现金流量图

由公式(2.13)$F = A \dfrac{(1+i)^n - 1}{i}$ 和公式(2.11)$P = F \dfrac{1}{(1+i)^n}$ 可得:

$$P = A \frac{(1 + i)^n - 1}{i} \times \frac{1}{(1 + i)^n} = A \frac{(1 + i)^n - 1}{i(1 + i)^n} \tag{2.17}$$

公式(2.17)即为年金现值公式,其中,$\frac{(1+i)^n-1}{i(1+i)^n}$称为年金现值系数,通常用符号$(P/A,i,n)$表示。因此,公式(2.17)也可写成:

$$P = A \times (P/A, i, n) \tag{2.18}$$

【例2-7】某塔吊需要大修才能继续使用5年,且大修后出租,每年年末的净收入为20万元。在年利率为10%的情况下,该次大修的预算应控制在多少为宜?

【解】已知$A=20$万元,$i=10\%$,$n=5$,求P。由公式(2.17)可得:

$$P = A \frac{(1 + i)^n - 1}{i(1 + i)^n} = 20 \times \frac{(1 + 10\%)^5 - 1}{10\% \times (1 + 10\%)^5} = 75.82 \text{ 万元}$$

或者按公式(2.18)计算,查复利系数表得$(P/A,10\%,5)=3.7908$,则$P=A\times(P/A,i,n)=20\times3.7908=75.82$万元。

该例题用Excel电子表格的计算如图2-13所示。

因此,该次大修的预算应控制在75.82万元以内。

	A	B	C	D	E
1	$i=$	10%			
2	$n=$	5			
3	$A=$	20			
4	$P=$	-75.82	=PV(B1,B2,B3)		

图2-13 例2-7电子表格解法

(2)资金回收公式(已知P,求$A=?$)

如图2-14所示,资金回收的含义是:在期初一次性投资资金P,在利率为i的情况下,想要在n年内的每年年末以等额资金A将期初投资及利息全部收回,即已知P,i,n,求A。这类似于商业投资中的等额资金回收。

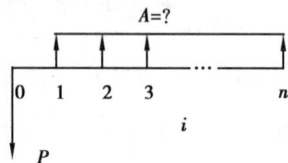

图2-14 资金回收现金流量图

由公式(2.17)可得:

$$A = P \times \frac{i(1 + i)^n}{(1 + i)^n - 1} \tag{2.19}$$

公式(2.19)即为资金回收公式,其中,$\frac{i(1+i)^n}{(1+i)^n-1}$称为资金回收系数,通常用符号$(A/P,i,n)$表示,它与年金现值系数互为倒数。因此,公式(2.19)也可写成

$$A = P \times (A/P, i, n) \tag{2.20}$$

资金回收系数是一个重要的系数。其含义是:对于工程方案的初始投资,在方案寿命期内每年至少要回收的资金。在工程经济分析中,如果对应于单位投资的每年实际回收金额小于相应初始投资的预计资金回收额,就表示在给定利率i情况下,在方案的寿命期内不可

能将全部投资收回。

【例2-8】某跨江大桥初始投资20亿元,预计年投资收益率为10%,每年年末至少要等额回收多少资金,才能在20年内将全部投资收回?

【解】已知$P=20$亿元,$i=10\%$,$n=20$,求A。由公式(2.19)可得:

$$A=P\times\frac{i(1+i)^n}{(1+i)^n-1}=20\times\frac{10\%\times(1+10\%)^{20}}{(1+10\%)^{20}-1}=2.35\ \text{亿元}$$

或者按公式(2.20)计算,查复利系数表得$(A/P,10\%,20)=0.117\ 5$,则$A=P\times(A/P,i,n)=20\times0.117\ 5=2.35$亿元。

该例题用Excel电子表格的计算如图2-15所示。

因此,每年年末至少应等额回收2.35亿元,才能将全部投资回收。

	A	B	C	D	E
1	$i=$	10%			
2	$n=$	20			
3	$P=$	20	=PMT(B1,B2,B3)		
4	$A=$	-2.35			

图2-15　例2-8电子表格解法

4)变额支付序列的换算

如图2-16所示,每期收支数额不相同的现金流序列称为变额支付序列,即一般现金流序列。该情况下,可对各个时点的现金流应用复利终值公式或复利现值公式转成终值或现值,然后可再转换成年金使用。这里介绍两种特殊的变额支付序列的换算,即等差现金流序列公式和等比现金流序列公式。

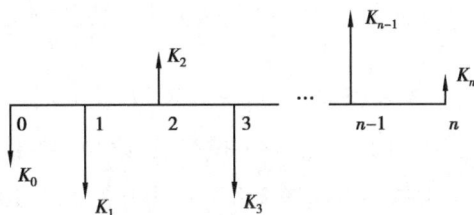

图2-16　变额支付序列现金流量图

(1)等差现金流序列公式

等差现金流序列每期期末收支的现金流序列是成等差变化的。如图2-17所示,设第一期期末的现金流出为A、公差为G,则该现金流量图可划分成两部分:一部分是从时点0到时点n的值为A的年金,另一部分则是从时点2到时点n的初始值为G、公差为G的现金流。

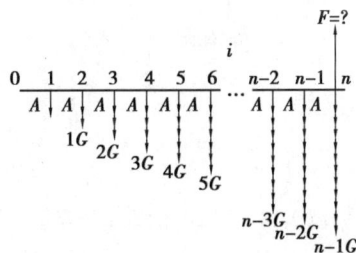

图2-17　等差现金流序列现金流量图

第一部分现金流的终值设为 F_A，第二部分现金流的终值设为 F_G，则图 2-17 现金流的复利终值 F 的计算公式为：

$$F = F_A + F_G \tag{2.21}$$

其中，

$$F_A = A\frac{(1+i)^n - 1}{i}$$

$$F_G = G(1+i)^{n-2} + 2G(1+i)^{n-3} + \cdots + (n-2)G(1+i) + (n-1)G(1+i)^0$$

$$= G \times \frac{1}{i}\left[(1+i)^{n-1} + (1+i)^{n-2} + \cdots + (1+i) - (n-1)\right]$$

$$= \frac{G}{i}\left[\frac{(1+i)\left[1-(1+i)^{n-1}\right]}{1-(1+i)} - n + 1\right]$$

$$= \frac{G}{i}\left[\frac{(1+i)^n - 1}{i} - n\right]$$

即

$$F_G = \frac{G}{i}\left[\frac{(1+i)^n - 1}{i} - n\right] \tag{2.22}$$

公式 (2.22) 中的 $\frac{1}{i}\left[\frac{(1+i)^n - 1}{i} - n\right]$ 称为等差终值系数，通常用符号 $(F/G, i, n)$ 表示。因此，公式 (2.22) 也可写成：

$$F_G = G \times (F/G, i, n) \tag{2.23}$$

因此，等差现金流序列的终值公式为：

$$F = F_A + F_G$$

$$= A\frac{(1+i)^n - 1}{i} + \frac{G}{i}\left[\frac{(1+i)^n - 1}{i} - n\right] \tag{2.24}$$

$$= A \times (F/A, i, n) + G \times (F/G, i, n)$$

【例 2-9】某施工企业购入的一台混凝土搅拌机，第一年的经常修理费是 1 000 元，此后直至第 5 年年末每年的经常修理费递增 500 元。设年利率为 10%，求该混凝土搅拌机 5 年经常修理费的终值。

【解】如图 2-18 所示，该混凝土搅拌机 5 年经常修理费的现金流量是等差现金流序列，由公式 (2.24) 可得该现金流序列的终值：

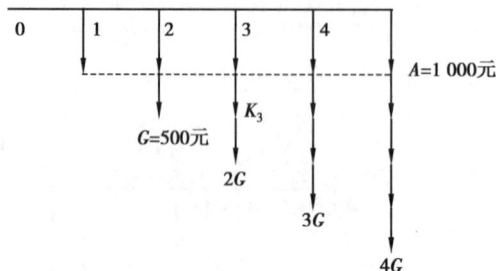

图 2-18　例 2-9 的现金流量图

$$F = F_A + F_G$$

$$= A \frac{(1+i)^n - 1}{i} + \frac{G}{i} \left[\frac{(1+i)^n - 1}{i} - n \right]$$

$$= 1\ 000 \times \frac{(1+10\%)^5 - 1}{10\%} + \frac{500}{10\%} \times \left[\frac{(1+10\%)^5 - 1}{10\%} - 5 \right]$$

$$= 11\ 630.60\ 元$$

即该混凝土搅拌机 5 年经常修理费的终值为 11 630.60 元。

（2）等比现金流序列公式

等比现金流序列每期期末收支的现金流序列是成等比变化的，其现金流量图如图 2-19 所示。

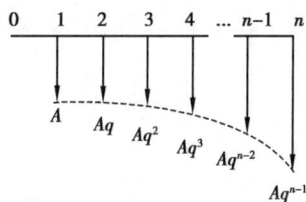

图 2-19　等比现金流序列现金流量图

图 2-19 现金流的复利终值 F 的计算公式为：

$$F = A(1 + i)^{n-1} + Aq(1 + i)^{n-2} + \cdots + Aq^{n-2}(1 + i) + Aq^{n-1}$$

$$= A \frac{(1 + i)^n - q^n}{1 + i - q} \qquad (i \neq q - 1) \tag{2.25}$$

当 $i = q - 1$ 时，$\qquad\qquad\qquad F = An(1+i)^{n-1}$ $\qquad\qquad\qquad\qquad$ (2.26)

【例 2-10】若租用某仓库，年租金在每年年末支付，第一年年租金为 10 000 元，预计租金今后 10 年内每年上涨 5%。若将该仓库买下来，须一次性支付 10 万元，且 10 年后仍然可以以 10 万元的价格将仓库出售。按利率 10% 计算，是租用仓库合算还是购买仓库合算？

【解】若租用该仓库，则租金支出的现金流是等比现金流序列（图 2-20（a）），由公式 (2.25) 可得该现金流序列的终值：

$$F = A \frac{(1+i)^n - q^n}{1 + i - q} = 10\ 000 \times \frac{(1+10\%)^{10} - (1+5\%)^{10}}{1 + 10\% - (1+5\%)} = 19.30\ 万元$$

即租用该仓库各年租金费用的终值总和为 19.30 万元。

若购买该仓库，现金流量图如图 2-20（b）所示。结合复利终值公式 (2.9) 可得该现金流序列的终值：

$$F = A(1+i)^n - A = 10 \times (1+10\%)^{10} - 10 = 15.94\ 万元$$

即购买该仓库费用的终值为 15.94 万元。

因此，购买该仓库合算。

单位：元

（a）

（b）

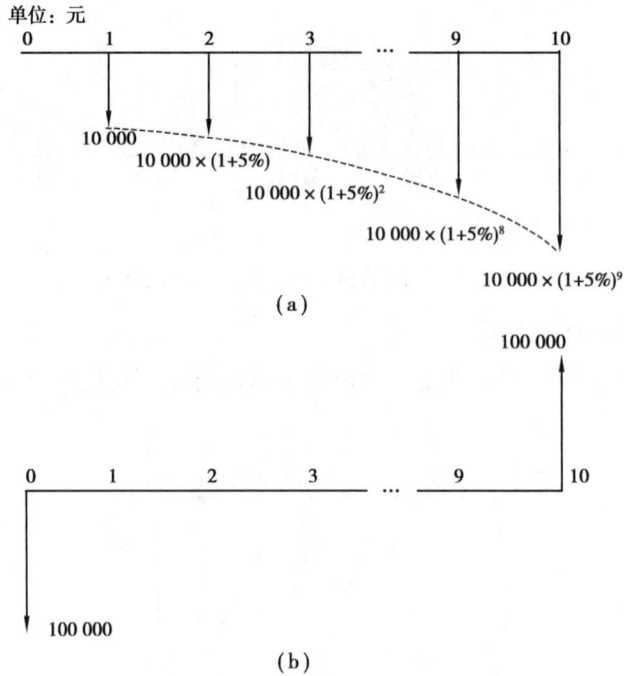

图 2-20 例 2-10 的现金流量图

2.4 资金等值换算的基本公式汇总与复利系数表

对上述资金等值换算的基本公式汇总，得到表 2-7。从列表的公式中，可以看出各种系数之间存在的关系。终值系数和现值系数之间，年金终值系数和偿债基金系数之间，年金现值系数和资金回收系数之间，都存在着一种倒数关系。此外，在所有基本公式中，又以复利终值（现值）公式为最基本的公式，其他公式都是在此基础上经数学运算得到的。

表 2-7 等值换算基本公式汇总与复利系数表

公式名称		已知	求解	公式	复利系数	现金流量图
一次支付序列	复利终值公式	现值 P	终值 F	$F=P(1+i)^n$	一次支付终值系数 $(F/P,i,n)$	
	复利现值公式	终值 F	现值 P	$P=F(1+i)^{-n}$	一次支付现值系数 $(P/F,i,n)$	

续表

公式名称		已知	求解	公式	复利系数	现金流量图
等额支付序列	年金终值公式	年值 A	终值 F	$F = A\dfrac{(1+i)^n - 1}{i}$	年金终值系数 $(F/A,i,n)$	
	偿债基金公式	终值 F	年值 A	$A = F\dfrac{i}{(1+i)^n - 1}$	偿债基金系数 $(A/F,i,n)$	
	年金现值公式	年值 A	现值 P	$P = A\dfrac{(1+i)^n - 1}{i(1+i)^n}$	年金现值系数 $(P/A,i,n)$	
	资金回收公式	现值 P	年值 A	$A = P\dfrac{i(1+i)^n}{(1+i)^n - 1}$	资金回收系数 $(A/P,i,n)$	
变额支付序列	等差支付	等差 G	F_G	$F_G = \dfrac{G}{i}\left[\dfrac{(1+i)^n - 1}{i} - n\right]$	等差终值系数 $(A/G,i,n)$	
	等比支付	年值 A	终值 F	$F = \begin{cases} A\dfrac{(1+i)^n - q^n}{1+i-q} & (i \neq q-1) \\ An(1+i)^{n-1} & (i = q-1) \end{cases}$	—	

注:1)计息期数为时点或时标,本期期末即等于下期期初。0点就是第一期期初,第一期期末即等于第二期期初,以此类推。

2)各期的等额支付 A,发生在各期期末。

3)当问题包括 P 与 A 时,系列的第一个 A 与 P 隔一期。即 P 发生在系列 A 的前一期期末,即当期期初。

这些等值换算的关键就是系数的计算,系数的计算有两种方法:一是将已知参数导入公式直接计算,这种方法往往比较复杂,比较容易出错;二是利用复利系数表计算,该方法简单快速,不易出错,复利系数表是工程经济分析中必不可少的工具。

复利系数表中包含了三种数据,即利率、系数、计息次数。根据各系数符号,查表即可得到相应的系数;知道了三项数据中的任意两项,还可以通过查表得到另一项。复利系数表见附录。

【本章小结】

资金的时间价值是指资金的价值随时间的推移而发生价值的增加,增加的那部分价值就是原有资金的时间价值。工程经济分析一般都采用考虑了资金时间价值的经济分析方法。

资金时间价值的表现形式是多种多样的,比如利息、利润、股息、红利等。但主要采用利息以及与之相关的利率度量资金时间价值。利息的计算包括单利法和复利法,如无特别说明,工程经济分析时一般采用复利法。有效(实际)利率是指按实际计息期计息的利率。当实际计息期不以年为单位时,就要计算实际计息期的利率(有效利率)。

现金流量图是进行资金等值计算的重要工具。一个完整的现金流量图是一个二维坐标矢量图。横坐标轴自左向右表示时间的进程,0 点表示第一年的年初,依次类推。纵坐标表示现金流。向下为负表示现金流出,向上为正表示现金流入。在绘制现金流量图的基础上,应熟练掌握资金等值计算的基本公式。

【习题与思考题】

一、简答题

1. 现金流量图的绘制规则有哪些?

2. 何为资金的时间价值? 为什么评价工程项目的经济性要考虑资金的时间价值?

3. 单利与复利的区别是什么? 试举例说明。

4. 什么是名义利率和实际利率,它们是什么关系?

5. 利率的确定要考虑哪些因素? 这些因素如何影响利率?

二、计算题

1. 年利率为 12%,每半年计息 1 次,从现在起连续 5 年每半年末等额存款为 500 元,问与其等值的第 0 年的现值是多少?(保留两位小数)

2. 期望 5 年内每年年末从银行提款 10 000 元,年利率为 10%,按复利计,期初应存入银行多少?(保留两位小数)

3. 某人考虑购买一块尚未开发的城市土地,价格为 2 000 万元,该土地所有者第一年应付地产税 40 万元,据估计以后每年地产税比前一年增加 4 万元。如果把该地买下,必须等到 10 年才有可能以一个好价钱将土地出卖掉。如果他想取得每年 15% 的投资收益率,则第 10 年该地至少应该要以什么价钱出售?(保留两位小数)

4. 某新工程项目欲投资 200 万元,工程 2 年建成,生产经营期为 8 年,期末不计算余值。期望投资收益率为 12%,问每年至少应等额回收多少金额?(保留两位小数)

5. 某住宅楼正在出售,购房人可采用分期付款的方式购买,付款方式:每套 240 万元,首付 60 万元,剩余 180 万元款项在最初的 5 年内每半年支付 4 万元,第二个 5 年内每半年支付 6 万元,第三个 5 年内每半年支付 8 万元。年利率 8%,半年计息。该住宅楼的价格折算成现值为多少?(保留两位小数)

6. 现有如下现金流量图(单位:万元)。其中年利率为 12%,请采用复利系数表计算该现金流的现值、终值、年金。

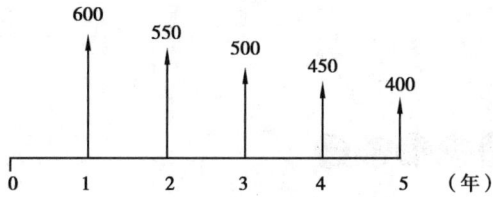

图 2-21　现金流量图

第 **3** 章

工程经济要素与估算方法

教 学 内 容 、重 点 与 难 点

教学内容:熟悉现金流概念及表示方法,正确绘制现金流量图;了解工程项目财务评价和国民经济评价的相关要素;熟悉工程项目投资的构成,掌握投资估算方法;理解成本费用相关的概念和构成,掌握折旧、摊销计算方法;掌握营业收入计算方法,熟悉利润计算及分配过程,了解税金的概念。

教学重点:设备及工器具购置费的计算;总费用及折旧的计算;建设期利息的估算。

教学难点:费用效益识别;投资估算;折旧与摊销费用的计算;利润的计算和分配。

知 识 框 架

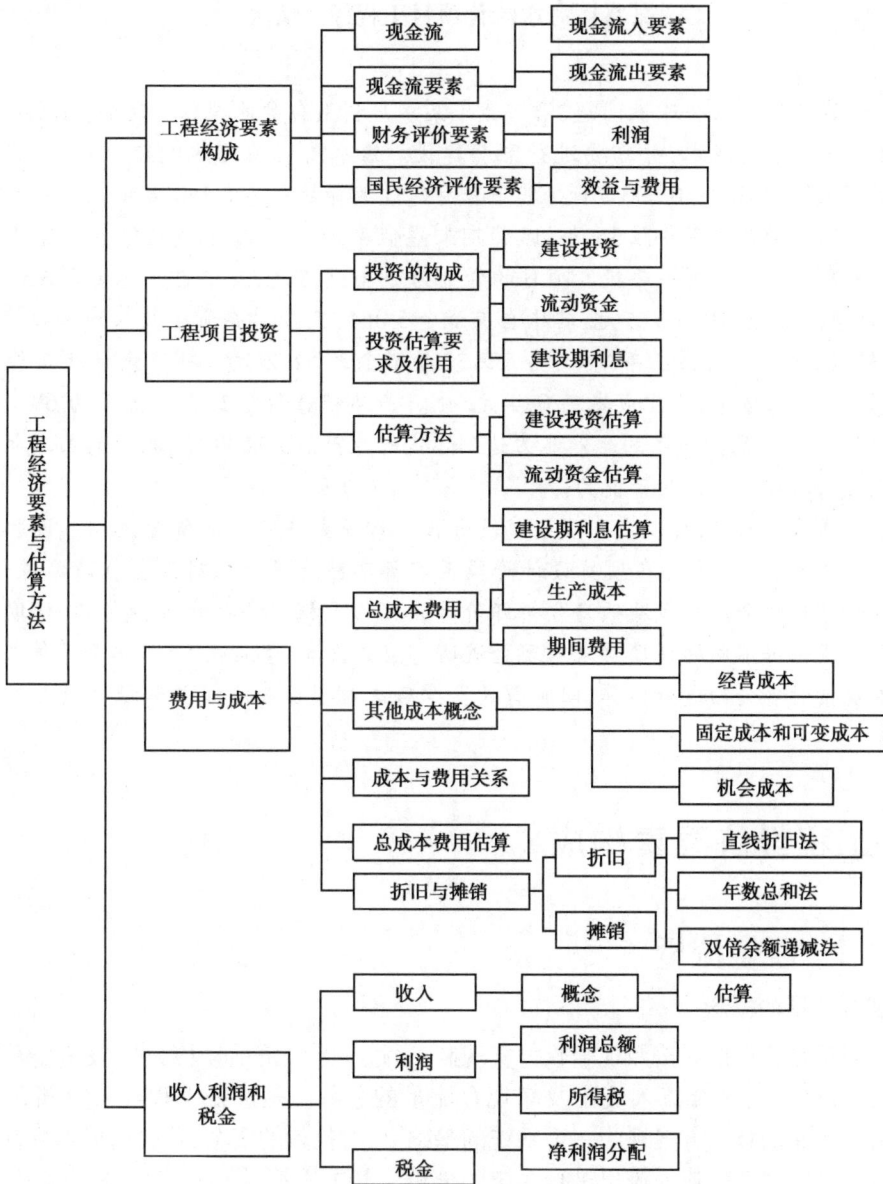

某水厂海水淡化项目工程经济情况

基于水资源短缺的全球性问题,沿海城市某水厂利用自身地理位置优势,在生产中引进海水淡化技术以节约成本,并需要进行配套建设。海水淡化项目建设期为两年,运营期为16年。预计建设期投资30 593万元(其中含有建设期贷款利息1 450万元),并全部转化为固定资产。固定资产使用年限18年,运营期末残值率5%,一般按照双倍余额递减法进行折旧。该水厂于建设期第一年投入项目的资金为19 627万元,其中自有资金7 693万元;建设期第二年投入资金10 966万元,其中自有资金5 064万元,其余资金投入均来源于银行贷款,贷款利率7%。项目第三年投产,另投入流动资金约54万元。项目设计生产能力日均淡化海水2.5万立方米,淡化成本约3.4元/吨。产品销售税金及附加税率为6%,所得税税率为25%。投产的第一年的生产能力达到了设计生产能力的80%,投产的第二年开始各年生产能力均达到了设计生产能力。

基于上述基本情况,可以看到项目建设进程中涉及大量复杂的资金流动。因此为保证项目的顺利推进,水厂需要在项目设计阶段至实际实施阶段全程对现金流情况进行把握。本章内容就是对现金流构成及项目分析评价时涉及的工程经济要素进行介绍,辅助企业在项目各个阶段根据不同的精度要求对现金流所对应的投资、营业收入、成本费用等工程项目经济基本要素的资金额进行估算,同时有效支撑后文对项目经济效益和社会效益进行的评价分析。

3.1 工程经济要素构成

3.1.1 现金流量

1)现金流量的概念

现金流量是会计期间按照现金收付实现制,通过一定经济活动(经营、投资、筹资、非经常性项目)而产生的现金流入流出及净现金流量的总称。是进行工程经济分析的主要方法。在将所考察的技术方案视为一个系统的基础上,对投入的资金、花费的成本和获取的收益等以资金形式体现的流入流出进行系统的分析。其中用符号 CO_t 表示现金流出;用符号 CI_t 表示现金流入;现金流入流出之差称为净现金流量,用(CI_t-CO_t)表示。

2)现金流量的构成及分类

现金流量管理中的现金,并非通常所理解的手持现金,而是指企业库存现金和银行存款,包括现金等价物,即企业持有的期限短、流动性强、容易转换成已知金额现金、价值变动风险很小的投资等;还包括现金、可以随时用于支付的银行存款和其他货币资金。一项投资需要同时具备期限短、流动性强、易于转换为已知金额现金和价值变动风险小四个条件才能被确认为现金等价物。

现金流量按发生时间和性质主要分为以下几类:

（1）初始现金流量

初始现金流量是指开始投资时发生的现金流量，一般包括：

①固定资产投资。包括固定资产的购入或建造成本、运输成本和安装成本等。

②流动资产投资。包括材料、在产品、产成品和现金等流动资产上的投资。

③其他投资费用。指与长期投资有关的职工培训费、谈判费、注册费用等。

④原有固定资产的变价收入。这主要是指固定资产更新时变卖原有固定资产所得的现金收入。

（2）营业现金流量

营业现金流量是指投资项目投入使用后，在其寿命周期内由生产经营所带来的现金流入和流出的数量。这种现金流量一般以年为单位进行计算。现金流入一般指营业现金收入，现金流出指营业现金支出和缴纳的税金。

（3）终结现金流量

终结现金流量是指投资项目完结时所发生的现金流量，主要包括回收固定资产余值、回收流动资金、停止使用的土地变价收入等。

3）现金流量图

现金流量图是反映技术方案资金运动状态的图示，即在一张时间坐标图中绘制出现金流量，以反映各现金流入流出量及时间关系。图 3-1 为新建项目各个阶段的现金流量图，横轴为时间轴，向右表示时间延续，轴上刻度点称为时点，是所选时间单位末的节点，时间序列起点为 0。整个横轴即为考察对象方案的整个周期，垂直于时间坐标的箭线用以表示现金流量情况。现金的流入流出是对于特定对象而言的，对于投资人来说，横轴下方向下箭线表示现金流出，即费用，图 3-1 中建设期就表现出大量的资金投入；横轴上方向上箭线表示现金流入，即收益，自投产期开始产生。现金流大小、方向、作用点是正确绘制现金流量图需要把握的三个要点。

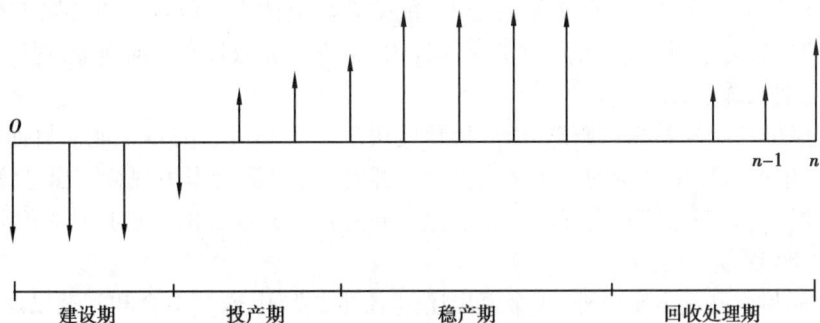

图 3-1　某新建项目各个阶段的现金流量图

4）现金流对企业筹资决策影响

企业根据实际生产经营需要，可以通过现金流量表确定企业筹资总额。一般而言，财务状况越好，净现金流量越多，所需资金越少，反之亦然。

对企业投资决策影响：现金流量是企业评价项目可行性的主要指标，投资项目可行性评价方法主要有静态评价法和动态评价法，企业能够借助评价结果进行项目投资决策。

对企业资信影响：企业现金流量正常、充足、稳定，能支付到期的所有债务，公司资金运作有序，不确定性越小，相应企业风险越小，资信越高。

对企业盈利水平的影响：现金具有流动性强的特征，可以衡量企业短期偿债和应变能力；同时由于现金本身并不具有很强的获利能力，过高的现金存量会给企业带来过大的机会成本，因此需要企业在资金流动性和收益性之间进行权衡。

对企业价值的影响：在有效资本市场中，企业价值大小很大程度上取决于投资者对企业资产的估价，而在估价方法中，现金流量又是决定性因素。现金流入充足时，企业投资风险小，投资者对回报率要求低，就会扩大企业价值。

3.1.2　工程项目现金流要素

1）现金流出要素

（1）投资

投资某项目所要增加的资金总额是项目的增量投资，即现金流出，按不同角度有三种分类方法。从工程投资估算角度，新建项目的全部投资包括建设投资、流动资金和建设期利息，具体内容会在后续投资估算一节中进行展开。

从资产投资角度，新建项目投资又可以分为固定资产投资、无形资产投资、其他资产投资和流动资金投资几部分。其中固定资产是使用期限超过一年的房屋、建筑、机械、运输工具以及与生产经营有关的设备、器具、工具等。这些资产建造或购置过程中产生的费用都构成固定资产投资。投资又按投入资本的形式进行细化，以现有固定资产投入的，按评估或合同协议确定的价值作为投资；以融资租赁投资的，按照租赁协议确定的内容进行估算；另外缴纳的耕地占用税也要计入固定资产投资。无形资产投资指专利权、著作权、商标权、土地使用权等投入。其他资产投资指包括筹建期间员工工资、办公费、培训费等的开办费总额。

从投资资金来源角度，投资资金可以分为权益资金和负债资金。权益资金是固定提供的不需要归还的资金，筹资风险低但期望报酬率高。负债资金包含长期借款和流动负债，由于有归还时限，需按时还本付息，财务风险较大，但不会分散投资者对企业的控制权。

（2）各种成本支出

现金流出和流入是相对概念，由分析角度决定。尤其对于成本不能一概而论。如对新产品而言，生产过程中产生的人工费、材料费和间接费用都被作为现金流出考虑；对于投资固定资产场景，定期保养和维修的费用以及额外的营运成本支出则是必要的现金流出要素。

（3）其他现金流出

除投资和典型成本支出外，现金流出还包括租赁费用、偿还本金和利息以及各种税收及税收抵免。租赁费用是以租赁方式获得设备或建筑时的现金流出。偿还本金和利息是通过借款实现融资时需要偿还的利息和本金，包括债券形式的长期借款和银行贷款形式的短期借款。税收和税收抵免是项目建设和运营过程中需要涉及的税费，全面营改增政策实施后包含关税、增值税、消费税、土地增值税等。对于计提折旧等可以抵减所得的情况，减少的所得税则作为现金流入。

2）现金流入要素

现金流入是指投资项目增加的现金收入额或现金支出节约额。

（1）借款

项目融资获得的借款在借入时间点即为项目的现金流入，可用于新设备的购买或其他投资。

（2）营业收入

营业收入是项目建成后对外销售产品或提供劳务所取得的收入。在估算时，一般假定生产出来的产品全部售出。

（3）成本节约

在估计资本预算时，节约的金额可以作为现金流入。成本降低即为收入增加，但实际情况中实际销售收入可能保持不变。

（4）回收资产余值

大多数情况下资产的预估余值较低，且发生周期较长，因此对于项目决策的影响有限。且部分余值会被拆除清理费所抵消。但某些情况下，预估余值也会较大，此时就有必要在处置资产时将净余值作为现金流入。现有资产净余值的计算方式是将资产售价减去销售、拆除和清理费用，且会受到纳税损益的影响。

（5）回收流动资金

项目终期对各项成本进行清算时，回收到的流动资金，称为回收流动资金，清算动作通常在项目计算期的最后一年一次性完成。同时由于它是对企业原投入资金的回收，不属于增值收入，不需要进行所得税的缴纳。

3.1.3　工程项目财务分析要素

工程项目的经济效益是投入和产出相比较的结果，投入和产出的概念相较上一节现金的流出和流入会更为宽泛，投入包括投资、成本、费用等；产出则包括收入、利润和税金，是在现金流入流出基础上为更好描述投资、运营过程中经济因素的特征所归纳出的影响工程项目经济效益情况的基本经济因素。

除已经介绍过的工程项目投资、工程项目收入、成本费用和税金外，主要增添的一项未用于流量分析的要素是利润。利润是企业在一定期间内的生产经营活动的最终成果，是收入和费用相抵后的余额。国家财政收入的基本来源就是企业利润，利润为正说明企业处在盈利状态；如果利润为负，即收入小于费用，则企业存在一定亏损。所以需要在现金流要素基础上另外增添利润指标作为企业管理和经营水平的综合反映。

3.1.4　工程项目国民经济分析要素

基于经济角度对工程项目进行评价一定程度上能够更为全面地反映项目的实际效益。由于立足点不再仅仅是财务评价时的利益最大化，在评价要素的选取上也在财务分析的基础上进行了一定调整，从经济分析角度对项目的费用和效益进行重新识别。

1）效益与费用的概念

效益与费用分析是对建设项目进行经济分析的方法，核心是通过比较备选方案的全部预期效益和费用的现值来评价备选方案。从国家和社会的宏观利益出发进行了更多的考量，致力于对工程项目的经济效益和经济费用进行更为系统全面的识别和分析，得到项目的经济净收益,完善对工程项目可行性的评价。

其中收益是项目为社会贡献的有用产品或服务,包含项目的直接效益和间接效益;费用则是项目实际消耗的有用社会资源,包括直接费用和间接费用。

2)效益与费用的识别

用于经济分析的财务和费用需要剔除国民经济内部的转移支付,并识别出项目的间接效益和间接费用。主要针对固定资产投资、流动资金、经营费用、销售收入和外汇借款等项目进行调整,过程中尽量进行定量计算,对于不能定量计算的内容进行定性说明。具体构成如下:

(1)直接效益与直接费用

直接效益是由项目产出物直接产生并在项目计算范围内的经济效益,包括:

①产出增加的数量,比如国内市场供给商品的增量,由于满足了国内需求而被作为直接有效的效益。

②项目产出或服务代替了相同或类似企业产出或服务的部分,由于带来了被替代企业的减产,对方释放出的被利用效率较低的资源可以作为效益。

③项目产出或服务引发进口量减少的部分,效益为节约出的外汇支出。

直接费用则指使用项目投入物所直接产生的,项目计算范围内的经济费用。类比直接效益,包括扩大生产消耗的资源、获得本属于其他拟建项目的投入物而使对方节约的消费、进口量增加而引发的外汇支出和减少出口所缩减的外汇收入。

(2)间接效益与间接费用

间接效益是由项目引起但在直接效益中没有得到反映的部分;间接费用是由项目引起但在直接费用中没有得到反映的部分。间接的条件是项目无直接关联的其他项目或未对消费者产生影响且在财务报表中没有得到反映或没有量化。

(3)转移支付

财务分析的实际支出从经济角度可能只是发生在项目实体之间的货币转移,并未造成资源的实际耗用和增加,所以不能计入经济分析时的效益和费用。常见的转移支付包含以下几项:

①税金。税金在财务评价中会被计入项目建设费用,但税金上缴到国家之后进行的实质行为是国民收入的二次分配,并不会改变收益总量而是转移部分资源的所有权,所以是一种转移支付,应当被剔除。但需要注意,在某些情况下以税金的形式体现对资源价值的补偿时,税金可不作为转移支付处理,如资源税,细节可参见财政部和税务总局于2020年6月发布的《关于资源税有关问题执行口径的公告》。

②补贴。补贴与税金的流动方向相反,是由国家流向项目,但流出的也是财政收入的一部分,同样可以认为是转移支付。

③贷款利息。贷款利息是项目贡献收益一部分向政府或国内其他贷款机构的转移,其贡献大小实质与贷款利息的多少无关,因此也不作为经济分析的效益或费用。但要注意流向国外的贷款利息意味着国内资源的减少,需要作为费用处理。

④折旧。折旧是将投资形成的固定资产在生产过程中进行内部的价值转移,在计算固定资产投资时已经计算过一次资源消耗,所以也不作为经济分析的效益或费用,否则会造成计算的重复。

3.2　工程项目投资

3.2.1　投资的概念

1）投资的概念和构成

广义上认为投资是人们有目的的一种经济行为，通过对某项计划进行一定的资源投入来获取所期望的报酬。狭义上则将投资定义为人们在社会生产活动中为实现某种预定的生产经营目的而预先垫付的资金。如果投资用于建成或购置各种资产或企业，能够实际形成生产力，则为直接投资；如果投资是通过在证券市场上购买股票债券等有价证券进行的，则为间接投资。

对于项目而言，总投资由建设期和筹建期投入的建设投资、项目建成投产后需要的流动资金和建设期利息三部分组成。

（1）建设投资

建设投资是项目按给定的建设规模、产品方案和工程技术方案建设所需要的费用。是对项目的财务情况进行分析时的重要参考。

在对建设投资进行分类时，一般存在两种方法：

①概算法。将建设投资分为工程费用、工程建设其他费用和预备费三类，其中工程费用是指按照给定的一系列建设方案进行建设所需要花费的费用，又分为用于建设生产厂房等的建筑工程费，和购置或自制的达到固定资产标准的设备、工器具及生产家具等所需的设备购置费及安装工程费。工程费用投入的主要目的是建设形成一定生产能力所需要的设施。预备费则分为基本预备费和涨价预备费，同样是为了防范建设过程中可能出现的风险因素，前者着重于应对不可预计的天气、地质条件等造成的影响，后者则是为了预防建设期间可能出现的物价上涨。

②形成资产法。根据资本保全原则，当工程项目建成投入运营时，建设项目总投资当中的建设投资、建设期利息、流动资金分别形成固定资产原值、无形资产原值、其他资产原值和流动资产四部分。所以可以按照投资最终形成资产的种类对总投资进行分类，得到固定资产费用、无形资产费用、其他资产费用和预备费四个部分。

固定资产是建设投资中，在项目投产时直接形成固定资产的部分，往往具备使用期限较长，单位价值较高等特征，并且在使用过程中始终保持原有实物形态，如房屋建筑物、机器设备等。固定资产包括上一分类方法中工程费用和工程建设其他费用中形成固定资产的部分（又称为固定资产其他费用）。因此同样涵盖工程费用中建筑工程费、工器具等设备购置费和安装工程费三部分和工程建设其他费用中的建设单位管理费、可行性研究费、研究试验费、勘察设计费、环境影响评价费、场地准备及临时设施费、引进技术和其他设备费、联合试运转费等。

无形资产是项目投产时直接形成无形资产的建设投资，是企业为生产商品或提供劳务出租给他人，或为管理目的而持有的、没有实物形态的非货币性长期资产。比如为形成专利权、土地使用权、非专利技术、商标等所进行的资产投资。

其他资产是建设投资中除去固定资产和无形资产之外的部分,指企业已经支出但不能全部计入当年损益,应当在以后年度内分期摊销的各项费用。如开办费、租入固定资产的改良支出、固定资产的大修理支出、样品样机购置费、农业开垦费、股票发行费等。但如果该摊销项目不能使以后会计期间获得收益,应将尚未摊销的部分全部转入当期损益。

(2)流动资金

流动资金是指企业用于购买生产资料、燃料动力、备品备件,支付职工工资和其他生产费用,以及在制品、半成品、制成品占用的周转资金,它是生产经营过程中处于生产领域和流通领域供周转使用的物资和货币的总和,在运营期内被长期占用,但不包括运营中需要的临时性运营资金。对于生产性建设项目而言它是总投资的一部分。流动资金按来源可以分为自有资金和借入资金;按管理方式,分为定额流动资金和非定额流动资金。其中定额流动资金是指根据企业规模、人员组成、任务数量、材料物资情况等条件事先核定,并进行定额管理的流动资金。非定额流动资金则包括各种应收款、现金、结算户存款等,用于反映债权、债务关系。

流动资金在一个生产周期中会不断在形态上发生变化,初期是货币资金形态,随着供应过程完成转为储备资金,之后在生产过程中以生产资金形式存在,随着生产周期的完成实现向产品的价值转移,称为成品资金,最后通过销售过程脱离被占用的状态,以结算资金或货币资金形式被回收。

由流动资金形成的资产称为流动资产,并存在流动资产减去流动负债得到流动资金量的转化关系。

(3)建设期利息

建设期利息又称建设期资本化利息,是项目在建设期内为使用外部资金而支付的利息,比如银行贷款、企业或项目债券等。建设期利息应当计入到固定资产原值当中。

2)项目投资的特征

(1)投资项目具有一次性和特殊性

投资项目没有完全相同的两项任务,不同点表现在项目任务不同、规模不同、标准不同和最终成果不同。只有认识项目建设的特殊性,才能有针对性地根据项目的特殊性进行管理。

(2)项目投资有明确的目标

要实现预测的一系列技术经济指标,如工程规模、质量、规格、工期、投资总额等;要形成生产能力、产品质量、产品数量等一系列效益指标。

(3)项目作为管理对象是一个整体的系统工程

在配置生产要素时,要追求最佳的投资效益,做到数量、质量和结构的整体优化。

(4)项目和环境之间的相互制约性

项目总是处在一定的环境当中。从立项、实施到交付使用的全过程均受到周围环境的制约。项目在使用寿命过程中又会对环境造成正负两方面的影响。

3.2.2　投资估算的要求及作用

投资估算是在对项目的建设规模、产品方案、技术方案、设备方案、场(厂)址方案和工程建设方案及项目进度计划等进行研究并已经基本确定的基础上,对项目总投资数额及各年资金需求量进行的估算。包括建设投资估算、建设期贷款利息计算和流动资金投资估算。估算准确度的要求会随着建设项目的推进逐步增加。投资估算能够为投资决策过程中融资方案、筹措资金的确定提供重要依据,也是进行财务分析和经济分析的基础。

1)投资估算的要求及方法选择

(1)估算要求

建设项目决策分析与评价一般分为四阶段:投资机会研究、预可行性研究(在机会研究的基础上进一步对项目可能性和潜在效益进行论证分析的阶段)、可行性研究、项目前评估。由于各个阶段项目工作推进程度不同,所能掌握的资料详细程度不同,所容许的投资估算精度也会不同。所以投资估算并非一次性的活动,而是要随着工作的推进,项目各条件逐渐明晰而实时更新,逐步提升准确度,以确保对项目投资进行效果的控制。各国建设项目决策分析与评价在各个阶段对投资估算精确度的要求见表3-1、表3-2。

表 3-1　国内建设投资计算划分表

序号	阶段名称	允许误差
1	规划阶段	≥±30%
2	项目建议书阶段	±30% 以内
3	可行性研究阶段	±20% 以内
4	评审阶段	±10% 以内

表 3-2　英美两国建设投资估算阶段划分表

序号	估算种类、要求的精度及作用						所需时间(天)	估算所需的技术条件
	英国	允许误差	作用	美国	允许误差	作用		
1	数量级估算或称"拍脑袋"估算、"比例"估算、"球场"估算	<±30%	设想兴趣粗略筛选	毛估	20%~30%	判断是否进行下一段工作	7	产品大纲、工厂规模、工厂厂址和布置(包括车间组成)
2	研究性估算、或称评价估算、初步估算	≤±20%	判断下达设计任务书	研究性估算或称初估	15%~20%	设想列入投资计划	10	除上所列还包括设备表及设备价格表
3	预算性估算或称认可估算	<±10%~15%	决心下达设计任务书批准资金	初步估算	10%~15%	据此列入投资计划	14	除上所列还包括马达功率表、管线及仪表示意图、电器原理单线图
4	控制估算、确切估算	<±10%	控制投资	确切估算	5%~10%	确定投资额	21	除上所列还包括建筑结构一览表、现场施工条件
5	详细估算、投标估算、最终估算	≤±5%	投标定合同拨款	详细估算	<5%	投标订合同拨款	61	除上所列还包括详细的施工图和技术说明书

资料来源:刘芳,黄忠.固定资产投资估算国内外比较分析[J].基建优化,2003(4):26-29.

投资估算还要求估算范围与项目建设方案涉及的范围和各项工程内容一致。估算的工程内容和费用构成齐全,计算合理,不提高或降低估算标准,不重复计算或遗漏。确保基础资料完整,方法科学。在估算选取指标与具体工程之间存在标准或条件差异时,应进行必要的换算或调整。估算准确度应能够满足建设项目决策分析与评价不同阶段的要求。

（2）估算方法选择举例

以长输管道建设项目为例,项目投资估算的主要影响因素包括管道长度、管道直径、年输量等,投资主要集中在管道的建设上。可用的投资估算方法涵盖传统的输量规模指数估算法（生产能力指数法）、分项工程投资指标估算法（分项详细估算法）、吨钢材投资指标估算法等。

生产能力指数法是根据已建设类似项目的投资情况对待建设项目的投资进行预测,适用于项目生产能力由设备规模决定的情况,对于运输管道建设项目,找到与待建项目有相同长度的已建设完成的长输管道项目,就可以使用生产能力指数法对待建项目投资进行估计。但显然会存在较大的估计误差,运输管道年输送量等都会存在一定差异,所以生产能力指数法往往仅用于初期的项目可行性研究。如果有更精确的估计要求,比如用于中后期详细的可行性研究,则需要使用分项类比估算法,将待建项目和已建项目进行分项,比如长输管道项目要分为线路、站场、输电、通信等,根据各个分项的投资指标逐一进行估算,得到更为精确的估计结果。

2）投资估算依据及作用

投资估算的编制依据主要有以下几个方面:

①国家、行业和地方政府的有关规定。

②工程勘察与设计文件,图示计量或有关专业提供的主要工程量和主要设备清单。

③行业部门、项目所在地工程造价管理机构或行业协会等编制的投资估算指标、概算指标、工程建设其他费用定额、综合单价、价格指数和有关造价文件等。

④类似工程的各种技术经济指标和参数。

⑤工程所在地的同期的项目材料的市场价格,建筑工艺及附属设备的市场价格和有关费用。

⑥政府有关部门发布的价格指数、利率、汇率等相关参数。

⑦与建设项目相关的工程地质材料、设计文件图纸等。

最终得到的投资估算结果是项目进行机会研究和完成可行性研究报告的重要组成部分,既是项目决策依据之一,又是该项目实施阶段投资控制的目标值。投资估算在建设工程的投资决策、造价控制、筹集资金等方面都有重要作用,估算结果可以作为投资决策、融资方案、初步设计概算的依据,经济评价的基础。

3.2.3 建设投资估算

建设投资的估算方法分为简单估算法和分类估算法,需要对照不同阶段对投资估算的精度要求进行选择。简单估算法往往仅应用于投资机会和初步可行性研究阶段;可行性研究和项目前评估则要改换分类估算法。

1）简单估算法

简单估算法包括单位生产能力估算法、生产能力指数法、比例估算法、系数估算法和估算指标法。投资机会研究阶段一般采用最为粗略的单位生产能力估算法。初步可行性研究阶段一般采用估算指标法，生产能力指数法、比例估算法、系数估算法等也有应用。可行性研究阶段则一般采取精度更高的分类估算法，对于不同类型的项目也存在例外，比如考虑各个成本费用地区时期差异也会选用估算指标法。

（1）单位生产能力估算法

该方法根据已建成的性质类似的建设项目的单位生产能力投资乘以拟建项目的生产能力来对拟建项目的投资额进行估算，具体公式为：

$$K_2 = Q_2 \frac{K_1}{Q_1} CF \qquad (3.1)$$

式中　K_2——拟建项目的投资估算值；

　　　K_1——已建类似项目的投资额；

　　　Q_2——拟建项目的生产能力；

　　　Q_1——已建类似项目的生产能力；

　　　CF——不同时间、不同地点的定额、单价、费用变更等的综合调整系数。

此种方法适用于建设投资和生产能力关系接近线性的项目，比如污水处理厂，污水处理能力与处理厂数量近似线性相关时，就可以使用本方法进行简单估计。同时注意选取作为对照的已建项目要与拟建项目高度相似，仅在规模大小和项目开始时间上存在差异。如在2019年建设污水处理能力为20万立方米/天的污水处理厂时，就可以参照情况类似的2014年某一污水处理能力为10万立方米/天的污水处理厂建设项目，并根据差异确定调整系数CF为1.25。若已建成项目建设投资12 000万元，则拟建项目的建设投资估算额为37 500万元。

（2）生产能力指数法

该方法同样根据已建成的类似项目的生产能力和投资额来对新建项目静态投资额进行粗略估算。差异在于此方法中建设项目的投资额与生产能力呈非线性关系，需要通过生产能力指数n加以表征，适用于能够根据项目性质确定合理的生产能力指数的情况。

投资估算公式：

$$K_2 = K_1 \left(\frac{Q_2}{Q_1} \right)^n CF \qquad (3.2)$$

式中　K_2——拟建项目的投资估算值；

　　　K_1——已建类似项目的投资额；

　　　Q_2——拟建项目的生产能力；

　　　Q_1——已建类似项目的生产能力；

　　　n ——工程能力指数；

　　　CF——不同时间、不同地点的定额、单价、费用变更等的综合调整系数。

n 的取值一般在 0～1，平均值在 0.6，具体确定方法为：生产规模比值 $\frac{Q_2}{Q_1}$ 在 0.5～2 时，$n=1$。生产规模比值在 2～50，且拟建项目规模的增大仅靠增大设备生产能力来达到时，n

取值在 0.6~0.7;若靠增加设备数量达到目的时,n 的取值在 0.8~0.9。

该方法源于对化工厂投资情况的统计分析结果,所以适用于此类项目的估算,比如计划建设乙烯装置,要求年产 50 万吨,已知建设年产 10 万吨乙烯的装置投资额为 50 000 万元,若仅靠增大设备规模来达到项目规模的扩大,确定 n 的取值为 0.6,调整系数 CF 为 1.2,代入公式得到拟建项目的投资额为 157 591.70 万元。生产能力指数法计算方便快速,精度略高于单位生产能力估算法,但依旧只能用于项目可行性研究之前的阶段,在详细的工程设计尚未明确的阶段(设计深度尚未达到)进行预先的投资估计。

(3)比例估算法

此方法适合设备投资所占比例较大的工程项目,是以拟建项目或装置的设备购置费为基数,根据已建成的同类项目的建筑工程费、安装工程费和其他费用等占设备价值的百分比求出相应费用,再加和得到拟建项目或装置的总投资额:

$$K = E(1 + f_1 P_1 + f_2 P_2 + f_3 P_3) \tag{3.3}$$

式中　K——拟建工程(或设备)的投资估算值;

　　　E——根据设备清单按现行价格计算的设备费的总和;

　　　P_1,P_2,P_3——已建成项目中的建筑、安装及工程建设其他费用分别占设备费的百分比;

　　　f_1,f_2,f_3——由于时间因素引起的定额、价格、费用标准等变化的综合调整系数。

比如某拟建项目设备购置费为 20 000 万元,根据已建同类项目的统计资料可知建筑工程费占设备购置费的 18%,安装工程费占设备购置费的 7%,工程建设其他费用占设备购置费的 6%,调整系数均为 1.2,可以得到拟建项目建设投资的估算额 $K = 20\ 000 \times (1 + 1.2 \times 18\% + 1.2 \times 7\% + 1.2 \times 6\%) = 31\ 440$ 万元。

类似方法也可以将拟建项目中投资比例较重的工艺设备投资额作为基数,根据已建同类型项目的统计资料对拟建项目各专业工程费占工艺设备的比例进行计算,得到各专业投资的估算结果,再与其他费用进行加和。比如对于冶炼工厂工艺设备投资进行估算,收集资料得到土建、化工、收尘、电力、仪表等专业工程费占工艺设备费的比例,再进行估算。

(4)系数估算法

①朗格系数法。该方法同样以设备购置费为基数,根据其他费用占设备购置费的比例来对项目建设投资进行估计。

$$K = E(1 + \sum k_i) k_C \tag{3.4}$$

式中　K——建设投资;

　　　E——设备购置费;

　　　k_i——管线、仪表、建筑物等各项费用的估算系数;

　　　k_C——管理费、合同费、应急费等间接费在内的总估算系数。

相比于比例估算法,朗格系数法中估算系数的处理更加细化,适合在工艺设备已经选定,而其他设施还未设计时选择使用,但同样存在没有考虑项目规模、不同地区环境条件差异等因素的问题,估算准确度较低。

②设备及厂房估算法。如果设计方案已确定了生产工艺,并初步选定了工艺设备、进行

了工艺布置,则可以改用设备及厂房估算法。该方法基于拟建项目工艺设备投资和厂房土建投资来进行估算,首先根据设备重量和厂房的高度、面积分别估算工艺设备投资和厂房土建投资,再参照类似项目的统计资料确定其他工程的估算系数,与设备关系较大的按照设备投资系数进行计算,与厂房土建关系较大的按照厂房土建投资系数计算,两类投资加和,最后加上拟建项目的其他有关费用,得到拟建项目的建设投资。

例如对于某小型发电工程,工艺设备和安装费用的总和为 140 000 万元,厂房土建费用为 120 000 万元,其他各专业工程投资系数为:工艺设备 1,汽机设备 0.04,余热锅炉 0.14,化水 0.02,烟气净化 0.09,动力 0.06,仪表 0.07,给排水 0.05,系数合计为 1.47;厂房土建 1,暖通 0.03,照明 0.02,工业管道 0.01,总图 0.03,系数合计为 1.09。则项目总投资为 336 600 万元。

此种方法适用于涉及多项专业工程,且工艺设备和土建投资之和占据绝大部分投资的项目,选取两个基数分别对工艺设备相关工程和厂房土建相关工程进行估算,能够较为精细地在投资估算中落实各项内容,但同时也需要设计达到一定深度来提供估算依据的支持。

(5)估算指标法

估算指标法是将工程项目打散,以单项工程或单位工程为对象,综合各类成本费用进行投资估算的方法。

单项工程指标通过达到单项工程生产能力需要的单位投资额来表示,比如工业窑炉砌筑以元/平方米表示,锅炉房以元/蒸汽吨表示;单位工程指标也细分到特征进行分别定义,比如道路不同结构层、面层以元/平方米表示,管道区别不同材质、管道直径以元/米表示。相应指标都可以根据不同地区或时期材料、人工费等的不同加以调整。根据这些指标,乘以所需的单位数量,就可求出相应的各单位工程投资。在此基础上,再估算工程建设预备费、贷款利息、铺底流动资金及其他费用,即可求出新建项目所需的全部投资。

估算指标法主要用于初步可行性研究阶段,对于建筑安装工程费及公用和辅助工程等配套工程也可以扩展到可行性研究阶段。可以认为是在单位生产能力法的基础上,细化到单项工程逐一处理,在系数上有更大的调整空间,对项目情况的刻画更为细致,因此拥有更高的精度。

2)分类估算法

建设投资分类估算法是将建设投资分为工程费用(建筑工程费、设备购置费、安装工程费)、工程建设其他费用和预备费(基本预备费、涨价预备费)几个类别,分别进行估算的方法。它是工程建设投资估算中精确度相对较高的一种方案。

估算步骤:

①对建筑工程费、设备购置费和安装工程费进行估计,加总得到工程费用;

②在工程费用基础上估算工程建设其他费用;

③在工程费用和工程建设其他费用的基础上估算基本预备费;

④在确定工程费用各年投资计划的基础上估算涨价预备费。

(1)设备购置费概念及计算

设备购置费由设备或工器具原价和运杂费(包括设备成套公司服务费)组成。新建项目和扩建项目的新建车间购置或自制的全部设备、工具、器具,无论是否达到固定资产标准,均计入设备购置费中。设备购置费分为外购设备费和自制设备费。外购设备是指设备生产厂制造,符合规定标准的设备。自制设备是按订货要求,并根据具体的设计图自行制造的设备。

①达到固定资产标准的设备费的组成和计算。国产标准设备原价:一般指设备制造厂的交货价,即出厂价。若设备由设备成套公司供应,则以订货合同价为设备原价。若设备有带备件的出厂价,则按带备件出厂价计算。国产非标准设备原价:国产非标准设备是指国家尚无定型标准,各设备生产厂不可能在工艺中采用批量生产,只能按订货要求并根据具体的设计图制造的设备。非标准设备由于单件生产、无定型标准,因此无法获取市场交易价格,只能按其成本构成或相关技术参数估算其价格。公式如下:

$$自制设备购置费 = \sum（设备数量×设备单价） \tag{3.5}$$

非标准设备原价按成本构成和相关技术参数有多种估算方法,如成本计算估价法、系列设备插入估价法、分部组合估价法、定额估价法等。其中成本计算估价法最为常用,单台非标准设备原价由材料费、加工费、辅助材料费、专用工具费等十项组成。

进口设备抵岸价是指抵达买方边境港口或边境车站且缴完关税之后的价格。其中对于进口设备,有内陆交货、目的地交货和装运港交货三种方式,货物所有权转移的节点有所不同,相应买卖双方承担的风险大小也有差异,但价格均按关税后抵岸价计。

$$进口设备抵岸价 = 货价 + 国外运费 + 国外运输保险费 + 银行财务费 +$$
$$外贸手续费 + 进口关税 + 增值税 + 消费税 \tag{3.6}$$

设备运杂费构成及计算:设备运杂费包括货物运输到工地仓库(或施工组织设计指定的需要安装设备的堆放地点)所发生的运费和装卸费、设备出厂价格中没有包含的包装材料器具费、供销部门的手续费、建设单位(或工程承包公司)的采购与仓库保管费。估计时采用以下公式进行计算:

$$设备运杂费 = 设备原价 × 设备运杂费率 \tag{3.7}$$

式中,设备运杂费率按各部门及省、市等的规定计取。

②工器具及生产家具购置费的构成和计算。工器具及生产家具购置费是指新建项目或扩建项目初步设计规定所必须购置的不够固定资产标准的仪器、工夹模具、器具、生产家具和备品备件的费用。其计算公式一般为:

$$工器具及生产家具购置费 = 设备购置费 × 定额费费率 \tag{3.8}$$

(2)建筑、安装工程费

建筑工程费是指建筑物、构筑物及与其配套的线路、管道等的建造、装饰费用。安装工程费是指设备、工艺设施机器附属物的组合、装配、调试等费用。建筑、安装工程费包括直接费、间接费、利润和税金。

①直接费是在施工过程中耗费的构成工程实体的各项费用,以及按综合计费形式表现的措施费用,包括人工费、材料费和施工机具使用费和其他直接费。

②间接费是指企业为完成承包工程而组织施工生产、经营管理所发生的费用。内容包括管理人员薪酬、办公费、差旅交通费、施工单位进场费、非生产性固定资产使用费、工具用具使用费、劳动保护费、财务费、税金,以及其他管理性的费用。

$$间接费 = 计算基数 × 间接费费率(\%) \tag{3.9}$$

工程造价管理机构在确定上述费率时,应根据历年工程造价积累的资料,辅以调查数据确定。

③利润是指企业完成所承包工程获得的盈利。利润的计算公式一般为:

$$利润 = 计算基数 \times 利润率(\%) \tag{3.10}$$

施工企业根据企业自身需求并结合建筑市场实际自主确定利润,列入报价中。

④税金是国家税法规定的应计入建筑安装工程造价内的增值税、城市建设税及教育费附加等。税金估算方式在后续小节中说明。

(3)工程建设其他费用

工程建设其他费用是指建设期发生的与土地使用权取得、整个工程项目建设以及未来生产经营有关的,除了工程费用、预备费、增值税、资金筹措费、流动资金以外的费用。包括土地使用和其他补偿费、建设管理费、可行性研究费、专项评价费、勘察设计费、研究试验费等。

(4)预备费

①基本预备费。基本预备费是指在项目实施过程中可能发生的不可预见的支出,需要提前预留出的费用。主要包括设计变更及施工过程中可能增加工程量的费用;一般自然灾害造成的损失和预防自然灾害所采取的措施费用等。

$$基本预备费 = (设备及工器具购置费 + 建筑安装工程费用 + 工程建设其他费用) \times$$
$$基本预备费率 \tag{3.11}$$

②涨价预备费。涨价预备费是指为预防工程项目在建设期内由于物价上涨、汇率变化等因素影响而需要增加的费用,对于建设工期较长的项目尤为必要。涨价预备费计算公式为:

$$PF = \sum_{t=1}^{n} I_t \left[(1 + f)^m (1 + f)^{0.5} (1 + f)^{t-1} - 1 \right] \tag{3.12}$$

式中　PF——涨价预备费;

　　　n——建设期年费数;

　　　I_t——建设期中第 t 年的静态投资额;

　　　f——年均价格上涨率;

　　　m——建设前期年限。

3)建设投资估算方法选择

进行建设投资估算时,可根据项目实际情况进行方法选择。建设投资估算各方法的适用情况,见表3-3。

表3-3　建设投资估算各方法的适用情况

项目阶段	方法	适用项目的特征	方法优势
机会研究	单位生产能力估算法	可以找到已建成类似项目,投资额和生产能力呈线性	简单方便,对设计深度要求低

续表

项目阶段	方法	适用项目的特征	方法优势
预可行性研究	生产能力指数法	可以找到已建成类似项目,投资额和生产能力非线性	简单方便,对设计深度要求低,投资和生产能力关系描述更准确
	比例估算法	设备投资/工艺设备投资占比大	分类建筑安装工程费和其他费用进行估算,精确度提升
	系数估算法	朗格系数法:工艺设备已选定,其他设施尚未设计;设备及厂房系数法:生产工艺、设备、布置均已确定	进一步落实各个分项的投资系数估计,精确度提升
	估算指标法	涵盖工程指标较多需要分别估计	细化到单项工程或单位工程,进一步提升估算准确性
可行性研究	分类估算法	项目设计较为成熟,可以提供足够翔实的估算依据	相对精确度最高
评价和决策前期	分类估算法	项目设计较为成熟,可以提供足够翔实的估算依据	相对精确度最高

3.2.4　建设期利息估算

建设期利息是工程项目在建设期间发生并计入固定资产的利息。国内银行借款利息按现行贷款计算,国外贷款利息按协议书或贷款意向书确定的利率以复利计算。

1)前期准备

在进行建设期利息估算前,需要确认以下内容:

①建设投资估算及分年计划;

②项目资本金(注册资本)数额及其分年投入计划;

③确定项目债务资金的筹措方式(银行贷款或企业债券)及债务资金成本率(银行贷款利率或企业债券利率及发行手续费等)。

2)估算方法

建设期利息的计算要根据借款在建设期各年年初发生或在各年年内均衡发生的情况采用不同的计算公式。

(1)年中发放贷款

投资估算中为简化常假定借款发生在每年年中,借款第一年按半年计息。

实际中计息方式的不同反映在建设期利息计算上即年利率的差异,国内贷款建设项目建设期利息,一般采用近似复利公式计算:

$$建设期每年应计利息 = (以前年度贷款本息累计 + \frac{本年度贷款额}{2} \times 实际年利率)$$

$$(3.13)$$

当采用自有资金付息,按单利计算时可将上式实际年利率改为名义年利率。

（2）年初发放贷款

若借款在建设期各年的年初发生,建设利息的计算公式如下,计息方式选择与年中发放相同。

$$建设期每年应计利息 = (以前年度贷款本息累计 + 本年度贷款额) \times 实际年利率$$

$$(3.14)$$

3.2.5　流动资金估算

流动资金是在项目建成后,供企业在生产过程中周转使用的资金,是流动资产与流动负债的差额。估算方法有扩大指标估算法、定额天数法和分项详细估算法。其中前两种方法较为简化但准确度较低,只适用于初步可行性研究阶段的流动资金估算。或对于一些流动资金量较小或非制造业的项目,在可行性研究阶段也可以酌情使用扩大指标估算法。分项详细估算法由于对流动资产和流动负债的主要构成要素进行了详细的划分,有着更高的准确度,能够用于可行性研究阶段。

1）扩大指标估算法

扩大指标估算法一般参照同类生产企业流动资金占销售收入、经营成本、固定资产投资的比率,以及单位产量占流动资金的比率来确定流动资金数额。

$$定额流动资金 = 工业总产值(百元) \times 每百元产值占用定额流动资金 \quad (3.15)$$

2）分项详细估算法

分项详细估算法的基本思路是先按照项目各年生产运行的强度,估算出各大类流动资产的最低需要量。加总以后减去该年估算出的正常情况下的流动负债,即得到该年需要的流动资金,再减去往年已经注入的流动资金,最终得到该年流动资金的增加量。当项目达到正常的生产运行水平之后,就可以不再投入流动资金。具体公式如下:

$$流动资金 = 流动资产 - 流动负债 \quad (3.16)$$
$$流动资产 = 应收账款 + 存货 + 现金 \quad (3.17)$$
$$流动负债 = 应付账款 + 应付票据 + 其他应付款 \quad (3.18)$$

在流动资金估算时要首先确定各分项的最低周转天数,计算出周转次数,再进行分项估算。

$$周转次数 = \frac{360}{最低周转天数} \quad (3.19)$$

各类流动资产和负债的最低周转天数参照同类企业的平均周转天数并结合项目特点或按部门行业的规定确定,在确定最低周转天数时应考虑储存天数、在途天数和适当的保险系数。

流动资产的估算按组成流动资产的四部分分别进行。其中存货是企业在日常生产经营过程中持有以备出售,或仍在生产过程中将被消耗的材料物料等。包括外购原材料、燃料,其他材料,在产品和产成品。应收账款是企业对外销售商品提供劳务尚未收回的资金。预付账款是企业为购买各类材料、半成品或服务所预先支付的款项。现金是项目流动资金中为维持正常生产运营所必须预留的货币资金。由于流动资金的显著特点就是在生产过程中不断周转,周转额的大小与生产规模和周转速度直接相关,因此分项详细估算法对各项流动资产和流动负债的估算都是基于周转额和周转速度的关系确定的,如在产品、产成品等,具体估算公式如下:

$$存货 = 外购原材料、燃料和动力费 + 在产品 + 产成品 \tag{3.20}$$

$$外购原材料、燃料和动力费 = \frac{年外购原材料、燃料和动力费}{周转次数} \tag{3.21}$$

$$在产品 = \frac{年外购原材料燃料动力费 + 年工资 + 年修理费 + 年其他制造费}{在产品周转次数} \tag{3.22}$$

$$产成品 = \frac{年经营成本}{产成品周转次数} \tag{3.23}$$

$$应收账款 = \frac{年经营成本}{应收账款周转次数} \tag{3.24}$$

$$现金 = \frac{年工资 + 年其他费用}{现金周转次数} \tag{3.25}$$

流动负债是指将在一年或超过一年的营业周期内偿还的债务,包括短期借款、应付票据、应付账款、预收账款、应付工资、预提费用和一年内到期的长期借款等。在项目评价中,流动负债的估算可以只考虑应付账款。项目费用涉及外购原材料、燃料费和动力费,都按下式估算应付账款:

$$应付账款 = \frac{外购原材料、燃料和动力费}{应付账款周转次数} \tag{3.26}$$

在流动资金估算过程中需要注意:投入产出物价格应包含增值税,如果不包含,要将销项税额和进项税额纳入相应成本支出当中;流动资金估算应按照实际生产运营计划和生产负荷率百分比逐年进行。

3.2.6 投资估算案例

【例3-1】某项目建设期三年,第一年完成全部投资的25%,第二年完成45%,第三年完成30%,第四年全部投产,投产当年达到生产能力的60%,第五年项目生产负荷达到设计生产能力的90%,第六年达到100%,项目运营期总计12年。该项目工程费用与工程建设其他费用的估算额为45 000万元,基本预备费为5 000万元,暂不考虑涨价预备费。

建设资金来源包括自有资金和贷款,贷款总额30 000万元,贷款年利率12.48%(按月计息),工程项目达到生产设计能力之后,全厂定员100人,每人每年工资6万元。每年其他费用约1 200万元。年外购原材料、燃料费估算为20 000万元。年经营成本24 000万元,年修理费占经营成本的10%,各项流动资金最低周转天数分别为:应收账款30天,现金40天,应付账款30天,存货40天。据此进行投资估算。

【解】

（1）建设期利息计算

$$贷款有效利率 = \left(1 + \frac{名义利率}{年计息次数}\right)^{年计息次数} - 1 = \left(1 + \frac{12.48\%}{12}\right)^{12} - 1 = 13.22\%$$

各年投资本金

第 1 年：30 000×25% = 7 500 万元

第 2 年：30 000×45% = 13 500 万元

第 3 年：30 000×30% = 9 000 万元

各年应计利息

每年应计利息 =（年初借款本息累计额+本年借款额/2）×年实际利率

第 1 年：(0+7 500/2)×13.22% = 495.75 万元

第 2 年：$\left(7\ 500 + 495.75 + \dfrac{13\ 500}{2}\right) \times 13.22\% = 1\ 949.39$ 万元

第 3 年：$\left(7\ 500 + 13\ 500 + \dfrac{9\ 000}{2} + 495.75 + 1\ 949.39\right) \times 13.22\% = 3\ 694.35$ 万元

利息合计 = 495.75+1 949.39+3 694.35 = 6 139.49 万元

（2）流动资金估算

使用分项详细估算法

①应收账款 $= \dfrac{年经营成本}{应收账款周转次数} = \dfrac{24\ 000}{360/30} = 2\ 000$ 万元

②现金 $= \dfrac{年工资+年其他费用}{现金周转次数} = \dfrac{100\times6+1\ 200}{360/40} = 200$ 万元

③存货

外购原材料、燃料和动力费 $= \dfrac{年外购原材料、燃料和动力费}{周转次数} = \dfrac{20\ 000}{360/40} = 2\ 222.22$ 万元

在产品 $= \dfrac{年工资+年修理费+年其他制造费}{在产品周转次数} = \dfrac{600+2\ 400\times10\%+1\ 200}{360/40} = 226.67$ 万元

产成品 $= \dfrac{年经营成本}{产成品周转次数} = \dfrac{24\ 000}{360/40} = 2\ 666.67$ 万元

存货 = 外购原材料、燃料和动力+在产品+产成品 = 2 222.22+226.67+2 666.67

　　　　　　　　　　　　　　　　 = 5 115.56 万元

④流动资产 = 应收账款+现金+存货 = 2 000+200+5 115.56 = 7 315.56 万元

⑤应付账款 $= \dfrac{外购原材料、燃料动力费}{应付账款周转次数} = \dfrac{20\ 000}{360/30} = 1\ 666.67$ 万元

⑥流动负债 = 应付账款 = 1 666.67 万元

流动资金 = 流动资产−流动负债 = 7 315.56−1 666.67 = 5 648.89 万元

（3）项目总投资估算

根据建设项目总投资的构成内容，得到拟建项目总投资的估算额：

拟建项目总投资估算额 =（工程费用+工程建设其他费用+预备费）+建设期利息+流动资金

　　　　　　　　　　 = 45 000+5 000+6 139.49+5 648.89 = 61 788.38 万元

3.3 费用与成本

3.3.1 成本概念及分类

工程项目自建设投产起会开始一系列产品和服务的生产经营活动,在这期间必然伴随着活劳动和物化劳动的消耗,此类消耗的货币表现就是产品和服务的成本。

1)总成本费用

总成本费用是指一定时期内为生产和销售一定数量和质量的产品所花费的全部费用,会导致所有者权益减少,是为取得收入而导致的资产减少或负债增加,按不同标准有多种分类方法。按经济内容和性质分类可以分成购置劳动对象的费用、购置劳动资料的费用和支付职工薪酬的费用;按照生产要素的构成可以将总成本费用分为外购原材料、燃料和动力费、工资及福利费、折旧费、摊销费、修理费、财务费用(利息支出)和其他费用;按经济用途可分生产成本和期间费用,以此种最常用的方法为例对总成本费用进行如下展开:

(1)生产成本

生产成本也称制造成本,是工业企业为制造一定种类和数量的产品所发生的各项生产费用的总和,包括直接材料费、直接工资、其他直接支出和制造费用等。

①直接材料费:直接材料费是指在生产过程中由于产品生产而直接消耗的各种物资费用,包括生产经营过程中实际消耗的原材料、辅助材料、外购半成品、备品配件、燃料、动力、包装物和其他直接材料费用。

②直接工资:直接工资是指在生产过程中直接从事产品生产人员的工资性消耗,包括工资、奖金、补贴等。

③其他直接支出:其他直接支出包括直接从事产品生产人员的职工福利费等。

④制造费用:制造费用是组织和管理生产所发生的各项间接费用,包括管理人员的工资补贴,生产作业单位房屋建筑和机器设备的折旧费,维修护理费、取暖水电费、运输保险费、停工损失等。

其中直接材料、直接工资、其他直接支出三项构成产品的直接成本;制造费用为间接成本。

(2)期间费用

期间费用是企业当期发生的,虽然与具体产品或工程没有直接联系,但需从当期收入中得到补偿的费用。由于仅与当期实现的收入相关,应直接计入当期损益。期间费用主要包括销售费用、财务费用(筹集资金时发生的费用如利息支出)和管理费用。

①销售费用:销售费用是指销售商品、提供劳务等日常经营过程中发生的各项费用以及专设销售机构的各项经费,包括应由企业负担的运输、装卸、包装、保险费用,广告费和销售部门人员工资福利,折旧费用等。

②财务费用:财务费用是指在企业筹集资金等财务活动中发生的各项费用,包括生产经营期间发生的利息净支出及其他财务费用(汇兑净损失、外汇调剂手续费、支付给金融机构的手续费)。

③管理费用:管理费用是指企业行政管理部门为管理和组织生产经营活动而发生的一般管理费。包括管理人员工资和福利费、折旧费、修理费、无形资产和递延资产摊销费及其他管理费用。

2)其他成本概念

(1)经营成本

经营成本是工程经济中的常用指标,是从总成本费用中分离出来的一部分费用,是在总成本费用基础上扣除固定资产折旧费、维简费、无形资产及递延资产摊销费和财务费用(流动资金贷款利息)之后剩余的部分。

经营成本=外购原材料、燃料和动力费+工资及福利费+修理费+其他费用

按照工程经济的分析方法需要考虑现金流入流出,但对于会计核算而言,一定期间内由于生产销售产品、提供劳务而实际发生的现金支出,折旧费、维简费、摊销费等费用是过去投资在使用期的分摊,再次计为现金流出会导致重复计算,所以去除折旧、摊销费用。维简费又称更新改造资金,是从成本中提取用于维持简单再生产的资金,与折旧性质类似,一并处理。而利息支出在以全部投资为计算基础的全部现金流量表中不作为现金流出,自有资金现金流量表中又将借款利息作为单列项目,不计入经营成本,所以利息也需要扣除。最终得到经营成本作为对会计核算的辅助。

(2)固定成本和可变成本

按照各种费用与产品或服务数量的关系可以将总成本费用划分成固定成本和可变成本两部分。

固定成本是指在一定生产规模限度内,不随产品或服务数量的增减而变化的费用,如折旧费、摊销费、修理费、计件工资以外的工资及福利费和其他费用等。通常把运营期发生的全部利息也作为固定成本。

可变成本是指产品成本中随产品或服务数量的增减而变化的费用,如外购原材料、燃料和动力费及计件工资。

另外,有一些受到产量影响但并非成比例变化的成本,称为半可变(半固定)成本,比如运输费,可以进行进一步分类和分解。

(3)机会成本

机会成本是指将某种资源用于某一用途而放弃的其他用途中可以获得的最高收益。机会成本可以帮助我们在资源有限的条件下寻找最佳的投资方向。应用机会成本进行方案选择时,计算内在收益(内在收益=方案实际收入-机会成本),内在收益若为正,则可以选择该方案。

(4)沉没成本

沉没成本是过去已支出现在无法补偿的成本。提醒人们在进行决策时不要考虑过去已经花费且不能收回的费用。

(5)环境成本

环境成本是指在生产经营过程中,从资源开采、生产、运输、使用、回收到处理,解决项目所造成的环境污染和生态破坏所需要的费用。

3.3.2　成本与费用的关系

费用与成本同样是企业除偿债性和分配性支出以外的支出,是经济资源的耗费,但成本并非针对期间而言,而是针对一定产品而言,是对象化的费用,由费用组成,但并非所有费用都能计入成本。

以生产费用计入成本为例,生产费用是指为生产产品而发生的与其生产直接相关的费用,如原材料费、人工费等,在计入生产成本时需要明确产生费用的具体对象,计入对应产品的生产成本当中。另外对于生产费用已经发生,但应由以后多个会计期间承担的生产成本的情况,应按会计分期假设和权责发生制的要求,分摊计入各个会计期间中。同样对于应计入生产成本但尚未实际支付的生产费用,也应提前分期计入生产成本。

而对于与一定期间相联系,并不依托于某种产品的期间费用,不计入任一产品成本,而是直接从企业当期销售收入中进行扣除。

3.3.3　总成本费用估算

总成本费用估算主要使用生产要素估算法,各年成本费用是外购原材料、燃料及动力费,工资及福利费,修理费,折旧与摊销费,财务费用和其他费用的加总,各项费用的估算方式如下:

1)外购原材料、燃料及动力费

对耗用量大的主要原材料、燃料及动力,应分别按其年消耗量和供应单价进行估算,然后汇总。

$$外购原材料、燃料及动力费 = \sum 年消耗数 \times 原材料、燃料及动力供应单价 \quad (3.27)$$

其他耗用量不大,但种类繁多的原材料、燃料及动力费,可以参照类似企业统计资料计算的其他材料、燃料及动力费占主要原材料、燃料及动力费的比率进行估算。

2)工资及福利费

工资及福利费是指企业为获得职工提供的服务而给予的各种形式的报酬以及其他相关支出,通常包括职工工资、奖金、津贴和补贴,以及医疗、养老公积金等当中由企业缴付的部分。工资及福利费一般按工程建设项目投产后各年所需的职工总数即劳动定员数和人均年工资及福利费水平进行估算。

$$工资及福利费 = 企业职工定员人数 \times 人均年工资及福利费 \quad (3.28)$$

3)修理费

修理费是指为保持固定资产的正常运转和使用,对其进行必要修理所发生的费用。按照修理范围的大小和修理时间间隔的长短还可以分为大修理和中小修理。

$$修理费 = 固定资产原值 \times 修理综合费率 \quad (3.29)$$

4)折旧与摊销费

折旧与摊销费用的概念与计算见下一小节。

5)财务费用

财务费用是指企业为筹集所需资金而发生的费用,包括利息支出、汇兑损失以及相关手续费。工程经济分析中通常只考虑借款利息支出。建设投资贷款在生产期间的利息支出应根据不同的还款方式和条件采用不同的计算方法。流动资金借款和短期借款利息由于当年支付,无须累计计息。长期借款利息一般采用复利,每期利息计算方法根据还本付息的方式具体确定,如常见的等额本金或等额本息法等。

长期借款复利计算公式如下：

$$每年应计利息 = \left(年初本金累计额 - \frac{本年还本数}{2}\right) \times 长期借款利率 \qquad (3.30)$$

$$最后一年应计利息 = \frac{剩余本金数}{2} \times 长期借款利率 \qquad (3.31)$$

6）其他费用

其他费用是指构成总成本费用的所有科目中,除上述成本费用以外的所有成本费用,包括生产部门的其他制造费用、管理部门的其他管理费用和销售部门的其他费用。其他制造费用是从管理费中扣除工资及福利费、折旧费、摊销费、修理费后的剩余部分,常按照扣除建设期利息后的固定资产原值的百分数进行估算,或按人员定额估算;其他管理费用是从管理费用中扣除工资及福利费、折旧费、摊销费、修理费后的剩余部分,常按照人员定额或工资及福利费总额的某一倍数进行估算;其他营业费用同样是从营业费中扣除上述费用后的剩余部分,通常按照营业收入的百分数进行估算。简便估算时,其他费用会参照同类工程项目的其他费用水平进行确定。

3.3.4　折旧与摊销费用计算

投资项目寿命期现金流量表中,折旧和摊销不作为现金流出。但在估算利润总额和所得税时是总成本费用的组成部分。

1）折旧的概念

固定资产在使用过程中会逐渐损耗,并伴随一定的价值丧失。因此需要在固定资产使用寿命内,通过确定的折旧方法对其折旧额在整个使用周期内进行系统的分摊。预计净残值是在固定资产使用寿命到期时可以被收回的价值,应计折旧额是固定资产原价扣除预计净残值后的金额,即应在使用期间被分摊掉的价值。固定资产折旧主要受到固定资产原值、固定资产净残值(估计残值和估计清理费用的差值)和固定资产估计使用年限三个因素的影响。

2）固定资产折旧相关规定

（1）折旧范围

《企业会计准则第 4 号——固定资产》规定,企业应当对所有固定资产计提折旧,已提足折旧但仍继续使用的固定资产、提前报废的固定资产和单独计价入账的土地除外。固定资产自增加的第二个月开始计提折旧,逐月进行,减少的固定资产从下月开始停止计提折旧。

（2）折旧年限

除国务院财政、税务主管部门另有规定外,固定资产计算折旧的最低年限如下:房屋、建筑物为 20 年;飞机、火车、轮船、机器、机械和其他生产设备为 10 年;与生产经营活动有关的器具、工具、家具等为 5 年；飞机、火车、轮船以外的运输工具为 4 年；电子设备为 3 年。

（3）折旧方法选择

企业应根据与固定资产有关的经济利益的预期实现方式，合理选择固定资产折旧方法。可选用的折旧方法一般有匀速折旧和加速折旧两类，匀速折旧法包括平均年限法、工作量法等；加速折旧法有双倍余额递减法和年数总和法等。企业有较大的权限进行自主选择，但需要在开始实行年度前向主管财政机关备案，一经确定不得随意变更，需要变更的，要在变更年度前申请批准。一般而言企业会长期沿用已经备案过的折旧方法，较少出现更改。

一般而言，对于企业内部的各类生产设备，由于采取平均年限法难以及时补偿生产设备的价值，采用工作量法又存在难以准确预计工作量的问题，特别是各类生产设备常年处于工作状态初期，损耗较为严重，因此采取加速折旧法更为适当。

对于不动产而言，由于损耗过程整体来说相对缓慢，设备的更新周期较为缓慢，而且不动产的更新需求相对较小，在固定资产的使用寿命周期内固定资产耗损较为平均，因此采用直线折旧方法更为合适。

（4）折旧相关政策

固定资产折旧政策每年都会有一定的变化，在进行相关估算时需要及时对照参考，2019年就进行了如下调整。

①对所有行业企业持有的单位价值不超过 5 000 元的固定资产，允许一次性计入当期成本费用在计算应纳税所得额时扣除，不再分年度计算折旧。

②企业在 2018 年 1 月 1 日至 2020 年 12 月 31 日期间新购进的设备、器具（除房屋、建筑物以外的固定资产），单位价值不超过 500 万元的，允许一次性计入当期成本费用在计算应纳税所得额时扣除，不再分年度计算折旧。

③对全部制造业企业 2019 年 1 月 1 日后新购进单位价值超过 500 万元的固定资产，可由企业选择缩短折旧年限或采取加速折旧的方法，其中制造业按照国家统计局《国民经济行业分类（GB/T 4754—2017）》确定。今后国家有关部门更新国民经济行业分类与代码，从其规定。

④对所有行业企业 2019 年 1 月 1 日后新购进的专门用于研发的仪器、设备，单位价值超过 500 万元的，可缩短折旧年限或采取加速折旧的方法。

3）折旧方法

（1）平均年限法

平均年限法又称直线折旧法，是指将固定资产按预计使用年限平均计算折旧，平均地分摊到各期的一种方法。此种方法下每期（年、月）的折旧额都是相等的。在忽略减值准备的情况下，公式为：

$$\text{固定资产年折旧率} = \frac{1 - \text{预计净残值率}}{\text{固定资产预计使用年限}} \times 100\% \quad (3.32)$$

$$\text{月折旧率} = \frac{\text{年折旧率}}{12} \quad (3.33)$$

$$\text{年折旧额} = \text{固定资产原值} \times \text{年折旧率} \quad (3.34)$$

平均年限法简单易行，但也存在一些问题。比如固定资产在投入使用的不同阶段带来的经济效益是不同的，工作效率一般会随着年限增长而逐步下降，相应带来的经济效益也会降低,但平均年限法显然忽略了这一变化。与此同时设备随着使用损耗逐渐增加,维修费用也可能增长,简单将折旧额平均分配到各期显然与固定资产的实际使用损耗不符。因此实践中也有使用根据实际工作量计提折旧的工作量法。

（2）工作量法

工作量法是按照固定资产预计可完成的工作量计提折旧额的一种方法,适用于各种大型机械、设备的折旧。

$$单位工作量折旧率 = \frac{固定资产原值 \times (1 - 残值率)}{预计总工作量} \times 100\% \tag{3.35}$$

在实际工作中工作量又被细分为适用于机器设备的工作实际数法和适用于机动车的行驶里程法。工作实际数法是指按固定资产总工作时数平均计算折旧额,行驶里程法是按固定资产行驶里程平均计算折旧额,各自对应公式如下:

$$单位工作小时应计提折旧额 = \frac{固定资产原值 \times (1 - 残值率)}{预计的工作总时长} \tag{3.36}$$

$$单位里程应计提折旧额 = \frac{固定资产原值 \times (1 - 残值率)}{总行驶里程} \tag{3.37}$$

$$某项固定资产月折旧额 = 该项固定资产当月工作量 \times 单位工作量折旧额 \tag{3.38}$$

比如对项目中一辆货车进行折旧,车辆原值为 200 000 元,预计净残值率 8%,预计总行驶里程 500 000 km,当年行驶里程 100 000 km,则可得到该固定资产的本年折旧额:100 000 km×$\frac{200\ 000\ 元 \times (1-8\%)}{500\ 000 km}$=36 800 元。工作量法一定程度上将折旧额与固定资产的实际损耗相联系,但由于在工作量的预计上存在一定难度,往往只适用于消耗程度易于计量的相应设备。

（3）年数总和法

年数总和法是以固定资产原值减预计净残值后的余额为基数,按照逐年递减的折旧率计提折旧的一种方法。在年数总和法中,折旧率是以该项固定资产预计可使用的年数(包括当年)作为分子,以逐年可使用的年数之和作为分母而计算的比率。分母为固定的,而分子逐年递减,因此计提的折旧额逐年递减。

$$年折旧率 = \frac{折旧年限 - 已使用年数}{折旧年限 \times \left(\frac{折旧年限 + 1}{2}\right)} \tag{3.39}$$

$$年折旧额 = (原值 - 残值) \times 年折旧率 \tag{3.40}$$

（4）双倍余额递减法

双倍余额递减法是在不考虑固定资产预计净残值的情况下,根据每年年初固定资产净值和双倍的直线法折旧率计算固定资产折旧额的一种方法,以固定资产账面价值为基数,计提的折旧额逐年递减。

$$年折旧率 = \frac{2}{折旧年限} \times 100\% \tag{3.41}$$

$$年折旧额 = 固定资产账面价值 \times 年折旧率 \tag{3.42}$$

需要注意的是,实行双倍余额递减法的固定资产,应在其折旧年限到期的前两年(即最后两年)内,将固定资产净值扣除预计残值后的净额平均分摊。

如某一原值为 300 000 元的进口设备,预计寿命为 5 年,预计净残值率 10%,采用双倍余额递减法,年折旧率 = $\frac{2}{5} \times 100\% = 40\%$,依次计算各年折旧额:

第一年:300 000×40% = 120 000 元

第二年:(300 000−120 000)×40% = 72 000 元

第三年:(300 000−120 000−72 000)×40% = 43 200 元

第四年:[(300 000−120 000−72 000−43 200)−300 000×10%]/2 = 17 400 元

第五年:17 400 元

4)摊销

摊销是无形资产和其他资产等一次性投入费用的分摊,在法律、合同或企业申请书规定的有效期限或受益期限内平均分摊。摊销费的性质与固定资产折旧费相同。

无形资产从开始使用之日起,在有效使用期限内和收益年限内平均分摊,计算摊销费。有效使用期限按下列原则规定:法律、合同或者企业申请书分别规定有法定的有效期限和受益年限的,取两者较短者为有效使用期限;法律没有规定有效期限的,按合同或者企业申请书规定的受益年限为有效使用期限;未有规定的按照不少于 10 年确定有效使用期限。

其他资产包括开办费和以经营租赁方式租入的固定资产改良支出等。开办费从企业开始生产经营起,按照不短于五年的期限平均分摊;以经营租赁方式租入的固定资产改良支出,在租赁有效期内平均分摊。

3.4　收入、利润及税金

3.4.1　收入的概念及计算

1)收入的概念

收入是企业技术方案实施后在销售商品、提供劳务以及让渡资产使用权等日常活动中所形成的经济利益的总流入。一般工业项目以销售收入为主要收入来源,分为产品销售收入和其他销售收入。营业收入是商品经过流通领域后给企业带来的真正效益,不同于同期总产值,是以出售时的市场价格计算的。

营业收入之外还有一部分为补贴收入,是政府出于扶持目的所给出的补贴,包括先征后返的增值税、按销量或工作量等按期给予的定额补贴以及其他形式的各类补贴。

2)收入的估算

不同等级产品和所提供的不同类型服务的收入都应计入营业收入,营业收入的计算应在正确估计各年生产能力利用率(或称生产负荷或开工率)的基础上按年产品销售量或服务量确定。

$$销售收入 = \sum 销售量 \times 销售价格 \tag{3.43}$$

(1)销售量的确定

在营业收入估算中,年销量(或服务量)的估算应先根据市场需求对产品(或服务量)的市场份额进行预测,进而合理确定企业的生产规模,再根据企业实际生产能力和各年运营的负荷确定最终年产量(或服务量)。在计算中,一般假定年生产量即为年销售量,当期产出扣除自用量后全部在当期销售,不考虑库存问题。但年销售量应按投产期和达产期分别测算。

(2)价格的测算

如果项目产品用于出口或替代进口产品,或是间接出口产品,需要在口岸价格的基础上确定销售价格。出口产品和间接出口产品可使用离岸价,替代进口产品可使用到岸价,或者直接以口岸价格为基础,参考其他相关因素确定销售价格。

如果同类产品或类似产品已在市场上销售,并且这种产品既与外贸无关也不在计划控制范围,则可以使用现行的市场价格作为产品的销售价格。也可以基于当前市场供求关系进行一定的浮动和调整。比如直接从目标市场价格中扣除运杂费得到。

如果项目产品是推出的新产品,在市场上尚无参考,则可以根据产品预计成本、利润和税金确定价格,公式如下:

$$出厂价格 = 产品计划成本 + 产品计划利润 + 产品计划税金 \qquad (3.44)$$

$$产品计划利润 = 产品计划成本 \times 产品成本利润率 \qquad (3.45)$$

$$产品计划税金 = \frac{(产品计划成本 + 产品计划利润) \times 税率}{1 - 税率} \qquad (3.46)$$

3.4.2 利润及分配

1)利润总额的估算

利润是一定会计期间内从事生产经营活动取得的财务成果,能够综合反映项目生产经营各方面的效益。在现行会计制度中,利润总额包括营业利润、投资获得的净收益、补贴收入和营业外收支净额,即:

$$营业利润 = 主营业务利润 + 其他业务利润 - 期间费用 \qquad (3.47)$$

$$利润总额 = 营业利润 + 营业外(收入 - 支出) + 补贴收入 \qquad (3.48)$$

在实际的估算中,为了简化,会假定不发生其他业务利润,也会忽略投资净收益、补贴收入和营业外收支差额。成本仅按主营业务成本、营业费用、管理费用和财务费用四项之和进行计算,利润总额表达式为:

$$利润总额 = 产品营业(销售)收入 - 税金及附加 - 总成本费用 \qquad (3.49)$$

2)所得税的估算

企业所得税是根据税法规定,在其生产经营和其他所得的基础上按规定税率进行缴纳的税款,是企业一项重要的现金流出。计算公式为:

$$应纳所得税额 = 应纳税所得额 \times 适用的所得税税率 \qquad (3.50)$$

其中应纳税所得额是每一年度的收入总额减去按照税法和财务制度规定的内容和标准准予扣除的项目后的余额。在实际计算中可通过对企业的税前会计利润进行调整而取得,工程项目中一般将利润总额作为企业所得。企业若发生年度亏损,可以顺序使用之后五年内的税前利润进行弥补,再用弥补后剩余的应纳税额缴纳所得税。

3）税后利润的分配顺序

税后利润即净利润，是当期利润总额减去所得税后的金额，在补偿财物损失、缴纳滞纳金罚款、补偿之前年度亏损之后，企业会对这部分利润按照下列顺序进行分配：

（1）计提法定盈余公积金

盈余公积金用于弥补公司亏损、扩大公司生产经营或者增加公司资本，分为法定盈余公积金和任意盈余公积金。公司在对税后利润进行分配时按 10% 的固定比例计提法定盈余公积，直到盈余公积金的累计额达到公司注册资本的 50% 则停止计提。任意盈余公积金的部分则由股东会根据需要进行确定，且在分配给优先股股东股利后进行。

（2）法定公益金

法定公益金用于职工集体福利设施建设，按 5% ~ 10% 的比例从净利润中进行提取。

（3）可供投资者分配的利润

可供投资者分配的利润是可供分配利润中去掉提取的法定盈余公积金和法定公益金之后的数额，投资者可对此部分利润按如下顺序进行分配：按利润分配方案向优先股股东分配现金股利；提取任意盈余公积金；按照利润分配方案向普通股股东和投资者代理人分配股利；以分派股票股利的形式转作资本，以利润转增资本。完成上述分配后若有未分配的利润可留在以后年度进行分配。

3.4.3 税金类别及计算方法

营改增全面实施后"营业税金及附加"的科目改为了"税金及附加"，包括对企业经营活动发生的消费税、城市维护建设税、资源税、教育费附加及房产税、土地使用税等相关税费的核算，而增值税是计算附加的基础。

1）增值税

增值税是以商品在流转过程中产生的增值额作为计税依据而征收的一种流转税。从计税原理上是对商品的生产流通和劳动服务等多个环节的新增价值或商品的附加价值征收的一种流转税。是由消费者所承担，有增值才征税。深化增值税改革后，2019 年 4 月 1 日起制造业等行业现行 16% 的税率降至 13%；交通运输业、建筑业等行业现行 10% 的税率降至 9%；6% 一档的税率保持不变，但通过采取对生产、生活性服务业增加税收抵扣等配套措施，确保所有行业税负只减不增。

销售货物或提供加工修理劳务以及进口货物的单位和个人就其实现的增值额缴纳增值税。在实际中商品所谓新增价值或附加值是很难进行准确计算的，因此一般情况下采用税款抵扣方式，根据销售商品或劳务的销售额，按照规定的税率计算销售税额（也称销项税额）之后再扣除取得该商品或劳务所支出的增值税额（也称进项税额），即得到增值部分应缴纳的税额。

$$应纳税额 = 当期销项税额 - 当期进项税额 \tag{3.51}$$

但在项目运营早期，可能会有可抵扣的固定资产进项税额，此时，应纳税额 = 当期销项税额−当期进项税额−可抵扣的固定资产进项税额。

上式中，销项税额是纳税人销售货物或提供应税劳务，按照销售额和增值税率计算并向购买方收取的增值税额，公式如下：

$$销项税额 = 销售额 \times 增值税率 = \frac{营业收入（含税销售额）}{1 + 增值税率} \times 增值税率 \quad (3.52)$$

进项税额是纳税人购进货物或接受应税劳务所支付或者负担的增值税额,由于外购原材料、燃料及动力费一般为含税价格,因此一般按照下式处理:

$$进项税额 = 销售额 \times 增值税率 = \frac{外购原材料、燃料及动力费}{1 + 增值税率} \times 增值税率 \quad (3.53)$$

2）消费税

消费税是国家对项目生产、委托加工和进口的部分应税消费品按差别税率或税额征收的一种税,在对货物普遍征收增值税的基础上,选择部分消费品再征收一道消费税,目的是调节产品结构,引导消费方向,保证国家财政收入。目前我国消费税有 11 个税目,除黄酒、啤酒、汽油、柴油产品采用从量定额方法以外,其他消费品均采用从价定率计税。

从价定率方法计算公式:

$$应纳税额 = 应税消费品消费额 \times 适用税率$$

$$= \frac{销售收入（含增值税）}{1 + 增值税率} \times 消费税率 = 组成计税价格 \times 消费税率$$

$$(3.54)$$

从量定额方法计算公式:

$$应纳税额 = 应税消费品销售数量 \times 适用税额 \quad (3.55)$$

应税消费品的销售额是纳税人销售应税消费品向买方收取的全部价款和价外费用,不包括向买方收取的增值税税款。

3）城市维护建设税

城市维护建设税是以纳税人实际缴纳的增值税、消费税的税额为计税依据征收的一种税,按纳税人所在地区实行差别税率,市区为7%,县城、镇为5%,乡村为1%。城市维护建设税具有附加税性质,它附加于纳税人缴纳的税额,本身并没有类似于其他税种的特定、独立的征税对象,税款专门用于城市的公用事业和公共设施的维护建设。

4）教育费附加

教育费附加是用于发展地方教育事业的预算外资金。凡缴纳产品税、增值税的单位和个人都应当按照该规定缴纳教育费附加。数额是在各缴纳人实际缴纳的消费税和增值税的基础上征收3%的教育费附加,地方教育费附加则按照2%计算。

5）资源税

资源税是国家对境内开采应税矿产产品或生产盐的单位和个人征收的一种税,包括以原油、天然气、煤炭为代表的矿产品和固体、液体盐。

【本章小结】

工程项目的目的是通过投入生产要素向社会提供一系列的物品或服务,分析该系统的现金流量等工程经济要素指标能够有效对工程项目进行经济评估。本章在现金流量的基础上,结合财务分析和国民经济分析的需要,对工程经济要素进行了补充和拓展。明确了工程项目投资的构成,以及在项目不同阶段、不同的估算精确度要求下可以采取的投资估算方法。介绍了工程项目运营期间成本与费用的相关概念,探讨了折旧对总成本费用估值的影响。最后以收入的逐步分配转化为脉络,梳理了利润分配的全过程。全章以现金流构成为指引,对后续进行工程经济分析需要的一系列基础数据的概念和估算方法进行了一一说明。

【习题与思考题】

一、选择题

1.拟建一个有400台设备的污水处理厂,已知同类型处理厂的投资为2万元/台,则进行初期投资估算时可以采取的方法是(　　　)。

A.生产能力指数法　B.单位生产能力估算法　C.比例估算法　D.指标估算法

2.建设期利息是(　　　)。

A.建设期银行借款与债务的利息　　　　　　B.经营期银行借款与债务的利息

C.建设期投资利息　　　　　　　　　　　　D.建设期投资、银行借款与债务的利息

3.经营成本的计算方式是(　　　)。

A.总成本−折旧−摊销−利息　　　　　　　　B.总成本−期间费用

C.期间费用+折旧+摊销　　　　　　　　　　D.总成本−生产成本

二、简答题

1.简述工程项目投资的构成。

2.总成本费用有哪些组成部分?

3.举例说明机会成本的概念。

4.固定资产折旧有哪些方法? 分别有什么特征?

5.试描述利润总额、净利润和未分配利润的关系。净利润分配的流程是什么?

三、计算题

1.某项目固定资产投资总计为27 435.34万元,固定资产预计净残值率为10%,折旧年限10年,采用直线折旧法时每年固定资产折旧费是多少? 采用平均年限法进行折旧是否合理? 试用其他方法计算各期折旧额并进行比较。

2.项目资金投入情况见下项目资金投入表,设银行贷款利率7%,前两年建设期内只计息不付息,每年新增贷款额在当年按半年计息。采用等额本金法,对财务费用进行估算,将如下的项目建设投资借款还本付息表中各年应还本金及利息填写完整。

项目资金投入表　　　　　　　　　　单位:万元

项目＼年度		1	2	3	合计
建设投资	自有资金	7 692.87	5 063.66		12 756.53
	银行借款	11 935.07	5 902.74		17 837.81

续表

项目＼年度		1	2	3	合计
流动资金	自有资金			53.65	53.65
	银行借款			0.00	0.00

项目建设投资借款还本付息表　　　　单位：万元

项目＼年度	3	4	5	6
年初累计借款				
本年应还本金				
本年应还利息				

第 **4** 章

工程经济效果评价指标与工程方案评价

教学内容、重点与难点

教学内容：常用静态和动态经济指标的经济含义、计算方式与实际应用；方案的类型及各种类型的方案之间的比选方法。

教学重点：静态和动态经济指标的比选、计算方法、评价标准与适用范围；独立型方案、互斥性方案、混合型方案的比选方法。

教学难点：静态和动态经济指标的经济含义与实际应用；独立型方案、互斥性方案和混合型方案的比选方法。

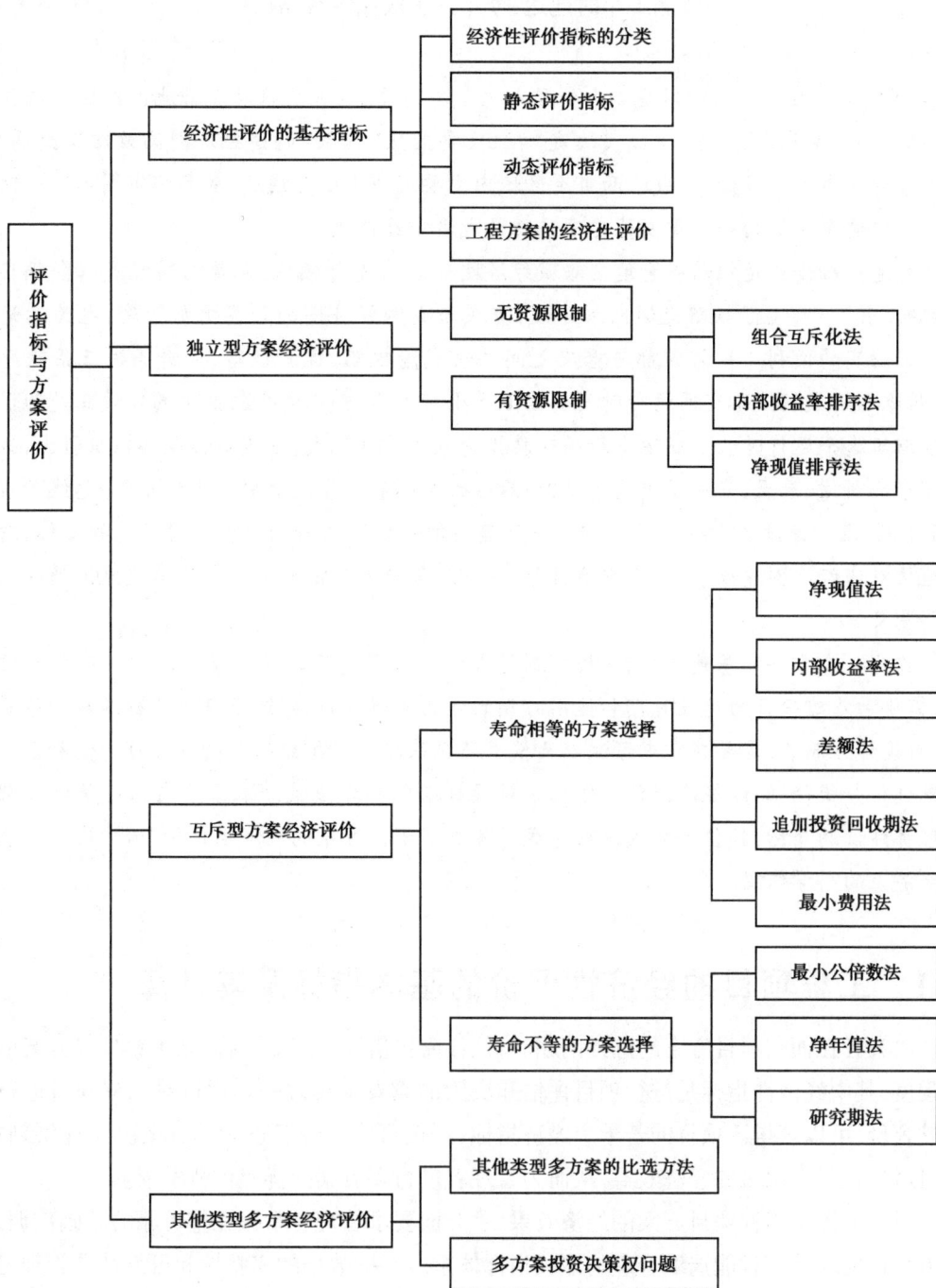

知识框架

```
                                                    ┌─────────────────────┐
                                              ┌─────│ 经济性评价指标的分类 │
                                              │     └─────────────────────┘
                                              │     ┌─────────────────────┐
                          ┌──────────────┐    ├─────│   静态评价指标        │
                      ┌───│ 经济性评价的基本指标 │────┤     └─────────────────────┘
                      │   └──────────────┘    │     ┌─────────────────────┐
                      │                        ├─────│   动态评价指标        │
                      │                        │     └─────────────────────┘
                      │                        │     ┌─────────────────────┐
                      │                        └─────│ 工程方案的经济性评价  │
                      │                              └─────────────────────┘
                      │                              ┌─────────────────────┐
                      │                        ┌─────│   无资源限制          │
                      │   ┌──────────────┐    │     └─────────────────────┘          ┌─────────────────────┐
                      ├───│ 独立型方案经济评价  │────┤                           ┌──────│   组合互斥化法        │
                      │   └──────────────┘    │     ┌─────────────────────┐   │      └─────────────────────┘
 ┌─────────┐          │                        └─────│   有资源限制          │───┤      ┌─────────────────────┐
 │评        │          │                              └─────────────────────┘   ├──────│ 内部收益率排序法      │
 │价        │          │                                                         │      └─────────────────────┘
 │指        │          │                                                         │      ┌─────────────────────┐
 │标        │          │                                                         └──────│   净现值排序法        │
 │与        │──────────┤                                                                └─────────────────────┘
 │方        │          │
 │案        │          │                                                                ┌─────────────────────┐
 │评        │          │                                                          ┌─────│   净现值法            │
 │价        │          │                                                          │     └─────────────────────┘
 └─────────┘          │                                                          │     ┌─────────────────────┐
                      │                                                          ├─────│   内部收益率法        │
                      │                                                          │     └─────────────────────┘
                      │                              ┌─────────────────────┐    │     ┌─────────────────────┐
                      │                        ┌─────│   寿命相等的方案选择   │────┼─────│   差额法              │
                      │                        │     └─────────────────────┘    │     └─────────────────────┘
                      │   ┌──────────────┐    │                                 │     ┌─────────────────────┐
                      ├───│ 互斥型方案经济评价  │────┤                                 ├─────│ 追加投资回收期法      │
                      │   └──────────────┘    │                                 │     └─────────────────────┘
                      │                        │                                 │     ┌─────────────────────┐
                      │                        │                                 └─────│   最小费用法          │
                      │                        │                                       └─────────────────────┘
                      │                        │                                       ┌─────────────────────┐
                      │                        │                                 ┌─────│   最小公倍数法        │
                      │                        │     ┌─────────────────────┐    │     └─────────────────────┘
                      │                        └─────│   寿命不等的方案选择   │────┼─────│   净年值法            │
                      │                              └─────────────────────┘    │     └─────────────────────┘
                      │                                                          │     ┌─────────────────────┐
                      │                                                          └─────│   研究期法            │
                      │                                                                └─────────────────────┘
                      │                              ┌─────────────────────┐
                      │   ┌──────────────────┐  ┌───│ 其他类型多方案的比选方法 │
                      └───│ 其他类型多方案经济评价 │──┤   └─────────────────────┘
                          └──────────────────┘  │   ┌─────────────────────┐
                                                  └───│ 多方案投资决策权问题   │
                                                      └─────────────────────┘
```

导入案例

成渝 1 小时通达：今年开工成渝中线高铁！

2020 年 7 月 10 日，四川省委十一届七次全会通过了《加快推动成渝地区双城经济圈建设的决定》（以下简称《决定》）。《决定》指出，要聚焦"内联"构建经济圈高效便捷交通网，实现成渝两市 1 小时畅达、成渝两市至区域内主要城市 1 小时通达、成都都市圈内 1 小时通勤。实现这个目标的一个重要基建项目便是成渝中线高铁。

交通基础设施是推动成渝地区双城经济圈建设的先行领域，也是畅通经济社会循环的"动脉血管"。得益于铁路交通网络建设，重庆与成都经济圈的距离更加紧密，也为两地人民带来切实的便利。目前成都与重庆之间共有成渝铁路、遂渝铁路、成渝高铁三条铁路通道，两地之间最短铁路交通运行时间仍需 1.5 小时左右，而成渝中线高铁的建设正是为了进一步缩短这个运行时长。成渝中线高铁总投资额为 610 亿元，该线路由成都枢纽引出，经成都市东部新城、乐至、安岳至重庆市境内，后经大足、铜梁、璧山后引入重庆枢纽，总线长度约 278 千米，设计速度为 350 千米/小时，一旦建成便可实现成渝两市 1 小时畅达的目标，对成渝地区双城经济圈建设、带动中部地区经济崛起、促进两城居民文化与生活交流沟通等具有重要意义。

作为一个重要的基建项目，从规划到建成均包含了复杂的经济评价问题。对投资方而言，需要对基建项目的建设时期和使用时期的资金进行分析，以此来评价工程项目的投资效果；对设计方而言，需要在需求预测以及技术研究基础上对拟建项目的财务可行性和经济合理性进行分析论证，以经济评价为依据来对项目采取科学决策。本章节内容便是对工程项目经济评价的介绍，辅佐企业或政府完成对各类型不同方案的经济性评价，为方案的比选提供经济上的科学依据。

4.1 工程项目的经济性评价的基本指标及其计算

决策者在面临项目方案的选择问题时，往往需要借助一定的指标，来考察项目方案的优劣程度，其中经济性指标是进行项目评估和决策的重要依据之一。通过对工程项目进行经济性评价，可以获得该项目的若干个经济指标，不仅可为管理者进行单方案决策提供判据，还可以量化多个项目的经济效益，从而为管理者进行多方案择优提供科学依据。

科学地评价工程项目方案的经济效果，一方面要求管理者掌握完整可靠的基础数据，另一方面还要求管理者能选取合理的评级指标体系。基础数据的完整性和可靠性是管理者做出正确决策的基石，而只有选取了正确的评价指标和评价方法，才能将数据背后蕴藏着的经济现象表示出来，方便管理者做出符合客观实际的决策。

4.1.1　经济性评价指标的分类

为了全面反映工程项目的经济效果,形成了对经济性评价指标的多种分类方法。按照是否考虑资金的时间价值,经济性评价指标被分为静态经济指标和动态经济指标。具体如图 4-1 所示。

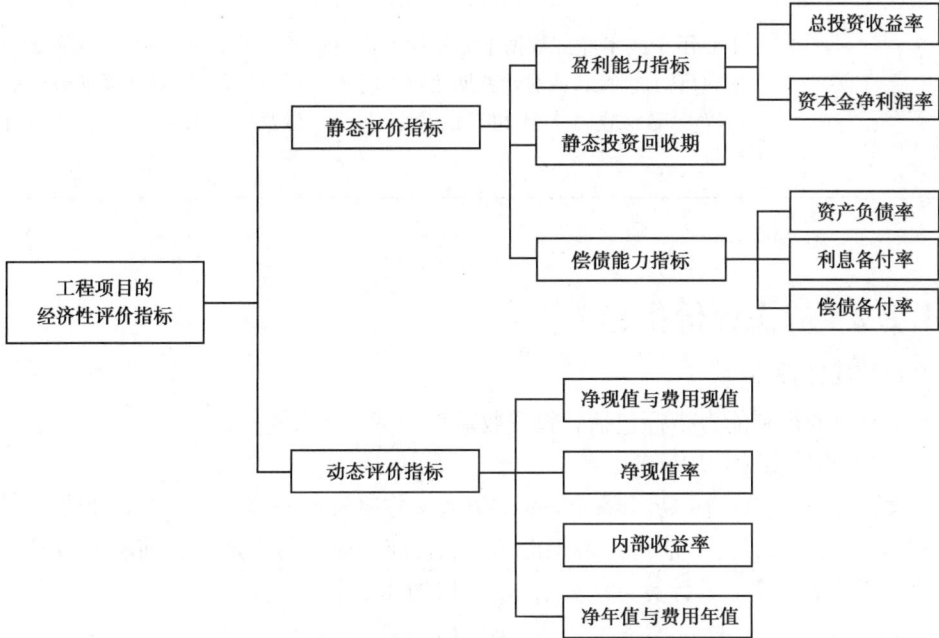

图 4-1　工程项目的经济性评价指标

表 4-1 从指标定义、优缺点与适用范围对静态评价指标和动态评价指标进行比较,后文也将系统地介绍在项目方案评价和选择中常用的静态和动态经济评价指标。

表 4-1　静态评价指标与动态评价指标的比较

指标　评价项目	静态评价指标	动态评价指标
定义	不考虑资金时间价值,用收入、支出、利润和资金占用、周转等方面的传统观念,来反映项目投资的经济效益的指标	在考虑资金时间价值下,把不同时间点的效益流入和费用流出折算为同一时间点的等值价值,进而来评价和分析项目投资的经济效益的指标
优点	简单、直观,使用起来也很方便,容易被企业经营者理解和运用	在很大程度上弥补了静态评价指标的不足,能较为准确地反映投资经济效益

续表

评价项目＼指标	静态评价指标	动态评价指标
缺点	往往不能准确地反映投资经济效益	计算时需要更大的数据量且计算过程复杂
适用范围	主要用于技术经济数据不完备和不精确的项目初选阶段,或对计算期比较短的项目以及逐年收益大致相等的项目进行评价	主要用于项目最后决策前的可行性研究阶段,或对计算期较长的项目以及逐年收益不相等的项目进行评价

4.1.2 静态评价指标

1)盈利能力指标

本节介绍的盈利能力指标包括总投资收益率和资本金收益率。

（1）总投资收益率（ROI）

总投资收益率（Return On Investment,ROI），又称投资报酬率。它表示总投资的收益水平,是指项目达到设计生产能力正常年份的年息税前利润或运营期内税前利润（$EBIT$）与项目总投资（TI）的比率。其计算方法如公式（4.1）所示。

$$ROI = \frac{EBIT}{TI} \times 100\% \tag{4.1}$$

其中：$EBIT$ = 年销售收入-年销售税金及附加-年总成本费用+利息支出

= 年利润总额+利息支出

TI = 固定资产投资+流动资金投资

用总投资收益率指标评价投资方案的经济效果,需要与行业的总投资收益率参考值进行比较,如果高于行业参考水平则表明此项目可行,否则表示不可行。若总投资收益率高于同期银行贷款利率,则表明借款是有利的。反之,则有损企业的利益。因此,总投资收益率不仅可以衡量企业的获利能力,也可以作为企业举债的标准。

总投资收益率计算简便,意义明确,但是没有考虑投资收益的时间因素。因此,此指标仅适用于工程项目方案制定的早期阶段或工艺简单而生产变化不大的建设方案的投资经济效果评价。

【例4-1】某新建项目总投资 4 000 万元,用两年时间建设,投产后运行 15 年,年销售收入 3 000 万元,年经营成本 1 200 万元,年销售税金为销售收入的 6% ,计算投资收益率。

【解】由公式得

$$ROI = \frac{3\ 000 - 1\ 200 - 3\ 000 \times 0.06}{4\ 000} \times 100\% = 40.5\%$$

如果再知道此项目的行业基准利率,我们就可以确定此项目的可行性。

（2）资本金净利率（ROE）

资本金净利率（Return On Equity，ROE）表示项目资本金的盈利能力。是指项目达到正常生产能力后正常年份的年净利润总额或运营期内年平均净利润（NP）总额占项目资本金（EC）总额的百分比。其计算方法如公式（4.2）所示。

$$ROE = \frac{NP}{EC} \times 100\% \qquad (4.2)$$

其中：

NP = 年销售收入-年销售税金及附加-年经营成本-年折旧摊销费-利息支出-所得税

= 年息税前利润-利息支出-所得税

若 ROE 高于同行业的参考值，表示用项目资本金净利率表示的盈利能力满足要求，项目可以接受；反之，盈利能力不能满足要求，应予以拒绝。

资本金净利率作为政府和银行特别关注的一个指标，也被财政部和许多银行视为重要指标，同时在项目静态能力评价中此指标也是一个重要指标。但是此指标是一个静态指标，当要使用时应该和动态指标结合，这样才能保证决策的准确性。

2）静态投资回收期（P_t）

静态投资回收期（Payback Time of Investment，P_t）又称返本期，是反映投资方案盈利能力的静态指标。静态投资回收期是在不考虑资金时间价值的条件下，以方案的净收益抵偿全部投资（包括建设投资和流动资金）所需要的时间。静态投资回收期可以自项目建设开始年算起，也可以自项目投产年算起，但应予以注明。其计算方法如公式（4.3）所示。

$$\sum_{t=0}^{P_t} (CI - CO)_t = 0 \qquad (4.3)$$

式中　CI——现金流入量；

CO——现金流出量；

$(CI-CO)_t$——第 t 年的净现金流量。

实际工作中，静态投资回收期可通过现金流量表来计算。其具体计算又分为以下两种：

（1）直接计算法。该算法应用于项目建成投产后各年度的净收益不变的实际场景。此法中静态投资回收期的计算公式如公式（4.4）所示。

$$P_t = \frac{I}{A} \qquad (4.4)$$

式中　I——项目投入的全部资金；

A——每年的净收益（净现金流量），即 $A=(CI-CO)_t$。

（2）累计算法。该算法应用于项目建成投产后，各年净收益各不相同的实际场景。此法中静态投资回收期的计算公式如公式（4.5）所示。

$$P_t = T - 1 + \frac{第(T-1)年累计净现金流量的绝对值}{第 T 年的净现金流量} \qquad (4.5)$$

式中　T——累计净收益（净现金流量）首次为正值或零的年份。

设工程项目的基准投资回收期为 P_c，表4-2是不同行业的基准投资收益率和基准投资回收期。将 P_c 与计算得出的静态投资回收期 P_t 进行比较。若 $P_t \leqslant P_c$，表明在该项目中投入的全部资金能在规定时间内全部回收，则该方案合理，可以考虑接受；反之，若 $P_t > P_c$，则表明方案不合理,决策者应拒绝该方案。

表 4-2　不同行业的基准投资收益率(i_c)和基准投资回收期(P_c)

行业	基准投资收益率(i_c)	基准投资回收期(P_c)
冶金	9% ~ 15%	8.8 ~ 14.3
煤炭	10% ~ 17%	8 ~ 13
有色金属	8% ~ 15%	9 ~ 15
油田开发	12%	6 ~ 8
机械	7% ~ 12%	8 ~ 15
化工	9% ~ 14%	9 ~ 11
纺织	8% ~ 14%	10 ~ 13
建材	8% ~ 10%	11 ~ 13

静态投资回收期不仅计算简便、便于理解,而且能从一定程度上反映工程方案的风险大小、投资金额的补偿速度以及经济可行性。但由于其舍弃了工程方案在回收期后的资金收支情况,难以全面地反映工程方案整个生命周期的真实效益。因此该指标适用于对短期投资项目或逐年收益大致相同的项目进行粗略评价。

【例 4-2】某工程项目的现金流量表见表 4-3,假设该项目的基准投资回收期为 7 年,判断其在经济上是否合理。

表 4-3　现金流量表　　　　　　　　　　　　　　　　　　单位:万元

时期	建设期			生产期							
年份	0	1	2	3	4	5	6	7	8	9	10
投资	180	240	330								
年净收益				50	100	150	150	150	150	150	150
累计净收益	−180	−420	−750	−700	−600	−450	−300	−150	0	150	300

【解】由公式得

$$P_t = 8 - 1 + \frac{|-150|}{150} = 8(年)$$

$$P_t > P_c = 7(年)$$

因此该项目在经济上是不合理的。

3)偿债能力指标

本节介绍的偿债能力指标包括资产负债率($LOAR$)、利息备付率(ICR)和偿债备付率($DSCR$)。

（1）资产负债率($LOAR$)

资产负债率(Liability On Asset Ratio,$LOAR$),又称举债经营比率。其经济含义是工程期末负债总额占资产总额的比率,即表示总资产中有多少是通过负债所得。它是评价工程项目负债水平和所面临的财务风险程度的综合指标。其计算方法如公式(4.6)所示。

$$LOAR = \frac{TL}{TA} \times 100\% \tag{4.6}$$

式中　TL——工程期末负债总额;

　　　TA——工程期末资产总额。

资产负债率应根据国家宏观经济状况、行业发展趋势、企业所处竞争条件决定,目前,通常认为资产负债率在40% ~60%适宜。一般来说,经营风险较高的企业应选择较低的资产负债率;反之,则选择较高的资产负债率。我国交通、运输、电力行业的资产负债率一般为50%,加工业为65%,商业为80%左右。

资产负债率指标比较简单、明确,为企业进行借债提供了一定参考。一般在资产负债表中要计算此指标,但在长期债务还清后就不需要计算此指标了。

(2)利息备付率(ICR)

利息备付率(Interest Coverage Ratio,ICR)又称已获利息倍数。其经济含义是指在工程项目的借款偿还期内,各年用于支付利息的息税前利润与当期应付利息费用的比值。该指标从付息资金是否充裕的角度来反映方案支付债务利息的能力。其计算方法如公式(4.7)所示。

$$ICR = \frac{EBIT}{PI} \times 100\% \tag{4.7}$$

式中　$EBIT$——息税前利润;

　　　$EBIT = $ 利润总额 + 计入总成本费用的应付利息(PI);

　　　PI—— 计入总成本费用的应付利息。

利息备付率可以按年计算,也可以按整个借款期计算。一般分年计算,整个借款期分年计算,不计算整个借款期的平均值。

利息备付率表示使用项目利润偿付利息的保证倍率,利息备付率越高,表明利息偿付的保障程度越高。对于正常经营的企业,利息备付率应当大于2。否则,表示项目的付息能力保障程度不足。利息备付率指标还需要将该项目的指标与其他企业项目进行比较,来分析决定本项目的指标水平。

(3)偿债备付率($DSCR$)

偿债备付率(Debt Service Coverage Ratio,DSCR)又称偿债覆盖率。其经济意义是指在工程项目的债务偿还期内,各年可用于还本付息的资金与当年应还本付息额的比值。该指标从偿债资金是否充裕的角度来反映方案偿付债务本金的能力。其计算方法如公式(4.8)所示。

$$DSCR = \frac{EBITAD - T_{AX}}{PD} \times 100\% \tag{4.8}$$

式中　$DSCR$——偿债备付率;

　　　$EBITAD$——息税前利润与折扣和摊销之和;

　　　T_{AX}——企业所得税;

　　　PD——应还本付息金额;

　　　$PD = $ 还本金额 + 计入总成本费用的全部利息。

偿债备付率可以按年计算,也可以按项目的整个借款期计算。一般分年计算,整个借款期分年计算,不计算整个借款期的平均值。

偿债备付率表示可用于还本付息的资金偿还借款本息的保证倍率。正常情况该指标至少应当大于1,且越高越好,一般不宜小于1.3。当指标小于1时,表示当年资金来源不足以偿付当期债务,需要通过短期借款偿付已到期债务。

【例4-3】表4-4为某工程项目清偿能力计算数据表,根据所给数据计算利息备付率与偿债备付率。

表4-4　某项目清偿能力计算数据表　　　　　　　　　单位:万元

项目 ＼ 年份	2	3	4	5	6
应还本付息额	97.8	97.8	97.8	97.8	97.8
应付利息额	24.7	20.3	15.7	10.8	5.5
息税前利润	43.0	219.9	219.9	219.9	219.9
折扣	172.4	172.4	172.4	172.4	172.4
摊销	24.6	24.6	24.6	24.6	24.6
所得税	36.0	95.9	97.4	99.0	100.8

【解】以第二年为例,$ICR = 43 \div 24.7 = 1.74$,

$$DSCR = (43.0 + 172.4 + 24.6 - 36) \div 97.8 = 2.08$$

其余年份按照相同方式计算,计算结果见表4-5。

表4-5　某项目的利息备付率和偿债备付率

项目 ＼ 年份	2	3	4	5	6
ICR	1.74	10.83	14.0	20.36	39.8
$DSCR$	2.08	3.28	3.26	3.25	3.23

计算结果分析:由于投产后第一年负荷低,且负担利息较大,因此 ICR 和 $DSCR$ 指标都偏低,但该情况从第三年后得到较大改善,两个指标均呈现递增趋势,且均满足参考指标2和1.3。因此判定该项目从经济效果考虑可行,常规情况下项目偿还风险较小。

4.1.3　动态评价指标

1)净现值与费用现值

(1)净现值(NPV)

净现值(Net Present Value,NPV),是将方案寿命期内各时点发生的全部收入和支出的差额(净现金流量),按照一定的基准贴现率,折算到工程开始时(期初)的现值的累加之和。其计算方法如公式(4.9)所示。

$$NPV = \sum_{t=0}^{n} \frac{C_i}{(1+i)^t} \tag{4.9}$$

式中 NPV——净现值;

$\quad\quad C_i$——工程项目第 i 年的净现金流量;

$\quad\quad C_i = CI_i - CO_i$;

$\quad\quad CI_i$——工程项目第 i 年的现金流入额;

$\quad\quad CO_i$——工程项目第 i 年的现金流出额;

$\quad\quad n$——工程项目寿命年限(或计算期);

$\quad\quad i$——折现率。

①对单一项目方案而言,若 $NPV \geq 0$,表明项目获利能力高于贴现率,有附加收益产生(等于 0 时无附加收益产生),因此决策者有理由接受该方案;若 $NPV < 0$,表明项目获利能力低于贴现率,即低于资本获利的最低要求(不一定会亏损),从经济意义上该方案应予以拒绝。

②进行多方案比选时,若方案间投资规模相差不大,且诸方案的净现值不全为负值,则根据净现值最大准则,选择净现值最大的方案。

净现值(NPV)通常利用公式计算,也可用现金流量表逐年折现累计而求得。公式法适用于利用现金流量图来进行资金的等值计算;用现金流量表逐年累计计算法适用于寿命周期较长而各年现金流量值不同且无规律可循时项目现值的手工计算。

【例4-4】某项目各年的现金流量如图4-2所示,设基准收益率为10%,试用净现值指标评价其经济可行性。

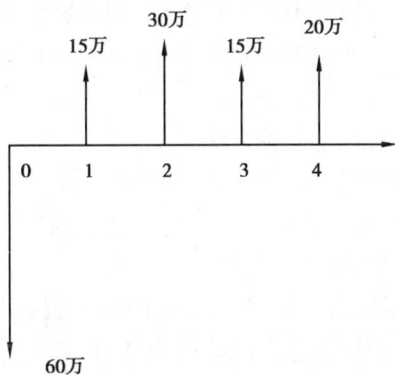

图4-2 某项目现金流量图

【解】由公式得

$$NPV = -60 + \frac{15}{(1+0.1)} + \frac{30}{(1+0.1)^2} + \frac{15}{(1+0.1)^3} + \frac{20}{(1+0.1)^4} = 3.36(万元)$$

由于 $NPV > 0$,因此该项目在经济效果上是可行的。

(2)净现值函数

净现值函数曲线是理解项目投资评价理论的工具,尤其是对差额内部收益率与各方案的内部收益率及净现值之间复杂的关系,可以借助净现值函数曲线加深理解。所谓净现值函数是指净现值与折现率之间的一种变化关系。

以收益率 i 为未知数,根据公式(4.9)绘制净现值函数曲线图,如图4-3所示。

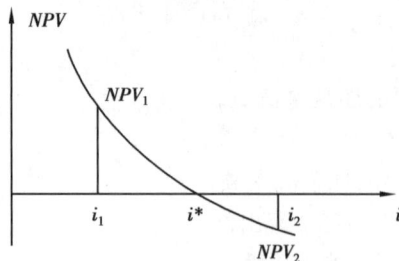

图4-3　净现值函数曲线

从图4-3中我们可以知道,对于具有常规现金流量(即在项目计算期内,方案的净现金流量的符号只改变一次)的投资方案,其净现值的大小和折现率之间呈现负相关关系。即随着折现率的逐渐增大,净现值将由大变小,由正变负。且当 $i=i^*$ 时,净现值为0。

NPV 是 i 的递减函数,故基准收益率定得越高,方案被接受的可能性越小,反之亦然。很明显,当 $NPV=0$ 时曲线与横轴相交达到了临界值 i^*,我们将其称为内部收益率(IRR)。

通过分析我们可知,当一个投资方案各年的净现金流量已知时,方案的净现值就和折现率 i 唯一相关。由此可见,基准收益率确定得合理与否,对投资方案经济效果的评价结论有直接的影响,定得过高或过低都会导致投资决策的失误。

(3)基准收益率

基准收益率(benchmark yield),是企业或行业或投资者以动态的观点所确定的、可接受的投资项目方案最低标准的收益水平。它的确定既受到客观条件的限制,又有投资者的主观愿望。基准收益率表明投资决策者对项目资金时间价值的估计,是投资资金应当获得的最低盈利率水平,是评价和判断投资方案在经济上是否可行的依据,是一个重要的经济参数。

基准收益率的确定主要有以下两种方法:

①根据资金的来源和构成确定,应按照以下原则:

• 以贷款筹措资金时,基准贴现率一般应高于贷款利率。这两种利率的差额决定着投资者期望的收益和投资项目所承担的风险。

• 若为自有资金时,基准贴现率应等于或大于使用贷款资金的计算利率。

• 若以自有资金和贷款两种资金来源筹措资金时,应按照两者所占的比例及其各自的计算利率求取加权平均值作为基准贴现率。即:

$$i = \frac{C_1 \times i_1 + C_2 \times i_2}{C_1 + C_2} \tag{4.10}$$

式中,C_1,C_2 分别表示自有资金和他人资金的数额;i_1,i_2 分别表示自有资金的计算利率和他人资金的计算利率。

• 若能评价出因承担风险而使投资方案未来收益减少的程度,则在确定基准贴现率时可不考虑风险问题。否则,为了保险起见,投资者常常将基准贴现率调高至某一程度。当然,这种调整完全是一种主观判断,并非客观统一的标准。

②根据资金供给曲线和需求曲线确定。该方法需遵循以下假定:

• 假定企业以获得最高利润为目的。

• 假定企业内部提出的全部投资计划都是已知的,并且能正确地算出各投资计划的 IRR。

• 假定企业能在金融市场上经常而方便地借到资金,同时又能估算出该借贷资金的资金成本。

以 IRR 为纵坐标,以累计资金需求量为横坐标可以画出"资金需求曲线"。将资金供给曲线和需求曲线绘制在同一个坐标上,两个曲线的交点就可以作为基准贴现率。

(4) 费用现值(PC)

费用现值(Present Cost, PC)是指按照一定的折现率,在项目或方案收益难以用价值形态计量的情况下,将工程项目或方案每年的费用折算到某个时刻(一般是期初)的净现值之和。费用现值的计算省略了现金流量的收益,只考虑费用支出。其计算方法如公式(4.11)所示。

$$PC = \sum_{t=0}^{n} CO_t (1 + i_0)^{-t} \tag{4.11}$$

式中 PC——费用现值;

n——项目的寿命周期;

CO_t——项目或方案第 t 年的费用;

i_0——折现率。

在多方案比较中,费用现值最小的方案最优。

用费用现值进行多方案选优,需要满足以下条件:参与评价的各个方案是可行的;各个方案的收益价值相等,或者诸方案均能满足同样的需求但其收益价值难以用货币计量;只能用于多个方案的比选,不能用于单方案评价。

2) 净现值率($NPVR$)

净现值率(Net Present Value Ratio, $NPVR$)又称净现值比、净现值指数,是在 NPV 的基础上发展起来的,可作为 NPV 的一种补充。净现值率的定义为项目净现值占项目全部投资现值的比例,其经济含义是单位投资现值的净现值,是一个考察项目单位投资盈利能力的指标。由于净现值不直接考察项目投资额的大小,因而为考察投资的利用效率,常用净现值率作为净现值的辅助评价指标。其计算方法如公式(4.12)所示。

$$NPVR = \frac{NPV}{|I_p|} \tag{4.12}$$

$$I_p = \sum_{t=0}^{m} I_t \times (P/F, i_0, t) \tag{4.13}$$

式中 $NPVR$——净现值率;

I_p——总投资额现值;

I_t——第 t 年的投资额;

m——项目寿命期年数。

由于净现值指标用于多方案比较时未能考虑各方案投资额的大小,当方案间的初始投资额相差较大时,可能会导致一个勉强合格的大型项目的正净现值比一个很好的小型项目的正净现值大得多的情况发生。而净现值率克服了这个缺点。

对单个方案来说,情况与 NPV 相同。即当 $NPVR \geq 0$ 时,方案可行,决策者可以考虑接受。当 $NPVR<0$ 时,方案不可行,决策者应拒绝该方案。

使用 $NPVR$ 指标对多个工程方案进行评价,一般适用于寿命期相等、现金流量和利率已知,投资额相差悬殊的方案的比较和排序。采用净现值率法排序,$NPVR$ 最大的方案为最优。如果各方案的 $NPVR$ 值皆为负值,投资者最佳的决策应是不投资。

【例4-5】某企业投资项目设计方案的总投资是 1 995 万元,投资当年见效,投产后年经营成本为 500 万元,年销售额 1 500 万元,第三年该项目配套追加投资 1 000 万元。若计算期为 5 年,基准收益率为 10%,残值为 0,试计算该项目的净现值率。

【解】由公式得

$$NPV=-1\ 995-1\ 000\times(P/F,10\%,3)+1\ 000\times(P/F,10\%,5)=1\ 044(万元)$$

$$NPVR=\frac{NPV}{I_p}=\frac{1\ 044}{1\ 995+1\ 000\times(P/F,10\%,3)}=0.38>0$$

由于 $NPVR>0$,因此该项目在经济效果上是可行的。

该结果说明该项目每元投资现值可以得到 0.38 元的超额收益现值。

3)内部收益率

内部收益率(Internal Rate of Return,IRR)被定义为资金流入现值总额与资金流出现值总额相等,即净现值等于 0 时的折现率,其经济含义是使工程项目中未回收的投资余额及其利息恰好在项目期末完全回收的一种利率,也可理解为项目对初始投资的偿还能力或项目对贷款利率的最大承受能力。在项目评价中,根据分析层次的不同,内部收益率有财务内部收益率($FIRR$)和经济内部收益率($EIRR$)之分。

根据内部收益率的定义,可将其计算方式转换为在 $NPV=\sum_{t=0}^{n}\dfrac{C_i}{(1+i)^t}=0$ 的条件下求 IRR。一般内部收益率的计算较为困难,直接按定义求解时,要解 n 次的高次方程,一般无法解出,通常都是采用反复试算的方法(内插法)。

一般将折现率 i 从小到大逐个设值计算净现值,直至出现相邻两个净现值的符号相反,即 $NPV(i_1)>0$ 和 $NPV(i_2)<0$ 时,则内部收益率 IRR 必在 (i_1,i_2) 之间;当区间 (i_1,i_2) 不大时(一般小于 3%),可以用直线内插法求得内部收益率的近似值:

$$IRR=i_1+(i_2-i_1)\times\frac{|NPV_1|}{|NPV_1|+|NPV_2|} \tag{4.14}$$

设内部收益率的基准值是基准贴现率 i_0,在计算求得内部收益率 IRR 后,需要将这两者的大小进行比较,方案可取的评价标准是 $IRR\geq i_0$。

若 $IRR>i_0$,则 $NPV(i_0)>0$,说明企业的投资不仅能够回收,且还能获利,因此决策者有理由接受该方案;

若 $IRR=i_0$,则 $NPV(i_0)=0$,说明企业的原始投资能够完整回收;

若 $IRR<i_0$,则 $NPV(i_0)<0$,说明企业的原始投资可能无法收回,无法支付资本成本费用,因此决策者应该拒绝该投资方案。

由于内部收益率的计算仅与项目的净现金流量 C_i 和项目的计算期 n 有关,无须事先给定折现率,且该指标直接给出项目盈利水平的相对值,便于投资者理解和做出判断,因此该指标在长期投资决策中得到广泛应用,但是不可用于互斥项目的排序选优决策中。

此外,由于求解内部收益率的方程是 n 次方程,故其正数根的个数可能不止一个。对于非常规投资方案,其项目计算期内各年的净现金流量,有时为正,有时为负,正、负号的改变可能超过一次。对于类似这种存在多个解的实际情况,内部收益率不是一个理想的评价指标。由于内部收益率不能在所有情况下给出唯一的确定值,其应用受到一定程度的限制。

【例4-6】某项目的现金净流量表见表4-6,设基准贴现率为10%,试用内部收益率指标评价其经济可行性。

表4-6 某项目的现金净流量表

单位:元

年份	0	1	2—10
年均净现金流量	−20 000	3 000	5 000

【解1】当 $i_1 = 18\%$ 时,$NPV_1 = 775.52$,当 $i_2 = 20\%$ 时,$NPV_2 = -704.31$。按照公式我们可求得 $IRR = 18\% + (20\% - 18\%) \times \dfrac{775.52}{775.52 + 704.31} = 19.05\%$。

由于 $IRR > i_0 = 10\%$,证明企业的投资可以获利,因此该项目在经济效果上是可行的。

【解2】利用 Excel IRR 函数求内部收益率,如图4-4所示,在 B3 中输入 =IRR(B2:L2)可得。

	A	B	C	D	E	F	G	H	I	J	K	L
1	年份	0	1	2	3	4	5	6	7	8	9	10
2	年均净现金流量	-20000	3000	5000	5000	5000	5000	5000	5000	5000	5000	5000
3	内部收益率	19.02%										

图4-4 利用 IRR 函数求内部收益率

4)净年值与费用年值

(1)净年值(NAV)

净年值(the net annual value,NAV),又称平均年盈利(the average annual benefit,AAB)。其定义为用复利方法将方案寿命期内的净现值平均分摊到各个年度而获得的等额年盈利额,经济含义为在寿命周期内附加收益的年金额。

NAV 和 NPV 都需要在规定的基准收益率上计算,但不同之处在于,NPV 把投资过程的现金流量折算为基准期的现值,而 NAV 将现金流量折算为等额年值。其计算公式为:

$$NAV = \left[\sum_{t=0}^{n} \frac{C_i}{(1+i)^t} \right] \times (A/P, i_0, n) \tag{4.15}$$

或

$$NAV = NPV \times (A/P, i_0, n) \tag{4.16}$$

由于净现值是项目在计算期内获得的超过基准收益率水平的收益现值,而净年值则是项目在计算期内每期的等额超额收益,净年值与净现值仅差一个资本回收系数,而且(A/P, i, n)>0,因此 NAV 与 NPV 总是同为正或负,故 NPV 与 NAV 在评价同一个项目时的结论总是一致的。其评价标准是:若 $NAV \geq 0$,则项目在经济效果上可以接受;否则,项目在经济效果上应予拒绝。

由于 NAV 值的经济效益表达很不直观,常常使项目投资者或经营者感到困惑,因此不适用于单个方案的评价。其一般适用于现金流量和利率已知、初始投资额相等,但各方案的寿命周期相差悬殊时的方案比较,NAV 最大值的方案是最优的。如果各方案的 NAV 值均为负值,投资者的最优决策为不投资。

【例 4-7】某项目各年的净现金流量如图 4-5 所示,设基准收益率为 10% ,试用净年值指标评价其经济可行性。

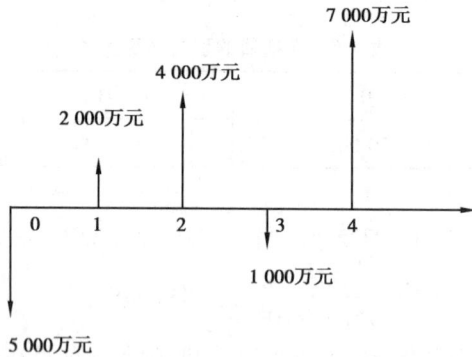

图 4-5　某项目各年净现金流量

【解】由公式得

$$NAV = -5\ 000 + 2\ 000 \times (P/F, 10\%, 1) + 4\ 000 \times (P/F, 10\%, 2) - 1\ 000 \times (P/F, 10\%, 3)$$
$$+ 7\ 000 \times (P/F, 10\%, 4) = 1\ 311(万元)$$

由于 $NAV > 0$,因此该项目在经济效果上是可行的。

(2)费用年值(AC)

费用年值(Annul Cost,AC)是指通过资金等值换算,将项目的费用现值分摊到寿命期内各年的等额年值。与费用现值一样,费用年值不考虑现金流量的收益,只考虑费用支出。其计算方法如公式(4.17)所示。

$$AC = \left[\sum_{t=0}^{n} CO_t(1 + i_0)^{-t} \right] (A/P, i_0, t) = PC(A/P, i_0, t) \tag{4.17}$$

式中　AC——费用年值;

　　$A/P, i_0, t$——等额分付资本回收系数;

其余符号与 PC 表达式中相同。

在多方案比较中,费用年值最小的方案最优。

用费用年值进行多方案选优,需要满足以下条件:参与评价的各个方案是可行的;各个方案的收益价值相等,或者诸方案均能满足同样的需求但其收益价值难以用货币计量;只能用于多个方案的比选,不能用于单方案评价。

4.1.4　工程方案的经济性评价

工程方案的经济性评价包括单方案评价和多方案评价,单方案评价一般是在方案达到技术可行的基础上,论证该方案是否具有经济可行性。对单个方案的评价选用的评价指标比较少,一般选取一个;多方案评价的目的是在众多技术可行性方案中选出经济效果最优的方案。由于涉及多个方案的经济性评优,单一评价指标仅能反映某一方面,无法全面评价所有备选方案的经济效益,因此多方案选优常采用多个评价指标,从多个方面进行分析考察。

4.2　财务评价基本报表

在选定财务评价基础数据和参数,以及编制好辅助报表以后,进入工程项目财务效益分析阶段,即编制财务评价主要报表和计算财务评价参考指标阶段。财务评价主要报表包括五大类:现金流量表、损益与利润分配表、资金来源和运用表、资产负债表、外汇平衡表。

4.2.1　现金流量表

现金流量表是反映项目计算期内,各年的现金流入和现金流出的表格,可用以计算各项动态和静态评价指标,进而分析项目的盈利能力。按照投资计算基础的不同,现金流量表可以分为全部投资现金流量表和自有资金现金流量表。

1)全部投资现金流量表

该表不分投资的资金来源,是设定项目全部投资均为自有资金条件下的项目现金流量系统的表格式反映。该表以全部投资作为计算基础,用以计算全部投资所得税前及所得税后财务内部收益率、财务净现值及投资回收期等评价指标,考察项目全部投资的盈利能力,并为各个方案(不论其资金来源及利息的多少)进行比较建立共同基础(表4-7)。

表 4-7　全部投资现金流量表　　　　　　　　　　　单位:万元

序号	项目	合计	计算期					
			0	1	2	3	⋯	N
1	现金流入							
1.1	产品销售(营业)收入							
1.2	固定资产余值回收							
1.3	流动资金回收							
1.4	其他现金流入							
2	现金流出							
2.1	建设投资							
2.2	流动投资							
2.3	经营成本							
2.4	增值税及附加							
2.5	所得税							
2.6	其他现金流出							
3	净现金流量							
4	累计净现金流量							

表格中,计算期的年序为1,2,……,N,建设开始年作为计算期的第一年,年序为1。当项目建设期以前发生的费用占总费用的比例不大时,为了简化计算,此部分费用可以列入年

序1,若需单独列出,可在年序1以前另加一栏"建设起点",年序为0,将建设期以前发生的现金流出填入该栏。

2）自有资金现金流量表

该表从投资者角度出发,以投资者的出资额作为计算基础,把贷款时得到的资金作为现金流入,把还本付息作为现金流出,用以计算自有资金财务内部收益率、财务净现值等评价指标,考察项目自有资金的盈利能力(表 4-8)。

表 4-8　自有资金现金流量表　　　　　　　　　　单位:万元

序号	项目	合计	计算期					
			0	1	2	3	…	N
1	现金流入							
1.1	产品销售收入							
1.2	固定资产余值回收							
1.3	流动资金回收							
1.4	其他现金流入							
2	现金流出							
2.1	建设投资							
2.2	流动投资							
2.3	经营成本							
2.4	增值税及附加							
2.5	所得税							
2.6	其他现金流出							
3	净现金流量							
4	累计净现金流量							

一方面,从项目投资主体的角度看,建设项目投资借款是现金流入,但又同时将借款用于项目投资则构成同一时点、相同数额的现金流出,二者相抵,对净现金流量的计算无影响。因此,表中投资只计有自有资金。另一方面,现金流入又因为是项目全部投资所获得,故应将借款本金的偿还及利息支付计入现金流出。

4.2.2　损益与利润分配表

该表反映项目计算期内各年的利润总额、所得税及税后利润的分配情况,用以计算投资利润、投资利润率、投资利税率和资本金利率等指标(表 4-9)。

表 4-9　损益和利润分配表　　　　　　　　　　　单位:万元

序号	项目	合计	计算期					
			0	1	2	3	...	N
1	产品销售收入							
2	增值税及附加							
3	总成本费用							
4	利润总额							
5	所得税(33%)							
6	税后利润							
7	盈余公积金(10%)							
8	应付利润							
9	未分配利润							
10	累计未分配利润							

损益表的编制以利润总额的计算为基础。利润总额的计算公式:

$$利润总额 = 营业利润 + 投资净收益 + 营业外收支净额$$
$$= 销售收入 - 营业税金及附加 - 总成本费用$$
$$所得税 = 利润总额 \times 所得税率$$
$$税后利润 = 利润总额 - 所得税$$

在测算项目利润时,投资净收益一般属于项目投产后的对外再投资收益,这类活动在项目评价时难以估算,因此可以暂不计入。营业外收支净额,除非已有明确的来源和开支项目需单独列出,否则也暂不计入。

4.2.3　资金来源和运用表

该表反映了项目计算期内各年的资金盈余或短缺的情况,用于确定资金筹措方案,制订适宜的借款及偿还计划,并为编制资产负债表提供依据(表 4-10)。

表 4-10　资金来源和运用表　　　　　　　　　　单位:万元

序号	项目	合计	计算期					
			0	1	2	3	...	N
1	资金来源							
1.1	销售(营业)收入							
1.2	长期借款							
1.3	短期借款							
1.4	发行债券							
1.5	项目资本金							

续表

序号	项目	合计	计算期					
			0	1	2	3	...	N
1.6	其他							
2	资金运用							
2.1	经营成本							
2.2	增值税							
2.3	所得税							
2.4	建设投资(不含建设期利息)							
2.5	流动资金							
2.6	各种利息支出							
2.7	偿还债务本金							
2.8	分配股利或利润							
2.9	其他							
3	资金盈余							
4	累计资金盈余							

编制资金来源与运用表,首先要计算项目计算期内各年的资金来源和资金运用,然后通过资金来源和资金运用的差额反映项目各年的资金盈余或短缺情况。

项目资金来源包括利润、折旧、摊销、长期借款、短期借款、自有资金、其他资金、回收固定资产余额、回收流动资金等。

项目资金运用包括固定资产投资、建设期利息、流动资金投资、所得税、应付利润、长期借款还本、短期借款还本等。

项目资金的筹措方案和借款及偿还计划应能使表中各年度的累积盈余资金额始终大于或等于零,否则,项目将因为资金短缺而不能按计划顺利运行。

4.2.4 资产负债表

该表反映企业在某一特定日期财务状况的会计报表,它表明企业在某一特定日期所拥有或控制的经济资源、所承担的现有义务和所有者对净资产的要求权,用以考察项目资产、负债、所有者权益的结构是否合理(表4-11)。

表4-11 资产负债表　　　　　　　　　　　　　　　　　　单位:万元

序号	项目	合计	计算期					
			0	1	2	3	...	N
1	资产							
1.1	流动资产总额							

序号	项目	合计	计算期					
			0	1	2	3	…	N
1.1.1	应收账款							
1.1.2	存货							
1.1.3	现金							
1.1.4	累计盈余资金							
1.2	在建工程							
1.3	固定资产净值							
1.4	无形及其他资产净值							
2	负债及所有者权益							
2.1	流动负债总额							
2.1.1	短期借款							
2.1.2	应付账款							
2.1.3	预收账款							
2.1.4	其他							
2.2	长期负债							
2.3	累计负债							
2.4	所有者权益							
2.4.1	资本金							
2.4.2	资本公积金							
2.4.3	累计盈余公积金							
2.4.4	累计未分配利润							

资产负债表的编制依据是"资产＝负债+所有者权益"。

资产包括流动资产、在建工程、固定资产净值、无形及递延资产净值。

负债包括流动负债和长期负债。

所有者权益包括资本金、资本公积金、累积盈余公积金和累计未分配利润。

4.2.5　外汇平衡表

财务外汇平衡表适用于有外汇收支的项目,用以反映项目计算期内隔年外汇余额程度,进行外汇平衡分析(表4-12)。

表 4-12　财务外汇平衡表　　　　　　　　　　　　单位:万元

序号	项目	合计	计算期					
			0	1	2	3	...	N
1	外汇来源							
1.1	产品销售外汇收入							
1.2	外汇借款							
1.3	其他外汇收入							
2	外汇运用							
2.1	固定资产投资中外汇支出							
2.2	进口原材料							
2.3	进口零部件							
2.4	技术转让费							
2.5	偿付外汇借款本息							
2.6	其他外汇支出							
2.7	外汇余缺							

其他外汇收入包括自筹外汇等。

技术转让费是指生产期内的技术转让费。

4.3　独立型方案经济性评价

独立型方案指方案间无相关性,即一个方案的选择与否和其他方案没有关系。独立型方案在经济上是互不相关的方案。投资者可以在一组独立型方案中选择其中一种或者多种组合。单一方案是独立型方案的特例。

由于独立型方案的特点,在一组独立型方案比较选择中,可选择其中一个或多个方案,同时也可以一个方案都不选择。

当各投资项目相互独立时,若资金对所有项目不构成约束,只要分别计算每个方案自身的经济性,根据结果选择方案;若资源有限,不足以分配到全部 NPV>0 的项目时,即形成资金约束条件下的定量分配问题。

独立型方案的评价特点:独立型方案的采用与否只取决于方案自身的经济性,即只需检验它们是否能够通过净现值、净年值或内部收益率指标的评价标准。因此,多个独立型方案与单一方案的评价方法是相同的。独立型方案这一特点决定了独立型方案的现金流量及其效果具有可加性。一般独立型方案选择处于无资源限制和有资源限制两种条件下。

4.3.1　无资源限制的条件

在无资源限制的条件下,各个方案间完全不相关,一个方案的采用与否只取决于方案自身在经济上是否可以接受,即方案的经济效果是否达到或超过了既定的评价标准,此时的多方案比选就等同于单一方案评价。只要方案自身能通过净现值、净年值或内部收益率指标的评价标准,就是可采纳的。

4.3.2 有资源限制的条件

在有资源限制的条件下,不能满足所有方案的需要,不同方案间因为资源有限而具有了一定的相关性。最普遍的就是资金有限的情况,决策者只能选择部分方案。此时有两种方法:组合互斥化法和内部收益率或净现值率排序法。

1)组合互斥化法

组合互斥化法是先穷举出所有可能的独立型方案组合群,组合与其他组合间看作互斥关系,按互斥方案的比选方法进行选择。步骤如下:

①列出独立型方案的所有可能的组合(均为可行方案),形成若干个新的组合方案(其中包括方案0,即"什么也不采纳"方案),则 n 个独立型方案可以形成互斥的 2^n 个组合方案。

②将所有的方案按初始投资额从大到小排序,其组合方案对应的初始投资额简单相加,并排除初始投资额超过投资资金限额的组合方案。

③对剩余的组合方案按互斥方案的比较方法确定最优的组合方案(为简化计算,一般以净现值作为比选指标,NPV 最大的方案为优)。

【例4-8】某企业现有三个独立的投资方案 A、B、C,期初投资及年净收益见表4-13,其基准收益率为8%,各方案的净现值及净现值率也列于该表中。企业可用于投资的金额为8 000 万元,应怎样选取最优方案?

表4-13 独立方案 A、B、C 的投资、年净收益   单位:万元

方案	初始投资	年净收益	寿命(年)
A	3 000	600	10
B	5 000	850	10
C	7 000	1 200	10

【解】首先,建立所有互斥的方案组合。本例中共有 $2^3=8$ 个互斥的方案组合,各组合的投资、年净收益及净现值见表4-14。

表4-14 方案组合投资、年净收益及净现值   单位:万元

组合号	方案组合	投资总额	年净收益	净现值
1	0	0	0	0
2	A	3 000	600	1 026
3	B	5 000	850	704
4	C	7 000	1 200	1 052
5	AB	8 000	1 450	1 730

续表

组合号	方案组合	投资总额	年净收益	净现值
6	AC	10 000	1 800	2 078
7	BC	12 000	2 050	1 756
8	ABC	15 000	—	—

其次,对满足资金限额条件的前 5 个方案组合而言,由于第 5 个方案组合 AB 的净现值最大,因而 AB 为最优方案组合。

2)内部收益率或净现值率排序法

首先计算各个独立方案的内部收益率或净现值率,按从大到小排序;然后淘汰掉净现值率为负数或内部收益率小于基准收益率的方案;最后按内部收益率或净现值率从大到小选择方案,直到资金限制不能再选为止。仍以上例说明该方法的步骤。

①A、B、C 3 个方案的内部收益率分别为:

$$IRRA = 15.10\%$$
$$IRRB = 11.23\%$$
$$IRRC = 11.03\%$$

②这组独立方案按内部收益率从大到小的顺序排列,将它们以直方图的形式绘制在以投资为横轴、内部收益率为纵轴的坐标轴上(图 4-6),并标明基准收益率和投资的限额。

③排除 i_c 线以下和投资限额线右边的方案,因此选择的最优方案应为 A 和 B。

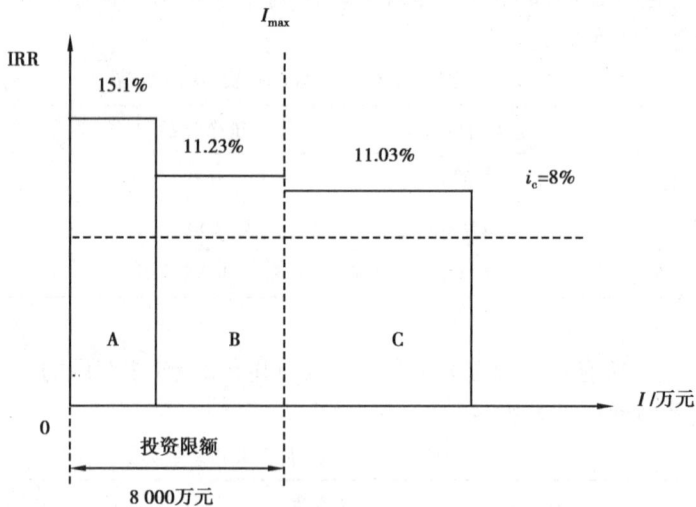

图 4-6 内部收益率排序法选择独立方案

4.4 互斥型方案经济性评价

这类方案在实际工作中是最常见到的。它是指在没有资源约束的条件下,在一组方案中,选择一个方案就不能选择其他方案,则这一组方案称为互斥型多方案,简称互斥多方案或互斥方案。

互斥型方案的经济比选包括两个方面,合格性检验和最优性检验。合格性检验就是要考查备选方案的绝对经济效益,也称为绝对检验;最优性检验是指进行方案间的相对经济效益对比,考查各个方案的优劣性,找出更好的方案,即相对检验。针对方案的寿命是否相等,互斥方案可分为两类:一是各方案寿命相等的互斥方案的选择;二是各方案寿命不全相等的互斥方案的选择。前者可直接进行比较,后者则要借助某些方法进行时间上的变换之后再比较。

4.4.1　寿命相等的方案选择

1)净现值法

【例4-9】设 A、B 两个方案为互斥方案,其寿命期内各年的净现金流量见表4-15,试用净现值法作出选择(取$i_c=10\%$)。

表4-15　互斥方案 A、B 的净现金流量表　　　　　　　单位:万元

方案 ＼ 年末	0	1—10
A	−50	10
B	−60	15

【解】计算各方案的绝对效果并加以检验

$$NPV_A=-50+10\times(P/A,10\%,10)=11.46(万元)$$
$$NPV_B=-60+15\times(P/A,10\%,10)=32.17(万元)$$

由于$NPV_A>0$,$NPV_B>0$,因而两个方案均通过绝对效果检验,它们在经济效果上均是可行的。

计算两个方案的相对效果并确定最优方案。采用净现值法时,两个方案的相对效果为:$NPV_{B-A}=NPV_B-NPV_A=32.17-11.46=20.71(万元)$。

由于$NPV_{B-A}>0$,表明 B 方案优于 A 方案。因此,应选择 B 方案为最佳方案。

在实际计算中,只要计算出各方案自身现金流量的净现值,再将其直接进行比较即可得出最优可行方案。

上例是对于两个方案的比较而言的,对于三个或三个以上的方案的比较,也可按追加投资价值性指标评选。所谓追加投资,是指两个方案比较时,一个方案比另一个方案多出的那部分投资。按追加投资净现值评选的标准是:当基础方案可行时,保留投资额大且追加投资净现值大于或等于零的方案。按追加投资净现值进行方案比较的方法称为环比法,下面结合例4-10对其进行介绍。

【例4-10】A、B、C 为三个互斥方案,其寿命均为10 年,净现金流量见表4-16。试选择最优方案(取$i_c=10\%$)。

表4-16 互斥方案 A、B、C 的净现金流量表　　　　　　　　　单位:万元

方案	年末	
	0	1—10
A	−3 000	800
B	−5 000	1 000
C	−8 000	1 800

【解】第一,把各方案投资额由小到大排列,并增设一个"维持现状"方案Ⅰ,作为计算追加投资经济效益的基础方案。"维持现状"方案是不投资方案或零方案,这时假设已有的资金用于其他方面的投资可以获得基准收益率,即不管投资额为多大,其 $IRR = i_c$,也即: $NPV(i_c) = 0$。

第二,以"维持现状"方案Ⅰ作为临时基础方案,首先计算 A 方案相对于Ⅰ方案的追加投资和逐年的净现金流量之差,构成一个新的追加投资净现金流量。然后再计算 A 方案较Ⅰ方案追加投资的净现值,以 NPV_{A-I} 表示。其计算如下:

$$NPV_{A-I} = -3\ 000 + 800 \times (P/A, 10\%, 10) = 1\ 916(万元)$$

由于 $NPV_{A-I} > 0$,说明 A 方案优于Ⅰ方案,应保留 A 方案作为下一步继续比较的基础方案;反之,若 $NPV_{A-I} < 0$,则应保留Ⅰ方案作为下一步继续比较的基础方案。

第三,以 A 方案为基础方案,计算 B 方案较 A 方案的追加投资净现值,其计算如下:

$$NPV_{B-A} = -(5\ 000 - 3\ 000) + (1\ 000 - 800) \times (P/A, 10\%, 10) = -771(万元)$$

由于 $NPV_{B-A} < 0$,说明 B 方案的追加投资是不合算的,应保留 A 方案作为基础方案,舍去 B 方案。

第四,仍以 A 方案作为基础方案,计算 C 方案较 A 方案的追加投资净现值,其计算如下:

$$NPV_{C-A} = -(8\ 000 - 3\ 000) + (1\ 800 - 800) \times (P/A, 10\%, 10) = 1\ 145(万元)$$

由于 $NPV_{C-A} > 0$,说明 C 方案的追加投资是合算的,应保留 C 方案舍弃 A 方案,故 C 方案为最优方案。

以上方法同样适用于追加投资净终值和净年值指标,其结论是一致的。

在多个互斥方案中,只有通过绝对效果检验和相对效果检验的最优方案才是唯一可被接受的方案。对于净现值法而言,可表述为净现值大于或等于零且净现值最大的方案为最优可行方案。

2)内部收益率法

所谓内部收益率法,就是以内部收益率为比较基准,来进行项目评价的方法。内部收益率是反映投资使用效率的指标,是测定资金利用情况好坏的指示器。采用内部收益率法评价互斥方案,同样应当进行绝对效果检验和相对效果检验。通过各方案内部收益率的计算和比较,内部收益率最高的方案,应是诸方案中经济效果最优的方案;内部收益率大于或等于贴现率的方案,就是可以被采纳的方案。内部收益率法是与净现值法本质上不同的另一种项目评价方法,它着眼于资金利用的好坏,而非所得绝对效果的大小。

内部收益率法有其明显的局限性,因为它只适用于有限寿命的收益费用型项目,而且是

初期投资较大且无较大的中后期投资的情况。在作方案比较时,还要求各方案的初期投资相等或相近,否则,就不能采用内部收益率法。

在各方案投资额相同、寿命期相等的情况下,采用内部收益率法可以得出、确定正确的投资决策。但在各方案投资额不相同,寿命期不同的情况下,采用内部收益率法与净现值法可能得出不同的结论。此时采用内部收益率法可能得出错误的结论,我们应该考虑方案间增量投资的内部收益率。下面对此举例说明。

【例4-11】方案 A、B 是互斥方案,其现金流量见表4-17。试选择最优方案($i_c = 10\%$)。

表 4-17　互斥方案 A、B 的净现金流量表　　　　　　　　　单位:万元

方案	年末	
	0	1—10
A	1 000	180
B	800	145
增量(A−B)	−200	35

【解】首先计算两个方案的绝对效果指标 IRR_A、IRR_B,根据方程式:

$-1\ 000 + 180 \times (P/A, IRR_A, 10) = 0$

求得: $IRR_A = 12.41\%$

$-800 + 145 \times (P/A, IRR_B, 10) = 0$

求得: $IRR_B = 12.59\%$

由于两者均大于基准折现率 $i_c = 10\%$,故方案 A、方案 B 均是可行方案。

哪个方案更优? 如果认为内部收益率越大越好,那么由于 $IRR_B > IRR_A$,就会认为 B 方案优于 A 方案,但是此结论与净现值法评价结论相矛盾。

$NPV_A = -1\ 000 + 180 \times (P/A, 10\%, 10) = 106($万元$)$

$NPV_B = -800 + 145 \times (P/A, 10\%, 10) = 91($万元$)$

由于 $NPV_A > NPV_B$,因而按净现值法评价,A 是最优可行方案。

上例表明,按照净现值最大准则和内部收益率最大准则比较选择方案,可能会产生相互矛盾的结论。

无论采用净现值法还是采用内部收益率法,进行方案比较时应认清比较的实质,即判断投资额大的方案和投资额小的方案相比的追加投资能否被其增量收益抵消,即对增量现金流量的经济性做出判断。因此,用内部收益率法进行互斥方案比较时应计算增量现金流的内部收益率,称为"差额内部收益率"或"追加投资内部收益率"(记作 ΔIRR)。在方案寿命期相等的情况下,计算差额内部收益率的方程为:

$$\sum_{t}^{m} (\Delta CI - \Delta CO)_t (I + \Delta IRR)^{-t} = 0 \qquad (4.18)$$

式中　ΔCI——互斥方案(A、B)的差额(增量),现金流入为: $CI_A - CI_B$;

　　　ΔCO——互斥方案(A、B)的差额(增量),现金流出为: $CO_A - CO_B$。

按追加投资内部收益率与按追加投资净现值评选方案的做法基本相同,只是取舍方案的标准不一样。按追加投资内部收益率评选方案的标准是在投资由小到大进行方案比较

时,应保留投资额大且追加投资内部收益率大于基准贴现率的方案。仍以【例 4-11】为例,具体步骤如下:

①增设一零方案 Ⅰ,计算投资额较小的方案,即 B 方案较 Ⅰ 方案的追加投资内部收益率大。由 $-800+145\times(P/A,\Delta IRR_{B-I},10)=0$,得: $\Delta IRR_{B-I}=12.59\%>10\%$。

说明 B 方案较 Ⅰ 方案的追加投资是合理的,故应保留 B 方案作为下一步比较的基础方案,并舍弃 Ⅰ 方案。

②计算 A 方案较 B 方案的追加投资内部收益率。由 $-200+35\times(P/A,\Delta IRR_{A-B},10)=0$,得: $\Delta IRR_{A-B}=11.73\%>10\%$。

说明 A 方案较 B 方案的追加投资合算,应保留 A 方案,舍弃 B 方案。按内部收益率评选可能与用价值性评价指标评选的结论不一致,而用追加投资内部收益率与用价值性评价指标的结论比较一致,这说明用追加投资内部收益率的标准确定的方案是最优方案。

3)差额法

这种方法是指计算追加投资的净现值或净年值或净未来值,并根据它们的正负来进行互斥型方案的选优。在实践中,推测各投资方案的收益与费用的绝对值往往是很不容易的。但是,在很多情况下研究各方案中不同的经济要素,找出方案之间现金流量的差额却比较容易。研究比较两方案现金流量的差额,用差额的净现值、净年值或净未来值来判定方案的优劣是有效的方法。

【例 4-12】某建筑承包商拟投资购买设备用于租赁,现有三个互斥型方案,各方案的期初投资额和每年净收益见表 4-18。各投资方案的寿命期均为 10 年,10 年末的残值为 0,基准收益率 i_c 为 15%。试选择在经济上最有利的方案。

表 4-18　投资方案的现金流量　　　　　　　　　　　　　单位:万元

项目方案	初始投资	每年净收益
A_0	$NPV(15\%)=0$	
A_1	5 000	1 400
A_2	8 000	1 900
A_3	10 000	2 500

【解】A_0 称为基准方案,有时所有互斥型方案均不符合条件,应把资金投在其他可以获得基准收益的方案上,其 $NPV(i_c)=0$ 或者说 $IRR=i_c$。

①将投资方案按投资额由小到大排序为,其中 A_0 为基准方案。若投资 5 000 万元,每年获得 15% 的基准收益率,则每年净收益为:
$$R_0=P(A/P,15\%,10)=5\,000\times0.199\,25=996.25(万元)$$

将方案 A_1 与基准方案 A_0 进行比较,计算这两个方案追加投资的现金流量,如图 4-7(a)所示,并按基准收益率 $i_c=15\%$ 计算追加投资的净现值 $\Delta NPV_{A_1-A_0}$,则:
$$\Delta NPV_{A_1-A_0}=(1\,400-996.25)\times(P/A,15\%,10)-(5\,000-5\,000)$$
$$=403.75\times5.019=2\,026.42(万元)$$

因为 $\Delta NPV_{A_1-A_0}>0$,说明基准方案 A_0 较差,应该把基准方案淘汰,保留方案 A_1 为临时

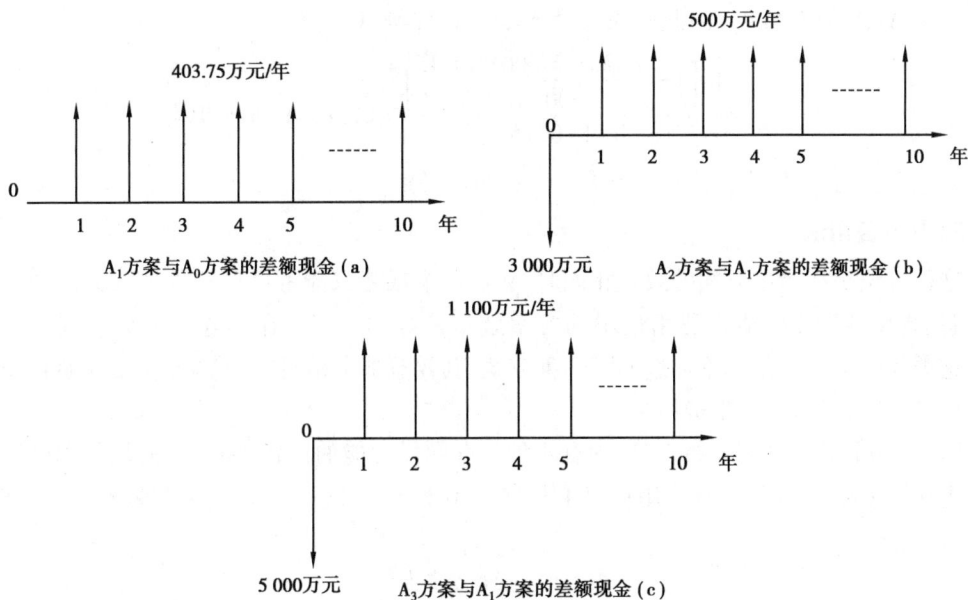

图 4-7 差额现金流量图

最优方案。

②将方案 A_2 与方案 A_1 进行比较,计算这两个方案追加投资的现金流量,如图 4-7(b)所示,并按基准收益率 $i_c=15\%$ 计算追加投资的净现值,则:

$$\Delta NPV_{A_2-A_1} = (1\ 900-1\ 400) \times (P/A,15\%,10) -(8\ 000-5\ 000)$$
$$=500 \times 5.019-3\ 000=-490.50(万元) <0$$

因为 $\Delta NPV_{A_2-A_1}<0$,说明方案 A_2 较差,应将其淘汰,保留方案 A_1 为临时最优方案。

③将方案 A_1 与方案 A_3 进行比较,计算这两个方案追加投资的现金流量,如图 4-7(c)所示,并按照基准收益率 $i_c=15\%$ 计算追加投资的净现值 $\Delta NPV_{A_3-A_1}$,则:

$$\Delta NPV_{A_3-A_1} = (2\ 500-1\ 400) \times (P/A,15\%,10) -(10\ 000-5\ 000)$$
$$=1\ 100 \times 5.019-5\ 000=520.90(万元) >0$$

因为 $\Delta NPV_{A_3-A_1}>0$,说明方案 A_3 优于方案 A_1,因此方案 A_3 是最终的最优方案。

由此可见,当互斥型方案寿命相等时,直接比较各方案的 NPV 并取 NPV 最大的方案与上述差额法的选择结果是一致的。

4)追加投资回收期法

这种方法是指首先计算追加投资的动态或静态投资回收期,然后和基准投资回收期比较来判定方案的优劣。这种方案尤其适用于只有年经营成本和期初投资额的互斥型方案的比选。

【例 4-13】依然以【例 4-12】为例,试比较哪个方案在经济上最为有利?

【解】首先方案 A_1 为临时最优方案,然后计算方案 A_2 相对于方案 A_1 的追加投资动态回收期 $\Delta P_{t(A_2-A_1)}$。

$$\Delta P_{t(A_2-A_1)} = \frac{\ln\left[1-\frac{(8\ 000-5\ 000) \times 0.15}{1\ 900-1\ 400}\right]}{\ln(1+0.15)} = 16.5(年) >n=10(年)$$

方案 A_2 差于方案 A_1，因此应该淘汰 A_2，再取 A_3 与 A_1 比较。

$$\Delta P_{t(A_3-A_1)} = \frac{\ln\left[1 - \frac{(8\,000-5\,000)\times 0.15}{2\,500-1\,400}\right]}{\ln(1+0.15)} = 8.2(年) < n = 10(年)$$

即方案 A_3 优于方案 A_1 因此，方案 A_3 为最优方案。

5）最小费用法

这种方法是指当各方案的效益相同时，只要考虑或者只能考虑比较各个方案的费用大小（费用现值或费用年值），费用最小的方案就是最好的方案。在实际中常会遇到类似问题。这类问题的特点是无论你选用哪一种方案，其效益都是相同的，或者是无法用货币衡量的。这时，就可以采用最小费用法。

【例4-14】某公司拟购买设备，现有4种具有同样功能的设备，使用寿命均为10年，残值均为0，初始投资和年经营费用见表4-19（$i_c = 10\%$）。试问该公司选择哪种设备在经济上更为有利？

表4-19   设备投资费用

单位：元

项目方案	A	B	C	D
初始投资	3 000	3 800	4 500	5 000
年经营费	1 800	1 770	1 470	1 320

【解】①费用现值选优法。由于4种设备功能相同，又因各方案寿命相等保证了时间可比性，故可以利用费用现值（PC）法进行选优。费用现值是投资项目全部开支的现值之和，其计算如下：

$$P(10\%) = 3\,000 + 1\,800 \times (P/A, 10\%, 10) = 14\,060(元)$$
$$P(10\%) = 3\,800 + 1\,770 \times (P/A, 10\%, 10) = 14\,676(元)$$
$$P(10\%) = 4\,500 + 1\,470 \times (P/A, 10\%, 10) = 13\,533(元)$$
$$P(10\%) = 5\,000 + 1\,320 \times (P/A, 10\%, 10) = 13\,111(元)$$

由于设备D的费用现值最小，因而选择设备D较为有利。

②费用年值选优法。将费用现值变换为费用年值（AC），根据年费用最小来选择最优方案，其计算如下：

$$A(10\%) = 3\,000 \times (A/P, 10\%, 10) + 1\,800 = 2\,288(元)$$
$$A(10\%) = 3\,800 \times (A/P, 10\%, 10) + 1\,770 = 2\,388(元)$$
$$A(10\%) = 4\,500 \times (A/P, 10\%, 10) + 1\,470 = 2\,202(元)$$
$$A(10\%) = 5\,000 \times (A/P, 10\%, 10) + 1\,320 = 2\,134(元)$$

由于设备D的费用年值最小，因而选择设备D较为有利。

4.4.2   寿命不等的方案选择

当两个方案的寿命期不同时，就不能直接进行比较，必须加以处理。为使方案具有可比性而进行处理的方法很多，常用的有最小公倍数法、净年值法和研究期法等。

1)最小公倍数法

最小公倍数法是以各备选方案寿命期的最小公倍数作为方案比选的共同计算期,并假设各个方案在这样一个共同的计算期内投资、收入、支出,对各方案计算期内各年的净现金流量进行重复计算,直至最小公倍数的寿命期末为止。

【例4-15】某建设项目有 A、B 两个方案,方案 A 的原始投资为 300 万元,年收益为 130 万元,计算期为 3 年;方案 B 的原始投资为 100 万元,年收益为 50 万元,计算期为 6 年,基准贴现率为 10%,试比较两方案。

【解】方案 A 寿命期为 3 年,方案 B 寿命期为 6 年,最小公倍数为 6 年,所以 A 方案重复 2 次,B 方案重复 1 次。其现金流量图如图 4-8、图 4-9 所示。

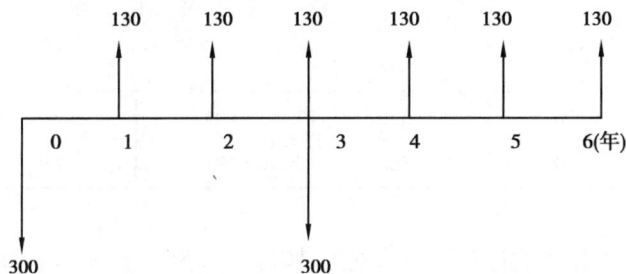

图 4-8 方案 A 的现金流量图(万元)

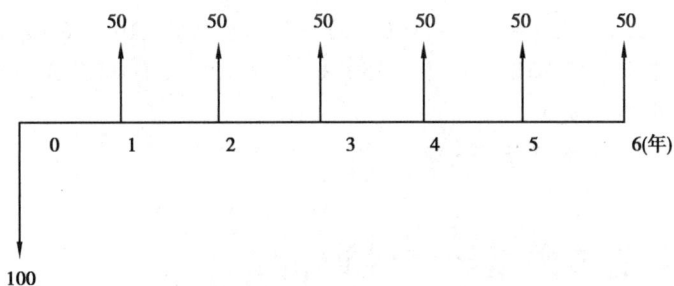

图 4-9 方案 B 的现金流量图(万元)

计算其净现值:

$$NPV_A = -300 - 300 \times (P/F,10\%,3) + 130 \times (P/A,10\%,6) = 40.8(万元)$$
$$NPV_B = -100 - 50 \times (P/A,10\%,6) = 117.8(万元)$$

由于 $NPV_B > NPV_A$,所以方案 B 优于方案 A。

2)净年值法

净年值法是对寿命期不相等的互斥方案进行比较时用到的一种简明的方法。它分别计算各备选方案净现金流量的等额年值并进行比较,若 $NAV > 0$,则 NAV 最大者为最优方案。以【例4-15】的数据为例,用净年值法比较两方案。

【解】$NAV_A = -300 \times (A/P,10\%,3) + 130 = 9.37(万元)$
$$NAV_B = -100 \times (A/P,10\%,6) + 50 = 27.71(万元)$$

由于 $NAV_B > NAV_A$,所以方案 B 优于方案 A。

3)研究期法

所谓研究期法,就是对寿命期不相等的互斥方案直接选取一个适当的分析期作为各个方案共同的计算期,通过比较各个方案在该计算期内的净现值来对方案进行比较,以净现值最大的方案为最佳方案。其中,计算期的确定要综合考虑各种因素。在实际应用中,为简便起见,往往直接选取诸方案中最短的计算期为各个方案共同的计算期,所以研究期法又称最小计算期法。

【例4-16】A、B 两个项目的净现金流量见表4-20,若已知 $i_c = 10\%$,试用研究期法对方案进行比选。

表4-20　用研究期法对方案进行比选　　　　单位:万元

方案 ＼ 年末	0	1	2—6	7	8
A	−550	−350	400	—	—
B	−1 200	−850	750	750	900

【解】取两方案中较短的计算期为共同的计算期,即为6年,分别计算两方案的净现值:

$$NPV_A = -550 - 350 \times (P/F,10\%,1) + 400 \times (P/A,10\%,5) \times (P/F,10\%,1)$$
$$= 510.3(万元)$$

$$NPV_B = \left[-1\,200 - 850 \times (P/F,10\%,1) + 750 \times (P/A,10\%,6) \times (P/F,10\%,1) \right.$$
$$\left. + 900 \times (P/F,10\%,8) \right] + 750 \times (A/P,10\%,8) \times (P/A,10\%,6)$$
$$= 1\,156.2(万元)$$

$NPV_B > NPV_A$,所以方案 B 优于方案 A。

4.5　其他类型多方案经济性评价

其他类型多方案是指一组独立或者互斥方案中,每个独立或互斥方案下又有若干互斥或者独立的方案,所以混合型方案就分为两类:一组独立多方案中,每个独立方案下又有若干个互斥方案;或者一组互斥多方案中,每个互斥方案下又有若干个独立方案。

4.5.1　其他类型多方案的比选方法

1)在一组独立多方案中,每个独立方案下又有若干个互斥方案的情形

【例4-17】A、B 两方案是相互独立的,A 方案下有2个互斥方案 A_1、A_2,B 方案下有3个互斥方案 B_1、B_2、B_3,对于这种方案,如果 m 代表相互独立的方案数目,n_j 代表第 j 个独立方案下互斥方案的数目,则这一组混合方案可以组合成互斥的组合方案数目为:

$$N = \prod_{j=1}^{m} (n_j + 1) = (n_1 + 1)(n_2 + 1)(n_3 + 1)\cdots(n_m + 1) \tag{4.19}$$

混合方案形成的所有可能组合方案见表4-21。确定最优组合方案,最优组合方案中被组合的方案即为该混合方案的最佳选择。具体方法和过程如下:

表4-21　方案组合表 单位:万元

方案组合序号	方案					组合方案
	A		B			
	A_1	A_2	B_1	B_2	B_3	
1	0	0	0	0	0	0
2	1	0	0	0	0	A_1
3	0	1	0	0	0	A_2
4	0	0	1	0	0	B_1
5	0	0	0	1	0	B_2
6	0	0	0	0	1	B_3
7	1	0	1	0	0	A_1+B_1
8	1	0	0	1	0	A_1+B_2
9	1	0	0	0	1	A_1+B_3
10	0	1	1	0	0	A_2+B_1
11	0	1	0	1	0	A_2+B_2
12	0	1	0	0	1	A_2+B_3

2)在一组互斥多方案中,每个互斥方案下又有若干个独立方案的情形

【例4-18】C、D 是互斥方案。C 方案下有 C_1、C_2、C_3、C_4 四个独立方案,D 方案下有 D_1、D_2、D_3 三个独立方案。分析一下方案之间的关系,就可以找到确定最优方案的方法。由于 C、D 是互斥的,最终的选择将只会是其中之一,因而 C_1、C_2、C_3、C_4 选择与 D_1、D_2、D_3 选择互相没有制约,可分别对这两组独立方案按独立方案选择方法确定最优组合方案,然后再按互斥方案的方法确定选择哪一个组合方案。具体过程是:

C_1、C_2、C_3、C_4 四个独立方案,按独立方案的选择方法确定最优的组合方案(表4-22)。

表4-22　方案组合表 单位:万元

方案组合序号	方案				组合方案
	C_1	C_2	C_3	C_4	
1	0	0	0	0	0
2	1	0	0	0	C_1
3	0	1	0	0	C_2
4	0	0	1	0	C_3
5	0	0	0	1	C_4
6	1	1	0	0	C_1+C_2
7	1	0	1	0	C_1+C_3

续表

方案组合序号	方案				组合方案
	C_1	C_2	C_3	C_4	
8	1	0	0	1	C_1+C_4
9	0	1	1	0	C_2+C_3
10	0	1	0	1	C_2+C_4
11	0	0	1	1	C_3+C_4
12	1	1	1	0	$C_1+C_2+C_3$
13	1	1	0	1	$C_1+C_2+C_4$
14	1	0	1	1	$C_1+C_3+C_4$
15	0	1	1	1	$C_2+C_3+C_4$
16	1	1	1	1	$C_1+C_2+C_3+C_4$

对 D_1、D_2、D_3 三个独立方案,也按独立方案选择方法确定最优组合方案(表4-23)。

表4-23　方案组合表　　　　　　　　　　　　　　　单位:万元

方案组合序号	方案			组合方案
	D_1	D_2	D_3	
1	0	0	0	0
2	1	0	0	D_1
3	0	1	0	D_2
4	0	0	1	D_3
5	1	1	0	D_1+D_2
6	1	0	1	D_1+D_3
7	0	1	1	D_2+D_3
8	1	1	1	$D_1+D_2+D_3$

由最优组合方案构成的 C、D 两方案以互斥方案的比较方法确定最优的方案。假设最优方案为 D 方案,则该组混合方案的最佳选择应是 D_1、D_2 和 D_3。

4.5.2　多方案投资决策权问题

当我们对混合型方案进行决策时,如果将决策权下放给各个独立项目决策人,各个决策人会仅选择出其负责的最优方案,这往往会造成所选择的最优项目组合不是真正的最优项目组合。

【例4-19】某公司有 A、B、C 三个子公司,各子公司的投资项目之间是相互独立的,各项目又分别由相互替代的方案构成,数据见表4-24,投资方案均为一年,基准收益率为10%。

该公司资金有限,仅有 400 万元可供投资。试求该公司应该如何进行项目投资决策?

表 4-24　三个子公司的投资项目方案　　　　　　　　单位:万元

A 子公司			B 子公司			C 子公司		
方案	投资额	净收益	方案	投资额	净收益	方案	投资额	净收益
A_1	100	130	B_1	100	148	C_1	100	115
A_2	200	245	B_2	200	260	C_2	200	240
A_3	300	354	—	—	——	C_3	300	346

【解】①如果总公司决定让各个子公司内部先选择各自的最优方案,然后由公司在 A、B、C 子公司选择的方案中挑选最优方案,则最优项目组合的选择计算如下:

A 子公司各方案的 NAV 指标计算如下:

$$NAV_{A_1} = 130 - 100 \times (1 + 0.1) = 20(万元)$$
$$NAV_{A_2} = 245 - 200 \times (1 + 0.1) = 25(万元)$$
$$NAV_{A_3} = 354 - 300 \times (1 + 0.1) = 24(万元)$$

因为方案 A_2 的 NAV 最大,A 子公司应该选方案 A_2。

B 子公司各方案的 NAV 指标计算如下:

$$NAV_{B_1} = 148 - 100 \times (1 + 0.1) = 38(万元)$$
$$NAV_{B_2} = 260 - 200 \times (1 + 0.1) = 40(万元)$$

因为方案 B_2 的 NAV 最大,B 子公司应该选方案 B_2。

C 子公司各方案的 NAV 指标计算如下:

$$NAV_{C_1} = 115 - 100 \times (1 + 0.1) = 5(万元)$$
$$NAV_{C_2} = 240 - 200 \times (1 + 0.1) = 20(万元)$$
$$NAV_{C_3} = 346 - 300 \times (1 + 0.1) = 16(万元)$$

因为方案 C_2 的 NAV 最大,C 子公司应该选方案 C_2。

这样,总计净终值为 85 万元,投资额为 600 万元。由于公司只有 400 万元预算,因而,从公司作出投资决策来看,必须从这 3 个方案中放弃一个。由于 $NAV_{C_2} = 20$ 万元,因而总公司决策将放弃方案 C_2,最优项目组合为 A_2、B_2,净终值总计为 65 万元。

②如果不是由各子公司先选择子公司的最优方案,而是直接由总公司对全部方案加以选择,则最优项目组合选择计算如下所述。

所有方案的 IRR 都大于基准收益率 10%,可以采用组合互斥化方法,列出所有可能的组合,通过 NAV 比较得出最优方案,见表 4-25。

表 4-25　组合方案投资、年净收益及净现值　　　　　　　　单位:万元

组合号	方案组合	投资总额	年净收益	NAV
1	0	0	0	0
2	A_1	100	130	20
3	A_2	200	245	25

续表

组合号	方案组合	投资总额	年净收益	NAV
4	A_3	300	354	24
5	B_1	100	148	38
6	B_2	200	260	40
7	C_1	100	115	5
8	C_2	200	240	20
9	C_3	300	346	16
10	A_1+B_1	200	278	58
11	A_1+B_2	300	390	60
12	A_1+C_1	200	245	25
13	A_1+C_2	300	370	40
14	A_1+C_3	400	476	36
15	$A_1+B_1+C_1$	300	393	63
16	$A_1+B_1+C_2$	400	518	78
17	$A_1+B_2+C_1$	400	505	65
18	A_2+B_1	300	393	63
19	$A_2+B_1+C_1$	400	508	68
20	A_2+B_2	400	505	65
21	A_2+C_1	300	360	30
22	A_2+C_2	400	485	45
23	A_3+B_1	400	502	62
24	A_3+C_1	400	469	29

其中组合 16,方案 A_1,B_1,C_2 的组合 NAV 最大,为总公司在 400 万元投资限制条件下的最优项目组合。

【本章小结】

本章旨在解决如何从定量角度评价与比选工程方案的问题。首先介绍了工程项目的各类经济性评价指标,从定义、适用范围和案例计算等方面加深对各指标的理解,接着重点介绍了不同约束下的独立型方案和互斥型方案的经济性评价流程,最后介绍了其他类型多方案比选方法以及多方案投资决策问题。

【习题与思考题】

1. 新建某厂,固定资产投资 4 000 万元,流动资金 300 万元,其中自有资金占总投资的 30%,预计到设计生产正常年份的年销售收入为 3 000 万元,年销售税金及附加为销售收入的 8%,年经营成本和折旧摊销成本总计为 1 000 万元,当年利息支出为 20 万元,所得税为利润总额的 33%。试计算 ROI。

2. 表4-26 为两项目方案的净现金流量,设基准贴现率为 10%,根据表内所给内容计算两企业的静态与动态经济指标,并比较哪个方案最优。

表 4-26 两项目方案净现金流量 单位:万元

年数		0	1	2	3—6	7	8	9	10	11
方案	A	−15 000	−2 500	2 500	4 000	5 000	6 000	7 000	8 000	9 000
	B	−10 000	−3 000	−3 000	5 000	5 000	5 000	8 000	8 000	9 000

3. 某公司首先预选了两种设备购买方案。方案 1 所需的期初一次性投资额为 60 万元,使用寿命期为 5 年,期末残值为 2 万元,而投产后每年的净现金流量均为 30 万元。方案 2 的期初一次性投资额为 40 万元,使用寿命期为 4 年,期末无残值,而投产后各年的净现金流量依次为:20 万元、24 万元、28 万元和 30 万元。设基准投资收益率 i_o 为 15%。利用本章所学知识选出最优方案。

4. 某冶炼厂欲投资建一个储水设施,有两个方案。A 方案是在厂内建一个水塔,造价为 102 万元,年运营费用为 2 万元,每隔 10 年大修 1 次的费用为 10 万元;B 方案是在厂外不远处的小山上建一储水池,造价 83 万元,年运营费用 2 万元,每隔 8 年大修 1 次的费用为 10 万元。另外,B 方案需购置一套附加设备,购置费为 9.5 万元,寿命为 20 年,20 年末的残值为 0.5 万元,年运行费用为 1 万元。该厂基准收益率为 7%。若储水设施计划使用40 年,任何一个方案在寿命期末均无残值,哪个方案最优?

5. 某施工机械有 A、B 两种不同的型号,其有关经济参数见表4-27,利率为 10%,试问购买哪种型号的机械在经济上更为有利(分别用净年值和净现值法比较)?

表 4-27 A、B 两种不同型号机械的经济参数 单位:万元

方案	初始投资	年收入	年支出	残值	寿命期/年
A	12	7	0.6	2	10
B	9	7	0.85	1	8

6. 有 A、B、C、D 四个投资方案,现金流量情况见表4-28,完成以下问题。

(1)当基准贴现率为 10% 时,分别用净现值、净现值率的大小对项目排序。

(2)如果 A、B、C、D 为互斥方案,选择哪个方案?

(3)如果 A、B、C、D 为独立方案,在下列情况下应选择哪个方案?

①无资金限制时。

②总投资为 3 000 万元。

表 4-28　四种方案的现金流量表　　　　单位:万元

方案	0	1	2、3、4、5、6
A	−1 000	1 400	0
B	−2 000	1 940	720
C	−1 000	490	1 050
D	−2 000	300	1 600

7.某石油化工联合企业下属的三个工厂 A、B、C 分别提出各自的技术改造方案。A、B、C 三个工厂是相互独立的,但各厂投资项目均由若干互斥方案构成(表 4-29)。假定每个方案的寿命均为 8 年,设资金限制为:①500 万元;②700 万元;③900 万元。试问在上述资金限制下,如何从整个企业角度做出最优投资决策?

表 4-29　混合型项目方案的数据　　　　单位:万元

项目	方案	初始投资	年末净收益
A	A_1	100	38
	A_2	200	69
	A_3	300	88
B	B_1	100	19
	B_2	200	55
	B_3	300	75
	B_4	400	92
C	C_1	200	86
	C_2	300	109
	C_3	400	154

第5章

不确定性与风险分析

教学内容：本章在简要介绍不确定性与风险的关系的基础上，重点分析盈亏平衡分析、敏感性分析和概率分析的原理与计算方法。

教学重点：盈亏平衡分析、敏感性分析和概率分析的原理与计算方法。

教学难点：盈亏平衡分析、敏感性分析和概率分析的原理与计算方法。

知识框架

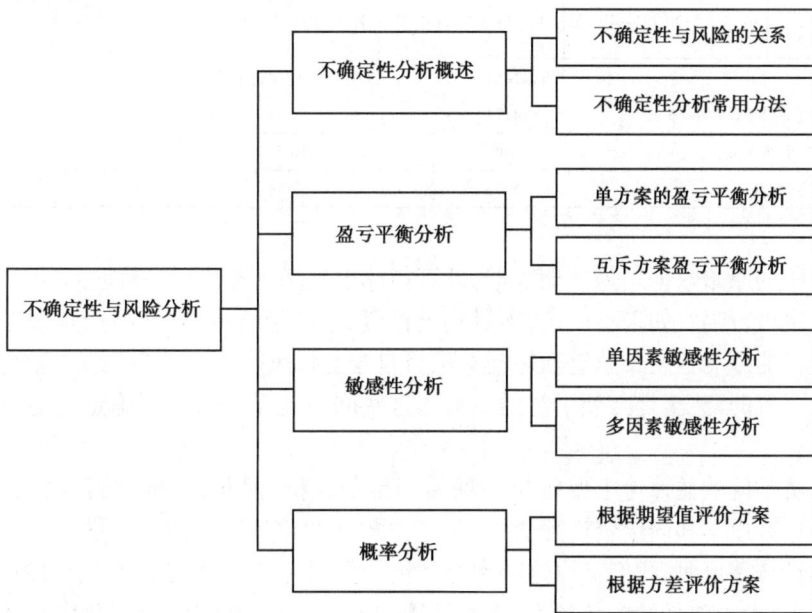

导入案例

　　某项目建设投资 49 761 万元，建设期 2 年，第三年投产，第四年达产；单位产品制造成本为 2 531.4 元/吨；项目设计生产能力为 95 000 吨/年，产品销售价格（含税）取定为 3 750 元/吨。依据国家有关部门发布的评价基准，项目的基准折现率取定为 12%。该项目投资的财务现金流量表如下。

项目投资财务现金流量表　　　　　　　　　　　　　　　单位:万元

序号	项目名称	合计	建设期		投产期	达产期								
			第1年	第2年	第3年	第4年	第5年	第6年	第7年	第8年	第9年	第10年	第11年	第12年
	生产负荷(%)				90	100	100	100	100	100	100	100	100	100
1	现金流入	341 650			32 063	35 625	35 625	35 625	35 625	35 625	35 625	35 625	35 625	52 694
1.1	产品销售收入	330 549			32 063	35 625	35 625	35 625	35 625	35 625	35 625	35 625	35 625	35 625
1.2	回收固定资产余值	8 333												11 428
1.3	回收流动资金	2 769												5 641
2	现金流出	302 608	20 491	29 271	27 428	25 273	24 827	24 917	25 012	25 078	25 078	25 078	25 078	25 078
2.1	建设投资	49 761	20 491	29 271										
2.2	流动资金	5 641			5 110	531								
2.3	经营成本	207 320			19 077	20 916	20 916	20 916	20 916	20 916	20 916	20 916	20 916	20 916
2.4	销售税金及附加	30 248			2 750	3 055	3 055	3 055	3 055	3 055	3 055	3 055	3 055	3 055
2.5	调整所得税	9 637			491	770	856	946	1 041	1 107	1 107	1 107	1 107	1 107
3	净现金流量	67 149	−20 491	−29 271	4 634	10 352	10 798	10 708	10 613	10 547	10 547	10 547	10 547	27 616
4	累计净现金流量	67 149	−20 491	−49 761	−45 127	−34 775	−23 977	−13 269	−2 656	7 891	18 439	28 986	39 533	67 149
5	所得税前净现金流量	67 149	−20 491	−29 271	5 126	11 123	11 654	11 654	11 654	11 654	11 654	11 654	11 654	28 723
6	所得税前累计净现金流量	67 149	−20 491	−49 761	−44 636	−33 513	−21 859	−10 206	1 448	13 102	24 755	36 409	48 063	76 785

计算指标	指标名称	所得税后	所得税前
	项目投资财务内部收益率(%)	14.74	16.46
	项目投资财务净现值(万元)	6 180	10 260
	项目投资回收期(年)	6.75	6.38

由于表中的原始数据均为预测数据,计算指标也是基于这些预测数据的计算结果,因此这一项目一定可行吗? 如果不一定,项目建设投资、生产经营成本、产品产量及销售价格这些因素对项目的影响程度又孰重孰轻呢? 项目自身的抗风险能力有多强呢? 这些问题显然是决策者想了解的,甚至是必须了解的。上述这些问题就需要通过不确定性与风险分析方法来解决。

工程经济学的效益评价主要定位于项目的事前评价,因此,分析所用的数据(如投资、寿命、销售收入、成本和固定资产残值等)是通过预测和估计取得的。在进行投资方案财务评价和国民经济评价时,我们又以这些预测和估计数据为基础,并依此得出方案的经济评价结论。实际上,由于项目的内部条件、外部环境的变化,项目在实施中实际发生的数据与经济分析所用的数据不可能完全一致,甚至有较大的偏差,使投资决策潜伏风险。所以,在进行工程经济分析时,进行不确定性分析十分必要。各种不确定性因素构成了经济分析中的不确定性,这种以不确定性因素对项目经济效益产生影响的计算和分析称为项目不确定性经济分析,简称不确定性分析。

5.1　不确定性分析概述

不确定性分析通常是在对投资方案进行了财务评价和国民经济评价的基础上进行的，旨在用一定的方法考察不确定性因素对方案实施效果的影响程度，分析项目运行风险，以完善投资方案的评价结论，提高投资决策的可靠性和科学性。

5.1.1　不确定性与风险的关系

从理论上讲，不确定性是指：①对项目有关的因素或未来的情况缺乏足够的信息因而无法做出正确的估计；②没有全面考虑所有评价项目的影响因素而造成的实际价值与预期价值之间的差异。

与不确定性相区别的是风险的概念。风险是指由随机原因所引起的项目总体的实际价值与预期价值之间的差异。风险常与出现不利结果的概率相关联，出现不利结果的概率（可能性）越大，风险也就越大。

不确定性是风险存在的必要条件，可能的损失是风险存在的充分条件。风险是指未来发生不利事件的概率或可能性。

5.1.2　不确定性分析常用方法

技术经济分析就是对可能采用的技术方案进行分析和比较、评价和优选，评价的基础数据大都来自预测或估算。无论采用何种方法进行预测或估算，必然源于种种假设或推断，从而会导致未来结果的不确定性。这些因素的不确定性，通常会带来经济效益的变动，使技术方案具有较大的潜在风险，容易导致决策上的失误。为了提高经济效益评价的可靠性和经济决策的科学性，需要进一步对技术方案作不确定性分析。所谓不确定性分析，主要是分析技术方案中某些不确定性因素对其经济效益的影响。这对投资额较大、寿命较长的重大项目来说尤为重要。常用的不确定性与风险分析方法有盈亏平衡分析、敏感性分析和概率分析。

5.2　盈亏平衡分析

盈亏平衡分析（又叫损益平衡分析，量本利分析）是研究产品产量、成本、利润三者之间内在联系，并为决策者提供科学依据的现代化管理方法。各种不确定因素的变化均会影响到投资方案的经济效果，当某些因素的变化达到某一临界值时，甚至会影响到方案的取舍。盈亏平衡分析就是根据方案的成本与收益关系确定盈亏平衡点（break-even point，BEP），进而判断投资方案对不确定因素变化的承受力，为决策者提供决策依据。

5.2.1　单方案的盈亏平衡分析

1）线性盈亏平衡分析

线性盈亏平衡分析基于以下条件：产量等于销量；产量变化，单位可变成本不变，从而产生总生产成本是产量的线性函数;销售量变化,销售单价不变,从而销售收入是销售量的线性函数;只生产单一产品,或者生产多种产品,但可以换算成单一产品计算。依据上述假设条件,项目的销售收入函数、成本函数和利润函数分别为:

(1)销售收入函数:$S = P \times Q$

式中,S 为销售收入,P 为产品价格,Q 为销售量(产量)。

(2)总成本函数:$C = B + VQ$

式中,C 为总成本,B 为固定成本,V 为单位产品可变成本。

(3)利润函数:$I = S - C = PQ - (B + VQ)$

式中,I 为利润。

盈亏平衡点又称零利润点、保本点、盈亏临界点、损益分歧点、收益转折点。通常是指全部销售收入等于全部成本时(销售收入线与总成本线的交点)的产量。盈亏平衡点的求解方法包括图解法和计算法。

根据产品产量(销售量)、产品价格以及固定总成本费用和可变总成本费用等资料,以产品产量(或销售量)为横坐标,以总成本费用或销售收入的金额为纵坐标,分别作出总成本费用与产量、销售收入与产量的关系线,如图 5-1 所示。两线相交于 G 点,G 点即为所求的盈亏平衡点。

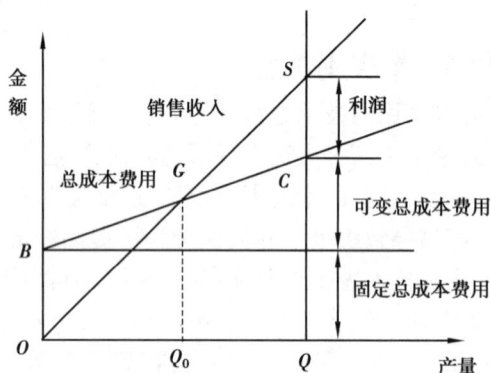

图 5-1　盈亏平衡图

在线性盈亏平衡模型中,方案的总成本费用、销售收入均与产量(销售量)呈线性关系,并根据盈亏平衡点的定义,$S = C$,即:

$$PQ_0 = B + VQ_0 \tag{5.1}$$

$$Q_0 = \frac{B}{P - V} \tag{5.2}$$

【例 5-1】有一新建厂方案,设计能力为年产某产品 3 000 台,预计售价为 5 000 元/台,固定总成本费用为 800 万元,单台产品可变成本费用为 1 000 元(本例未考虑税金及附加),试对此方案做出评价。

【解】盈亏平衡点产量 Q_0 为:

$$Q_0 = \frac{B}{P - V} = \frac{8\ 000\ 000}{5\ 000 - 1\ 000} = 2\ 000(台)$$

可见,该方案的盈亏平衡点产量为设计能力的三分之二,盈利潜力较大。如果建成后满

负荷生产,则每年可获利 I 为:

$$I = S-C = PQ-(B+VQ) = (P-V)Q-B$$
$$= (5\,000-1\,000)\times3\,000-8\,000\,000$$
$$= 4\,000\,000(元) = 400(万元)$$

以上公式中的收入和成本均为不含增值税销项税额和进项税额的价格(简称不含税价格),当考虑税金及附加时,假设对单位产品征收的销售税金及附加为 D,依据盈亏平衡方程:销售收入 = 总支出,公式(5.1)和公式(5.2)改写为:

$$PQ_0 = B + VQ_0 + DQ_0 \tag{5.3}$$

$$Q_0 = \frac{B}{P - V - D} \tag{5.4}$$

在线性平衡模型中,实际的产销量大于盈亏平衡点产销量是项目盈利的基本条件,实际的产销量超过盈亏平衡点产销量的幅度不仅体现了项目的获利水平,而且能体现项目承担风险的能力,这可以借助于经营安全系数(率)来刻画这一特征。我们将经营安全系数(率) S_c 定义为:

$$S_c = \frac{\overline{Q} - Q_0}{\overline{Q}} \times 100\% = 1 - \frac{Q_0}{\overline{Q}} \times 100\% \tag{5.5}$$

S_c 越高,即设计产能 $\overline{Q}$ 大于盈亏平衡点产销量 Q_0 越多,经营越安全,项目风险越小。经营安全性的判定可参见表5-1。

表 5-1 经营安全性的判定标准

S_c 值	10% 以下	10%~15%	15%~20%	20%~30%	30% 以上
判定	危险	应警惕	不太安全	较安全	安全

盈亏平衡点还常用生产能力利用率表示,它等于盈亏平衡产量与设计产能之比,依据公式(5.4),可得其计算公式为:

$$BEP_{生产能力利用率} = \frac{年固定总成本}{年销售收入 - 年可变成本 - 年销售税金及附加} \times 100\% \tag{5.6}$$

【例 5-2】某公司生产某型飞机整体壁板的方案设计生产能力为 100 件/年,每件售价 P 为 6 万元,方案年固定成本 B 为 80 万元,单位可变成本 V 为每件 4 万元,销售税金 D 为每件 200 元。若公司要求经营安全率在 55% 以上,试评价该技术方案。

【解】盈亏平衡产量为:

$$Q_0 = \frac{B}{P-V-D} = \frac{80}{6-4-0.02} = 40.4(件)$$

$$S = \frac{\overline{Q}-Q_0}{\overline{Q}} \times 100\% = \frac{100-40.4}{100} \times 100\% = 59.6\% > 55\%$$

所以,方案可以接受。

2)非线性盈亏平衡分析

在实际生产经营过程中,产品的销售收入与销售量之间,成本费用与产量之间,并不一

定呈现出线性的关系。在非线性盈亏平衡模型中,方案的总成本费用、销售收入与产量(销售量)呈非线性关系,即:

$$S(x) = P(x)Q - DQ \tag{5.7}$$
$$C(x) = B + V(x)Q \tag{5.8}$$

式中,$S(x)$ 表示扣除销售税金及附加后的销售收入函数;$P(x)$ 表示产品单价;Q 表示产品产量;$C(x)$ 表示成本函数;B 表示固定总成本费用;$V(x)$ 表示单位产品可变成本费用。

根据盈亏平衡点的定义,当 $C(x) = S(x)$ 时,两条曲线相交,相交点即为盈亏平衡点。在非线性盈亏平衡模型中,项目通常有两个盈亏平衡点,见例5-3。

【例5-3】某企业生产某种产品,已知年固定成本为 10 000 元,可变成本为 $(30-0.001x)$ 元/件,销售价格为 $(50-0.005x)$ 元/件,其中 x 为生产量。试求企业的盈亏平衡点产量和最佳产量。

【解】已知 $S(x) = (50-0.005x)x$,$C(x) = 10\ 000+(30-0.001x)x$

令 $B(x) = S(x) - C(x) = 0$

有 $(50-0.005x)x - [10\ 000+(30-0.001x)x] = 0$

解得 $Q_{01} = 550$(件)

$Q_{02} = 4\ 450$(件)

令 $\dfrac{dB(x)}{dx} = 0$

得 $-0.008x + 20 = 0$

解得 $x^* = 2\ 500$ 件,且有 $\dfrac{d^2B(x)}{dx^2} = -0.008 < 0$

故 $x^* = 2\ 500$ 件即为企业的最佳产量。此时企业的利润为:

$$B(x) = S(x) - C(x)$$
$$= -0.004 \times 2\ 500^2 + 20 \times 2\ 500 - 10\ 000 = 15\ 000(元)$$

不确定分析也可以换个角度去考虑。原则上讲,尽管要素的变化既可能带来有益的影响,也可能带来不利的影响,但从不确定性分析方面讲,决策者更加关注各种不确定因素变化为其带来的不利影响,因此,如果各要素在最不利的情况下仍能保证项目盈利,则说明项目是安全的。

【例5-4】某生产手表的方案设计生产能力为年产 8 万只,年固定成本为 200 万元,单位可变成本为 100 元,产品售价 150 元/只,销售税金平均每只 2 元。经预测,投产后固定成本可能增长 10%,单位可变成本可能增加 10 元,售价可能下降 10 元,生产能力可能增加 5 000只。问此方案经营是否安全?

【解】显然,固定成本和可变成本的增长,售价的下降对项目投资是不利的,几个方面同时发生则是最不利的情况。此时 $F = 200 \times (1+10\%) = 220(万元)$,$V = 100+10 = 110(元)$,$P = 150-10 = 140(元)$,$Q = 8(万只)$,经营安全率为:

$$S' = 1 - \frac{Q_0}{Q} \times 100\% = 1 - \frac{F}{Q(P-V-Z)} \times 100\%$$
$$= 1 - \frac{220 \times 10^4}{8 \times 10^4 \times (140-110-2)} \times 100\% = 1.79\% > 0$$

在此,如果按照最可能的情况考虑,则经营安全率为:

$$S = 1 - \frac{200 \times 10^4}{8 \times 10^4 \times (150 - 100 - 2)} \times 100\% = 48\% > 30\%$$

以上两方面均说明本项目是安全可靠的。

5.2.2 互斥方案的盈亏平衡分析(多方案)

当两个互斥方案的经济效果都受某不确定因素 x 的影响,可以把 x 看作一个变量,把两个方案的经济效果指标都表示为 x 的函数: $E_1 = f_1(x)$, $E_2 = f_2(x)$; 当两个方案的经济效果相同时:即 $f_1(x) = f_2(x)$,使这个方程成立的 x 的值,就是方案1和方案2的盈亏平衡点。可利用盈亏平衡点来评价各对比方案之间的相对优劣,并以此为依据进行工艺方案的选择。多个方案比选时,确定两两方案盈亏平衡的分界点(优劣平衡分析)。

【例5-5】某厂生产线有4个方案,经济效益相当,其成本结构见表5-2。问采用哪个方案经济合理?

表5-2　某厂生产线方案成本结构　　　　　　　　　　单位:元

方案	B	V
A	5 000	6
B	10 000	4
C	13 000	2.5
D	18 000	1.25

【解】各方案的总成本分别为:

$$C_A = 5\ 000 + 6Q; C_B = 10\ 000 + 4Q; C_C = 13\ 000 + 2.5Q; C_D = 18\ 000 + 1.25Q$$

4个方案的成本曲线如图5-2所示。

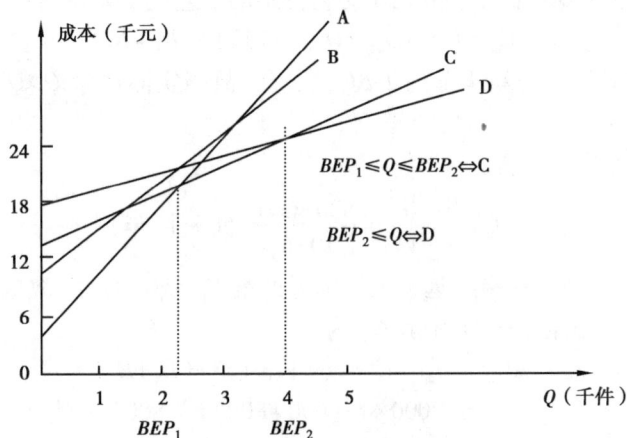

图5-2　某厂生产线方案成本曲线

在产出相同的条件下,方案的选择应以成本最小化为原则。但是,从图5-2可以直观地看到,对于不同的实际产量,最优方案也不同。在 BEP_1 点应有 A 和 C 方案平衡,令 5 000+

$6Q=13\ 000+2.5Q$，解出 $Q_1=BEP_1=2\ 286$ 件；同理，在 BEP_2 点应有 C 和 D 方案平衡，令 $13\ 000+2.5Q=18\ 000+1.25Q$，解出 $Q_2=BEP_2=4\ 000$ 件。

即，当 $Q<Q_1=2\ 286$ 时，用方案 A；当 $Q_1\le Q\le Q_2$ 时，用方案 C；当 $Q>Q_2=4\ 000$，用方案 D。

【例 5-6】某车间生产工程零件，提出了Ⅰ和Ⅱ两个工艺方案。工艺方案成本中单位产品可变费用分别为 $V_1=10$ 元/件，$V_2=6$ 元/件，而相应的固定费用分别为 $B_1=600$ 元/年，$B_2=800$ 元/年。若车间生产任务为 $Q=2\ 000$ 件/年，问采用哪个工艺方案更经济？可节约多少？

【解】其图解如图 5-3 所示。

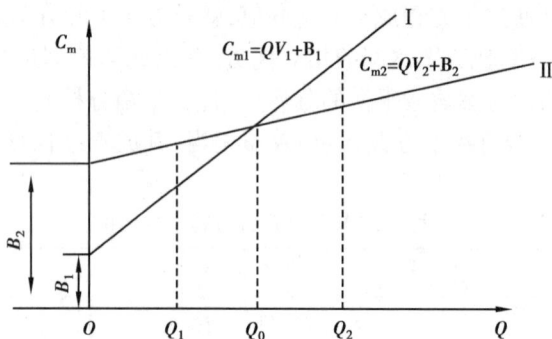

图 5-3 两对比方案工艺成本与产量的关系

由图可见，当实际生产量 Q 小于临界产量 Q_0 时，则采用工艺方案Ⅰ有利。反之，当实际生产量 Q 大于临界产量 Q_0 时，则采用工艺方案Ⅱ有利。设有某一产量 Q_1，此时工艺方案Ⅰ与工艺方案Ⅱ的工艺成本差额为：

$$\Delta C_m=C_{m2}-C_{m1}=Q_1(V_2-V_1)+(B_2-B_1)$$

即工艺方案Ⅱ较工艺方案Ⅰ的工艺成本超支了 ΔC_m 元/年，故在此区域内，工艺方案Ⅰ较经济。

同理，当生产量为 Q_2 时，Ⅰ和Ⅱ两个工艺方案的工艺成本差额为：

$$\Delta C_m=C_{m1}-C_{m2}=Q_2(V_1-V_2)+(B_1-B_2)$$

即工艺方案Ⅱ较工艺方案Ⅰ节约了 ΔC_m 元/年，故当实际产量 $Q>Q_0$ 时，工艺方案Ⅱ较经济。

为此，先计算临界产量 Q_0：

$$Q_0=\frac{B_2-B_1}{V_1-V_2}=\frac{800-600}{10-6}=50(件/年)$$

因生产任务 $Q=2\ 000$ 件/年，远远大于临界产量 $Q_0=50$ 件/年，故应采用工艺方案Ⅱ进行生产。此时较工艺方案Ⅰ的节约量 ΔC_m 为：

$$\Delta C_m=C_{m1}-C_{m2}=Q(V_1-V_2)+(B_1+B_2)$$
$$=2\ 000\times4+(600-800)=7\ 800(元/年)$$

盈亏平衡分析法是对拟建项目进行不确定性分析的方法之一。当项目的一些主要参数如销量、售价、成本、销售税金及附加等已经初步确定，而另一些经济数据（如总投资、收益率等）还不完备或不易确定时，用盈亏平衡分析法对高度敏感的产量、售价、成本等因素进行粗略的分析，将有助于最后初步确定项目的各项经济指标和项目风险。

但是,盈亏平衡分析法的缺点有二:一是它是建立在产量等于销售量的基础之上的,即产品能全部销售完而无积压。二是它所用的一些数据是以类似工厂正常生产年份的历史数据修正得出的,其精确程度是不高的。因此,盈亏平衡分析法最适用于现有项目的短期分析。

5.3 敏感性分析

所谓敏感性分析(亦称灵敏度分析),就是通过对比研究某些不确定性因素(如销售收入、成本、投资、生产能力、价格、寿命、建设期、达产期等)对经济效益评价值(如投资收益率、净现值、内部收益率等)的影响程度,从许多不确定因素中找出敏感因素。通常,将那些使经济效益评价值产生强敏感性的不确定因素称为敏感因素。反之,则称为非敏感因素。因为敏感因素的不确定性给项目带来的风险会更大,因此需要针对敏感因素,采用相应的对策措施,力求风险减至最低限度。

敏感性分析的基本步骤可归纳如下:

①确定敏感性分析指标。敏感性分析指标应该是技术方案的经济效益,如投资回收期、投资收益率、净现值和内部收益率等。

②计算目标值,即计算该方案在确定性情况下的经济效益评价指标数值。

③选取不确定因素。在进行敏感性分析时,不需要也不可能对所有的不确定因素都考虑和计算,而应根据方案的具体情况选几个变化可能性较大,且对经济效益影响较大的因素,如产品售价的变动、产量规模变动、投资额变化、建设期变化、达产期延长等。

④计算不确定因素变动对分析指标的影响程度。

⑤找出敏感因素。

⑥综合分析的结果采取措施。对变量因素可能出现的最有利与最不利的变动,分析项目经济效益变动的范围,使投资决策者了解项目的风险程度,采取某些控制措施,寻找替代方案,为最后确定有效可行的方案提供可靠的依据。

敏感性分析又分为两种,其一是单因素敏感性分析,假定其他不确定因素都不变化,针对一个不确定因素的变化分析其引起的评价指标的变化规律;其二是多因素敏感性分析,分析多个不确定因素同时变化所引起的评价指标的变化规律。

5.3.1 单因素敏感性分析

在进行单因素敏感性分析时,在固定其他因素的条件下,变动其中某一个不确定性因素,计算分析指标相应的变动结果,这样逐一得到每个因素对指标的影响程度。敏感性分析是在确定性分析的基础上进行的,选用的分析指标与确定性分析使用的指标相同,如 NPV、IRR、投资回收期等。

【例5-7】有一投资方案,其设计能力为年产某产品1 500台,预计产品售价1 800元/台,单位产品成本为700元/台,估算投资额为800万元,方案寿命为8年,试对此方案的投资回收期做敏感性分析。

【解】①由题可知敏感性分析指标为投资回收期:

$$P_t = \frac{投资总额}{年净收益} = \frac{投资总额}{产量 \times (售价 - 生产成本)} = \frac{8\,000\,000}{1\,500 \times (1\,800 - 700)} \approx 4.8(年)$$

②选产品产量、产品售价和投资为不确定因素。

③计算不确定因素变动时,对投资回收期的影响程度,分别按±10%和±20%的变动量考虑,其投资回收期 Pt 的敏感性状况见表5-3和如图5-4所示。

表 5-3　不确定因素对投资回收期的影响

序号	变动因素	变动量				
		20%	10%	0	−10%	−20%
1	产品产量	4	4.4	4.8	5.39	6.06
2	产品售价	3.65	4.17	4.8	5.8	7.21
3	投资	5.82	5.33	4.8	4.4	3.88

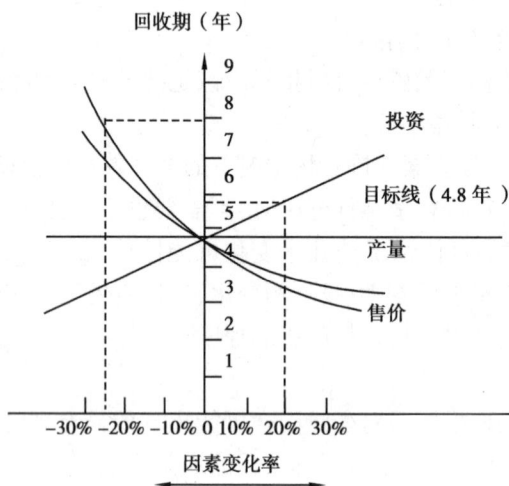

图 5-4　某投资方案敏感性分析

④找出敏感因素。由图5-4不难看出,方案的投资回收期对产品售价最敏感,在其他因素不变的情况下,只要售价降低幅度超过24%(售价降至1 367元/台以下),投资回收期超过方案的寿命,表明售价低于此价格时,将无利可图。因此,售价是一个敏感因素,也是一个风险因素,必须做进一步研究,以便采取有效措施。

【例5-8】某工程方案用于确定性经济分析的现金流量见表5-4,所采用的数据是按未来最可能出现的情况预测的。由于对未来影响经济环境的某些因素把握不大,投资额、经营成本和产品价格均有可能在±20%的范围内变动。设基准折现率为10%,不考虑所得税,试分别就上述三个不确定因素做单因素敏感性分析。

表 5-4　某工程方案的现金流量　　　　　　　　　　　　　　　　单位:元

年份	0	1	2—10	11
投资	16 000			
销售收入			20 000	20 000

续表

年份	0	1	2—10	11
经营成本			15 000	15 000
期末资产残值				2 000

【解】设投资额为 K,年销售收入为 R,年经营成本为 C,期末资产残值为 L。用净现值指标评价本方案的经济效果,计算公式为:

$$NPV=-K+(R-C)(P/A,10\%,10)(P/F,10\%,1)+L(P/F,10\%,11)=12\ 628.55$$

用净现值指标就投资额、产品价格和经营成本三个不确定因素进行的敏感性分析如下。

设投资额变动百分比为 x,分析投资额变动对方案净现值影响的计算公式为:

$$NPV=-K(1+x)+(R-C)(P/A,10\%,10)(P/F,10\%,1)+L(P/F,10\%,11)$$

设经营成本变动百分比为 y,分析经营成本变动对方案净现值影响的计算公式为:

$$NPV=-K+[R-C(1+y)](P/A,10\%,10)(P/F,10\%,1)+L(P/F,10\%,11)$$

设产品价格变动百分比为 z,分析产品价格变动将导致销售收入的变动,销售收入变动的比例与产品价格变动的比例相同,故产品价格变动对方案净现值影响的计算公式为:

$$NPV=-K+[R(1+z)-C](P/A,10\%,10)(P/F,10\%,1)+L(P/F,10\%,11)$$

分别按±5%、±10%、±15%和±20%的变动量考虑,其净现值的敏感性状况见表5-5、如图5-5所示。

表5-5　不确定因素对净现值的影响　　　　　　　　　　　　单位:元

变动率 不确定因素	−20%	−15%	−10%	−5%	0	5%	10%	15%	20%
投资额	15 828	15 028	14 228	13 428	12 628	11 828	11 028	10 288	9 428
经营成本	29 384	25 195	21 006	16 817	12 628	8 439	4 250	61	−4 128
产品价格	−9 714	−4 128	1 457	7 043	12 628	18 214	23 799	29 385	34 969

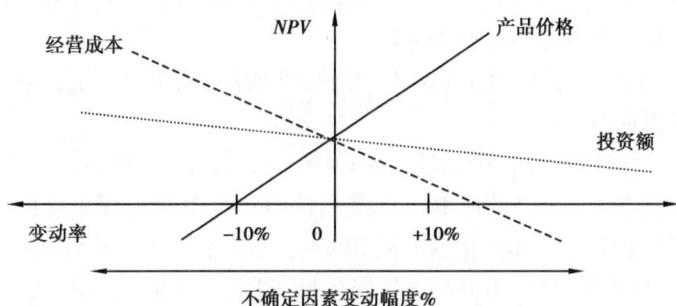

图5-5　某工程方案敏感性分析

采取逐点计算并在此基础上绘制曲线的方法具有直观和易于理解的优点,但是计算过程相对复杂,如果能够判断出影响因素的变化与评价指标的变化呈线性关系(如本例),则可以采取相对简单的方法。

在本例中,当 $NPV=0$ 时,$x=78.9\%$,$y=15.1\%$,$z=-11.3\%$。

也就是说,如果投资额与产品价格不变,年经营成本高于预期值 15.1%,或者投资额与经营成本不变,产品价格低于预期值 11.3%,方案变得不可接受。如果经营成本与价格不变,投资额增加 78.9%,方案不可接受。这同样可以比较出几个因素的敏感程度,并能绘制出图 5-5 所示的曲线。

5.3.2 多因素敏感性分析

单因素敏感性分析适用于分析最敏感的因素,但它忽略了各参数之间相互作用的可能性,故需分析经济效益受多个参数同时变化的影响。常用的方法是把一次改变一个参数的敏感性分析方法应用到多个参数的敏感性分析中去。从直观性考虑,通常多采用双因素敏感性分析,至多也是三因素敏感性分析。

1）双因素敏感性分析

设方案的其他因素不变,每次仅考虑两个因素同时变化对经济效益指标的影响,则称为双因素敏感性分析。双因素敏感性分析先通过单因素敏感性分析确定两个敏感性较大的因素,然后通过双因素敏感性分析来考察这两个因素同时变化对项目经济效益的影响。双因素敏感性分析示意图为一个敏感曲面。

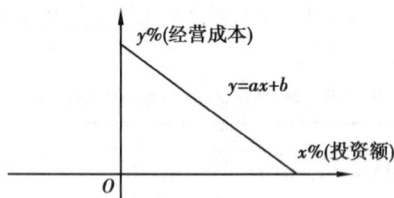

图 5-6 双因素敏感性分析示意图

2）三因素敏感性分析

三因素敏感性分析主要是在其他因素不变的条件下,研究三个因素同时变化对经济效益指标的影响。三因素敏感性分析一般采用降维的方法处理。

以净现值为例,$NPV=f(o,x,y)$,其中,x,y 为选定的两个影响因素,例如,x 为投资额,y 为经营成本;o 为其他假设不变的变量。

令 $NPV=0$,可解出一条曲线 $y=ax+b$,如图 5-6 所示,依据具体的净现值函数,可确定出具体的盈利区域和亏损区域。

同理,对于三因素敏感性分析,假设 $NPV=f(o,x,y,z)$,其中,x,y,z 为选定的三个影响因素,例如,x 为投资额,y 为经营成本,z 为产品价格;o 为其他假设不变的变量。

给定一组 z 的变化量 $\{-10\%,0,10\%,20\%\}$,对于每一个给定的 z 的变化量,可按双因素敏感性分析,得出一条曲线,不同的 z 的变化量,得出一组曲线,如图 5-7 所示。

【例 5-9】某企业对一项目投资方案的数据预计见表 5-6。设参数中投资和年收入为不确定性因素,变化范围不超过 10%,以指标 NAV 作投资和年收入的双因素敏感性分析。

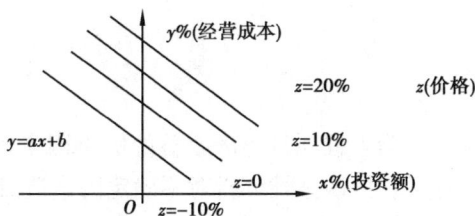

图5-7　三因素敏感性分析示意图

表5-6　投资方案数据

项目	投资	寿命	残值	年收入	年支出	i_c
预测值	10 000 元	5 年	2 000 元	5 000 元	2 200 元	8%

【解】设 x 表示投资变化的百分比，y 表示年收入变化的百分比，则：

$$NAV = -10\ 000 \times (1+x)(A/P, 8\%, 5) + 5\ 000 \times (1+y) - 2\ 200 + 2\ 000 \times (A/F, 8\%, 5)$$
$$= -10\ 000 \times (1+x) \times 0.250\ 5 + 5\ 000 \times (1+y) - 2\ 200 + 2\ 000 \times 0.170\ 5$$
$$= 636 - 2\ 505x + 5\ 000y$$

如果 $NAV > 0$，即 $2\ 505x - 5\ 000y < 636$，则该投资方案可行。

将其绘成图形，就得到如图5-8所示的两个区域。

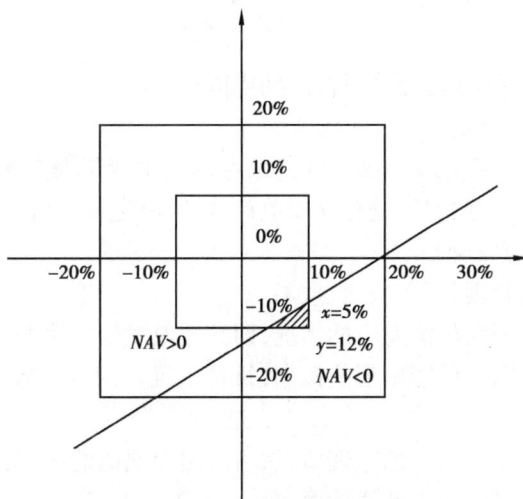

图5-8　投资方案的双因素敏感性分析

敏感性分析具有以下优点：①可以找出敏感的因素及敏感因素允许变动的范围；②考虑了资金的时间价值；③提供了在决策前，重点对项目的敏感因素进一步精确地进行预测、估算和研究的机会；④便于在未来项目的实施中，采取有力措施控制敏感因素的变动。

尽管敏感性分析存在不少优点，同时也具有以下缺点：①没有考虑各种不确定因素在未来发生变动的概率；②忽略了不太敏感的不确定因素，这些不敏感因素大幅度变化的概率也可能相当大。如果能确定出影响因素变化的概率分布，可进一步进行概率分析。

5.4　概率分析

敏感性分析有助于找出影响工程项目经济效益的敏感因素以及其影响程度,对提高项目的经济效益评价有现实意义。但敏感性分析对不确定因素造成的风险难以做出定量的分析,某一敏感因素由于它未来发生不利变化的可能性很小,因此它实际带来的风险不大,以至于可以忽略。而某一不敏感因素未来发生不利变化的可能却很大,它带来的风险反而比这个敏感因素大得多。而对风险的定量分析则依赖于不确定因素的概率分析。

概率分析是研究各种不确定因素发生变动的概率及大小对方案经济效果的影响。通过对方案的净现金流量及经济效果指标做出某种概率描述,对评价指标的取值进行概率估计,用指标的期望值、累积概率、标准差及离散系数等反映方案的风险程度。例如当净现值指标的取值大于或等于零的累积概率越大,方案的风险越小;反之,则风险越大。

5.4.1　根据期望值评价方案

概率分析方法是在已知概率分布的情况下,通过计算期望值和标准差(或均方差)表示其特征。投资方案经济效果的期望值是指在一定概率分布下,投资效果所能达到的概率加权值。其数学表达式为:

$$E(x) = \sum_{i=1}^{n} x_i p_i \tag{5.9}$$

式中　x——评价指标,$E(x)$ 为评价指标的期望值;

　　　p_i——评价指标 x 取值为 x_i 的概率。

概率分析的目的在于确定影响项目经济效益的关键变量及其可能的变动范围,并确定关键变量在此范围内的概率;然后进行期望值计算,得出定量分析的结果。概率分析的一般步骤(以评价指标净现值为例):

①不确定因素或风险因素(如投资、收益);

②设想各不确定性因素可能发生的情况,即其数值发生变化的几种情况;

③估算每种不确定因素可能出现的概率,每种不确定因素可能发生情况的概率之和必须等于 1;

④分别求出各可能发生事件的净现值,然后求出净现值的期望值;

⑤求出净现值大于或等于零的累计概率。

【例 5-10】某项目年初投资 140 万元,建设期 1 年,生产经营 9 年,$i=10\%$,经预测在生产经营期每年销售收入是 80 万元的概率为 0.5,在此基础上年销售收入增加或减少 20%的概率分别为 0.3 和 0.2;每年经营成本是 50 万元的概率为 0.5,增加或减少 20%的概率分别为 0.3 和 0.2。假设投资额不变,其他因素的影响忽略不计,试计算该项目净现值的期望值以及净现值不小于 0 的概率。

【解】以销售收入 80 万元,年经营成本 50 万元为例,计算各个可能发生的事件的概率和净现值:

发生概率=P(销售收入 80 万元)$\times P$(经营成本 50 万元)= 0.5×0.5 = 0.25

相应的净现值为:

$NPV = -140 + (80-50)(P/A, 10\%, 9)(P/F, 10\%, 1) = 17.08(万元)$

采用相同的方法计算其他状态的概率及其相应的净现值,如图 5-9 所示。

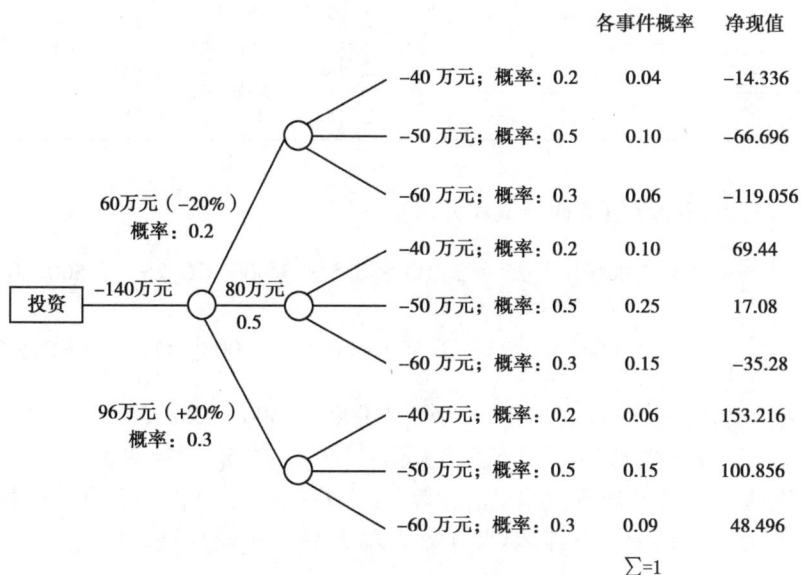

图 5-9 各种状态的概率及其相应的净现值

净现值期望值 $= -14.336 \times 0.04 + \cdots + 48.496 \times 0.09 = 20.222(万元)$

$P(NPV < 0) = 0.04 + 0.1 + 0.06 + 0.15 = 0.35$

所以 $P(NPV \geq 0) = 1 - P(NPV < 0) = 0.65$

由此可见,投资风险还是很大的,有 35% 的可能性亏损。

5.4.2 根据方差评价方案

根据方差评价决策项目方案时,一般认为如果两个方案某个指标期望值相等,则方差小者风险小,所以,若期望值相同时,选方差小的方案为最优方案。

方差公式为:

$$\delta(x_i) = \sqrt{E(x_i^2) - [E(x_i)]^2} \qquad (5.10)$$

式中,$\delta(x_i)$ 表示随机变量 x_i 的均方差或标准差;$E(x_i)$ 表示随机变量 x_i 的数学期望;$E(x_i^2)$ 表示随机变量 x_i^2 的数学期望。

如果期望值不相等,则还需要计算它们的变异系数——单位期望值的方差。

$$V = \delta(x)/E(x) \qquad (5.11)$$

【例 5-11】假定某企业要从三个互斥方案中选择一个投资方案,见表 5-7。

表 5-7　某企业的三个方案　　　　　　　　　　　　　　　　单位:元

市场销路	概率	方案净现值(万元)		
		A	B	C
销售差	0.25	2 000	0	1 000
销售一般	0.50	2 500	2 500	2 800
销售好	0.25	3 000	5 000	3 700

【解】计算各方案净现值的期望值和方差:

$$E_A(x_i) = \sum_{i=1}^{n} x_i P_i = 2\ 000 \times 0.25 + 2\ 500 \times 0.5 + 3\ 000 \times 0.25 = 2\ 500\,(万元)$$

$$E_A(x_i^2) = \sum_{i=1}^{n} x_i P_i = 2\ 000^2 \times 0.25 + 2\ 500^2 \times 0.5 + 3\ 000^2 \times 0.25 = 6\ 375\ 000\,(万元)$$

则:$\delta_A(x_i) = \sqrt{E_A(x_i^2) - [E_A(x_i)]^2} = \sqrt{6\ 375\ 000 - 2\ 500^2} = 353.55$

同理,$E_B(x_i) = 2\ 500$;$E_C(x_i) = 2\ 575$;$\delta_B(x_i) = 1\ 767.77$;$\delta_C(x_i) = 980.75$。

因为方案 A 与方案 B 净现值期望值相等,而方差 $\delta_A(x_i) < \delta_B(x_i)$,所以方案 A 优。

方案 A 与方案 C 期望值不等,因为方案 A 与方案 C 比较,$E_A(x_i) < E_C(x_i)$,方案 C 优;$\delta_A(x_i) < \delta_C(x_i)$,方案 A 优。

计算变异系数:

$V_A = \delta_A / E_A = 0.141$

$V_C = \delta_C / E_C = 0.381$

$V_A < V_C$

故方案 A 风险小。

概率分析可以给出方案经济效果指标的期望值和标准差,以及经济效果指标的实际值发生在某一区间的概率,这为人们在风险条件下的方案取舍提供了依据。

【本章小结】

当工程项目经济评价是在投资前进行时,分析所用的数据(如投资、寿命、销售收入、成本、固定资产残值等)只能通过预测和估计取得,预测与估计的准确性与评价结果和决策直接相关,因此相关参数的变动对评价结果的影响程度是决策过程中非常受关注的一个问题,进行不确定性分析就是针对这一实际需要而提出的。因此,本章要重点掌握盈亏平衡分析、敏感性分析(灵敏度分析)和概率分析三种不确定性分析方法。

【习题与思考题】

一、思考题

1. 为什么要进行不确定性分析?

2. 有哪几种主要的不确定性因素?

3. 什么是盈亏平衡分析?

4. 怎样选择敏感性因素?

5. 概率分析需要哪些步骤?

二、计算题

1. 某工业项目年设计生产能力为生产某种产品 3 万件,单位产品售价为 3 000 元/件,总成本费用为 7 800 万元。其中,固定成本 3 000 万元,总变动成本与产品产量呈正比例关系。试求盈亏平衡产量。

2. 某拟建企业生产小型机械,其销售收入函数为:$S = 350Q - 0.01Q^2$,其成本函数为 $C = 180\ 000 + 150Q + 0.02Q^2$,$Q$ 为企业产量,试计算其盈亏平衡点。

3. 某乡拟建一个棉纺织厂,在对同类乡镇企业进行详细调查及市场预测的基础上,得出了产量与收入及生产成本的函数关系如下:

年总销售收入　$S = 300x - 0.02x^2$(元)

年总固定成本　$B = 160\ 000$(元)

年总生产成本　$C = 160\ 000 + 100x + 0.02x^2$(元)

问年产量为多少时,企业才能盈利?（$1\ 000 < x < 4\ 000$）

4. 生产某种产品有三种工艺方案,采用方案 A,年固定成本为 800 万元,单位变动成本为 10 元;采用方案 B,年固定成本为 500 万元,单位变动成本为 20 元;采用方案 C,年固定成本为 300 万元,单位变动成本为 30 元。分析各种方案适用的生产规模。

5. 一投资项目的数据见表 5-8,其中销售税金占销售收入的 10%,标准折现率为 10%,用净现值分别对投资额、销售收入和经营成本这三个不确定因素做敏感性分析,设这三个不确定因素变动范围为 -20% ~ 20%。

表 5-8　题(5)表　　　　　　　　　　　　　　　　单位:万元

年份	0	1	2—10	11
投资	15 000			
销售收入			22 000	22 000
经营成本			15 200	15 200
销售税金			2 200	2 200
期末残值				2 000
净现金流量	-15 000	0	4 600	4 600+2 000

6. 有一技术方案在其寿命期内可能出现的五种状态的净现金流序列及其发生概率见表 5-9,假设各年份净现金流之间互不相关,基准折现率为 10%,净现值服从正态分布。

求:(1)方案净现值的期望值、方差和标准差。

(2)分别计算净现值大于等于 0 的概率,净现值小于 -500 万元的概率,净现值大于等于 1 亿元的概率。

表 5-9　不同状态净现金流序列及其发生概率　　　　　　单位:万元

状态 年末 概率	A $P_1 = 0.1$	B $P_2 = 0.2$	C $P_3 = 0.4$	D $P_4 = 0.2$	E $P_5 = 0.1$
0	−15 000	−15 000	−15 000	−16 500	−18 000
1	0	0	0	0	0
2—10	1 630	2 620	4 600	5 060	5 290
11	3 630	4 620	6 600	7 060	7 290

第6章

价值工程

教学内容、重点与难点

教学内容：了解价值工程方法的定义与由来，理解价值工程的基本原理，包括基本概念、价值工程的特点和提高产品价值的途径。重点把握价值工程的实施步骤和方法，包括准备阶段、分析阶段、创新阶段和实施阶段，结合相应的价值工程实际案例进行系统分析。

教学重点：计算价值工程中的"价值"，认识到价值取决于功能与成本两个因素，熟练掌握提高价值工程的途径；掌握价值工程的对象选择方法中的价值指数法和 ABC 分析法、功能评价的"01"评分法、直接评分法、"04"评分法；掌握功能系数、成本系数和价值系数的计算。

教学难点：难点内容是理解价值、功能、寿命周期成本的定义；理解不同分类标准下的功能分类，绘制功能分析系统图；将功能评价指标、经济成本指标相结合计算价值指数，确定价值工程的改进对象和方式是难点。

知识框架

```
                                           ┌─────────────┐      ┌──────────────┐
                                           │ 价值工程的基本概念 │──────│   价值工程    │
                                           └─────────────┘      ├──────────────┤
                          ┌─────────┐      ┌─────────────┐      │    价值      │
                          │ 价值工程原理 │──────│ 价值工程的特点  │──────├──────────────┤
                          └─────────┘      └─────────────┘      │    功能      │
                                           ┌─────────────┐      ├──────────────┤
                                           │ 提高产品价值的途径 │      │  寿命周期成本   │
                                           └─────────────┘      └──────────────┘
                                           ┌─────────────┐
                                           │ 价值工程的实施步骤 │
                                           └─────────────┘

                                           ┌─────────────┐      ┌──────────────┐
                                           │ 价值工程准备阶段 │──────│   对象选择    │
                                           └─────────────┘      ├──────────────┤
                                                                │  信息资料收集   │
                                                                └──────────────┘
  ┌──────┐      ┌──────────┐                                   ┌──────────────┐
  │ 价值工程 │──────│ 价值工程的实  │      ┌─────────────┐      │   功能定义    │
  └──────┘      │ 施步骤和方法  │──────│ 价值工程分析阶段 │──────├──────────────┤
                └──────────┘      └─────────────┘      │   功能整理    │
                                                        ├──────────────┤
                                                        │   功能评价    │
                                                        └──────────────┘
                                           ┌─────────────┐      ┌──────────────┐
                                           │ 价值工程创新阶段 │──────│   方案创造    │
                                           └─────────────┘      ├──────────────┤
                                                                │  方案评价和选择  │
                                                                └──────────────┘
                                           ┌──────────────┐
                                           │ 价值工程方案实施阶段 │
                                           └──────────────┘

                ┌──────────┐
                │ 价值工程在方案 │
                │ 评选中的应用  │
                └──────────┘
```

导入案例

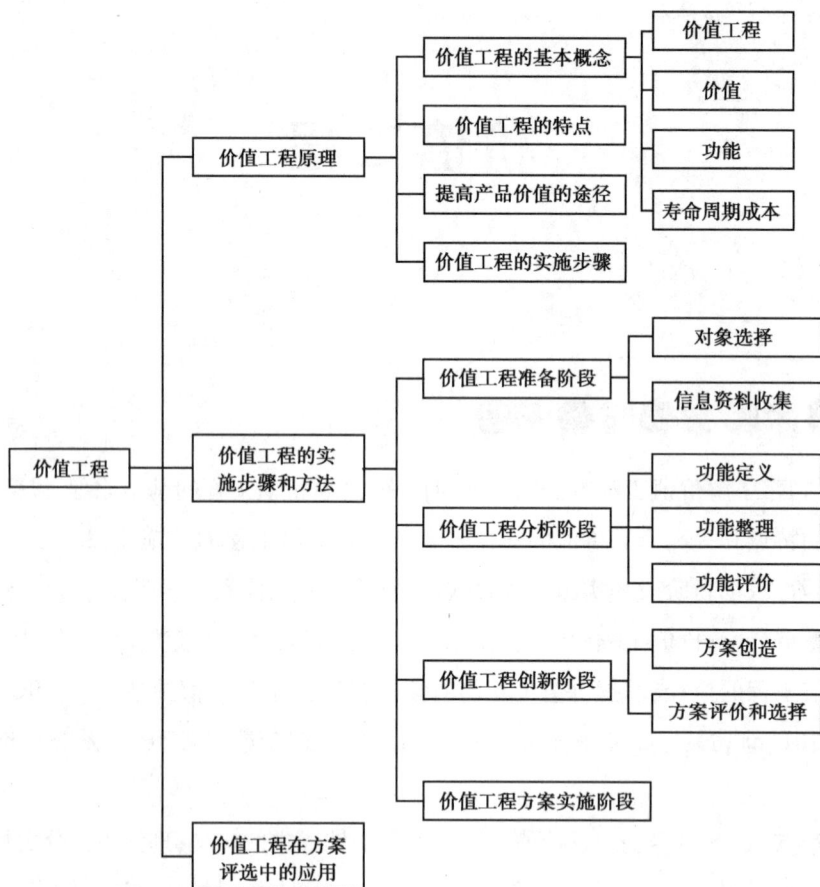

"价值工程"让上海国际机场大幅节约成本[①]

1947 年,美国通用电气公司的麦尔斯发明了价值工程,通用电气把将一管理技术保密了长达 10 年之久。该技术最初在美国政府和企业得到重视和推广,随后在英国、法国、德国、日本等发达国家得到广泛的应用。中国近年来大力推广价值工程,并在多个大型项目中获得成功应用,上海浦东国际机场的建设管理就是价值工程应用的典型案例。

上海浦东国际机场,位于上海市浦东新区,距上海市中心约 30 千米,是中国三大门户复合枢纽之一,华东区域第一大枢纽机场。其中,在第二航站楼的建设过程中,价值工程在设备选型、设备材料采购、施工招标及施工方案优化等方面获得成功实践。

材料选购方面。在上海浦东国际机场 T2 航站楼机电安装工程的桥架招标采购过程

---

① 朱田惠.价值工程在上海机场工程建设投资控制中的应用研究[J].建筑经济,2012(10):51-53.

中,招标工作小组发现投标单位的报价中,制作桥架用钢板的有 A、B 等多个生产厂家。招标工作小组经过市场调研后发现,A 钢板和 B 钢板相比,仅仅是金属金相结构和品牌知名度稍有区别,其技术参数的区别很小,但是 A 钢板每吨价格要比 B 钢板贵 520 元。招标工作小组以价值工程中"采购某种材料的目的并不在于该材料本身,而在于材料的功能"的思想为指导,对比两种钢材料的功能,发现虽然 B 钢板的性能较 A 钢板有些许不足,但是对桥架功能的实现影响微乎其微。通过详细的价值工程对比,招标工作小组在征得设计院的同意后,最终决定桥架制作的所有钢板均采用 B 钢板。由于 T2 航站楼桥架用量较大,仅此一项材料采购就节约资金 215 万元。

设备选购方面。在上海浦东国际机场 T2 航站楼机电安装工程的施工过程中,建设单位工程技术人员在审图过程中发现,电气工程的配管大量使用普利卡金属套管。通过现场调研后发现,普利卡金属套管价格昂贵,属于柔性金属套管,缺乏刚性,安装不方便(特别是在吊顶内);但普利卡金属套管柔软性较好,可以在一些特殊部位进行敷设,如钢结构立柱内等。随后,工程技术人员通过对普利卡金属套管和紧定式钢套管的价格、各项技术性能指标以及安装方式等进行价值功能分析,并征得设计院的同意后,最终决定将吊顶内绝大部分电线电缆套管改为紧定式钢套管,只在钢结构立柱内等特殊部分采用普利卡金属套管。由于 T2 航站楼安装工程中电线电缆套管用量很大,仅此一项材料采购就节约资金约 600 多万元。

本章将介绍价值工程相关的基础理论及应用,为更好地理解麦尔斯的价值工程思想和方法提供思路。

6.1 价值工程原理

价值工程又称价值分析,是一门将功能、技术、经济效益相结合研究的学科。它既是一种管理技术,也是一种指导决策的管理思想方法。价值工程既研究技术问题也研究经济问题,最终目的是将经济与技术相结合,使得综合效益处于最佳状态。它作为一门新兴的软科学,在国内外广泛应用于各种产品开发和设计、技术研发和建设项目中。

6.1.1 价值工程的基本概念

1)价值工程

价值工程(value engineering,简称 VE)是以提高产品(或作业)价值和有效利用资源为目的,通过有组织的创造性工作,在保证实现功能需求的前提下,寻求最低的寿命周期成本的一种管理思想和管理技术。凡是为获取功能而发生费用的事物,均可以作为价值工程的对象,如产品、工艺、技术、工程、服务或其他组成部分等。

2)价值

价值工程中"工程"的含义是指"为了实现提高价值的目标,所进行的一系列的分析研究活动"。价值工程中"价值",是指"对象所具有的功能与获得该功能所发生的费用之比",是一种"评价事物有益程度的尺度"。价值高,说明该事物的有益程度高、效益大、低成本实现了高要求;价值低,则说明有益程度低、效益差、好处少。总结而言,价值工程的"价值"是指单位成本所能带来的效用价值有多少。这种关系可以表示为一个数学公式：

$$V = \frac{F}{C} \tag{6.1}$$

式中　V——价值；

　　　F——研究对象的功能，指产品或作业的功能和用途；

　　　C——成本，即寿命周期成本。

定义中的"产品"泛指以实物形态存在的各种产品，如材料、制成品、设备、建设工程等；"作业"是指提供一定功能的工艺、工序、活动等。

3）功能

价值工程中的功能，是指产品或者对象能够满足某种需求的效用或者属性。任何产品的存在都是由于它们具有能满足用户需求的功能，使用产品的实质是为了获取产品的功能。在价值工程中分析产品的功能，目的在于确保产品的必要功能，消除不必要的功能；降低成本，提高产品价值。一般而言，一种产品具有多种功能，根据不同的分类标准可以将功能分为以下几个类别：

①按重要程度可分为基本功能和辅助功能。基本功能是指"与对象的主要目的直接相关的功能"，是对象的主要功能；辅助功能是指"为了更好实现基本功能而添加的功能"，是次要功能。

②按功能性质可分为使用功能和品位功能。使用功能是指"对象所具有的与技术经济用途直接相关的功能"；品位功能是指"与使用者的精神感觉、主观意识有关的功能"，从产品外观反映功能的艺术属性。

③按使用者需求可分为必要功能和不必要功能。必要功能是指"为满足使用者的要求而必须具备的功能"；不必要功能是指"对象所具有的与满足使用者需求无关的功能"。

④按功能的量化指标可分为过剩功能和不足功能。过剩功能是指"对象具有超量满足使用者需求的必要功能"；不足功能是指"对象尚未足量满足使用者需求的必要功能"。

4）寿命周期成本

（1）寿命周期

寿命周期是指价值工程分析对象从被研究开发、设计制造、用户使用直到报废为止的整个时期。对象的寿命周期一般可分为自然寿命和经济寿命。价值工程一般以经济寿命来计算和确定对象的寿命周期。以制造类产品为例，其寿命周期是指从设计、制造、销售、使用、维修到报废的整个时期；就建筑产品而言，其寿命周期是指从规划、勘察、设计、施工建设、使用、维修直到报废的整个时期。

（2）寿命周期成本

寿命周期成本是指从对象的研究、形成到推出使用所需的全部费用。具体而言，寿命周期成本是指一个产品包括策划、设计、采购、生产、经营、维护、使用和外置等在内所发生的全部费用的总和。寿命周期成本由生产成本和使用成本两部分组成。生产成本是指产品在研发设计、制造、运输施工、安装调试整个过程发生的成本；使用成本是指从用户开始使用产品到产品报废整个过程的所有费用的总和，主要包括产品维修费用、能源消耗费用、管理费用、保养费用等。从用户的角度而言，寿命周期成本（C）可以表达为：生产成本（C_1）和使用成本(C_2)之和。

$$寿命周期成本 = 生产成本 + 使用成本$$

产品的寿命周期成本与产品的功能有关,图 6-1 表示产品功能和产品寿命周期成本之间的关系:产品功能水平提高,产品的使用费用降低,但研制费用增高;产品的功能降低,使用费用增高,研制费用降低。一般而言,生产成本与产品的功能成正比,使用成本与产品的功能成反比。从图 6-1 可以看出研制费用、使用费用与功能水平的变化规律使得寿命周期费用呈马鞍形变化,决定了寿命周期费用存在最低值。生产成本(C_1)和使用成本(C_2)曲线的交点所对应的寿命周期成本才是最低的。最低寿命周期成本 C_0 所对应的功能水平 F_0 是从成本方面考虑的最为适宜的功能水平。

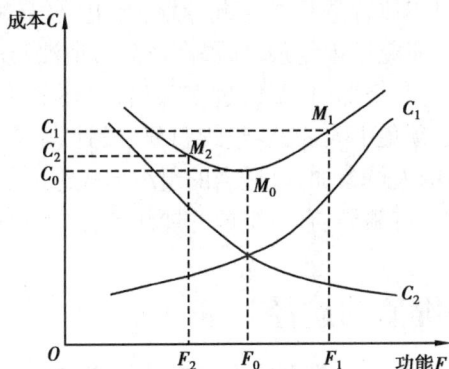

图 6-1　寿命周期成本与功能的关系图

6.1.2　价值工程的特点

根据价值工程的概念可知,价值工程涉及价值、功能和寿命周期成本等三个基本要素,价值工程具有以下特点。

①价值工程的目标,是以最低的寿命周期成本,使产品具备它所必须具备的功能。价值工程是着眼于提高价值,以最低的寿命周期成本实现必要功能的创造性活动。通过降低产品的寿命周期成本来提高价值的活动,是贯穿于产品生产到使用全寿命周期过程的。寿命周期成本由生产成本和使用成本组成,在一定范围内,产品的生产成本和使用成本存在此消彼长的关系。随着产品功能水平的提高,产品生产成本 C_1 增加,使用及维护成本 C_2 降低;反之,产品功能水平降低,其生产成本降低,但是使用及维护成本增加。当使用成本和维护成本之和达到最小值时,寿命周期成本最低。价值工程的目的,就在于寻求不同的方案,以使这项费用达到最低。

②价值工程的核心,是对产品进行功能分析。价值工程中的价值是指对象能够满足某种需求的一种属性,具体来说功能就是某种特定效能或效用。价值工程分析过程中,首要关注的是对象的功能是什么,进而再分析对象的结构、材质等特点。用户在购买产品时是希望通过购买生产企业生产的产品,从而获得产品提供的某种功能,而不是为了获得产品的具体结构。企业生产的目的,也是通过采用不同的产品结构和材质,生产具有用户所期望功能的产品。价值工程的核心就是在满足功能需求的前提下,实现成本最低。

③价值工程的要义,是将功能、成本和价值共同分析。价值工程并不是单纯追求低成本水平,也不是片面追求高功能、多功能水平,而是力求正确处理好功能与成本的对立统一关系,提高它们之间的比值水平,研究产品功能和成本的最佳配置。因此,价值工程是对价值、功能、成本的综合考虑。

④价值工程的实现,依赖于不断的改革创新。价值工程的实现是基于对象的功能分析,为了降低成本,需要不断改革创新、开拓新构思和新方案、创造新功能载体,从而简化产品结构、节约原材料、提高产品的技术经济效益。

⑤价值工程的要求,是将功能定量化。价值工程要求将功能定量化,即将功能转化为能够与成本直接相比的量化值。

⑥价值工程的开展,是以集体智慧开展的有计划、有组织、有领导的管理活动。由于价值工程研究的问题涉及面广,研究过程复杂,如提高产品价值涉及产品的设计、生产、采购和销售过程。不能单靠个人或者某个部门,要通过多部门、多环节的相互协同配合。因此,企业在开展价值工程活动时,必须集中人才,要组织科研、设计、生产、管理、采购、供销、财务,甚至是用户等各方面有经验的人员参加,以适当的组织形式组成一个智力结构合理的集体,发挥集体智慧、经验和积极性,有领导、有组织地开展活动,以达到提高方案价值的目的。

6.1.3 提高产品价值的途径

价值工程的基本原理公式 $V = \dfrac{F}{C}$,集中体现了产品价值、功能和所需的成本费用三者之间的关系。通过分析三者的逻辑关系,总结出以下提高产品价值的途径:

①功能不变,降低成本,价值提高。即:

$$\frac{F \rightarrow}{C \downarrow} = V \uparrow$$

②成本不变,提高功能,价值提高。即:

$$\frac{F \uparrow}{C \rightarrow} = V \uparrow$$

③成本小幅度增加,功能大幅度增加,产品价值增加。即:

$$\frac{F \uparrow \uparrow}{C \uparrow} = V \uparrow$$

④在不影响产品主要功能的前提下,功能小幅度降低,产品成本大幅度降低,产品价值提高。即:

$$\frac{F \downarrow}{C \downarrow \downarrow} = V \uparrow$$

⑤运用高新技术,进行产品创新,既提高必要功能,又降低成本,大幅提高价值,是提高产品价值的理想途径。即:

$$\frac{F \uparrow}{C \downarrow} = V \uparrow \uparrow$$

6.2　价值工程的实施步骤和方法

6.2.1　价值工程的实施步骤

价值工程的一般工作程序见表6-1。由于价值工程的应用范围广泛,其活动形式也不尽相同,因此在实际应用中可参照这个工作程序,根据对象的具体情况,应用价值工程的基本原理和思想方法,考虑具体的实施措施和方法步骤。其中对象选择,功能成本分析、功能评价和方案创新与评价是工作程序的关键内容,体现了价值工程的基本原理和思想。

表6-1　价值工程的一般工作程序

工作阶段	设计程序	工作步骤		对应问题
		基本步骤	详细步骤	
准备阶段	制订工作计划	确定目标	1.对象选择	1.这是什么
			2.收集整理信息资料	
分析阶段	规定评价(功能要求事项实现程度的标准)	功能系统分析	3.功能定义	2.这是干什么用的?
			4.功能整理	
		功能评价	5.功能成本分析	3.它的成本是多少?
			6.功能评价	4.它的价值是多少?
			7.确定改进范围	
创新阶段	初步设计(提出各种设计方案)	制订改进方案	8.方案创新	5.有其他方法实现这一功能吗?
	评价各设计方案,对方案进行改进、优选		9.方案评价	6.新方案的成本是多少?
			10.提案编写	
			11.详细评价	
			12.提出提案	7.新方案能满足功能要求吗?
实施阶段	检查实施情况并评价活动成果	实施评价成果	13.审批	8.偏离目标了吗?
			14.实施与检查	
			15.成果鉴定	

6.2.2　价值工程准备阶段

1)对象选择

价值工程是对某个具体对象开展的有针对性的分析评价和改进,有了对象才有分析的具体内容和目标。对企业来讲,凡是为了获取功能而发生费用的事物,都可以作为价值工程的研究对象,如产品、工艺、工程、服务或它们的组成部分等。价值工程的对象选择是逐步缩小研究范围、寻找目标、确定主攻方向的过程,正确选择工作对象是价值工程成功的第一步,能起到事半功倍的效果。对象选择的一般原则是:市场反馈迫切要求改进的产品;功能改进的成本较低、潜力较大的产品。

对象选择的原则和方法如下。

(1)对象选择原则

①设计角度的选择原则。对结构复杂、性能和技术指标差、体积和重量大的工程或产品进行价值工程活动,可以对结构、性能、技术应用方面的设计进行优化,从而提高工程或产品的价值。

②施工生产角度的选择原则。对量大面广、工序繁琐、工艺复杂、原材料和能源消耗高、质量要求高的工程产品,进行价值工程能够降低寿命周期成本,同时实现必要的功能要求。

③销售角度的选择原则。选择用户意见多、退货索赔多和竞争力差的产品进行价值工程活动,以赢得消费者的认同,占领更大的市场份额。

(2)对象选择的方法

对象选择的方法很多,下面着重介绍五种方法,即经验分析法、百分比法、强制确定法、ABC法和最合适区域法。

①经验分析法。经验分析法是一种对象选择的定性分析方法,是较为普遍使用的、简单易行的价值工程对象选择方法。经验分析法是根据有丰富实践经验的设计人员、施工人员以及企业的专业技术人员和管理人员对产品存在的问题的直接感受,经过主观判断确定价值工程对象的一种方法。

经验分析方法的优点是简便易行,考虑问题综合全面。缺点是缺乏定量分析,在分析人员经验不足时准确程度会降低,但用于初选阶段是可行的。

②百分比法。百分比法是通过分析产品对两个或两个以上经济指标的影响程度(百分比)来确定价值工程对象的方法。百分比法的优点是,当企业在一定时期要提高某些经济指标,同时可选择的对象数目不多时,具有较强的针对性和有效性。缺点是不够系统和全面,有时为了更全面、更综合地选择对象,百分比法可与经验分析法结合使用。

【例6-1】现有一家汽车零部件公司,该公司有6种产品,它们各自的年成本和年利润占公司总成本和年利润总额的百分比见表6-2。为了提高利润水平,请确定适合的价值工程对象。

表6-2　成本和利润百分比

产品种类	A	B	C	D	E	F	合计
产品年成本(万元)	565	65	35	160	55	45	925
产品年成本占总成本的百分比(%)	61.1	7.0	3.8	17.3	5.9	4.9	100
产品年利润(万元)	185	25	15	20	35	25	305
产品年利润占年利润总额百分比(%)	60.7	8.2	4.9	6.6	11.5	8.2	100
年利润百分比/年成本百分比	0.99	1.17	1.29	0.38	1.95	1.67	
排序	5	4	3	6	1	2	

【解】各产品成本和利润百分比计算结果见表6-2。由表6-2可见,产品 D 的成本占年总成本的17.3%,而其利润仅占年利润总额的6.6%,显然产品 D 应作为价值工程的重点分析对象。

③强制确定法。强制确定法(forced decision)简称 FD 法。该方法抓住每一事物的评价特性,然后把这些因素结合起来进行强制评价。该方法兼顾了功能和成本,具体步骤是先求出分析对象的成本系数、功能系数,进而得出价值系数。通过功能系数分析对象的功能与花费的成本是否相符合,不符合、价值低的就选择为价值工程的研究对象。

强制确定法的评价规则是将对产品性能熟悉的人员作为评价者,评价人数为 5～15 人;评价人员在评价时各自独立打分;评价两个功能的重要性时采用一比一的方法,功能重要的得 1 分,不重要的得 0 分,不能同时得 1 分也不能同时得 0 分。

【例6-2】已知组成某一建筑产品的构配件分别为 A、B、C、D、E。其成本费用分别为1.8万元、0.8万元、0.8万元、1.1万元、2.5万元,总成本 7 万元。试确定价值工程的分析对象和分析顺序。

【解】第一步:计算功能重要性系数。

$$功能重要性系数 = \frac{某构配件功能重要性得分}{全部构配件功能重要性得分}$$

对 5 类构配件进行一一对比评分,相应的对象功能重要性总得分为 10 分。其中,A 构配件的功能重要性得分为 3 分,对应的 A 构配件的功能重要性系数为 3/10＝0.3。其他构配件的功能重要性系数可用同样的方法得出,见表6-3。

表6-3 功能重要性系数表

构配件名称	一对一比较结果					得分	功能重要性系数
	A	B	C	D	E		
A	×	1	0	1	1	3	0.3
B	0	×	0	1	1	2	0.2
C	1	1	×	1	1	4	0.4
D	0	0	0	×	0	0	0.0
E	0	0	0	1	×	1	0.1
合计						10	1

第二步:计算成本系数。

成本系数是指每个构配件的现实成本占总成本的比例,计算公式如下:

$$成本系数 = \frac{某构配件的现实成本}{产品实现的总成本}$$

各构配件的成本系数见表6-4。

表 6-4　成本系数表

构配件名称	功能重要性系数	现实成本	成本系数	价值系数	对象选择顺序
	（1）	（2）	（3）=（2）/7	（4）=（1）/（3）	
A	0.3	1.8 万元	0.26	1.154	4
B	0.2	0.8 万元	0.11	1.818	3
C	0.4	0.8 万元	0.11	3.635	1
D	0.0	1.1 万元	0.16	0	
E	0.1	2.5 万元	0.36	0.278	2
合计	1	7 万元	1.00		

第三步：计算价值系数和确定分析对象的顺序。

价值系数，是指构配件的功能重要性系数与其成本系数之比，其计算公式如下：

$$价值系数 = \frac{某构配件的功能重要性系数}{某构配件的成本系数}$$

各构配件的价值系数见表 6-4。

根据价值系数计算结果，分析价值工程改进的方法：

首先，产品或构配件的价值系数小于 1，说明相应的重要性程度小而成本高。若选为价值工程工作对象，可以用降低成本或提高重要程度的方法提高产品价值。

其次，价值系数大于 1，说明产品或构配件的重要程度高，而投入的成本较低。若选为价值工程工作对象，进一步则需要提高该产品或构配件的质量，增大其价值。

最后，价值系数等于 0，表明构配件不重要，可以取消或者合并此构配件。

④ABC 分析法。ABC 分析法是根据研究对象对某项技术经济指标的影响程度和研究对象数量的比例大小两个因素，把所有研究对象划分成主次有别的 A、B、C 三类的方法。通过这种划分，明确关键的少数和一般的多数，准确地选择价值工程对象。

研究对象类别划分的参考值见表 6-5、图 6-2。

根据以上 ABC 分析曲线可以统计出 A、B、C 三类的参考值数据，见表 6-5。

表 6-5　A、B、C 类别划分参考值

类别	数量占总数百分比	成本占总成本百分比
A 类	10% 左右	70% 左右
B 类	20% 左右	20% 左右
C 类	70% 左右	10% 左右

⑤最合适区域法。以成本系数为横坐标，功能系数为纵坐标，如图 6-3 所示，与横轴成 45°的一条直线为理想价值线（$V=1$）。围绕该线的另外两条回归曲线形成的喇叭形区域，是最适合区域。凡是落在该区域的价值系数点，其功能与成本是适应的，可不作为重点改善目标。$V>1$ 的点将落在喇叭形区域的左上方，$V<1$ 的点将落在喇叭形区域的右下方，均属于功能改善的目标。

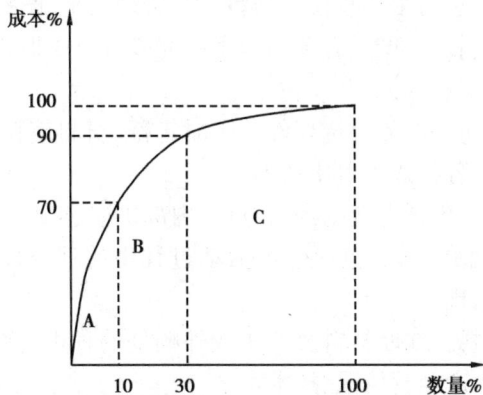

图 6-2 ABC 分析曲线图

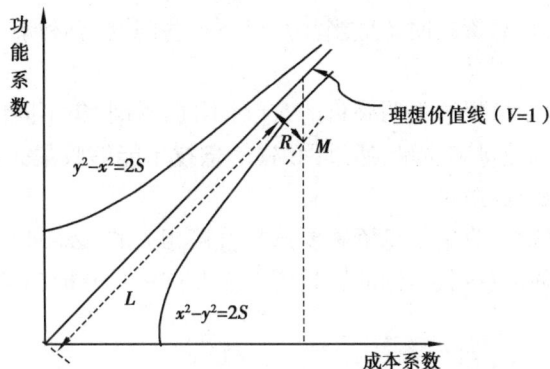

图 6-3 最合适区域图

喇叭形区域的确定流程如下：设有一任意系数点 M，其坐标为 (x,y)，由图 5-6 可以看出，M 离原点越远即 L 越大，意味着其功能及成本系数的绝对量大，改善余地大，故应作为重点改善对象；反之若 M 离原点近，说明它对全局影响小，属于次要的改善对象。同时，M 距离理想价值线的垂直距离 R 越大，表示其与理想价值线的偏离度越大，改善的余地也越大，应作为重点概念改善的目标。因此，可用 $L×R$ 综合反映 M 的这两个因素。

令 $S=L×R$ 为一个定值，则喇叭形区域的边界线为：$y^2-x^2=2S$，$x^2-y^2=2S$，式中 S 的取值大小决定了最合适区域的宽窄。因为 L 与 R 的乘积等于定值 S，显然 L 越大 R 越小，L 越小 R 越大，故图形呈现喇叭状。

2）信息资料收集

价值工程的工作过程就是提出问题、分析问题、解决问题的决策过程。信息资料是价值工程实施过程中进行价值分析、比较、评价和决策的依据。所以，收集、整理信息资料的工作贯穿于价值工程的全过程。对一般产品或工程分析而言，收集的主要信息资料包含以下几个方面：

①用户方面的信息资料。充分了解用户对对象产品的期待、要求，以及用户使用目的等。

②市场方面的信息资料。例如产品销量的演变以及目前产销情况、市场需求量以及市

场占有率的预测;同行业竞争对手的规模、经营特点、管理水平、产品特性。

③技术方面的信息资料。与产品有关的学术研究或科研成果、新结构、新工艺、新材料、新技术以及标准化方面的资料。

④经济方面的资料。包括产品及构配件的工时定额、材料消耗定额、机械设备定额、各种费用定额、企业历年来的各种成本费用数据。

⑤本企业的基本资料。包括企业的经营方针、内部供应、生产、组织,以及生产资料。

⑥环境保护方面的信息资料。包括生产活动过程中的环境保护现状、"三废"处理状况,以及国家标准和法律法规。

⑦外部协作的信息资料。如原材料及外协或外购件的种类、质量、数量、交货期、价格;供应与协作部门的布局、生产经营情况、技术水平。

⑧政府以及有关部门法律法规、政策方面的信息资料。如国家法律法规、政策、环境保护、公害等相关资料。

与此同时,在收集信息资料时还应当注意以下一些问题,有利于提高信息资料收集的准确度和全面性:

①目的性明确:收集情报事先明确目的,针对不同目标收集不同情报。

②提高信息资料的数量和质量:通过网络、信息技术能够收集大量信息,同时情报资料的收集应做到准确可靠、高质量。

③保证信息的时效性:收集信息资料要选择直接相关的、必要时间内的。

④重视信息资料的汇总:收集到的原始资料需要进一步分析、分类、汇总整理,剔除无效资料,保留有效资料。

6.2.3 价值工程分析阶段

价值工程分析是对各功能进行定性和定量的系统分析过程,它是价值工程活动的核心和基本内容。价值工程是通过分析信息资料,用动词和名词的组合简明正确地表达各对象的功能,明确功能特性要求,并绘制功能系统图。通过功能分析,可以解决"它是干什么用的"问题,从而准确掌握用户的功能要求。价值工程分析阶段的主要工作包含功能定义、功能整理与功能评价。

1)功能定义

功能是产品所具有的使用价值,即任何产品的存在都是由于它们具有能满足用户所需要的特有功能,这是存在于产品中的一种本质。功能定义就是透过对象产品或构配件的物理特征(或现象),明确其效用和功能本质。产品功能的定义一定要抓住问题的本质,主要包括产品名称、物理特征、功能名称、功能特性四个维度。功能定义一般采用"两词法",即用两个词组成的词组定义功能。常采用动词加名词的方法。例如,建筑物基础的功能是"承受荷载"。

2)功能整理

功能整理是从功能系统的角度,将对象含有的各项功能按照特定的逻辑关系进行整理和排列。通过系统分析和整理,能够明确功能之间的关系,分清功能别类,建立功能系统图。功能整理要回答和解决的是"它的功能是什么",功能整理通常用功能系统图直观地描述对

象功能,以及实现的各项细分功能的逻辑关系。功能整理的方法和步骤如下:

①分析产品的基本功能和辅助功能。依据用户对产品对象的功能需求,找出基本功能并把其中最基本的排出来,它就是最上位功能。基本功能一般总是上位功能,它通常可以通过回答如下几个问题来判别:取消该功能,产品本身是不是没有存在的必要了? 对功能的主要目的而言,其作用是否必不可少? 该功能改变之后是否会引起其他一连串的工艺和构配件的改变? 如果回答"是",则该功能为基本功能。

②明确功能的上下位及并列关系。在一个系统中,功能的上下位关系是指功能之间的从属关系,上位功能是目的,下位功能是手段。例如,平屋顶的功能中"遮盖室内空间"和"防水"的关系,就是上位功能和下位功能的关系。"遮盖室内空间"是上位功能、是目的,而"防水"是为了能够"遮盖室内空间",所以"防水"是手段、是下位功能。目的和手段是相对而言的,一个功能对其上位功能而言是手段,对其下位功能而言是目的。

功能的并列关系,是指两个功能互相没有从属关系,但是同属于一个上位功能的关系。例如,平屋顶为了遮盖室内空间有三条遮盖途径,即遮蔽顶部、防水、保温隔热。显然,这三个功能相对于"遮盖室内空间"而言,属于下位功能,但这三个功能之间则属于并列关系。

③排列功能系统图。在弄清楚功能之间的关系以后,就可以开始排列功能系统图。功能系统图即 FAST 图,就是产品应有功能结构图。在图中,上位功能在左,下位功能在右,依次排列,整个图形呈树形由左向右扩展、延伸,如图 6-4 所示。

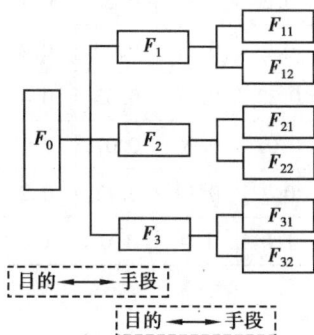

图 6-4　功能系统图

3)功能评价

功能评价就是对组成对象的零部件在功能系统中的重要程度进行定量估计。

功能评价的方法有:"01"评分法、直接评分法、"04"评分法、倍比法等。

(1)"01"评分法(也称强制评分法)

该方法是指请 5~15 个对产品熟悉的人员,分别独立地对产品功能进行评价。评价两个功能的重要性时,对完成该功能的相应两个零件进行比较,重要者得 1 分,不重要者得 0 分。"01"评分法得分总和为 $\frac{n(n-1)}{2}$,n 为对比的零件数量。例如某个产品有五个零件,总分应为 10 分。某一评价人员采用"01"评分法确定功能评价系数的过程记录见表 6-6。

表6-6 "01"评分法功能评价系数计算表

零件名称	一对一比较结果					得分	功能评价系数
	A	B	C	D	E		
A	×	1	0	1	1	3+1	0.27
B	0	×	0	1	1	2+1	0.20
C	1	1	×	1	1	4+1	0.33
D	0	0	0	×	0	0+1	0.07
E	0	0	0	1	×	1+1	0.13
合计						15	1.0

如果有10个评价人员参加评定,将10个人的功能评价系数进行汇总,可得到平均功能评价系数,见表6-7。

表6-7 平均功能评价系数计算表

零件名称	得分										功能评价系数
	1	2	3	4	5	6	7	8	9	10	
A	0.27	0.3	0.2	0.2	0.27	0.27	0.1	0.2	0.27	0.2	0.23
B	0.20	0.3	0.2	0.2	0.27	0.20	0.2	0.2	0.2	0.2	0.21
C	0.33	0.3	0.4	0.33	0.27	0.33	0.4	0.27	0.33	0.4	0.34
D	0.07	0.1	0.1	0.07	0.06	0.07	0.1	0.07	0.13	0.1	0.09
E	0.13	0.1	0.1	0.2	0.13	0.13	0.2	0.27	0.07	0.1	0.13
合计	1.0	1.0	1.0	1.0	1.0	1.0	1.0	1.0	1.0	1.0	1.0

（2）直接评分法

直接评分法是请5~15个对产品熟悉的人员对产品每个零件的功能直接打分,评价时规定总分标准,每个参评人员对产品各零件功能的评分之和必须等于总分。例如,对表6-6中的评价人员规定总分标准为10分,则功能评价系数计算见表6-8。

表6-8 直接评分法功能评价系数计算表

零件名称	得分										各零件得分	功能评价系数
	1	2	3	4	5	6	7	8	9	10		
A	3	3	2	2	3	3	1	2	3	2	24	0.24
B	2	2	2	2	3	2	2	2	2	2	21	0.21
C	4	3	4	4	3	4	4	3	4	4	37	0.37
D	0	1	1	0	0	0	1	0	1	1	5	0.05
E	1	1	1	2	1	1	2	3	0	1	13	0.13

续表

零件名称	得分										各零件得分	功能评价系数
	1	2	3	4	5	6	7	8	9	10		
合计	10	10	10	10	10	10	10	10	10	10	100	1.0

（3）"04"评分法

"04"评分法是对"01"评分法的改进,它更能反映功能之间的真实差别。采用"04"评分法对评价对象进行一一比较时,分为4种情况:

①非常重要的功能得4分,很不重要的功能得0分;

②比较重要的功能得3分,不太重要的功能得1分;

③两个功能同等重要,同时各得2分;

④自身对比不得分。

"04"评分法得分总和为$2n(n-1)$,n为对比的零件数量。例如某个产品有5个零件,总分应为40分,某一评价人员采用"04"评分法确定功能评价系数的过程记录见表6-9。

表6-9 "04"评分法功能评价系数计算表

零件名称	一对一比较结果					得分	功能评价系数
	A	B	C	D	E		
A	×	3	1	4	4	12	0.3
B	1	×	3	1	4	9	0.225
C	3	1	×	3	0	7	0.175
D	0	3	1	×	3	7	0.175
E	0	0	4	1	×	5	0.125
合计						40	1

（4）倍比法

这种方法是利用评价对象之间的相关性进行比较来定出功能评价系数,其具体步骤如下:

①根据各评价对象的功能重要性程度,按上高下低原则排序;

②从上至下按倍数比较相邻两个评价对象,如表6-10中,F_1是F_2的2倍;

③令最后一个评价对象得分为1,按上述各对象之间的相对比值计算其他对象的得分;

④计算各评价对象的功能评价系数。

表6-10 倍比法功能评价系数计算表

评价对象	相对比值	得分	功能评价系数
F_1	$F_1/F_2=2$	9	0.51
F_2	$F_2/F_3=1.5$	4.5	0.26
F_3	$F_3/F_4=3$	3	0.17

续表

评价对象	相对比值	得分	功能评价系数
F_4		1	0.06
合计		17.5	1.00

6.2.4　价值工程创新阶段

1)方案的创造

为了提高对象的功能,降低对象的成本,提高资源利用率,需要寻求和构思最佳推荐方案,这一过程就是方案的创造过程。价值工程活动能否取得成功,关键是在正确的功能分析和评价的基础上,能否构思出可靠的、可实现的、满足必要功能的新方案。这是一个创造、突破的过程。为了解放思想,常用以下面一些方法提出创新想法和方案。

(1)头脑风暴法(Brain Storming Method,简称 BS 法)

头脑风暴法,顾名思义就是在某一探讨主题下,不受过多限制地提出多种方案。具体而言,头脑风暴法需要以开小组会议的形式,事先通知议题,开会时要求应邀参加会议的各方面专业人员在会上自由地思考,提出不同的方案,多多益善。但是不评价别人的方案,禁止批评别人的意见或者过分"捧杀",并且希望与会者在别人建议方案的基础上进行改进,提出新的方案。

"美国北方清除电线上的积雪"案例:有一年,美国北方格外寒冷,大雪纷飞,电线上积满冰雪,大跨度的电线常被积雪压断,严重影响通信。电信公司经理想要应用头脑风暴解决这一难题。他召集了不同专业的技术人员进行头脑风暴,按照与会规则大家都只是表达自己的想法。有人提出"乘坐直升机去扫电线上的雪",对于这种"坐飞机扫雪"的设想,尽管大家心里觉得滑稽可笑,但是会上无人提出批评。相反,另外一位工程师听到用飞机扫雪的想法后,大脑突然受到冲击,他想:每当大雪过后出动直升机沿积雪严重的电线飞行,依靠高速旋转的螺旋桨即可将电线上的积雪迅速扇落。经过现场试验,发现用直升机扇雪真的能奏效,一个久悬未决的难题,终于在头脑风暴中得到了巧妙的解决。

(2)模糊目标法(Gordon Method)

该方法是美国人哥顿在 20 世纪 60 年代提出来的,所以也称哥顿法。该方法的特点是与会人员在参会前不知道议题,在开会讨论时也只是抽象地讨论,不接触具体的实质性问题,以免束缚与会人员的思想。待讨论到一定程度以后才把中心议题指出来,以作进一步研究。在会议上,主持人仅对要解决的问题做抽象的介绍,让参会者并不明白会议的具体研究问题以开拓思路。模糊目标法的优点就是将问题抽象化,有利于减少束缚、产生创新想法,难点在于主持人如何引导。

稻谷脱粒机案例:主持人首先提出如何使物体"分离",与会者回答"切断""锯断""剪短""烧断"等方法;之后,主持人再进一步提出如何使稻谷和稻草分离的问题,继续深入讨论;最后,得出了一种高效率圆筒式稻谷脱粒机的方案。

(3)专家函询法(Delphi Method)

专家函询法也称专家调查法,德尔菲法,1964 年由美国兰德公司创始实行,其本质是一种反馈匿名函询法,该方法广泛地应用于商业、军事、教育、卫生保健等领域。其大致流程是在对所要预测的问题征得专家的意见之后,进行整理、归纳、统计,再匿名反馈给各专家,再次征求意见,再集中,再反馈,直至得到一致的意见。专家函询法的具体步骤和实施过程如下:

①开放式的首轮调研。首先确定需要调研的预测问题,确定进行函询的专家名单;然后由组织者给专家发送调研问卷,问卷不带任何条条框框,只提出预测问题,请专家围绕预测问题提出预测事件;最后,组织者汇总整理专家调查表,归并同类事件,排除次要事件,用准确术语提出一个预测事件一览表,并作为第二步的调查表发给专家。

②评价式的第二轮调研。专家对第二步调查表所列的每个事件进行评价,例如,说明事件发生的时间、争论问题和事件或迟或早发生的理由;组织者统计处理第二步专家意见,整理出第三张调查表。第三张调查表包括事件、事件发生的中位数和上下四分点,以及事件发生时间在四分点外侧的理由。

③重审式的第三轮调研。首先,发放第三张调查表,请专家重审争议,对上下四分点外的对立意见做一个评价,给出自己新的评价,如果修正自己的观点也要叙述改变理由;然后,组织者回收专家们的新评论和新争议,再次统计中位数和上下四分点;最后,总结专家观点,形成第四张调查表。

④复合式的第四轮调研。发放第四张调查表,专家再次评价和权衡,做出新的预测,是否要求做出新的论证与评价,取决于组织者的要求。最终得到一个各个专家的意见基本统一的有效预测。

该方法能够吸收专家参与预测,充分利用专家的经验和学识。此外,采用匿名背靠背的方式,能使每一位专家独立自由地做出自己的判断。通过预测过程的几轮反馈,专家的意见逐渐趋同。方案创造的方法很多,总的原则是要充分发挥有关人员的聪明智慧,集思广益,多提方案,从而为方案评价创造条件。

2)方案评价和选择

方案评价是在方案创造的基础上对新构思方案的技术、经济、环境和社会效应等方面进行评估,以便选择出最佳的方案。方案评价主要分为概略评价和详细评价两个阶段。

(1)概略评价

概略评价是对已创造出来的方案从技术、经济、社会和生态环境等方面进行初步研究。其目的是从众多的方案中粗略地筛选一遍,减少详细评价的工作量,精力集中在优秀的方案。

(2)详细评价

方案的详细评价,就是对概略评价所得到的比较抽象的方案进行调查和信息资料收集,使其在材料、结构、功能等方面进一步具体化,然后对他们作最后的审查和评价。

在详细评价阶段,对产品或服务的成本究竟是多少,能否可靠地实现必要的功能,都必须得到准确的解答。总之,要证明方案在技术和经济方面是可行的,而且必须实现价值的真正提高。

方案经过评价和审查,淘汰掉一些不能满足要求的方案。详细评价又可以分为技术评价、经济评价和社会评价三个方面。

6.2.5 价值工程方案实施阶段

1）方案的试验研究和提案审批

通过对方案的评价，选择出能够提高价值的新方案后，在新方案实施之前还需要进行必要的试验。试验通过后，即可着手制订正式的实施方案，提交有关部门审批，获准后便可付诸实施，按计划做出具体安排。在实施过程中，价值工程工作组应深入实际，随时了解执行情况，并协助解决实施中出现的问题。

2）价值工程活动成果评价

企业开展价值工程活动的目的在于提高产品价值，取得较好的经济效益。对通过功能分析、方案创造和实施一系列活动后，取得的技术经济效果，必须进行总结和评价。

价值工程活动成果评价，就是将改进方案的各项技术指标与原设计进行比较，以考查方案所取得的综合效益。价值工程活动评价工作是在保证质量和性能，即在保证产品功能的前提下，计算以下几个指标：

$$成本节约率 = \frac{原来成本 - 改进后成本}{原来成本} \times 100\%$$

$$全年节约额 = (原来成本 - 改进后成本) \times 全年产量 - 活动经费$$

$$投资效率 = \frac{全年节约额}{价值工程年活动费用} \times 100\%$$

$$达到目标比率 = \frac{改进后成本}{节约目标额} \times 100\%$$

6.3 价值工程在工程项目方案评选中的应用

工程项目在策划和实施过程中，常常面临多种施工材料和多种组合方式的方案选择。方案评选就是在方案创造的基础上对新构思的方案从经济、社会和技术的视角进行评估，进而根据评估结果进行得分对比，最终选择技术先进、经济合理且对社会发展有利的最优方案。方案评价和选优的具体方法在前述有关章节已有详细介绍。具体的方案评选实施步骤如下：

①确定评价对象并收集基础情报；

②分析评价对象的各项功能；

③确定评价对象的功能重要性权重；

④确定不同方案的成本系数和功能系数；

⑤计算各方案的价值系数，以较大的为优。

下面通过例子来说明价值工程在方案选择中的具体应用。

【例6-3】某城市高新技术开发区软件园电子大楼工程吊顶工程量为18000 ㎡，根据软件生产工艺的要求，车间的吊顶要具有防静电、防眩光、防火、隔热、吸声五种基本功能，以及样式新颖、表面平整、易于清理三种辅助功能。

【解】为取得更好的经济效果，工程技术人员采用价值工程选择生产车间的吊顶材料。

以下是价值工程分析过程。

①确定评价对象并收集基础情报:本案例中的分析产品对象是电子大楼的吊顶。工程人员首先对吊顶材料进行了广泛调查,收集各种建筑吊顶材料的技术性能资料和有关经济资料。

②分析评价对象的各项功能:技术人员对软件生产车间吊顶的功能进行了系统分析,绘制出了功能分析图,如图6-5所示。

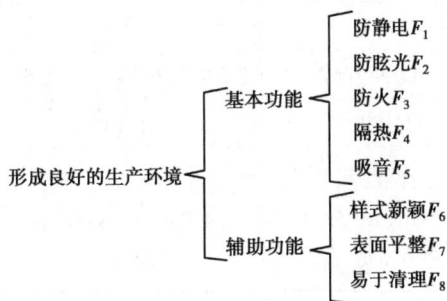

图6-5 某软件生产车间吊顶功能分析图

③确定功能重要性权重:根据功能分析图,技术人员组织了使用单位、设计单位、施工单位的相关专业人员确定各种功能的重要程度权重。使用单位、设计单位和施工单位评价的权重分别设定为50%、40%和10%,各单位对功能权重的打分采用10分制,各种功能权重见表6-11。

表6-11 吊顶功能重要程度系数

功能	使用单位评价 (50%)		设计单位评价 (40%)		施工单位评价 (10%)		功能权重 $\dfrac{0.5F_{使用}+0.4F_{设计}+0.1F_{施工}}{10}$
	$F_{使用}$	$F_{使用}\times0.5$	$F_{设计}$	$F_{设计}\times0.4$	$F_{施工}$	$F_{施工}\times0.1$	
F_1	4.12	2.06	4.26	1.704	3.18	0.318	0.408
F_2	1.04	0.52	1.35	0.540	1.55	0.155	0.122
F_3	0.82	0.41	1.28	0.512	1.33	0.133	0.106
F_4	0.91	0.455	0.55	0.220	1.06	0.106	0.078
F_5	1.10	0.550	0.64	0.256	1.08	0.108	0.091
F_6	0.98	0.490	1.12	0.448	1.04	0.104	0.104
F_7	0.64	0.320	0.48	0.192	0.53	0.053	0.056
F_8	0.39	0.195	0.32	0.128	0.23	0.023	0.035
合计	10	5	10	4	10	1	1

④确定不同方案的成本系数和功能系数。成本系数计算:根据车间工艺对吊顶功能的要求,吊顶材料考虑铝合金加晴棉板、膨胀珍珠岩板和PVC板三个方案。基准折现率为10%,吊顶寿命为10年。三个方案的单方造价、工程造价、年维护费以及各方案成本系数,

见表6-12。

表6-12　各方案成本系数计算表

方案	铝合金加晴棉板	膨胀珍珠岩板	PVC板
单方造价（元/m²）	112.53	26.00	20.00
工程造价（万元）	202.54	46.80	36.00
年维护费（元）	35 067	23 400	36 000
折现系数	6.144 6	6.144 6	6.144 6
维护费现值（万元）	3.506 7×6.144 6＝21.55	3.506 7×6.144 6＝21.55	3.506 7×6.144 6＝21.55
总成本现值	224.09	61.18	58.12
成本系数	224.09/（224.09+61.18+58.12）＝0.653	61.18/（224.09+61.18+58.12）＝0.178	58.12/（224.09+61.18+58.12）＝0.169

功能系数计算：对三个方案采用10分制进行功能评价。各分值乘以功能权重得到功能加权分，对功能加权分的和进行指数处理后可得各方案的功能系数，见表6-13。

表6-13　各方案功能系数计算表

功能	功能权重	铝合金加晴棉板		膨胀珍珠岩板		PVC板	
		分值	加权分值	分值	加权分值	分值	加权分值
防静电 F_1	0.408	8	3.264	9	3.672	5	2.040
防眩光 F_2	0.122	7	0.854	9	1.098	8	0.976
防火 F_3	0.106	5	0.530	9	0.954	6	0.636
隔热 F_4	0.078	8	0.624	6	0.468	4	0.312
吸音 F_5	0.091	8	0.728	10	0.910	5	0.455
样式新颖 F_6	0.104	10	1.040	9	0.936	8	0.832
表面平整 F_7	0.056	10	0.560	9	0.504	8	0.448
易于清理 F_8	0.035	9	0.315	8	0.280	9	0.315
合计	1	65	7.915	69	8.822	53	6.014
加权分值指数化		7.915/（7.915+8.822+6.014）		8.822/（7.915+8.822+6.014）		6.014/（7.915 +8.822+6.014）	
功能系数		0.348		0.388		0.264	

⑤计算各方案的价值系数，以较大的为优。根据各方案的功能系数和成本系数计算其价值系数，见表6-14。

表 6-14 各方案价值系数计算表

方案	铝合金加晴棉板	膨胀珍珠岩板	PVC 板
功能系数	0.348	0.388	0.264
成本系数	0.653	0.178	0.169
价值系数	0.533	2.180	1.562
最优方案		✓	

评选结论:根据价值系数对比,"膨胀珍珠岩板"为最优的方案。

【例6-4】某办公楼工程在开始施工前,有如下决策问题:为控制该工程造价,拟针对土建工程的材料费开展价值工程分析。将土建工程划分为四个功能项目,各功能对降低成本的重要程度比为 $F_1:F_2:F_3:F_4 = 4:5:12:14$,各功能项目目前的成本分别为 1 520 万元、1 482 万元、4 705 万元、5 105 万元。

问题:按限额设计要求,目标成本额应控制为 12 170 万元,试分析各功能项目的目标成本及其可能降低的额度,并确定功能改进顺序。

【解】根据题意,对所选定的设计方案进一步分别计算功能指数、成本指数和价值指数;再根据给定的总目标成本额,计算各工程内容的目标成本额,从而确定其成本降低额度。具体计算结果汇总见表6-15。

表 6-15 例 6-4 计算结果

功能项目	功能评分	功能指数	目前成本(万元)	成本指数	价值指数	目标成本(万元)	成本降低额(万元)
F_1	4	0.114 3	1 520	0.118 6	0.963 7	1 390	130
F_2	5	0.142 9	1 482	0.115 7	1.235 1	1 739	−257
F_3	12	0.342 9	4 705	0.367 2	0.933 8	4 173	532
F_4	14	0.400 0	5 105	0.398 5	1.003 8	4 868	237
合计	35	1.000 1	12 812	1.000 0	4.136 4	12 170	642

F_1、F_3、F_4 均应通过适当方式降低成本。根据成本降低额的大小,功能改进顺序依次为 F_3、F_4、F_1。

【本章小结】

价值工程是在保证实现功能需求的基础上,以提高产品价值为目的,寻求产品最低寿命周期成本的一种管理思想和管理技术。价值工程涉及价值、功能和寿命周期成本三大基本要素,价值为功能与寿命周期成本的比值。价值工程的实施步骤可分为准备阶段、分析阶段、创新阶段和实施阶段。准备阶段是进行价值工程的重要基础,包括价值工程的对象选择和相关信息资料收集;分析阶段是对各功能进行定性和定量的系统分析过程,它是价值工程活动的核心和基本内容;创新阶段就是为了提高对象的功能,降低成本,提高资源利用率,从而寻求最佳方案的过程;方案实施阶段是指对方案作评价,选择出能够提高价值的新方案后,进行方案的试验研究、提案审批和价值工程的成果评价的过程。

【习题与思考题】

一、简答题

1.什么是价值工程?价值工程中价值的含义是什么?提高价值有哪些途径?

2.什么是寿命周期和寿命周期成本?价值工程为什么要考虑寿命周期成本?

3.价值工程的特点是什么?

4.什么是功能评价?常用的评价方法有哪些?

5.ABC分析法和强制确定法选择分析对象的基本思路和步骤是什么?

6.方案创造有哪些方法?如何进行方案评价?

二、实践应用题

1.甲、乙、丙三个零件的已知数据见表6-16,请确定价值工程的对象。

表6-16 甲、乙、丙三个零件的已知数据表

项目	甲	乙	丙
功能评价系数	0.2	0.02	0.09
目前成本(元)	100	10	9
成本系数	0.1	0.01	0.09

2.某市一高新技术开发区有两幢科研楼和一幢综合楼,其设计方案对比如下:

A楼方案:结构方案为大柱网框架轻墙体系,采用预应力大跨度叠合楼板,墙体材料采用多孔砖及移动式可拆装式分室隔墙,窗户采用单框双玻璃刚塑窗,面积利用系数为93%,单方造价为1 438元/平方米;

B楼方案:结构方案同A楼方案,墙体采用内浇外砌,窗户采用单框双玻璃空腹钢塑料窗,面积利用系数为87%,单方造价为1 108元/平方米;

C楼方案:结构方案采用砖混结构体系,采用多孔预应力板,墙体材料采用标准黏土砖,窗户采用单玻璃空腹钢塑窗,面积利用系数为79%,单方造价为1 082元/平方米。

各方案功能权重及其功能得分见表6-17。

表6-17 各方案功能权重及其功能得分

方案功能	功能权重	方案功能得分		
		A	B	C
结构体系	0.25	10	10	8
模板类型	0.05	10	10	9
墙体材料	0.25	8	9	7
面积系数	0.35	9	8	7

方案功能	功能权重	方案功能得分		
		A	B	C
窗户类型	0.10	9	7	8

为控制工程造价和进一步降低费用,拟对最优设计方案的土建工程部分进行分析,按限额设计要求,土建工程部分的目标成本额应控制为 13 150 万元。将土建工程划分为四个功能项目 F_1、F_2、F_3、F_4,各功能项目评分值及其目前成本见表6-18。

表6-18 功能项目评分及目前成本

功能项目	功能评分	目前成本(万元)
F_1 桩基维护工程	10	1 520
F_2 地下室工程	11	1 482
F_3 主体结构工程	35	4 705
F_4 装饰工程	38	5 105
合　计	94	12 812

问题:

(1)试用价值工程方法选择最优设计方案。

(2)按限额设计要求,试分析最优方案土建工程的各功能项目的目标成本及其可能降低的额度,并确定功能改进顺序。

第7章

技术创新

教 学 内 容、重 点 与 难 点

教学内容:本章将在介绍技术创新的概念、分类、动力和过程模型的基础上,按照"预测与评价是决策的基础"的逻辑,讲述技术预测的主要方法与评价的内涵,技术创新决策的定量评估方法、定性评估方法及定性与定量相结合的评估方法。

教学重点:技术预测与评价,技术创新决策的评估方法。

教学难点:技术创新决策的评估方法。

知 识 框 架

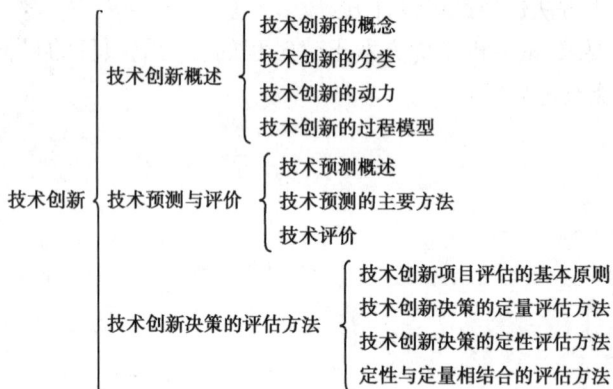

导 入 案 例

福特 T 型车的兴衰史①

很多人都知道亨利·福特及其 T 型车的巨大成功,但这种车后来遇到的几乎同样巨大的失败就很少有人谈论了。实际上,T 型车在成功和失败两个方面都极具典型意义。

在 T 型车出现以前,汽车工厂都是作坊式的手工生产状态。这种生产方式使得汽车的

————————

① 资料来源:百度文库。

产量很低,成本居高不下。20 世纪初,一辆汽车在美国的售价大约是 4 700 美元。这相当于一个普通人好几年的收入。在这种价格下,汽车仅仅是少数有钱人的奢侈品,是社会高级地位的象征。这时,汽车市场自然只能是一个很小的市场。

美国的福特汽车公司创建于 1903 年。成立以后,福特汽车公司生产了小型车、大型车等多种车辆,但销售情况并不理想。为了加快公司的发展,公司创办人亨利·福特对市场进行了深入的研究,他认为,要想把汽车市场变成一个能够创造巨大利润的市场,就必须把汽车变成普通人也买得起的消费品,而要想做到这一点,大幅降低价格是关键。也就是说,福特汽车公司要想获得大的发展,必须设法生产出价格低得多的汽车。他们通过优化设计生产线,福特汽车公司推出了曾举世闻名的 T 型车,一举开创了汽车时代和福特汽车公司的新纪元。

最初推向市场的 T 型车,定价只有 850 美元,相当于当时一个中学教师一年的收入。这背后的生产效率差异是,同时期其他公司装配出一辆汽车需要 700 多个小时,福特仅仅需要12.5 个小时,而且,随着流水线的不断改进,十几年后,这一速度提高到了惊人的每 10 秒钟就可以生产出一辆汽车。与此同时,福特汽车的市场价格不断下降,1910 年降为 780 美元,1911 年下降到 690 美元,1914 年则大幅降到了 360 美元。最终降到了 260 美元[①]。

福特汽车公司先进的生产方式为它带来了极大的市场优势。第一年,T 型车的产量达到 10 660 辆,创下了汽车行业的纪录。到了 1921 年,T 型车的产量已占世界汽车总产量的56.6%。T 型车的最终产量超过了 1 500 万辆。福特汽车公司也成为美国最大的汽车公司。可以说,福特创造出了现代工业史上的奇迹。

遗憾的是,虽然福特 T 型车创造出了辉煌的业绩,但它的结局却要黯淡得多。

T 型车取得巨大的市场成功以后,亨利·福特不断改进他的生产线,几乎把单一型号大批量生产的潜力发挥到了极致。但是,市场却已经发生了变化。然而,面对市场的变化,福特仍然顽固地坚持生产中心的观念。他不相信还有比单一品种、大批量、精密分工、流水线生产更加经济、有效率的生产方式。他甚至都不愿意生产黑色以外的其他颜色的汽车。亨利·福特宣称:"无论你需要什么颜色的汽车,我福特只有黑色的。"

进入 20 世纪 20 年代以后,市场对 T 型车这样简单的代步型汽车的需求已经饱和;到了20 年代中期,由于产量激增,美国汽车市场基本形成了买方市场。千篇一律的 T 型车虽然价廉,但已经不能满足消费者的需求。消费者需要的是更舒适、更漂亮、更先进的新型汽车。面对福特汽车难以战胜的价格优势,竞争对手通用汽车公司转而在汽车的舒适化、个性化和多样化等方面大做文章,以产品的特色化来对抗廉价的福特汽车,推出了新式样和颜色的雪佛兰汽车。雪佛兰一上市就受到消费者的欢迎,严重冲击了福特 T 型车的市场份额。

1926 年,亨利·福特做了最后一次绝望的努力,宣布 T 型车大减价。但过去的效果不再有了! 这一年,T 型车的产量超过了订数。亨利·福特继续坚持大批量生产,结果就是巨大的库存积压。最终,亨利·福特也不得不承认失败。1927 年,T 型车停止了生产。

1927 年开始,福特汽车公司被迫停产,重组生产线,更换 1.5 万台车床,重新设计制造2.5 万台机床。这些庞大的调整工作耗用了福特 1 亿美元的资金和 16 个月的时间。等到

---

① 注:1926 年, 美国制造业年工资 1 300 美元左右,白领工人年工资 2 300 美元左右。

新车型投产时,福特已经从全美第一大汽车公司降至第二大了 。新车型是仓促上阵的,许多地方的技术并不成熟,由于随后的更换发动机,福特不得不再一次停产。通用汽车公司等竞争对手趁机抢占市场。终于,1933 年,福特的新车才得以重新上市。这时,福特汽车公司不但落在了通用汽车公司的后面,甚至落到了克莱斯勒汽车公司之后,沦为了美国第三大汽车公司。直到今天,福特汽车公司再也没有能够恢复昔日美国最大汽车公司的地位。

T 型车最终的结局是令人尴尬的失败。它是被竞争对手赶出市场的。显然,是亨利·福特不顾市场变化的顽固守旧造成了最终的结局。

实际上,亨利·福特本人对创新的兴趣一直到老也没有衰退,但是,他所有的创新热情和能力都表现在了 T 型车上 ,结果反倒是不能接受任何偏离"使用简单"这一特色的做法。这种心理特性其实并不罕见。尤其是在那些取得了非凡成就的人那里,这种情况甚至可以说经常出现。过去的成功强化甚至固化了成功者的所谓模式,使得他们过于自信和执着,进而僵化。当亨利·福特的儿子劝说父亲要跟上新时代时,他的回答是:你懂什么? 是我创造了新的时代! 亨利·福特确实可以说创造了一个新时代,但他也同样不能阻止另一个新时代的到来。

技术上可行与经济上合理是工程经济学选择最优方案的基本原则。然而,这里的经济评价并不仅仅限于现有技术应用的经济性,也应该高度重视技术生产自身的经济性,尤其是在我国大力实施创新驱动发展战略的背景下,研究与完善技术创新的经济评价方法,是促进技术和经济协调发展与良性互动的客观要求。本章将介绍技术创新相关的基础理论以便初步解答上述问题,理清思路。

7.1 技术创新概述

7.1.1 技术创新概念

创新的概念和理论是熊彼特(Joseph Alols Schumpeter,1883—1950 年)于 20 世纪初提出的,他在《经济发展理论》一书中使用了"创新"(innovation)一词。熊彼特认为,所谓"创新"就是企业家把生产要素和生产条件的新组合引入生产体系之中,建立一种新的生产函数,其目的是获取潜在的利润。企业创新的目的在于获取潜在的超额利润,这赋予了创新一词经济学含义。

熊彼特在《商业周期》一书中比较全面地提出了创新理论。1951 年,诺贝尔经济学奖获得者罗伯特·默顿·索罗(ROBERT M. SOLOW)对熊彼特的技术创新理论进行了较全面的研究,在《在资本化过程中的创新:对熊彼特理论的述评》一文中,提出技术创新成立的两个条件,即新思想来源和后阶段的发展,这种"两步论"被认为是技术创新界定研究上的一个里程碑。

美国国家科学基金会(National Science Foundation,United Staes)简称 NSF,从 20 世纪 60 年代开始兴起并组织对技术变革和技术创新开展研究。NSF 主要的倡议者和参与者迈尔斯(S. myers)和马奎斯(D. G. Marquis)在 1969 年的研究报告《成功的工业创新》中将创新定义为技术变革的集合,他们认为技术创新是一个复杂的活动过程,从新思想、新概念开始,通过不断地解决各种问题,最终使一个有经济价值和社会价值的新项目得到实际的成功应用。

　　吴贵生教授提出了更通俗的定义,技术创新是指由技术的新构想,经过研究开发或技术组合,到获得实际应用,并产生经济、社会效益的商业化全过程的活动。

　　理解技术创新概念,应注意以下几点:

　　①技术创新基于技术。不存在技术活动的创新属于非技术创新,如组织创新、制度创新等。

　　②技术创新所依据的技术变动允许有较大的弹性。定义不强调技术的根本性变动,允许将技术的增量性变动包括在技术创新的概念之中。在概念的外延上,技术创新不仅包括新产品、新工艺,也可以包括对产品、工艺的改进;在实现方式上,可以在研究开发获得新知识、新技术的基础上实现技术创新,也可以将已有的技术进行新的组合。

　　③技术创新是技术与经济结合的概念。从本质上说,技术创新是一种经济活动,是一种以技术为手段,实现经济目的的活动。因此,技术创新的关键在于商业化,检验技术创新成功与否的基本标准是其商业价值(在有些情况下也包括社会价值)。

7.1.2　技术创新的分类

技术创新可以按创新程度、创新对象、创新来源等多个角度进行分类。

1)按创新程度分类

按创新程度分类,可将技术创新分为渐进性创新和根本性创新两类。

(1)渐进性创新

渐进性创新(incremental innovation)是指对现有技术进行局部性改进所产生的技术创新。在现实的经济技术活动中,大量的创新是渐进性的,如对现有的手机进行改进,生产出屏幕更大、操作界面更友好、能进行 MP3/MP4 播放、拍照、摄像、无线上网的手机。

(2)根本性创新

根本性创新(radical innovation)是指在技术上有重大突破的创新。如相对论引发原子能技术创新，信息技术基础发明引发互联网技术创新;贝尔实验室发现半导体的放大作用,

大器替代电子管,从而开创人类的硅文明时代。

是指对现有技术的局部改进;根本性创新是指与现有技术相比,原理、基本

大进步。

对象分类

家的不同,可将技术创新分为产品创新和工艺创新两类。

(1)产品创新

产品创新(product innovation)是指在产品技术变化基础上进行的技术创新。产品创新包括在技术发生较大变化的基础上推出新产品,也包括对现有产品进行局部改进而推出改进型产品。如美国摩托罗拉公司发明世界上第一个"便携式蜂窝电话",将人类带进可移动的无线通信世界,对人类生产和生活产生了重大影响。广义的产品包括服务(无形产品),因此,产品创新也包括服务创新。

(2)工艺创新

工艺创新(process innovation)又称过程创新,是指生产(服务)过程技术变革基础上的技术创新。工艺创新包括在技术较大变化基础上采用全新工艺的创新,也包括对原有工艺的改进所形成的创新。如炼钢工艺中的氧气顶吹转炉工艺的采用就是对平炉工艺的全新工

艺创新;在生产过程中大量采用微机控制、节能降耗的工艺改进,并未改变基本工艺流程和方法,也是工艺创新,也能产生良好的经济效益。

3)根据创新的来源分类

根据创新来源的不同,技术创新可以划分为三类:自主创新、模仿创新与合作创新。

（1）自主创新

自主创新是指通过自身的学习和研究开发活动,探索技术前沿,突破技术难关,研发具有自主知识产权的技术,开发出具有商业价值的工艺、产品或服务。形成自主开发能力,即主要依靠自身力量完成技术创新全过程,摆脱对外部技术的依赖,掌握核心技术所有权。增强自主创新能力是实现建设创新型国家目标的根本途径。

（2）模仿创新

模仿创新是指企业通过模仿和学习其他企业的新技术以及新方法,并以此为基础进行改进和提升的技术创新方式,这种方式通常通过引进来消化吸收外部关键技术。模仿创新可节约大量研发及市场培育方面的费用,降低投资风险,回避市场成长初期的不稳定性。

（3）合作创新

合作创新是指企业与伙伴企业、科研机构或高校之间合作,优势互补,联合开展技术创新的方式。合作创新的主体不仅包括高校、科研机构以及企业,政府及中介机构在合作过程中发挥的作用也不可忽视。因此现在的合作逐渐转向为以企业为主导,高校、科研机构提供技术支撑,政府及中介机构作为保障的形式。

7.1.3　技术创新的动力

人的行为是主体在某种动力下进行的,经济活动也是行为主体在一定动力下开展的。傅家骥教授认为,技术创新动力就是促使创新主体产生创新欲望和要求,进行创新活动的一系列因素和条件。对技术创新动力的研究主要有如下观点。

1)一元论

一元论又分为技术推动(technology-push)模式和需求拉动(needs-pull)模式。

（1）技术推动模式

技术推动模式强调技术创新的主要动力来自科学研究和相关的技术发明。技术推力具体表现为科学和技术的重大突破使科学技术明显地走到生产的前面,从而创造出全新的市场需求,或是激发市场的潜在需求。技术创新理论的奠基者——熊彼特是该模式的倡导者。他认为,不管技术是在经济系统之外还是在一个垄断竞争者的大型研究和开发实验室中产生的,都是技术创新与经济增长的主发动机。熊彼特认为,新技术的发明和发现是推动企业家进行技术创新并力图通过其商业应用获得高额利润的基本驱动力。研究开发产生的成果在寻求应用过程中推动创新的完成,市场是创新成果的被动接受者。如图 7-1 所示。

基础研究 → 应用研究 → 开发 → 生产 → 销售

图 7-1　技术推动模式

在现实中,不乏这样的例子,特别是当出现重大技术突破时,大量符合这种类型的创新会出现,例如,无线电、晶体管、计算机的发明导致的大量创新的出现就属此列。技术推动创新的例子还有互联网,刚开始互联网只应用在军事和科研领域,主要用来解决战时通信问题。随着网络技术的普及,互联网逐渐运用到各行各业中,目前这项技术创新带动了整个互联网产业的兴起,并使传统产业发生了天翻地覆的变化,改变了我们每个人的生活方式,正如目前大力推动的"互联网+"。

(2)需求拉动模式

市场需求拉动模式是由美国著名的创新经济学家雅格布·施穆克勒(Jacob Schmookler)在1966年提出的,强调企业技术创新动力来自市场需求。他指出"专利活动,也就是发明活动,与其他经济活动一样,基本上是追求利润的经济活动,受市场需求的引导和制约"。市场拉动模式认为,技术创新的动力来源于市场提供的信息,在市场信息的指引下,必须调整或改变产品或产品技术,创造出适应市场需求的适销产品从而满足市场的需求,如图7-2所示。技术创新就在如此周而复始地满足不断变化的市场需要的指引下得以实现。

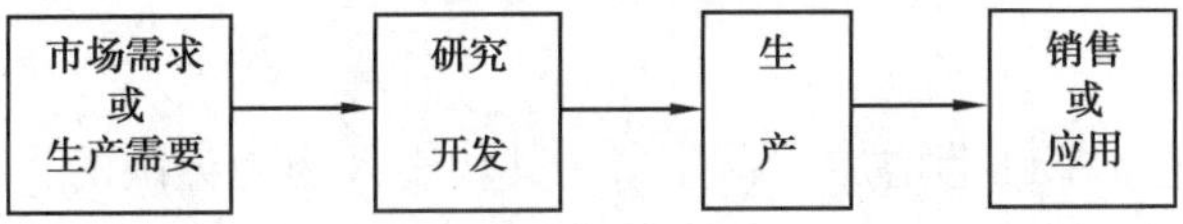

图7-2 需求拉动模式

1974年,美国学者厄特巴克通过分析创新的活动过程,以具有代表性的企业为研究样本,实证研究得出60%~80%的创新活动是由需求拉动的。在施穆克勒的观点之上,英国经济学家V.莫尔、布鲁斯等人对需求拉动理论进行了进一步的扩展,认为引发技术创新需求的主要是广义需求,该广义需求包括市场、企业、社会和国家四个层面的需求。

2)二元论

二元论认为技术创新可以是技术发展推动的,也可以是广义需求拉动的。成功的技术创新往往是二者共同作用的结果,既反映需求的特征,又包括R&D活动所带来新技术知识提供的机会,如图7-3所示。

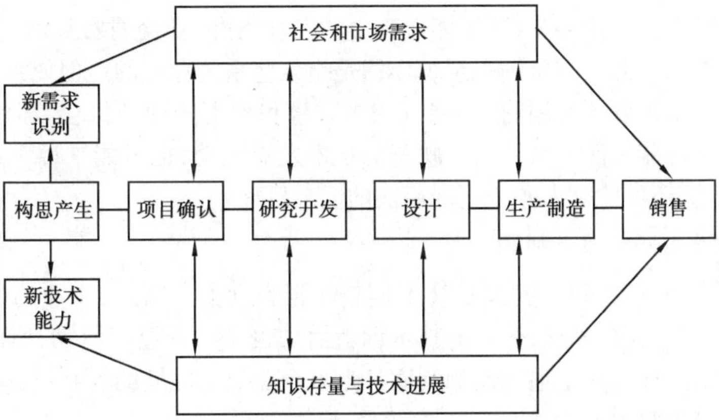

图7-3 技术推动——需求拉动综合作用模式

莫厄里(D. Mowery)和罗森堡(N. Rosenberg)在《市场需求对创新的影响》中指出:"市场需求的作用被过分夸大……实际上,科学技术知识基础和市场需求的结构,以一种相互作用的方式,在创新过程中起着同样重要的作用,忽视任何一方面都必定导致错误的结论和政策。"他们认为,技术创新是一个非常复杂的过程,不可能某一因素是创新唯一的基本决定因素。在大多数情况下,成功的技术创新取决于技术推动和市场需求拉动的双重作用。需求决定了技术创新的必要性及报酬,技术决定了技术创新的可能性及成本。

3)三元论

三元论认为,技术创新的主要动力包括技术推动、需求拉动和政府行为。技术推动和需求拉动的重要性已经在前述中论及,政府行为则是指政府的规划和组织以及政策和法律行为。政府规划如社会、科技、产业、区域发展规划等,以及旨在实现这些规划而实施的组织行为。组织以及政策和法律行为包括政府的社会福利、科技、产业、地缘经济、财政、信贷、外贸等政策和法律,以及推行这些政策和法律的政府行为。创新的技术推动和需求拉动,通常需要政府行为的有效启动。当市场对技术创新的供给、需求等方面失效时,或技术创新资源不能满足经济社会发展要求时,政府应当采取金融、税收、法律以及政府采购等间接调控手段,对技术创新活动进行干预。那些最为成功的技术创新,往往是三者共同作用的结果。

4)四元论

四元论在三元论的基础上增加了企业家。其代表人物为英国的肯尼迪、冯·威扎克、费尔普斯等,四元论认为,任何创新过程的主体都是企业家。企业家的创新偏好,诸如企业家固有的远见卓识、敢冒风险、积极进取的人格特质,对某些技术经济现象的好奇心,对生产过程某些事物的特殊兴趣以及对市场利润的渴望,都会自发激励企业家的创新行为。熊彼特将创新定义为企业家职能,创新是由具有企业家精神的企业完成,在他看来,成为企业家必须具备三个条件:要有眼光,能看到潜在的利润;要有胆量,敢于冒风险;要有组织能力,能动员社会资源来实现生产要素的重新组合。技术创新动力四元论认为,技术推动奠基创新生产化的可能;需求拉动构成创新商业化的条件;政府启动为创新提供适宜的政策与管理环境;企业家创新偏好使创新者的内在潜能得以发挥。四种要素合一,才能构成创新成功的天时、地利、人和。

5)五元论

技术创新动力五元论认为,除了四元论中的四要素外,社会、技术和经济的自组织作用也是技术创新的动力源泉。所谓自组织作用是指某些系统存在的能促使系统进行内部转换的一种能力。自组织发挥作用时,必定有相当数量和种类的创新机会,即创新"机会窗口"出现。这些创新可能来源于系统前一状态的技术发展推动,也可能来源于系统的后一状态的广义需求拉动,还可能是来源于更深层次的复杂机理。

6)内在驱动力——追求利润

对于企业和企业家而言,利润是技术创新的根本动力。因此,企业的任何一项经济活动,其根本目的在于获得利润;企业的技术创新活动也是一种经济活动,所以企业家发动和组织技术创新的目标也在于追求高额利润。追求企业长期发展的盈利目标是产生技术创新内在动力的完美内驱力。

熊彼特在西方主流经济学之外,建立了一套从经济体系内部因素来说明经济动态现象的"动态的经济发展理论"。熊彼特认为,经济会由于创新而增长,但这种增长呈现周期性。创新能够导致经济增长,是因为创新者不但为自己赢得利润,而且为其他企业开辟了道路,起到示范作用。创新一旦出现,往往会引起其他企业模仿。普遍的模仿会引发更大的创新浪潮,于是经济走向高涨。由于技术创新成果具有溢出特征,市场中的其他企业会竞相模仿技术创新成果,大大削弱企业技术创新的独占性。制度创新学派利用新古典经济学理论中的一般静态均衡和比较静态均衡方法,在对技术创新环境进行制度分析后,认为经济增长的关键是设定一种能对个人提供有效刺激的制度,从而使每一活动的社会收益率和私人收益率近乎相等。

7.1.4　技术创新的过程模型

1)A-U 创新模型

哈佛大学的阿伯纳西(William J. Abernathy)和麻省理工学院的厄特巴克(James M. Utterback)将系列创新过程划分为三个阶段:不稳定阶段,过渡阶段和稳定阶段。这种模型认为,在产业成长前期阶段,产品创新比工艺创新活跃,创新成果更多;而在后期阶段,则是工艺创新较产品创新有更丰富的成果,如图 7-4 所示。

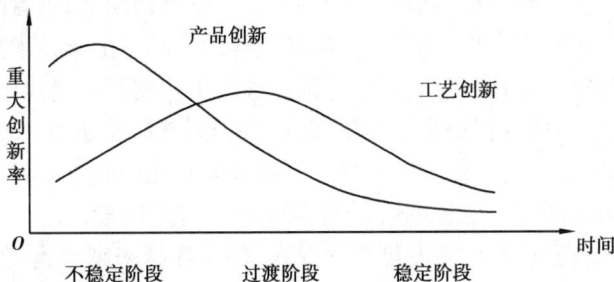

图 7-4　技术创新的 A-U 模型

资料来源:ABERNATHY W J,UTTERBACK J M. Patterns of Industrial Innovation[J]. Technology Review,1978,S. 40-47.

①不稳定阶段:产品创新和工艺创新都呈上升趋势,但产品创新明显强于工艺创新。在行业发展早期,由于技术本身处于发展和变动状态,因此创新的重心是进行新产品设计与开发。

②过渡阶段:产品创新逐渐减少,工艺创新继续上升,且超越产品创新,产业发展进入主导设计阶段。工艺创新替代产品创新成为创新关注的重点。

③稳定阶段:产品创新与工艺创新均表现为下降趋势,工艺创新较产品创新仍然有相对优势。主导设计的出现使产品设计、生产程序与生产工艺日趋标准化,大规模生产使制造效率大大提高,企业创新的重点是以降低成本和提高质量为目标的渐进性工艺创新。

一般认为,A-U 模型反映发达国家以原创性技术为推动的产业演化创新规律,而发展中国家产业的发展,大多则是从技术引进、消化吸收开始的,只有当他们具有一定的技术能力后才能进行产品创新,这就是逆 A-U 模型。

2)逆 A-U 模型

这种模型认为,由于产业的发展,工艺创新较产品创新有先行相对优势,然后产品创新才转变成为主导地位,如图 7-5 所示。

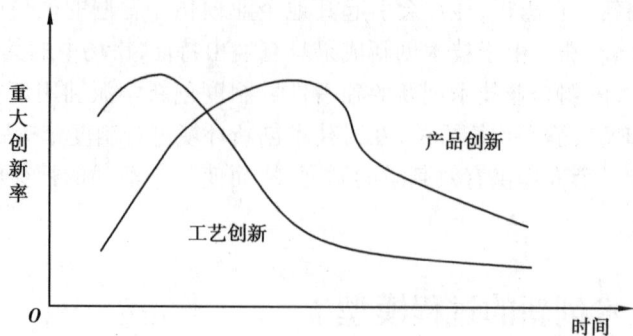

图 7-5 逆 A-U 模型

资料来源：Linsu Kim. Imitation to Innovation：the Dynamics of Korea's Technological Learning[M]. Harvard Business School Press，1997. 中译本：从模仿到创新——韩国技术学习的动力[M]. 刘小梅，刘鸿基 译. 北京：新华出版社，1998.

逆 A-U 模型认为，在产业发展初期阶段，工艺创新较产品创新成果多；而产业成长的后期阶段，产品创新比工艺创新有更多成果。因为在产业发展初期，引进者的重心是将引进的技术进行消化与吸收，组装生产出标准的、无明显差异的产品。由于技术能力的提高是渐进缓慢的，创新的重点只能在消化与吸收中进行渐进性的工艺创新。当他们掌握引进技术后，生产和产品设计的知识与技术很快在全国范围内扩散与传播，推进本国更多的企业参与技术模仿，竞争越来越激烈，迫使企业生产多样化产品和差异化产品，产品创新日趋活跃，超越工艺创新，在技术能力发展到一定程度后，行业发展进入稳定阶段。

从技术创新模型的演进可见，随着创新的深入，创新源越来越丰富，不仅仅是市场与技术本身，而是创新链上的任何环节都有可能激发创意；创新主体也呈现从单一的企业向多元化拓展的趋势；创新模式也表现出多样化的特征。随着环境的变化与技术的进步，技术创新很有可能又发展出新的模式。

7.2　技术预测与评价

7.2.1　技术预测概述

技术决策、规划、计划必须建立在科学预测的基础上。重大的技术预测与决策决定了一个企业甚至行业的命运，直至影响一个国家的经济发展。例如，基于对石油资源日趋紧缺的预测和判断，日本从 20 世纪 60 年代起就着力发展重量轻、体积小、省油、少污染的汽车，而美国则从生活水平提高、追求舒适的角度预测汽车需求和技术发展，着重发展舒适、豪华车，相应地，体积、能耗、重量都在加大。两次石油危机证实了日本的预测，日本车乘机大举向世界市场进军，美国车则受到重创，销量曾一路下滑。

技术预测是指对技术发展趋势、技术发明和技术应用的预计和推测。比较完善的技术预测要回答四个方面的问题：预测时间、预测范围、预测性能、估计发生概率，可简称为定时、定性、定量、概率估计。

技术发展不是孤立进行的,它受多方面因素的影响。因此,在进行技术预测时,不能就技术论技术,要综合考虑多方面因素。这些因素包括科技发展趋势、经济发展水平、产业发展及竞争态势、社会因素、政治因素和政策因素。

7.2.2 技术预测的主要方法

1)生长曲线法

技术成长的一般规律是:在新技术引入的初期,技术性能改进较慢;到了一定阶段,性能迅速改进,再往后性能趋于某一极限。典型的技术生长曲线呈 S 形,因此人们常称其为技术生长的 S 形曲线,如图 7-6 所示。

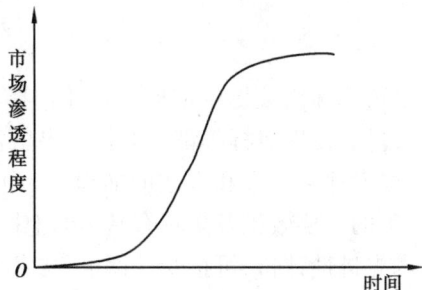

图 7-6 技术生长 S 形曲线图

其表达式为:

$$\frac{\mathrm{d}y}{\mathrm{d}t} = ky(L-y) \quad \text{或} \quad \frac{\mathrm{d}y/\mathrm{d}t}{y} = k(L-y) \tag{7.1}$$

式中 t ——自变量(时间);

y ——预测值(技术性能指标);

L ——参数 y 的极限值(技术性能指标上限),常数;

k ——系数,常数。

公式(7.1)表明,技术特性增长速度与已达到的技术水平有关,已达到的水平越高,或者说距离极限值越近,增长速度越慢。这意味着研究开发的边际投资效益是递减的,特别是接近技术极限时,为改进性能所需投资急剧增加。

这一现象的因果都具有极重要的实际意义:第一,技术接近极限时,继续投资是不合算的,更为重要的是,它预示着技术跳跃已成为必需和可能;第二,当技术投入效果急剧下降时,可能意味着已接近技术极限。上述第一点说明决策者应当充分注视在用技术是否已接近极限;第二点说明接近技术极限时有某些标志或迹象。

2)相关分析法

相关分析法是基于一种技术性能的改进或其应用的扩展是和其他一些已知因素高度相关性建立的。这样,通过已知因素的分析就可以对该项技术进行预测。如利用军用技术与民用技术相关性进行的导前—滞后相关分析;利用一项技术的改进与该项技术应用的经验积累的关系进行的技术进步与经验积累的相关分析。

3）专家预测法

出于未来事件的不确定性、影响因素的复杂性等原因,在很多情况下,很难用定量的方法进行预测。尤其对尚未应用的新技术的预测更是如此。因此,在技术预测中,定性方法应用得十分普遍,所采用的方式主要是向专家征询意见。

专家预测法主要有以下几种:其一,专家个人判断,即就某项技术征询该领域的专家个人的意见。其二,专家会议,即就某一技术问题采用专家会议讨论的方式进行预测。其三,头脑风暴法,该法也是专家会议的一种,不过组织和引导方式不同,强调提倡和引导专家敞开思路、展开想象。其四,德尔菲法,该方法吸收了前几种专家法的长处,避免了其缺点,被认为是技术预测中最有效的方法。

7.2.3　技术评价

技术评价的目的是为技术选择和决策提供依据。企业选择和利用技术有着多重目标,除了技术本身的目标外,经济目标、发展目标等都会对技术提出要求。企业目标以及这些目标与技术之间的关系,是决定技术评价内容和方法的前提。为了将技术与企业目标密切联系起来,还必须对技术可能产生的主要效果及影响有基本的把握。

技术方面的评价包括技术先进性评价、可接受性评价、技术继承性与可延续性评价。技术先进性可通过对被评价技术与其他可比技术的主要技术、经济指标比较进行评价。可接受性主要从企业的技术匹配能力等方面来评价,即企业现有技术基础对开发技术的支撑能力。技术继承性指拟采用的技术对在用技术的继承程度;可延续性指拟采用的技术在将来被更先进的技术替代时可延续使用的程度。

经济方面的评价主要是评价技术的经济效益。对技术的经济效益,不仅要评价其近期的直接的财务效益,而且要评价其长远的间接的经济效益,后者称为战略效益。财务效益通常用投资收益率、净现值、内部收益率等经济效益评价指标来衡量。相对于财务效益来说,战略效益评价较为困难和复杂,不易用直观的经济指标来表达,且对不同类型的技术来说,其战略效益的表现不同。诸如市场应变能力提高,企业信誉提高,管理水平提高,技术能力提高等方面。

企业应承担一定的社会义务;政府和公民也对企业承担社会责任有一定的压力;同时,企业对社会的贡献也是获得政府和社会支持的重要条件。因此,企业对技术产生的社会效益也应予以重视。技术的社会效益可从就业、环境、基础设施利用效率、技术扩散等方面进行评价。

技术的不确定性、市场的不确定性及经营管理的不确定性都会给技术的开发带来风险。一般来说,风险与收益之间存在一定的对称关系:风险大,收益也大;风险小,收益也小。决策者的任务是排除风险大、收益小的项目,并在风险与收益之间进行权衡。风险评价可借助一些风险评价模型或图表进行分析。

7.3　技术创新决策的评估方法

7.3.1　技术创新项目评估的基本原则

技术创新不同于技术研发,对技术创新项目的评估较技术评价所涉及的内容更加广泛。对技术创新项目的评估既可以从定性的角度也可以从定量的角度进行分析,在实践中无论采取何种方法,都需要遵循下述几个基本原则。

①对项目的评估不仅要考虑项目本身的技术成败,而且要考虑该项目对企业整体技术能力以及对企业未来利润的影响。

企业从研发成功到实现商业化,还需要经过批量生产、市场营销等其他环节,仅仅研发的成功(比如产生一种新发明)并不能保证商业化的成功。技术上的开发成功如果不能转化为商业价值,就不能称为创新成功;商业化的成功也并不能保证发明企业能够获得这种成功的全部或主要收益。在技术管理文献中,发明者未能从创新中获利的例子比比皆是,如英国 EMI 公司虽然最早发明了医用 CT 扫描仪,但来自 CT 市场的主要收益却被 GE 等公司所获取;美国施乐公司虽然发明了鼠标等计算机辅助设备,但并没有从中获取很多收益。因此评价项目的技术成败与评价对企业利润的整体影响基本上是两回事。技术创新管理的理论表明,企业为实现技术发明的经济价值,需要具备一定的互补性资产,这包括企业在生产、销售、质量控制和售后服务等方面的能力。由于互补性资产存在的差异,同一技术研发项目的实现价值在不同企业会有所不同。

②要考虑不同项目之间的相互依存关系。

由于技术的复杂性和关联性,在对一个产品的开发过程中,研发人员往往需要同时在多个技术领域进行共同努力,不同的研发项目可能具有一定的关联性。在一个项目结束后,研发人员可能会产生新的技术想法,从事后续研发活动。一个研发项目是否付诸实施有可能依赖于以往研发项目的内容。同一个研发项目的不同技术路线、方案之间也需要进行一定的取舍和选择。总而言之,研发活动是一个学习、积累和创造技术知识和能力的过程,从事研发活动一方面可以增强企业自身技术基础,提高消化和吸收外部新技术的能力;另一方面有助于了解和掌握技术发展趋势和方向,为制订未来的研发和商业活动计划提供新的选择和可能性。由于技术发展方向的不可预测性,一个项目的研发活动往往会产生预料不到的结果,影响企业未来的商业机会。从投资学的角度来讲,研发活动这种结果不确定性使其具有期权的某些性质,评价研发项目时需要考虑这种未来不确定性的价值。

③正确理解和处理沉没成本的影响。

沉没成本是指以前发生的、可能与项目有关但与当前决策无关的投入费用。以前的成本投入也许是造成当前状态的一个原因,但我们决策的出发点是当前的状态,所要考虑的是未来可能发生的费用及收益。以前发生的费用或成本已经成为过去,若无论是否开展当前项目,均不可能有所改变,则在项目评价中,不应该考虑这些沉没成本。特别是,不能因为过去已经投入了很多经费,觉得放弃了太可惜就坚持继续投入以至项目结束,也不能因为过去投入了过多经费而没见成效就提前终止项目。对于这些项目是否要继续,应该以现在和以后的成本和收益作为评价基准,如果有正的净收益,即使过去已经投入较大,仍然应该继续投入,如果评价结果是负的净效益,则无论过去已经投入多少,都应该放弃该项目。因此,对研发项目的财务评估,不能考虑沉没成本的影响。

④创新活动本身具有一定的风险,对创新项目的评价应该考虑风险因素。

由于我们对研发项目的评估需要考虑企业的整体商业利益,因此创新项目的风险不仅包括技术风险,即技术上是否可行,而且包括商业风险。

⑤对于周期较长的创新项目进行定期评估。

小的项目可能一年内就能完成,而大型创新项目的周期通常需要好几年的时间,这中间每年会有一定的经费投入。随着研发工作的深入,技术难题逐渐得到解决,研发工作能否成功,未来是否具有市场应用价值等在项目开始之时并不确定的问题,变得日趋明朗。因此,有必要定期对创新项目的进展情况进行总结,评价继续投资的可行性;另外,企业在完成研发之后,进一步实现商业价值常常需要更大的投入,这也要进行评估。因此,综合评价项目的效益通常是多阶段的决策过程。

7.3.2 创新决策的定量评估方法

1)折现现金流方法及不确定性分析

(1)折现现金流方法

在投资项目评估中最常用的一种方法就是利用折现现金流(Discounted Cash Flow,DCF)计算投资项目的净现值,通过判断项目净现值的正负来决定投资项目的取舍。研发项目需要一定的资金投入,从这个意义上说,研发也是一种投资行为,可以使用净现值的方法进行评价。使用折现现金流评估方法的基本步骤是:估计出研发项目以及未来商业化阶段逐年的净现金流量(NCF_t);计算项目的净现值(NPV)指标;根据判断准则,确定项目的取舍。通常的准则是:如果该指标值大于0,即项目可行;否则不可行。具体来说,项目在 t 年的净现金流量 NCF_t 是指因项目实施而导致的企业在该年的收入增加减去当年用于项目的投资,即

$$NCF_t = 增加的现金收入 - 当年的投资$$

因项目而产生的企业现金收入增加主要来源于新产品的销售。考虑到收入税的影响,增加的现金收入为:

增加的现金收入=(新产品销售收入-在生产、销售和管理过程中支出的成本费用)×(1-所得税税率)+(之前用于项目投资的固定资产折旧额+递延和无形资产摊销额)×所得税税率

如果研发项目的成功使得企业在生产工艺上有所改进,从而降低了生产成本,那么对应的现金收入增加为:

增加的现金收入=(生产过程中现金成本的节省金额)×(1-所得税税率)+(之前用于项目投资的固定资产折旧额+递延和无形资产摊销额)×所得税税率

固定资产折旧以及递延和无形资产的摊销虽然会影响企业的所得税和会计成本,但并不影响实际的现金支出,因此,这里需要将其加回。

净现值的具体计算公式为:

$$NPV = \sum_{t=1}^{n} \frac{NCF_t}{(1 + i)^t} \tag{7.2}$$

式中,i 为最低希望收益率(或折现率),可以在企业融资成本的基础上,根据行业的投资机会、风险情况确定。n 为项目影响持续的时间长度,它不仅包括研发项目本身的时间长短,而且包括销售开发出来的新产品(或使用改进后的新工艺)可在未来产生收入的时间长短,即新产品(或新工艺)的生命周期,即从项目研发启动至项目生命周期结束(产品退出市场或工艺停止使用)的全过程。

(2)不确定性分析

项目评估中使用的现金流信息是在对未来事件进行预测的基础上估计出来的,并不是实际发生的值,根据公式(7.2)计算的 NPV 指标仅仅是项目净现值的一个点估计值。考虑到项目实施过程中的不确定性,可以进一步进行敏感性分析和概率分析。

①敏感性分析。对影响评价指标计算的主要参数,特别是那些难以准确估计或预测的参数,选取多个可能的取值,分别计算指标值,测定这些不确定因素变动时评价指标值改变的幅度大小,从而判断投资项目在外部条件发生变化时的承受能力。

一种比较常用的分析方法是,对项目的可能结果假设三种状态:a. 最乐观的情况;b. 最可能的情况;c. 最悲观的情况。计算并比较三种状态下的指标值,估计项目的风险大小。

②概率分析。假设项目周期内各年的现金流均为随机变量,那么评价指标 NPV 也是一个随机的变量,我们可以通过计算它的一些统计参数来进行项目的不确定性分析。比如,净现值指标的分布范围以及方差可以用来度量项目的风险大小,该指标值大于 0 的概率可以近似表示项目盈利的可能性,其最小值可以衡量项目能够导致的最坏结果。

随机变量 NPV 的统计参数可以通过概率分析或者 MonteCarlo 模拟方法进行计算。在比较简单的情况下,假定各年净现金流量 NCF_t 均服从正态分布,那么指标值 NPV 也服从正态分布,其均值和方差可以表示为净现金流量分布参数的函数,相关统计指标可以通过解析的方式进行概率分析。但是在更为一般的情况下,NPV 并不服从已知的概率分布类型,对项目的风险情况难以进行概率解析分析,这时可以求助于 MonteCarlo 方法,通过模拟计算 NPV 的统计参数,进而分析其风险情况。

在项目评价中,除去净现值指标外,比较常用的其他指标包括投资回收期、投资回报率(ROI)等,对这些指标的概率分析或模拟分析可以仿照上述类似的方法进行。

2)实物期权方法

尽管折现现金流是通用的项目评估方法,但这种方法没有考虑到研究开发项目的特殊性,即分阶段决策。一般说来,研发项目具有探索性,项目未来能否取得成功是不确定的;即使项目开发成功,是否值得进行(或者什么时候进行)商业化投资也不确定。因此,要完全实现创新项目的潜在价值,企业需要在整个过程中相机抉择。换句话说,在每一阶段,企业可以决定是否继续进行研发或是否进行市场化努力。一旦发觉研发结果不理想,或者研发出来的新产品不具备市场化的可能性,企业就可以随时调整研发方向或终止这些项目,避免遭受更大损失。在这个意义上,企业投资研发活动,相当于用部分初始投资购买了未来的一种投资或收益机会(或者叫作实物期权)。显然,这种潜在的投资或收益机会是有经济价值的,评估这种未来收益的机会,一般使用实物期权的分析方法。

金融期权的价值一般可以用 Black-Scholes(B-S)公式进行计算:

$$S \cdot e^{-\delta t} \cdot N(d_1) - X \cdot e^{-rt} \cdot N(d_2) \tag{7.3}$$

其中，$d_1 = \dfrac{\{Ln(S/X) + (r - \delta + \sigma^2/2)t\}}{\sigma\sqrt{t}}, d_2 = d_1 - \sigma\sqrt{t}$

公式(7.3)中，S 指股票实际价格，X 是期权规定的购买股票价格，δ 指期权期间所发放的股票红利，r 指用以折现的无风险利率，σ 是衡量股票价格波动性参数，t 指的是期权有效时间，$N(d)$ 是标准正态分布的累积分布函数。确定了这 6 个参数，我们就可以用公式(7.3)评估股票期权的价值。其中，股票实际价格 S、波动性参数 σ、期权有效时间 t、无风险利率 r 的增加都会增加期权价值，但行使期权的价格 X 及派发红利增加的 δ，会降低期权价值。

评估实物期权的价值与评估股票期权类似，同样可以利用上述 B-S 公式。以研发投资为例，对应的 6 个参数见表 7-1。

表 7-1　实物期权评估所需确定的参数

参数及其影响	实物期权(研发项目)	股票期权
$S(+)$	未来新产品商业化后能够带来的收益现值	股票的实际价格，即股票未来全部收益的现值
$X(-)$	未来新产品商业化过程中全部投资成本的现值	期权中约定的未来某一期间购买股票所支付的价格
$\sigma(+)$	衡量未来收益不确定性的参数，即新产品商业化后现金收入增长率的标准差	衡量股票实际价格变动的参数
$t(+)$	新产品商业化机会存在的时间长度，这与产品生命周期、企业自身竞争优势、技术许可期限或专利有效期等有关	期权有效期
$\delta(-)$	新产品商业化机会存续期间可能损失的未来收益，比如为延长技术许可期限而付出的成本、由竞争对手率先投资生产而带来的损失等	股票红利
$r(+)$	时间长度为 t 的无风险投资的收益率	时间长度为 t 的无风险投资的收益率

3）实物期权与 NPV 方法比较

20 世纪 80 年代初，《哈佛商业评论》发表了一系列文章讨论使用传统现金流方法评价研发项目所带来的问题。一些学者把传统分析中的重要指标——投资收益率 ROI(return on investment)戏称为"克制创新"(restraint on innovation)指标。有证据表明，在 1959 年美国有 19% 的企业使用以 NPV 为代表的传统方法评价项目，到 1975 年这一比例约为 94%。但在同一期间，美国企业的研发投资和其他资本投资却都呈现出下降的趋势。因此，部分学者将这种投资水平下降的原因归结为对 NPV 分析方法的滥用，并指出应用这些分析方法削弱了美国工业的国际竞争力，导致美国企业在与日本企业竞争上处于不利地位。

事实上，NPV 分析与实物期权方法的主要区别在于，前者将决策者的注意力集中在比较确定的目标，而后者认为决策者应该根据项目的进展，不断修正自己的判断，根据实际出现的投资机会，相机抉择。实物期权分析对决策灵活性的重视，反映了"干中学"的重要性，强调了项目进行过程中获得的信息价值。NPV 分析要求企业在作投资决策时就明确未来的可能行动方案,以便于分析比较。而实物期权分析认识到未来信息的价值,允许企业推迟投资活动,企业可以根据新获得的信息,决定新的行动方案。因此,后者更符合企业一般决策的实际情况,概念上容易被管理人员所接受。美国学者 Graham 和 Harvey 在 2001 年对292 名企业首席财务官(CFO)作的一项调查表明,大约27%的 CFO"总是使用或者几乎总是使用"期权分析的办法来评价企业成长机会。

如上所述,在对实物期权进行评价时,需要利用比传统 NPV 分析更多的项目信息和参数。而且,由于两种方法对项目决策过程的理解不同,这些参数对评价结果的影响亦有所差别。表 7-2 比较了传统 NPV 分析与实物期权方法的差别。

表 7-2 传统现金流分析与实物期权分析比较

项目	传统的 NPV 方法	实物期权方法
不确定性	看作风险,将降低项目价值	将风险看成增加项目价值的投资机会,不确定性增加,将增加未来盈利的机会
持续时间长度	较长的回收期会降低项目的吸引力,评估时可能会使用较高的折现率	时间越长,未来出现具有吸引力的投资机会的可能性越多,因此投资期权的价值越高
最坏结果	严重影响 NPV 的计算结果,导致 NPV 为负	可以中途停止投资,最大损失为研发投资,最坏结果不会影响期权价值
信息的作用	未来信息不影响项目的评价结果	未来信息影响项目的后续决策,具有较高的价值
决策和管理的灵活性	未来项目实施的过程和步骤在评估时假设为确定	未来新的信息和管理者的相机决策决定项目的决策路径

尽管实物期权分析方法比传统 NPV 分析方法更加合理,但其在实际应用中仍然有相当大的局限性。美国 Bain 咨询公司 2001 年的一项关于"管理工具和技术"的调查发现,在451 名使用过实物期权评价方法的高层管理人员中,大约 1/3 的管理者在应用该方法的当年就决定放弃使用这种方法,其中主要原因在于实物期权评价方法的技术复杂性。比如,对大多数管理人员来说,计算期权价值的公式(7.2)就像一个不透明的黑箱,他们并不清楚其推导过程以及公式本身隐含的假设。而且,在现实商业活动中,管理决策所能产生的期权形式远较金融期权复杂和难以觉察,仅使用 B-S 公式中的 6 个参数对实际投资评估难以给出令管理者信服的结果。特别是,B-S 公式中的隐含假设(即项目价值 S 的变动服从对数正态分布)对于研发项目投资未必合适。

在实践中,应用实物期权分析的另外一个主要问题是,尽管评价方法能够给出期权的理论价值,但企业能否实现这些价值,即是否需要执行这些期权以及什么时候执行,则涉及如何有效地管理投资期权的问题。如果对期权管理不当,错失投资机会,就像买保险后,出了事故没有索赔一样,投入了资金,但没有获得计划中的收益,期权价值的评估本身也就失去了意义。

4)决策树方法

除了上述实物期权评估的方法,分析人员有时候利用决策分析,特别是决策树(Decision

Tree)方法,评估研发项目投资。相对于实物期权计算方法,决策树的分析方法有几个好处:

①决策树本身能够直观反映出管理者未来面临的投资机会以及可能的决策方案;

②对未来现金流的变化及不确定性并不作复杂的概率分布假设,而是直观地在决策树中表示出来;

③没有复杂的数学公式,过程比较直观,简单明了,易于理解。事实上,决策树分析和实物期权分析之间存在着一定的等价关系,如果正确、合理使用,二者的结果基本一致。

决策树分析的一般方法是,首先将决策方案、投资机会按照先后顺序、一定的逻辑关系表示成决策树的形式,然后用倒推的方法进行分析,使用这种方法评价研发项目的关键之处在于明确区分研发阶段和之后的商业化(或者投产)阶段,即决策是分阶段进行的,下面以一个简单的例子解释如何使用决策分析评估研发项目。

假设某企业准备开发一种新型的桌面打印设备,开发此项技术需要投入研发资金6万元,耗时一年。工程技术人员初步估计,一年之后最有可能出现(60%的可能性)的结果是,技术开发非常成功;开发出来效果一般的技术的可能性大约只有30%;另外也存在技术开发失败的可能性(为10%)。研发项目结束后,企业如果决定将产品推向市场,则需要另外投资15万元,一年之后产品才能面世。产品未来的收益,如果折算为产品上市时的现值,大约在盈利60万元和亏损60万元。在技术开发非常成功的前提下实施商业开发,其市场前景好的概率为0.8,收益为60万元;市场前景差的概率为0.2,收益为15万元。在开发出来效果一般的技术的前提下实施商业开发,其市场前景好的概率为0.3,收益为20万元;市场前景差的概率为0.7,收益为10万元。如果在技术开发不成功的前提下,仍按既有技术实施商业化,其市场前景好的概率为0.1,收益为-15万元;市场前景差的概率为0.9,收益为-60万元。假设该企业用于项目投资的折现率为12%。

依据上述条件,按照决策树的绘制方法,可绘制出该示例分析的决策树,如图7-7所示。

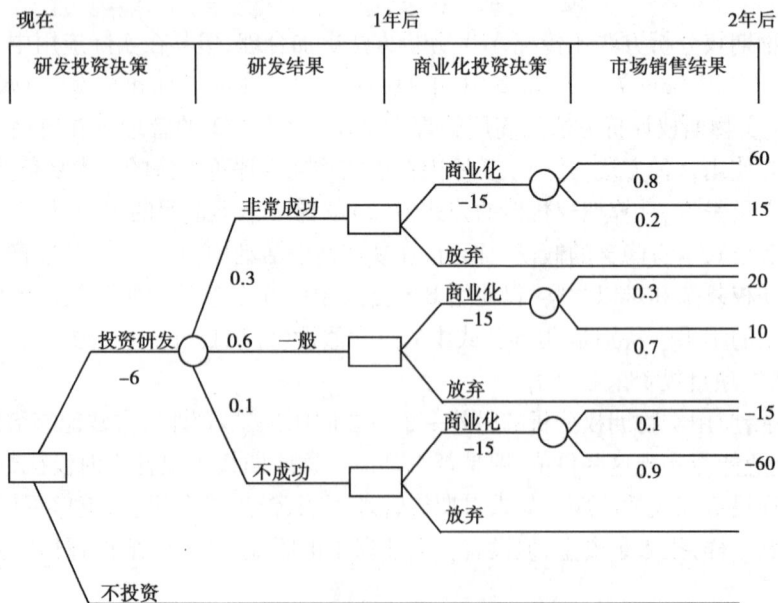

图7-7　决策树分析

图7-7用决策树的形式列出了企业所面临的决策及所有可能的结果。图中小的矩形方框代表决策节点,即企业在此时需要作出决策。决策点后面的分支代表企业面临选择的决策方案,对应的数字代表需要的投资金额。图中小的圆圈代表概率节点,其后的分支代表企业采取某种决策后可能出现的不同结果,对应的数字代表不同结果出现的可能性(或概率)。最后的一列数字代表不同结果所产生的现值收入。

分析此决策树,可以采用倒推的方法,首先从最后一阶段的决策开始。假设一年后企业发现,开发出来的技术非常成功,那么它是否需要将产品商业化呢?如果商业化,企业可能会面临两种结果:一种结果是收益60万元,可能性大概为80%。另外一种结果是收益15万元,可能性估计为20%。从期望值的角度分析,企业将产品商业化的期望收益为$0.8 \times 60 + 0.2 \times 15 = 51$(万元),折现到商业化投资时的现值为$51 \div 1.12 = 45.5$(万元),超过商业化投资的成本15万元。因此,一旦企业发现技术开发非常成功,就应该将其商业化,推向市场。类似的分析可以发现,如果企业知道开发出来的技术只是一般意义上的成功,则应该放弃商业化[期望收益折现到商业化投资时的现值为$(0.3 \times 20 + 0.7 \times 10) \div 1.12 = 11.6$(万元),低于所需投资15万元。如果技术开发根本不成功,企业只有亏损,则更不应该继续投资商业化。这样,我们可以确定企业一年后在不同情况下的决策方案。

接下来分析研发阶段的投资决策。如果企业现在投资研发活动,那么它有30%的可能性获得非常好的技术,然后继续进行商业化投资,取得预期的商业收益。而如果开发出来的技术不是非常好(可能性为60% + 10% = 70%),那么它将放弃商业化的努力,没有任何收益和进一步的损失。这样,企业投资研发的预期收益现值为:$0.3 \times [(-15)/1.12 + (0.8 \times 60 + 0.2 \times 15)/1.12^2] + 0.6 \times 0 + 0.1 \times 0 = 8.17$(万元),超过了研发的投资费用6万元。因此,企业应该选择投资该技术开发项目。

表7-3 决策树分析计算表

评价方法		NPV	现在	1年后	2年后
传统 NPV 分析 方法	A. 考虑最可能出现的结果	−11.4	−6	15/1.12	$10/1.12^2$
	B. 在 A 的基础上,同时考虑市场不确定性	−9.0	−6	15/1.12	$(0.3 \times 20 + 0.7 \times 10)/1.12^2$
	C. 进行商业化投资,考虑所有不确定性	−5.4	−6	15/1.12	$\{0.3 \times (0.8 \times 60 + 0.2 \times 15) + 0.6 \times (0.3 \times 20 + 0.7 \times 10) + 0.1 \times [0.1 \times (-15) + 0.9 \times (-60)]\}/1.12^2$
决策树分析方法		2.2	−6	−0.3×15/1.12	−6

表7-3的最后一行给出了上述决策分析的结果。为便于与传统现金流分析方法作对比,表中前三行还给出了使用 NPV 方法,在不同假设下的计算结果。从表7-3中可以看出,如果企业根据 NPV 的结果作决策,则应该放弃此研发项目,但如果根据决策树的分析结果,企业则应该投资该项目。比较两种方法可以看出,决策分析方法同样考虑到了企业决策的

灵活性。通过相机抉择,企业可以明智地选择放弃进一步投资,最坏的结果并不会影响初始研发投资价值的评估。在此意义上,决策分析具有与实物期权分析相同的优点。

与其他方法类似,决策树分析方法也有一定的局限性。首先,一些未来变数较大、本身比较复杂的项目,其决策树可能极其复杂,导致分析和计算较为复杂;其次,不同的项目阶段或决策分支可能需要使用不同的折现率,而决策树处理此类问题比较复杂;最后,决策树中对不同结果的出现概率的估计可能也比较主观。因此,实践中最好与敏感性分析和 Monte Carlo 模拟方法结合使用。

7.3.3 创新决策的定性评估方法

除了上面介绍的三种定量方法外,在技术创新项目评估中,还可以使用一些非财务指标或难以量化的定性指标对项目进行评价和比较。技术创新具有典型的项目特征,其产出不仅包括可以量化的产值(或销售额)指标,也包括诸如创新研发能力和管理能力等过程资产。下面是几种实践中常用的定性评价方法。

1)轮廓图方法

轮廓图(profile)方法是评价创新项目的一种非常简单的方法。首先确定一组影响项目成败的关键因素或评价标准;然后按照这些标准对每一候选项目的绩效作出定性判断(如可以评价为高、中或低)。将这些定性的评分连接起来,就好像一个项目的轮廓图,这种方法因此而得名。图7-8给出了这种方法的一个例子。

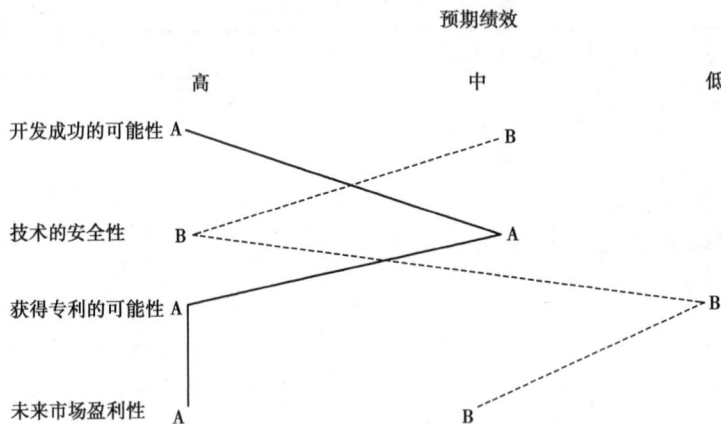

图7-8 轮廓图方法的例子

2)检查清单方法

检查清单(checklist)方法同轮廓图类似,都需要先确定一组评价研发项目的关键因素。与轮廓图不同的是,这种方法对每一方案的各个评判标准给出是否满意的定性判断,一个简单的例子见表7-4(其中满意为1,不满意为0)。在实际应用中,用于评价项目的检查清单可以包括从公司战略目标到市场因素、生产因素等多方面的内容。

表7-4　检查清单方法的示例

检查项	预期绩效	
	项目 A	项目 B
开发成功的可能性	1	1
技术的安全性	0	1
获得专利的可能	1	0
未来市场营利性	1	0
总评	3	2

上述两种方法非常简单、易于理解,适用于定量评价研发项目比较困难的情况,比如当项目未来的现金流很难预测或者变数比较多,无法适用财务评价指标时。但是这两种方法有其内在的缺点,比如轮廓图方法只能提供每个项目的绩效轮廓,但不能对每个项目给出一个综合性的指标。检查清单方法尽管可以通过加总令人满意的因素个数,给出一个综合指标,但这种方法没有考虑到各个因素的重要程度,仍然非常粗糙。

3）评分法

评分法(scoring method)又称为多属性分析,是对多个定性指标进行比较、判断、评分和排序的方法。这种方法主要包括下述几个步骤。

①确定影响项目成败的关键因素或评价标准,这与轮廓图方法和检查清单方法相同。

②根据其相对重要性,确定每个关键因素或标准的权重,并进行归一化(即总和为1)。这些权重可以通过专家意见或者德尔菲法获得。

③综合专家意见对项目的各个因素进行评分,并计算项目所有因素的加权评分结果。

这种方法计算的项目 i 的综合评价指标值 TS 为:$TS_i = \sum (W_j \cdot S_{ij})$。其中,$W_j$ 为因素 j 的权重,S_{ij} 为项目 i 在第 j 个因素上的得分。

表7-5所示为德国 Hoechst 公司美国分公司在使用评分法确定研发项目优先次序时所考虑的项目特征。具体来说,该公司主要考虑5个方面的因素,这些因素进一步细化为19个特征。在具体实践中,管理人员首先对所分析项目的逐个特征进行 1~10 分的评分。为方便讨论和比较,公司对每一特征的分值 1,4,7,10 进行了明确定义。将每一因素下所包含问题的得分值加总,得到不同因素的得分值,然后根据5个因素的得分值按照一定权重加权平均算出项目总的得分值。在此基础上,公司可以对不同的项目进行比较和排序。

表7-5　Hoechst 美国分公司采用的19个问题的评分法问题列表

主要考虑因素	细化特征
1）收益方面	(1)对盈利能力的贡献(5 年的税前累计现金流)。
	(2)技术投资的静态回收期,即累计现金流等于或超过所投资成本的年份数。
	(3)从开发到商业化所需时间。

续表

主要考虑因素	细化特征
2）商业战略	（4）一致性：分析的项目是否与产品线战略、商业战略和企业未来发展战略一致。
	（5）影响：分析的项目对产品系列、商业领域及企业本身的财务和战略有何影响。
3）战略优势	（6）专利（或所有权）状况。
	（7）增长的平台（从单纯一种产品到新的技术和商业领域）。
	（8）生命力：产品在市场上的生命周期。
	（9）与企业内部其他业务的融合程度。
4）商业成功的可能性	（10）市场需求程度。
	（11）市场成熟度处于什么阶段？"衰退期"还是"快速增长期"。
	（12）竞争强度，即同行竞争的激烈程度。
	（13）商业应用开发技术：是否存在？新的还是已经在市场上存在？
	（14）商业应用模式：不太可能，还是可以预测？
	（15）管制的、社会的、政治的影响（负面还是正面？）。
5）技术成功的可能性	（16）与现有技术差距：属于差距较大还是渐进的改进类型？
	（17）项目的技术复杂程度。
	（18）行业的技术基础：是全新的还是行业中已经广泛应用？
	（19）人力资源和设备供应能力：需要雇用或购买还是资源已经存在？

评分法的特点是：①确定项目的评价标准或因素比较灵活，可以根据项目的实际情况而确定；②权重的确定也比较容易和灵活；③评价结果为一个综合指标，因此便于对项目进行排序比较；④既可以考虑财务指标，又可以包括非财务因素；⑤简单，易于操作。

这种方法的缺点在于：①结果算出的综合指标的实际意义不明确；②不能提供和比较不同结果出现的可能性；③不同的因素或评判标准之间可能具有较强的相关性，互相不独立，因而导致对同一方面因素的重复考虑；④权重确定或评分过程中的主观性较大；⑤高层企业管理者可能并不接受这种方法的评价结果。

4）动态排序列表法

动态排序列表方法（dynamic rank ordered list）可以对不同的新产品开发项目进行比较和排序。这种方法克服了单独使用一种指标对项目优先权排序的缺点，同时对多个定量或定性的指标进行排序，但是又不像评分法那样复杂和耗时。简单地说，这种方法对各个项目分别按照不同的单一评价指标进行排序，然后将同一项目按不同指标排序的序号进行算术平均，得到项目的排序分值。

例如，美国某一电信设备供应商在对新产品项目进行评价时考虑了四个方面的因素：①项目的战略重要性，可以表示为 $1 \sim 5$ 分，其中 5 分表示极为重要；②项目未来预期收益的

净现值 NPV：③项目的预期内部收益率（IRR）；④技术成功的概率或可能性（PTS）。在排序过程中，该公司首先将项目预期的 NPV 和 IRR 根据项目成功概率进行了调整，然后根据战略重要性、调整后的 NPV 和调整后的 IRR 这三个指标进行比较和排序。表7-6 列出了该公司对 6 个假想项目的分析结果，其中最后一列是项目的综合排序分值和排序结果。

表7-6 动态排序列表的例子分析结果

项目编号	$IRR \cdot PTS$	$NPV \cdot PTS$	战略重要性	排序分值
A	16.0(2)	8.0(2)	5(1)	1.67(1)
B	10.8(4)	18.0(1)	4(2)	2.33(2)
C	11.1(3)	7.8(3)	2(4)	3.33(3)
D	18.7(1)	5.1(4)	1(6)	3.67(4)
E	9.0(6)	4.5(5)	3(3)	4.67(5)
F	10.5(5)	1.4(6)	2(4)	5.00(6)

注：括号中为按每列指标单独排序的序号，最后一列的数值为前三列括号中的序号平均值，项目的最后排序结果根据该值从小到大排列。

5）Q-排序方法

对多个项目进行排序时，另外一个常用的方法就是 Q-排序方法（Q-sort method）。Q-排序方法是由心理学家于 20 世纪四五十年代提出的衡量个人特征的一种排序方法，现在已经被广泛应用于其他社会科学领域。该方法的一般步骤如图7-9 所示。

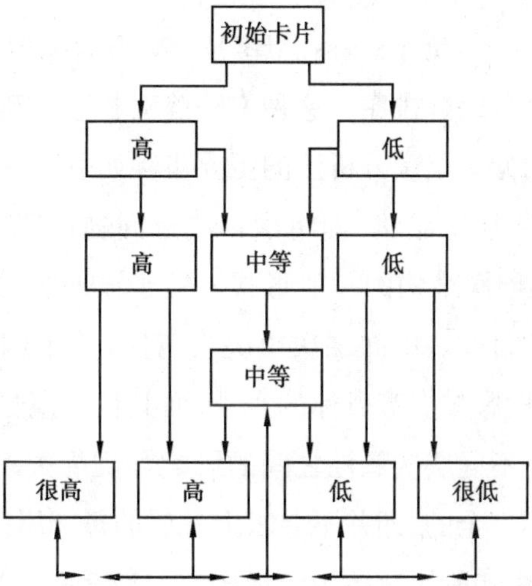

图7-9 Q-排序疗法的过程

资料来源：MEREDITH J R, MANREL S J. Project Management: A Managerial Approach[M]. 6th Ed. John Wilrey & Sons, 2005.

①将每一个项目的基本情况分别记录在一张卡片上，分发给每个分析人员。

②让每个分析人员按照一定的标准将这些卡片分成两组，一组代表需要优先考虑的、优先权比较高的项目；另一组代表不需要优先考虑、优先权比较低的项目。

③让每个分析人员从上述两组中选择一些项目形成优先权居中的一组项目。

④让每个分析人员从具有高优先权的项目组中选取部分具有很高优先权的项目,同时,从具有低优先权的项目中,选取部分具有很低优先权的项目。

⑤要求每个分析人员重新检查自己的排序,同时与其他分析人员的排序结果进行比较,进而重新排序和展开讨论。

⑥最后,经过几个回合的重排和讨论,达成一致的项目排序结果。

在实施该方法时,分析人员排序的标准可以是各项目的某一具体属性,如与企业战略的一致性、技术的可行性等,也可以是项目的总体特征。不同分析人员使用的排序标准应该一致,所得到的结果代表的是根据该标准或项目总体特征的排序结果。根据这些排序结果,可以进一步对项目进行评价和选择。

7.3.4 定性与定量相结合的评估方法

在实际项目分析中,还有一些方法既考虑了与项目有关的定量指标,又考虑了定性指标,为了将这两方面的项目属性或评价标准比较好地结合起来,可以对项目的比较和排序使用一些管理科学中属于决策分析的数学处理方法。这里主要介绍两种方法:层次分析法和数据包络分析。

1)层次分析法

层次分析法(analytic hierarchy process,AHP)能够综合考虑项目属性中的定量指标和定性指标,从而对项目方案进行综合排序。这种方法除对权重的确定采取较为复杂的计算方法外,其他步骤与评分法相似。层次分析法的主要步骤如下。

①建立项目分析的递阶层次结构,即将项目决策问题按照逻辑顺序分解为多个层次。图 7-10 为评价项目所建立层次结构的一般形式。处于该递阶层次结构的最高层通常只有一个元素,即为决策分析的目标。中间层次由决策属性(或准则)构成,这些属性可以有多层。其中第一层的决策属性影响决策目标的实现,而其他子属性分别影响上一层属性的实现,递阶层次结构反映的是不同层次属性之间的影响和支配关系。层次与层次之间的影响可以是完全的,也可以是不完全的,即并不要求上一层的每一属性与下层的每一属性之间都存在影响和支配关系。整个递阶层次结构的最底层一般是备选的各个项目方案,各项目方案通过子属性、属性与决策目标相联系。

②同一层次的属性进行两两比较,构造判断矩阵。递阶层次结构建立之后,不同层次之间的隶属、影响关系就可以确定。假定上一层次属性 C_k 受下一层次属性 $A_1,A_2,\cdots,A_n$ 的影响,那么通过两两比较不同下层属性对上层属性影响的重要性,可以构造出下层属性之间的判断矩阵。该矩阵形式见表 7-7。

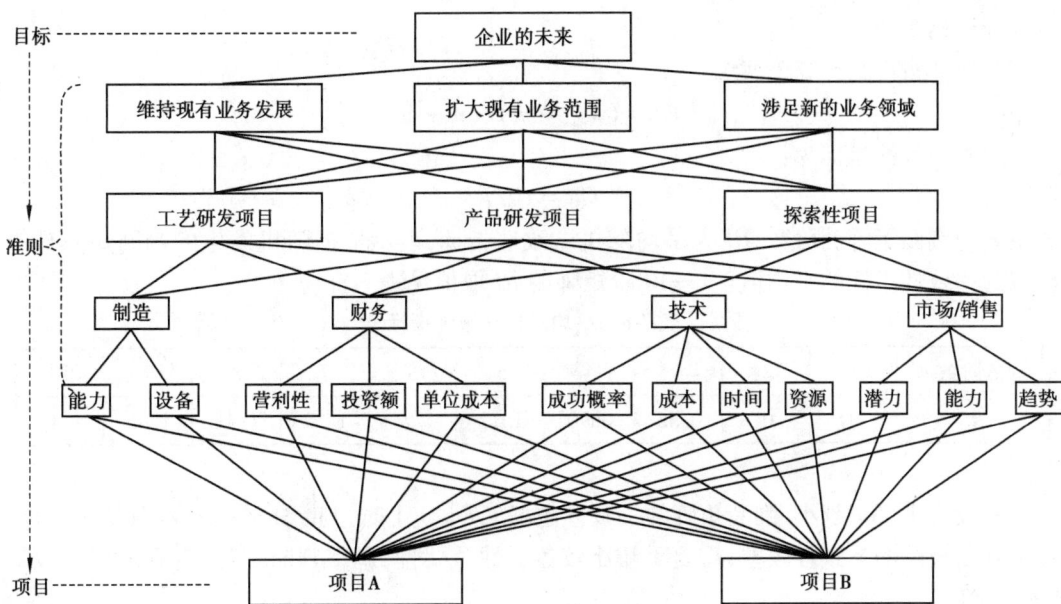

图 7-10　层次分析法的层次结构

资料来源：Chiesa, V. R&D Strategy and Organization-Managing Technical Change in Dynamic Contexts［M］. London：Imperial College Press，2001.

表 7-7　判断矩阵表

C_k	A_1	A_2	$\cdots$	A_n
A_1	a_{11}	a_{12}	$\cdots$	a_{1n}
A_2	a_{21}	a_{22}	$\cdots$	a_{2n}
$\vdots$	$\vdots$	$\vdots$	$\vdots$	$\vdots$
A_n	a_{n1}	a_{n2}	$\cdots$	a_{nn}

其中的矩阵元素 a_{ij} 反映的是，下层属性 A_i 相对于 A_j 对上层属性 C_k 影响的重要程度。这些元素应满足如下的一些性质：$a_{ij}>0$；$a_{ij}=1/a_{ji}$，$a_{ii}=1$，这样判断矩阵是一个互反的正的方阵。为确定判断矩阵中各元素的值，层次分析法中通常采用 9 级标度法对不同属性进行比较。根据这种方法确定的元素值与被比较属性之间的重要性程度有如下的对应关系：A_i 与 A_j 同样重要：$a_{ij}=1$，$a_{ji}=1$；A_i 相比于 A_j 稍微重要些：$a_{ij}=3$，$a_{ji}=1/3$；A_i 相比于 A_j 明显重要：$a_{ij}=5$，$a_{ji}=1/5$；A_i 相比于 A_j 非常重要：$a_{ij}=7$，$a_{ji}=1/7$；A_i 相比于 A_j 极其重要：$a_{ij}=9$，$a_{ji}=1/9$；如果被比较属性的相对重要程度介于上述判断中相邻的两种等级之间，a_{ij} 可取 2、4、6、8。对应地，a_{ji} 可取值 1/2、1/4、1/6、1/8。矩阵中的元素不要求具有传递性，即不要求满足等式：$a_{ik}=a_{ij}a_{jk}$。

③根据判断矩阵，确定针对某一上层属性 C_k 的各下层属性的相对权重，即进行单准则排序。下层属性的权重可以通过求解上述判断矩阵对应于最大特征值（$\lambda_{\max}$）的特征向量而获得。在实践中，还需要根据判断矩阵的最大特征根计算一致性指标，进而对判断矩阵的一

致性进行相对检验。

一致性指标的计算公式为：

$$CI = (\lambda_{max} - n)/(n - 1)$$

相对一致性指标为：

$$CR = CI/RI$$

式中 n 为判断矩阵的阶数；RI 为平均随机一致性指标，表示根据随机发生的判断矩阵计算出来的一致性指标的平均值。1—10 阶矩阵的 RI 取值见表7-8。

表7-8　平均随机一致性指标

矩阵阶数 n	1	2	3	4	5	6	7	8	9	10
RI	0	0	0.58	0.90	1.12	1.24	1.32	1.41	1.45	1.49

一般说来，CR 越小，判断矩阵的一致性越好，$CR \leqslant 0.1$ 时，判断矩阵具有满意的一致性。如果判断矩阵的一致性较差，需要重新比较各属性重要性，调整判断矩阵，直到取得比较好的一致性。

④确定每一属性对于决策目标的重要性，即进行层次综合排序。在单准则排序的基础上，可以进一步计算每一层次中各属性对于总目标的综合权重，并进行综合排序的一致性检验。假定 W_k 为第 k 层的权重矩阵，$W_k = [W_{ij}]_{m \times n}$，其中 W_k 的第 i 行表示第 k 层的 n 个属性对上一层第 j 个属性的权重，m 为上一层（$k-1$ 层）的属性个数，那么第 k 层的各属性对总决策目标的综合权重行向量为：$W[1,k] = W_2 \times W_3 \times \cdots \times W_k, k = 2, \cdots, n$。

⑤对各项目进行评价和排序。由于递阶层次结构的最低一层为各项目方案，因此 $W[1,n]$ 实际上就是各方案的总体评价得分，代表各方案对目标的影响和贡献程度，根据不同项目的分值排序结果，可以进行相应的项目评价和选择。

在实践中应用层次分析法时，不仅需要对各层次的判断矩阵进行一致性检验，而且要对各层次的综合排序进行一致性检验，因此整个过程需要分析人员不断地调整和修正。Liberatore 讨论了该方法在评价研发项目时的应用。傅家骥等人详细讨论了层次分析法的具体分析步骤，并给出了应用该方法评价先进制造系统项目的例子。

2）数据包络分析

数据包络分析（Deata Envelopment Analysis）作为一种多指标评价方法，也可以用来评价技术创新项目。对于一组研发项目，企业可以根据不同的属性或评价指标进行评分或排序，这些指标可能包括未来财务收益、与企业当前及未来拟发展的技术能力的适应度、技术的可行性、市场接受程度等，其中每个指标代表的属性不相同，量纲也可能不同。例如，上述第一个指标的单位是元，其他的指标值可能是根据一定量表（如理科特量表）评价得出的无量纲分值。尽管这些指标之间不具有直接可比性，但是数据包络分析方法能够根据这些不同性质的多个评价指标，通过线性规划的方法，找出一个相对最优的效率边界，以体现项目在各个属性上的最佳得分。比较不同项目与此效率边界之间的距离，可以分别算出每个项目的效率值。根据这些效率值分析人员可以对项目进行综合排序和比较。

数据包络分析是将定性分析与定量分析很好地结合起来的一种分析方法，因此严格地说，它并不属于纯粹定量的方法。与前述几种定性评价方法类似，项目管理者可以在决策过程中充分考虑难以量化的定性因素的影响。在应用数据包络分析方法时,管理者或分析人员首先必须确定在项目选择过程中需要考虑哪些指标、不考虑哪些指标。在此基础上需要进一步对所要考虑的定量的或定性的指标分别进行预测或评分,保证它们满足一定的精确度或一致性要求。例如,美国贝尔实验室下属的高级技术研究小组曾经使用该方法对不同的研发项目进行评价和比较。该研究小组评价研发项目时,主要考虑了6个指标:投资总额、在三种情况下项目的收益现值、分别从知识产权和产品市场角度考虑的项目的吸引力。表7-9中列出了部分项目的数据和排名。

表7-9 高级技术研究小组使用数据包络分析对项目进行排序的结果

排序	知识产权/分值	产品市场/分值	投资总额/分值	最可能的收益/美元	最乐观的收益/美元	最悲观的收益/美元
1	2.25	1.5	4 322	1 296 700	1 353 924	1 184 192
2	1.5	1.5	850	525 844	551 538	493 912
3	1.5	1.5	1	4	4	3
4	2.25	2.25	478	545 594	822 164	411 082
5	1.5	1.5	1	15	15	11
6	1.5	2.25	65	89 144	178 289	0
7	1.5	1.5	1 068	685 116	1 027 386	342 558
8	1.5	1.5	4	3 766	4 707	2 824
9	1.5	1.5	20	4 800	4 800	−96
10	1.5	2.25	2	23	27	18
50	1.5	2.25	9	116	139	93
100	1.5	1.5	15	60	72	48
150	2.25	2.25	40	5 531	13 829	2 766
200	2.25	1.5	38	90	135	45

资料来源:Linton,J. D. ,Walsh,S. T. ,Morabito,J. Analysis,Ranking and Selection of R&D Projects in a Portfolio[J]. R&. D Management,2002,32(2):139-148.

【本章小结】

在我国大力实施创新驱动发展战略的背景下,为了促进技术和经济协调发展与良性互动,学习和完善技术创新的经济评价方法势在必行。本章在简要介绍技术创新的概念、分类、动力和过程的基础上,依据"预测与评价是决策的基础"这一基本逻辑,简要梳理了技术预测与评价的现有成果,重点是技术创新决策的评估方法。

【习题与思考题】

1. 简述技术创新的概念。
2. 技术创新有哪些类型？试分别举例说明。
3. 技术评价应从哪几个方面进行？
4. 简述技术预测的意义和主要方法。
5. 技术创新项目评估的基本原则有哪些？
6. 简述创新决策的定量评估方法。
7. 简述创新决策的定性评估方法。
8. 简述定性与定量相结合的创新决策评估方法。

下 编

方法与实务

第 **8** 章

项目决策与项目建议书

教学内容、重点与难点

教学内容:本章主要介绍项目建设前期应进行的投资决策分析与项目建议书的编写,并通过项目决策程序与责任、项目决策与分析的任务和项目建议书的编制等章节进行展开,最后结合一个实际案例帮助读者深入掌握项目建议书的重点内容。

教学重点:项目决策会对项目建设的成败、投资效益的高低有决定性的影响,也会影响到国民经济,所以进行决策时一定要牢牢遵循决策的五项原则。项目可分为企业投资和政府投资,两种类型的投资项目决策程序和内容有所差异,需要重点掌握。项目建议书从宏观上论述了项目设立的必要性和可行性,其包含的主体内容也是本章的教学重点。

教学难点:企业投资和政府投资项目的决策程序的异同性、项目决策与分析的主要任务及项目建议书的编写等小节内容复杂繁多,如何结合案例帮助读者记忆并掌握这些知识,是本章的教学难点。

知识框架

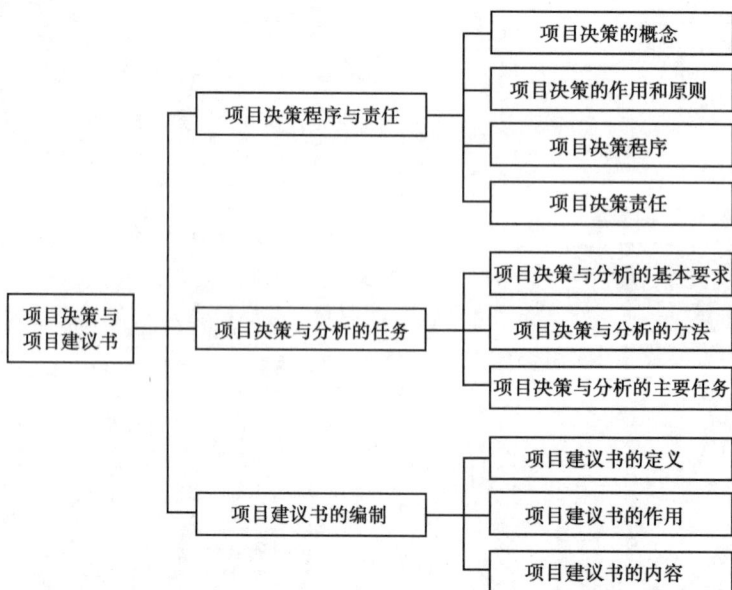

导入案例

杭州湾跨海大桥项目"钱景"黯淡①

杭州湾跨海大桥,曾经的世界最长跨海大桥(目前排在美国庞恰特雷恩湖大桥和青岛胶州湾大桥之后,位列第三),混凝土用量相当于再造八个国家大剧院的量,用钢量相当于再造七个"鸟巢"的量,长度相当于21座武汉长江大桥,这些描述都足以说明杭州湾跨海大桥是一项多么伟大的工程壮举。

杭州湾大桥项目是国内第一个以地方民营企业为主体、投资超百亿的国家特大型交通基础设施项目。在大桥工程正式立项后,包括外资在内的众多投资方都表达了强烈的参与愿望,并出现"民资争着参股、银行抢着贷款"的热闹景象。在民资入股大桥高峰期,共有17家民营企业参股,民间资本一度占到了整个项目的55%。

然而,在可行性报告获批的2003年,雅戈尔便将杭州湾大桥公司40.5%的股份转让给了地方国企宁波交通投资有限公司和其他民营企业,拉开了资本撤退的序幕。从雅戈尔手中接过17.3%股份的宋城集团,两年后也宣告退出,央企中钢接手股权,到2012年后又转让了给上海实业。在2008年大桥建成前后,德邦大桥投资、和森钢管等一批规模较小的民企也将股份转让给了宁波交投。

最终,地方政府不得不通过国企回购赎回了项目80%的股份。通车五年后,项目资金仍然紧张,2013年全年资金缺口达到8.5亿元。而作为唯一收入来源的大桥通行费收入全年仅为6.43亿元。按照30年收费期限,可能无法回收本金。

原来,《杭州湾跨海大桥工程可行性研究》预测到2010年大桥的车流量有望达到1 867万辆,但2010年实际车流量仅有1 112万辆,比预期少了30%以上,严重的预期收益误判导致民企决策错误。且大桥项目从规划到建成的10年间多次追加投资,从规划阶段的64亿元到2011年的136亿元,投资累计追加1倍还多,参股的民企已先期投入,只能继续追加,最终被"套牢"。

2013年嘉绍大桥通车对杭州湾跨海大桥来说是"雪上加霜",接下来,杭州湾第三跨海工程钱江通道2014年底也将通车,另外宁波杭州湾大桥、舟山—上海跨海高速、杭州湾铁路大桥等项目也已纳入地方或国家规划,未来车流量将进一步分流,合同与规划的严重冲突令项目"钱景"更加黯淡。

8.1 工程项目生命周期

工程项目生命周期是指工程项目从投资意向开始到投资终结的全过程,一般包括三个方面内容:一是投资全过程客观上包括的工作内容、工作次序和工作类型;二是投资全过程中性质不同的各阶段划分;三是各阶段、各项工作的联系。

---

① 资料来源:李成祥,李庆瑞.PPP融资模式下的问题及对策研究——以杭州湾跨海大桥为例[J].经济研究导刊,2019(1):81-83.

8.1.1　项目生命周期的阶段划分及其工作内容

项目生命周期的阶段划分及其工作内容见表8-1。

表8-1　项目生命周期的阶段划分及其工作内容

周期阶段	决策阶段						设计阶段					施工阶段					总结评价阶段	
建设项目工作类型与工作程序	投资意向	市场研究与投资机会分析	项目建议书	初步可行性研究	可行性研究	决策立项	设计任务书	初步设计	建设准备	技术设计	施工图设计	施工图组织设计	施工准备	施工过程	生产准备	竣工验收	投产使用与投资回收	项目后评价

1）建设项目决策阶段

建设项目决策阶段通常也称为项目建设前期工作阶段，其主要任务是进行一系列调查与研究，为投资行为作出正确的决策。建设项目的决策工作并不是一次完成，而是由粗到细，由浅入深地进行，其工作是一种分析论证性质的工作，主要解决的是项目选择问题。

2）建设项目设计阶段

建设项目的工程设计是分阶段逐步深化的，其工作主要是确定拟订项目具体方案，实际上是选择和设计实现项目投资构想的优化实施方案的过程。

3）建设项目施工阶段

建设项目施工阶段主要指按合同要求完成项目的施工、竣工和投产，达到项目预期目标。其工作是一种具体的资源组合性质的工作，主要任务是在确定性约束条件下优化实施过程，将"蓝图"变成建设项目实体，实现投资决策意图。

4）建设项目总结评价阶段

建设项目总结评价阶段是在项目投产或运营一段时间之后，对项目建设的全过程、项目目标的实现情况，特别是项目的经验和教训进行总结与评价，其工作是一种总结评价性质工作，甚至可以说是依托于生产经营过程的一种分析研究工作。

8.1.2　工程项目生命周期各阶段对投资的影响

大多数建设项目周期有共同的人力和费用投入模式:开始少,后来多,而当建设项目建成时又迅速减缓,如图8-1所示。

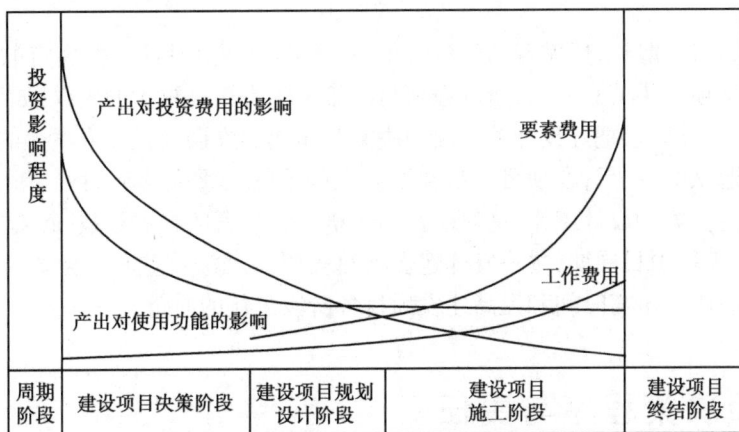

图8-1　工程项目生命周期各阶段对投资的影响因素示意图

1)建设项目决策阶段对投资的影响

建设项目决策阶段的基本特征是智力化或知识密集性,其主要投入是投资机会分析、市场调查分析和可行性研究等费用支出。在项目决策结果没有得出之前,一般不会进行土地、材料、设备等要素投入,这表明在项目决策阶段,工作成本对投资影响极小,对要素成本不构成影响。

项目决策阶段的产出是决策结果,是对建设投资活动的成果目标(使用功能)、基本实施方案和主要投入要素(品种、数量、质量、价格、取得形式)做出总体策划。这表明项目决策阶段对项目投资和使用功能具有决定性影响。

2)建设项目设计阶段对投资的影响

建设项目设计阶段的基本特征是智力和技术的双重性。这个阶段的投入包括两个方面:一是设计人员的工作报酬;二是某些重要建设要素的预订和购置,主要订购的是土地和特殊材料、设备。这表明在项目设计阶段,工作成本对投资影响较小,要素成本是一个重要控制因素。

项目设计阶段的产出,一般是用图纸表示的具体设计方案。在这个阶段项目成果的功能、基本实施方案和主要投入要素(品种、数量、质量和取得形式)就基本确定了。这表明项目设计阶段对项目投资和使用功能具有重要影响。

3)建设项目施工阶段对投资的影响

建设项目施工阶段的基本特征是资金和劳动的双重性。这个阶段的投入包括两个方面:一是建筑施工人员的工作报酬;二是建筑施工要素的投入。这表明在项目施工阶段,成本已经成为项目投资的重要影响因素。

项目施工阶段的产出就是建设投资活动的最终成果——投资产品。由于投资的主要因素在此之前已基本确定下来,这个阶段对产出和功能的影响较小,但施工质量对项目使用功能有较大的影响。

4)建设项目总结评价阶段对投资的影响

这一阶段,从一般意义上讲只是一种探索项目投资的事后控制和检验评价的规律和方法。

由此可见,建设项目最后实现的经济效果,很大程度是由设计工作决定的,而设计工作又是体现和贯彻项目决策意图的,所以在项目决策上的失误是重大的失误;如果决策工作没有失误,还要在设计阶段把好设计关。因为决策工作上的失误及设计方案上的失误,是施工阶段无法弥补起来的;相反,在项目决策和设计上的节约是重大的节约。为此,必须重视和加强工程项目的决策和设计工作,这对于提高工程项目投资的经济效益,起着极其重要的作用。此外,为了缩短项目周期,尽快发挥建设项目投资的经济效益和社会效益,应该着眼于缩短建设项目各阶段所需时间和提高建设项目各阶段工作的质量。

8.2 项目决策程序与责任

8.2.1 项目决策的概念

1)决策的含义

按照现代决策理论,决策是为达到一定的目标,从两个或多个方案中选择一个较优方案的分析判断和抉择的过程。具体地说,决策是指人们为了实现某项特定的目标,在掌握大量相关信息的基础上,运用科学的理论和方法,系统地分析主客观条件,提出若干预选方案,并分析各种方案的优缺点,最后选出最优方案的过程。决策过程大致可分为四个阶段:信息收集、方案设计、方案评价、方案抉择。这四个阶段相互交织,循环往复,贯穿于整个决策过程。

决策的分类方法多种多样。根据决策对象的不同,可分为投资决策和融资决策;根据决策目标的数量,可分为单目标决策和多目标决策;根据决策问题面临条件的不同,可分为确定型决策和不确定型决策。

2)投资项目决策

投资项目决策是由有关部门、单位或个人等投资主体在调查、分析、论证的基础上,对投资项目的根本性问题作出的判断和决定,简而言之,投资项目决策是指最终作出是否投资建设某个项目的决定。项目目标的确定,项目建设规模和产品(服务)方案的确定,场(厂)址的确定,技术方案、设备方案、工程方案的确定,环境保护方案以及融资方案的确定等都属于投资项目决策的范畴。

从不同决策者的角度可以将投资项目决策分为:

(1)企业投资项目决策

企业投资(包括个人投资者兴办企业)项目决策是指企业根据总体发展战略、自身资源条件、在竞争中的地位及项目产品所处的生命周期阶段等因素,以获得经济效益、社会效益和提升持续发展能力为目标,作出是否投资建设项目的决定。

(2)政府投资项目决策

政府投资项目决策是指政府有关投资管理部门根据经济社会发展的需要,以满足社会公共需求,促进经济、社会、环境可持续发展为目标,作出政府是否投资建设项目的决定。

(3)金融机构贷款决策

金融机构贷款决策是指银行等金融机构遵照"独立审贷、自主决策、自担风险"的原则,依据申请贷款的项目法人单位的信用水平、经济管理能力和还贷能力及项目的盈利能力,作出是否贷款的决定。

8.2.2　项目决策的作用和原则

1)决策作用

(1)对项目建设的成败和投资效益的高低有决定性的影响

由于项目决策阶段应确定项目建设的必要性、建设规模、产品方案、工艺技术、投资规模、融资方案等关键事项,投资决策一旦失误,项目开始建设,将具有不可逆转性,难以变更。项目决策得当,建成后的项目在使用期内就能发挥良好的效益;决策失误,就会使得建成后的项目难以发挥预期的生产效益。投资项目一般建设时间长,投资规模大,项目决策失误会影响到项目的施工进度。由于工期延长,一方面会积压和浪费已投入的大量人力、物力、财力,增加项目建设成本;另一方面,还会使项目错过最佳投产时间。两个方面都会影响投资效益的提高,关系到项目建设的成败。

(2)对国家经济也会产生重大影响

项目决策对国家经济会产生重大影响,可以从三个方面说明。第一,国民经济效益是由众多的微观项目的效益综合而成的,项目决策成功,项目投资效益良好,就会对国民经济产生有利的影响,反之则将降低宏观效益。第二,投资活动是实现社会再生产的基本手段,这就要求我们在投资项目建设前期,进行科学的项目决策,从多个方案中选出最优投资方案,以保证社会扩大再生产的顺利进行。第三,项目建设是实现社会生产结构合理化的有效手段,项目决策决定着不同行业项目的建设与否,我们通过对某些部门的生产进行加强,对另外一些部门的生产进行下调规模,从而改变现有的生产结构,以提高整个社会的经济效益。

2)决策原则

(1)科学决策原则

科学决策要求决策者按照规范的程序,采用求实的方法和先进的技术手段,调查研究项目建设的客观条件,依据国家有关政策、技术发展趋势和客观需求状况,对项目设计重大方案的有关数据进行认真分析研究,在保证研究结论真实可靠的基础上进行决策。

(2)民主决策原则

民主决策要求决策者充分听取专家的意见,善于吸纳各种不同意见,做到先评估、后决策。对于政府投资项目,一般都要经过符合资质要求的咨询机构的评估论证,特别重大的项目还应实行专家评议制度;对于企业投资项目,为了降低投资风险,通常也聘请外部咨询机构提供投资决策咨询服务;对于涉及社会公共利益的项目,要采取适当的公共参与形式,广泛征求意见与建议,以使决策符合社会公众的利益。

(3)多目标综合决策原则

投资项目产生的影响是多方面的,包括对经济、社会、环境的影响,决策者应综合考虑多种影响因素,从实现经济效益、社会效益和环境效益三者统一的社会责任目标出发,进行项目决策。

(4)风险责任原则

按照"谁投资、谁决策、谁收益、谁承担风险"的原则,强调投资决策的责任制度。企业投资项目由企业进行投资决策,项目的市场前景、经济效益、资金来源和产品技术方案等均由企业自主决策、自担风险,政府仅对外部性条件进行审核。采用直接投资和资本金注入方式的政府投资项目,由政府进行投资决策,政府要审批项目建议书和可行性研究报告,并对项目的风险承担责任。

(5)可持续发展原则

加快建设资源节约型、环境友好型社会,是我国经济社会可持续发展的基本国策。根据投资体制改革规定,对投资建设项目要建立科学的行业准入制度,规范行业环保标准、安全标准、能源消耗标准和产品技术、质量标准,防止低水平重复建设。可持续发展原则已成为投资项目建设必须遵循的基本原则。

8.2.3 项目决策程序

2004 年 7 月,国务院印发《国务院关于投资体制改革的决定》(国发〔2004〕20 号),正式开启投资改革的大幕,在此基础上,2016 年 7 月,中共中央、国务院印发《中共中央 国务院关于深化投融资体制改革的意见》(中发〔2016〕18 号),该文件在权威性和改革的系统性方面又上升到了一个新的高度,并将作为我国投融资体制改革的纲领性文件加以贯彻。这些文件作为建设和完善社会主义市场经济体制的重要举措,打破了传统计划经济体制下高度集中的投资管理模式,基本形成了投资主体多元化、资金来源多渠道、投资方式多样化、项目建设市场化的新格局。

1)投资体制改革的基本内容

投资体制改革的基本内容包括改革政府对企业投资的管理制度,按照"谁投资、谁决策、谁收益、谁承担风险"的原则,落实企业投资自主权;合理界定政府投资职能,提高投资决策的科学化、民主化水平,建立投资决策责任追究制度;进一步拓展项目融资渠道,发展多种融资方式;培育规范的投资中介服务组织,加强行业自律,促进公平竞争;健全投资宏观调控体系,改进调控方式,完善调控手段;加快投资领域的立法进程,最终建立起市场引导投资、企业自主决策、银行独立审贷、融资方式多样、中介服务规范、宏观调控有效的新型投资体制。

2)投资项目决策的程序和内容

深化投资体制改革的一个基本出发点,就是要改进既有投资项目的决策规则和程序,提高投资决策的科学化、民主化水平。对于企业不使用政府投资建设的项目,政府一律不再实行审批制,对于政府投资项目,采用直接投资和资本金注入方式的,从投资决策角度只审批项目建议书和可行性研究报告。

(1)企业投资项目决策(批准)的程序和内容

企业投资项目决策,特别是投资规模较大的大型项目的投资决策,关系到企业的长远发展。应按照公司法人治理结构的权责划分,经过经理层讨论后,报决策层进行审定,特别重大的投资决策还要报股东大会讨论通过。

有的企业投资项目是由项目的发起人及其他投资人出资,组建具有独立法人资格的项目公司,由出资人或其授权机构对项目进行投资决策。

对企业投资项目,政府仅对《政府核准的投资项目目录》内的项目(重大项目和限制类项目)从维护公共利益角度进行核准,其他的项目,除国家法律法规和国务院专门规定禁止投资的项目以外,无论规模大小,均实行备案制。项目的市场前景、经济效益、资金来源和产品技术方案等均由企业自主决策、自担风险,并依法办理环境保护、土地利用、资源利用、安全生产、城市规划等许可手续和减免税确认手续。

对于企业投资建设实行政府核准制的项目,一般是在企业完成项目可行性研究后,根据可行性研究的基本意见和结论,委托具备相应工程咨询资格的机构编制项目申请报告,按照事权划分,分别报政府投资主管部门进行核准。由国务院投资主管部门核准的项目,其项目申请报告应由具备甲级工程咨询资格的机构编制。

项目申报单位在向项目核准机关报送申请报告时,须根据国家法律、法规的规定,附送城市规划、国土资源、环境保护、水利、节能等行政主管部门出具的审批意见和金融机构项目贷款承诺。

项目核准机关在受理核准申请后,如有需要,应委托符合资质要求的、入选的咨询中介机构进行评估。从狭义上来理解,核准并不属于决策程序范畴,但可理解为企业决策最终确立的一个标志。企业投资项目决策(核准)程序,如图8-2所示。

政府主管部门　　　　　决策主流程　　　　　咨询机构

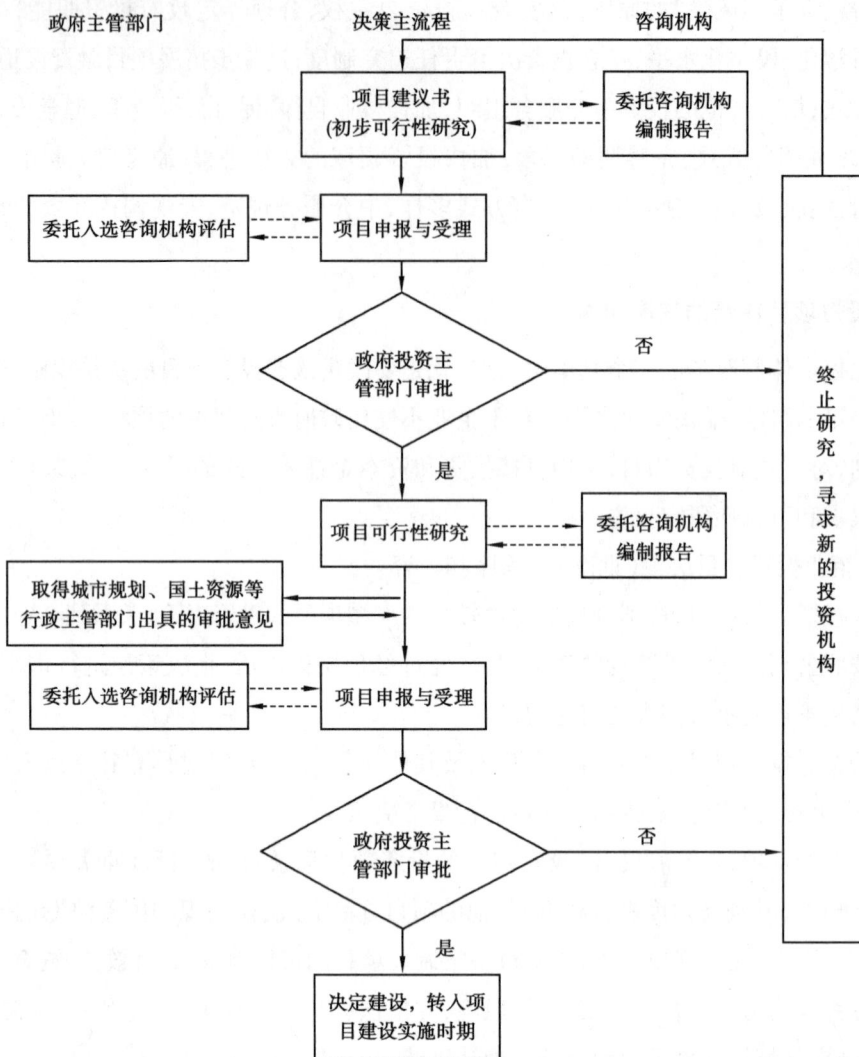

图 8-2　投资项目决策程序

资料来源:陈宪.项目决策分析与评价[M].北京:机械工业出版社,2018.

（2）政府投资项目决策（审批）的程序和内容

对于政府投资项目,仍要按照规定的程序进行决策。这类建设项目必须先列入行业、部门或区域发展规划,由政府投资主管部门审批项目建议书,审查决定项目是否立项;再经过对可行性研究报告的审查,决定项目是否建设。

根据投资体制改革有关完善政府投资体制、规范政府投资行为、合理界定政府投资范围的规定,政府投资主要用于关系国家安全和市场不能有效配置资源的经济和社会领域,包括加强公益性和公共基础设施建设,保护和改善生态环境,促进欠发达地区的经济和社会发展,推动科技进步和高新技术产业化发展进程。按照投资事权划分,中央政府投资除本级政权等建设外,主要安排跨地区、跨流域及对经济和社会发展全局有重大影响的项目。

为健全政府投资项目决策机制,提高政府投资项目决策的科学化、民主化水平,政府投资项目一般都要经过符合要求的咨询中介机构的评估论证。特别重大的项目还应实行专家评议制度;逐步实行政府投资项目公示制度,广泛听取各方面的意见和建议。

对于政府投资项目,采用直接投资和资本金注入方式的,政府投资主管部门从投资决策角度只审批项目建议书和可行性研究报告。除特殊情况外,不再审批开工报告,同时应严格执行政府投资项目的初步设计、概算审批工作;采用投资补助、转贷和贷款贴息方式的,只审批资金申请报告。政府投资项目决策(审批)的程序,如图8-3所示。

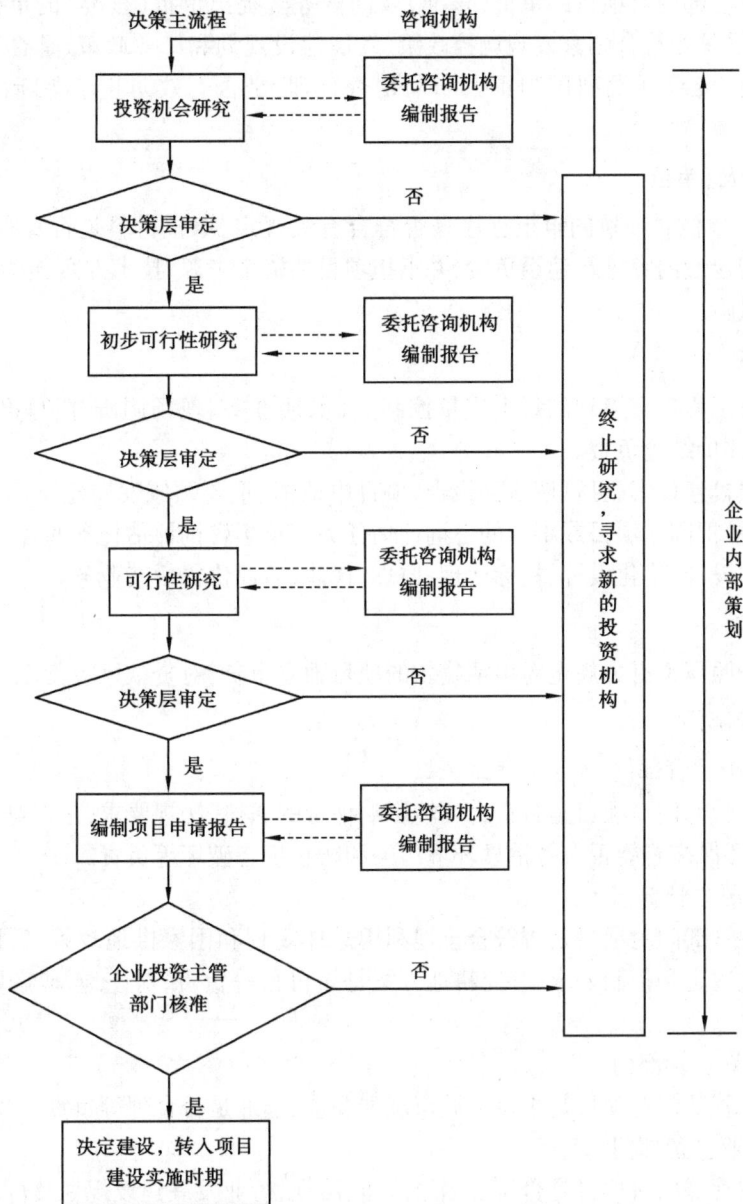

图8-3　政府投资项目决策(审批)程序

资料来源:陈宪.项目决策分析与评价[M].北京:机械工业出版社,2018.

8.2.4 项目决策责任

项目决策相关单位的职责如下：

1）政府投资主管部门

政府投资主管部门对项目的审批（核准）及向国务院提出审批（核准）的审核意见承担责任，着重对项目是否符合国家宏观调控政策、发展建设规划和产业政策，是否维护了经济安全和公众利益，资源开发利用和重大布局是否合理，是否有效防止了垄断出现等承担责任。

2）项目（法人）单位

项目（法人）单位对项目的申报程序是否符合有关规定、申报材料是否真实、是否按照经审批或核准的建设内容进行建设负责，并承担项目的资金来源、技术方案、市场前景、经济效益等方面的风险。

3）咨询机构

咨询机构对工程项目策划的每个质量控制点（前期准备、现场调研、撰写报告等）严格把关，并对咨询评价结论负责。

承担编制项目建议书、可行性研究报告、项目申请书、重要领域发展建设规划等业务的咨询单位，不得承担同一项目或事项的咨询评估任务。承担咨询评估任务的咨询机构，不得承担同一项目的设计、优化设计、招标代理、监理、代建、后评价等后续业务。

4）金融机构

金融机构按照国家有关规定对申请贷款的项目独立审贷，对贷款风险负责。

5）政府职能部门

（1）环境保护主管部门

环境保护主管部门对项目是否符合环境影响评价的法律、法规要求，是否符合环境功能区划，拟采取的环保措施能否有效治理环境污染和防止生态破坏等负责。

（2）国土资源主管部门

国土资源主管部门对项目是否符合土地利用总体规划和国家供地政策，项目拟用地规模是否符合有关规定和控制要求，补充耕地方案是否可行等负责，对土地、矿产资源开发利用是否合理负责。

（3）城市规划主管部门

城市规划主管部门对项目是否符合城市规划要求、选址是否合理等负责。

（4）相关行业主管部门

相关行业主管部门对项目是否符合国家法律、法规、行业发展建设规划及行业管理的有关规定负责。

（5）其他有关主管部门

其他有关主管部门对项目是否符合国家法律、法规和国务院的有关规定负责。

8.3　项目决策与分析的任务

8.3.1　项目决策与分析的基本要求

1) 贯彻落实科学发展观

贯彻落实科学发展观,要求项目决策与分析必须坚持以人为本,促进经济社会和人的全面发展,统筹人与自然的和谐发展,实现可持续发展;必须体现经济增长方式的转变,抓好节能、节水、节材、节地、资源综合利用和发展循环经济等重要环节,推进资源节约型、环境友好型社会建设;必须体现自主创新能力的显著提高,优化产品、产业结构,增强核心竞争力,促进创新体系建设;必须体现城乡区域的协调发展,落实区域发展战略,重视经济布局,促进城乡良好互动、东中西优势互补,推进和谐社会建设。

2) 资料数据准确可靠

信息是项目决策与分析的基础和必要条件,全面、准确地了解和掌握有关项目决策分析与评价的资料数据是决策与分析最基本要求。

由于项目决策与分析是个动态过程,在实施中要注意新情况的出现,要及时、全面、准确地获取新的信息,必要时作出追踪决策分析。

3) 采取方法科学有效

项目决策与分析要注意方法的科学性,根据不同情况选择不同的方法,并通过多种方法进行验证,以保证决策与分析的准确性。

4) 定量分析与定性分析相结合,以定量分析为主

随着应用数学和计算机的发展,经济决策更多地依赖于定量分析的结果。投资项目决策与分析的本质是对项目建设和运营过程中各种经济因素给出明确的数量概念,通过费用和效益的计算,比选取舍。但是一个复杂的项目,总会有一些因素不能量化,不能直接进行定量分析,只能通过文字描述、对比进行定性分析。定性分析是一种在占有一定资料的基础上,根据咨询工程师的经验、学识和逻辑推理能力进行的决策分析。在项目决策与分析时,应遵循定量分析与定性分析相结合,以定量分析为主的原则,对不能直接进行数量分析比较的,应实事求是地进行定性分析。由于项目的不确定性、不可预见性等因素,有时候定性分析反而更重要。

5) 动态分析与静态分析相结合,以动态分析为主

动态分析是指在项目决策与分析时要考虑资金的时间价值,对项目在整个计算期内费用与效益进行折(贴)现现金流量分析。动态分析方法将不同时点的现金流入和流出换算成同一时点的价值,为不同项目、不同方案的比较提供可比的基础。动态分析指标主要有内部收益率、净现值、净年值等。

静态分析是指在项目决策与分析时不考虑资金的时间价值,把不同时点的现金流入和流出看成等值的分析方法。静态分析方法不能准确反映项目费用与效益的价值量,但指标计算简便、易于理解。静态分析指标主要有项目静态投资回收期、总投资收益率等。在项目决策分析与评价中应遵循动态分析与静态分析相结合、以动态分析为主的原则,根据工作阶段和深度要求的不同,合理选用动态分析指标与静态分析指标。

6)多方案比较与优化

项目决策与分析时,在对建设规模与产品方案、工艺技术方案、工程方案、场(厂)址选择方案、环境保护治理方案、资源利用方案、融资方案等各方案进行选择比较的基础上,再从技术和经济相结合的角度进行多方案综合分析论证,比选优化。多方案比选可以采用专家评分法、目标排序法等方法进行综合评价优化选择。

8.3.2　项目决策与分析的方法

项目决策与分析的方法有很多,主要归纳为三类:

1)经验判断法

经验判断法即依靠咨询工程师的经验进行综合判断。这是一种常用的方法,尤其是对有较多难以定量化的抽象因素(如社会因素、心理因素、道德因素等)进行分析时,经验判断更是不可缺少。经验之所以可作为决策与分析的依据,在于历史发展存在的规律性和继承性,但经验不能作为百分之百的依据,对于决策与分析中遇到的新情况、新问题,必须认真分析,不能机械地套用经验去做简单判断。经验判断法的最大缺点是容易受个人主观认识的限制。因此,在应用经验判断法时,要充分吸收他人的经验。

2)数学分析法

数学分析法是指系统分析、线性分析、统筹方法等建立在数学手段基础上的定量分析方法。采用这些定量分析方法,可以使决策与分析结论更加严密与准确。

3)试验法

试验法即经多轮试验及检验,从中选择典型可用的方法。由于在决策分析中不可能创造出像实验室那样人为的典型可控条件,所以试验法也不像在科学技术研究中那样能作为一种基本方法。但对于一些经不起失误的重大决策问题,尤其是对于缺乏经验的新问题,先选少数典型单位或部分环节作试点,然后总结经验作为最后评价的依据,仍不失为一种可行的方法。

以上三种方法各有所长,应当根据决策分析与评价的内容特点、研究工作的深度要求综合选用。

8.3.3　项目决策与分析的主要任务

项目决策与分析是项目建设的关键,是指对不同研究阶段进行方案构造,并对其进行分析评价的全过程,其目的是为项目决策提供科学可靠的依据。在项目决策与分析过程中,应完成以下主要任务:

①分析项目建设的必要性,推荐符合市场需求的产品(服务)方案和建设规模。

②分析项目建设的可行性,研究项目运营发展所必需的条件。

③比较并推荐先进、可靠、适用的项目建设方案。

④估算项目建设与运营所需要的投资和费用,计算分析项目的盈利能力、偿债能力与财

务生存能力。

⑤从经济、社会、资源及环境影响的角度,分析评价项目建设与运营所产生的经济效益、社会效益、资源环境效益,分析评价项目的经济合理性、与所处的社会环境是否和谐及资源节约和综合利用效果。

⑥分析项目存在的风险,并提出防范和降低风险的措施。

⑦在上述分析评价归纳总结的基础上,分析项目目标的可能实现程度,论证项目建设的必要性和技术经济的可行性,得出研究结论。

⑧对项目建设与运营的有关问题及应采取的措施提出必要的建议。

8.4　项目建议书的编制

8.4.1　项目建议书的定义

项目建议书,又称项目立项申请书或立项申请报告,是拟建项目建设筹建单位或项目法人,根据国民经济的发展、国家和地方中长期规划、产业政策、生产力布局、国内外市场、所在地的内外部条件等,向政府相关部门提出某一具体项目的建议文件,是拟建项目建设筹建单位或项目法人对拟建工程项目建设的轮廓设想。

对于政府投资项目,项目建议书按要求编制完成后,应根据资金来源和项目类别等分别报送有关部门审批。项目建议书经批准后,可以进行详细的可行性研究工作,但并不表明项目非上不可,批准的项目建议书不是项目的最终决策。

项目建议书的研究内容包括进行市场调研、对项目建设的必要性和可行性进行研究、对项目产品的市场、项目建设内容、生产技术和设备及重要经济指标等作分析,并对主要原材料的需求量、投资估算、投资方式、资金来源、经济效益等进行初步估算。

拟建项目往往是在项目早期,由于项目条件还不够成熟,仅有规划意见书,对项目的具体建设方案还不明晰,市政、环保、交通等专业咨询意见尚未办理。项目建议书主要论证项目建设的必要性,建设方案和投资估算也比较模糊,投资误差为±30%左右。

因此,我们可以说项目建议书是项目发展初始阶段基本情况的汇总,是选择和审批项目的依据,也是编制可行性研究报告的依据。

8.4.2　项目建议书的作用

项目建议书是由拟建项目建设筹建单位或项目法人向其主管部门上报的文件,目前广泛应用于项目的国家立项审批工作中。它要从宏观上论述项目设立的必要性和可能性,把项目投资的设想变为概略的投资建议。项目建议书的呈报可以供项目审批机关作为初步决策。它可以减少项目选择的盲目性,为下一步可行性研究打下基础。

项目建议书的主要作用是判断项目是否有生命力,论述其建设的必要性、建设条件的可行性和获利的可能性,供政府决策机构选择并确定是否进行下一步工作。

8.4.3　项目建议书的内容

项目建议书的内容视项目的不同有繁有简,但一般包括以下内容。

1)总论

总论包括项目名称、主办单位基本情况、项目概况、编制依据和主要结论等。

2)项目建设的必要性及意义

①项目背景。

②宏观战略需求分析。

③社会需求和市场需要分析。

④项目建设的作用及意义。

3)项目建设内容

①建设目标与功能定位。

②建设内容与规模。

4)场(厂)址选择

①场(厂)址选择的原则。

②场(厂)址选择的条件。重点从工程条件、社会保障条件和经济条件等方面进行选择。

③场(厂)址方案。提出两个或两个以上备选场(厂)址,通过科学的多方案比较,给出推荐方案和推荐理由。

④征地拆迁和移民安置。

⑤地质灾害危险性评估。

5)技术与配套方案

①主要建设标准。技术与设备选择要遵循先进、适用、可靠、安全、经济、可得、清洁、环保等原则。

②主要技术与设备选择。

③配套建设方案。

④主要物料平衡。

6)资源利用与节约

①资源利用种类与数量。

②资源综合利用方案。按照发展循环经济、建设节约型社会的要求,从绿色、循环、清洁、低碳的角度,概述拟建项目的资源综合利用原则及初步方案。

③节约措施。

7)环境和生态影响

①环境和生态现状。阐述拟建项目建设地点及周边的自然条件、生态环境条件、环境质量和容量情况。

②主要污染物。

③影响分析和防治措施。

8）项目组织与管理

①建设期及进度安排。

②建设期管理组织方案。

③项目运营管理设想。

9）投资估算与资金筹措

①编制依据与说明。

②初步投资估算。明确估算的价格基期及所采用的价格体系,依据相关的标准规范估算拟建项目总投资,包括建设投资、建设期利息和流动资金估算。按照行业要求编制项目投资估算表。

③资金筹措。提出拟申请政府投资的方式、投资额,说明其他资金来源和资金使用条件、融资风险。对于非盈利项目或亏损项目还应提出运营期资金来源,以确保项目持续运营。

④资金使用计划。

10）财务与经济影响分析

①财务与费用效果分析。对政府直接投资的项目(非经营类),主要进行财务生存能力和费用效果分析,提出运营期持续运营需要的资金补贴或持续运营措施。对政府注入资本金项目(经营类),主要分析其盈利能力、偿债能力和可持续能力。对运营期盈利不足或亏损的项目,应提出财务可持续性的措施和建议。

②经济影响分析。对行业发展、区域经济或宏观经济产生明显影响的项目,重点分析拟建项目初步的经济费用效益或费用效果,经济费用效益包括间接费用和间接效益。分析其对所在行业及关联产业发展的影响,对地方或区域经济发展的影响。

11）社会影响分析与风险

①社会影响分析。分析项目的利益相关者,评价投资项目的社会可行性。

②社会风险。识别各种影响项目的社会因素并排序,选择影响面大、持续时间长,并容易导致较大矛盾的社会因素进行预测、分析,初步估计风险可能导致的后果,提出规避投资项目社会风险的建议。

12）结论与建议

①概括提出相关结论。

②提出是否可以进行下一步工作的明确意见和建议。

③针对需要进一步研究解决的问题,提出措施建议。

附表:结合项目实际情况,按照行业规范要求附相关表格。

附图:结合项目实际情况,按照行业规范要求附相关图纸。

附件:支持立项的相关材料、文件等。

8.5 项目建议书案例

本节选取南昌市文化艺术大剧院建设项目作为案例,详细介绍项目建议书。

8.5.1　项目介绍

南昌市文化艺术大剧院建设项目位于南昌市新城区,由南昌市文化局承办,项目总用地面积 24 000 平方米(约合 36 亩),建筑面积 8 000 平方米。建设期为 2011 年 7 月至 2012 年 12 月,项目估算总投资 8 052.02 万元,其中:工程费用 6 911.2 万元,其他费用 757.39 万元(含征地费及"三通一平"费),预备费 383.43 万元。

本项目立足抚州大文化,以临川文化为主线,突出南昌市以临川文化为人文特征的城市个性,是面向 21 世纪全面建成小康社会重要的文化事业基础设施,是弘扬临川文化和实施"文化兴市"战略的具体体现。

项目总体建设目标是达到"省内一流、国内先进"的水平,成为南昌市重要的标志性文化设施之一。通过实施该项目,提升城市品位和总体竞争力,把南昌市建成江西东部的特色城市:满足人民群众(包括南昌市以及周边城市带)对于文化艺术生活日益增长的需要,提高人们的生活质量和艺术水平。

8.5.2　南昌市文化艺术大剧院建设项目建议书报告①

南昌市文化艺术大剧院建设项目建议书报告详情见①资料来源。

【本章小结】

项目投资决策是指最终做出是否投资建设某个项目的决定。项目决策不仅对项目建设的成败和投资效益的高低有决定性的作用,还会对国家经济产生重大影响。项目决策与分析是项目建设的重点内容,其目的是为项目决策提供科学可靠的依据。项目建议书是项目发展初始阶段基本情况的汇总,是选择和审批项目的依据,也是编制可行性研究报告的依据;其主要作用是判断项目是否有生命力,论述其建设的必要性、建设条件的可行性和获利的可能性,供决策机构选择并确定是否进行下一步工作。

【习题与思考题】

1. 投资项目决策可以分为哪些类型?

2. 项目决策需要遵守哪些原则?

3. 项目决策的责任者包括哪些部门?

4. 谈一下企业投资项目决策的程序和内容与政府投资项目决策的程序和内容的异同点?

5. 项目决策与分析的方法可以分为哪几类? 每一种方法的特点是什么?

6. 论述一下项目决策与分析的主要任务。

7. 结合本章的项目建议书编制模板,谈一下案例中的项目建议书还可以补充哪些内容?

---

① 资料来源:佚名.文化艺术大剧院建设项目建议书[EB/OL].(2023-05-24)[2023-06-01].道客巴巴

第9章

项目可行性研究

教学内容：可行性研究（Feasibility Study，FS）是建设项目前期工作的重要内容，是建设项目投资决策的重要依据。根据国家发展计划委员会办公厅出版的《投资项目可行性研究指南》及其相关规定，政府投资项目必须进行可行性研究，其他投资项目应参照行业、地区、国家或国际组织有关规定或规范，根据项目性质及建设地点等具体情况进行项目可行性研究。可行性研究的成果是可行性研究报告。本章介绍了建设项目可行性研究的概念、作用、依据和要求、可行性研究报告的编制内容及部分行业或项目类别的特点。

教学重点：要求学生重点掌握编制可行性研究报告的关键部分，主要包括市场分析、投资估算与资金筹措、财务分析、经济分析、风险分析。

教学难点：本章节内容庞大，涉及的基础知识较多，比如市场预测的方法、投资的组成相关知识，尤其是项目投资财务报表的编制和指标计算需要结合实际项目进行大量练习才能真正掌握，因此，教学中理论与实践相结合，课堂讲授和课下练习相结合是本章难点。

知识框架

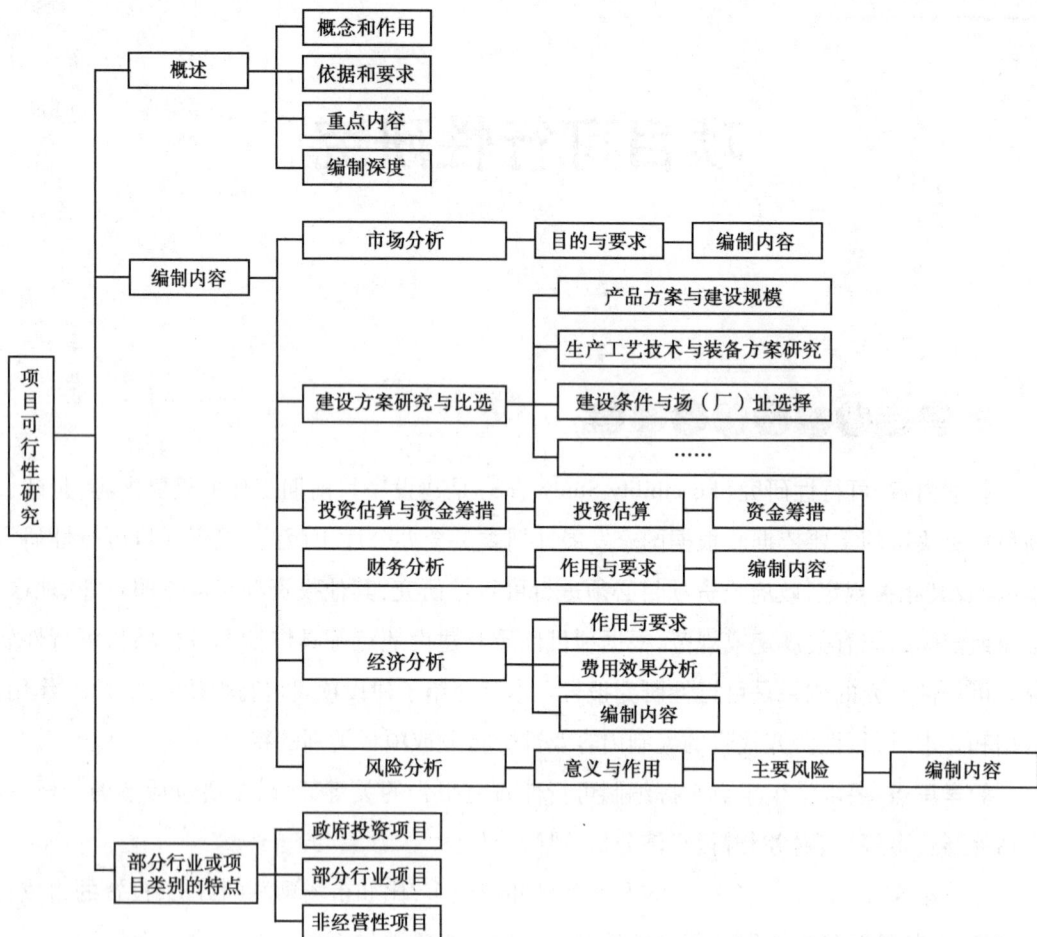

导入案例

不同"命运"的乙烯项目①

1988年6月国务院批准立项了广州市的11.5万吨乙烯项目,当时我国实行计划经济体制,规定的乙烯原料石脑油价格大大低于同期国际市场价格,导致国内乙烯生产效益非常好,投资回报率很高。如果根据当时的市场预测,投资乙烯项目的效益可观。然而,到1997年8月,广州乙烯建成时,随着国内石化产品价格逐渐与国际接轨,每吨乙烯价格已从12 000元下降到不足5 000元,同时由于亚洲金融危机的影响,整体市场低迷,加上该乙烯项目设计过程中对风险估计不足等因素,3个月后广州乙烯被迫停产,直到两年后才复产。

---

① 资料来源:吴添祖,虞晓芬,龚建立.技术经济学概论[M].3版.北京:高等教育出版社,2010.

相较于上面投资分析失败的案例,再来看两个国外的跨国公司投资决策的成功案例:法国埃尔夫公司 600 万吨炼油厂项目和南海石化 80 万吨乙烯工程项目。法国埃尔夫公司 600 万吨炼油厂项目计划在中国总投资 20 亿美元,生产规模年加工高硫原油 600 万吨,产品供应华东市场。该项目为进行前期可行性研究总共耗资 2 000 万美元,投入人力 100 多人,耗时两年,经过多轮可行性分析论证后得出结论:项目取消。南海石化 80 万吨乙烯工程项目计划总投资 40 亿美元,生产规模年产乙烯 80 万吨,产品供应中国市场。该项目为进行前期可行性研究耗资 4 000 万美元,投入大量人力,耗时十余年。经过多轮专家论证,得出结论:项目实施。

这两个相似的工程项目在投资决策过程中却得出相反的结论,从中我们可以发现,企业投资作为一项复杂的经济活动,它直接关系到企业生存和发展、成功与失败,企业决策者必须慎重地考虑:投资什么项目? 投资多大规模? 投资风险如何? 能获取多大的收益? 等等。在这一系列问题的解决过程中,企业的决策者必须进行周密的思维运作,从而作出理性的判断和选择,作出科学的决策。

可行性研究(Feasibility Study,FS)是建设项目前期工作的重要内容,是建设项目投资决策的重要依据。政府投资项目必须进行可行性研究,按照程序和要求编制和报批可行性研究报告,其内容和深度参照国家发展计划委员会办公厅《投资项目可行性研究指南》(2002年)及其相关规定。其他投资项目应参照行业、地区、国家或国际组织有关规定或规范,根据项目性质及建设地点等具体情况编制。可行性研究的成果是可行性研究报告。本章介绍可行性研究的作用、重点内容和深度要求、一般建设项目可行性研究报告编制内容与要求及部分行业可行性研究报告的特点。

9.1 概述

9.1.1 项目可行性研究的概念和作用

1)项目可行性研究的概念

项目的可行性研究,是根据市场需求和国民经济长期发展规划、地区发展规划和行业发展规划的要求,对与拟建项目有关的市场、社会、经济、技术等各方面情况进行深入细致的调查研究,对各种可能拟订的技术方案和建设方案进行认真的技术经济分析和比较论证,对项目建成后的经济效益和社会效益进行科学的预测和评价。在此基础上,对拟建项目的技术先进性和适用性、经济合理性和有效性,以及建设可能性和可行性,进行全面分析、系统论证、多方案比较和综合评价,由此确定该项目是否应该投资和如何投资等结论性意见,为项目投资决策提供可靠的科学依据和为开展下一步工作打下基础。

2)可行性研究的作用

(1)投资决策的依据

可行性研究对项目产品的市场需求、市场竞争力、建设方案、项目需要投入的资金、可能获得的效益及项目可能面临的风险等都要做出结论。对企业投资项目,可行性研究的结论既是企业内部投资决策的依据,同时,对属于核准目录内、须经政府投资主管部门核准的投资项目,可行性研究又可以作为编制申请报告的依据。政府投资的项目,可行性研究是政府投资主管部门审批决策的依据。

(2)筹措资金和申请贷款的依据

银行等金融机构一般都要求项目业主提交可行性研究报告,通过对可行性研究报告的评估,分析项目产品的市场竞争力、采用技术的可靠性、项目的财务效益和还款能力、项目的风险,然后作为对项目提供贷款的参考。

(3)编制初步设计文件的依据

按照项目建设程序,一般只有在可行性研究报告完成后,才能进行初步设计(或基础设计)。初步设计文件(或基础设计)应在可行性研究的基础上,根据审定的可行性研究报告进行编制。

9.1.2　可行性研究的依据和要求

1)可行性研究的依据

①项目建议书(初步可行性研究报告),对于政府投资项目还需要项目建议书的批复文件。

②国家和地方的经济和社会发展规划、行业部门的发展规划,如江河流域开发治理规划、铁路公路路网规划、电力电网规划、森林开发规划,以及企业发展战略规划等。

③有关法律、法规和政策。

④有关机构发布的工程建设方面的标准、规范、定额。

⑤拟建场(厂)址的自然、经济、社会概况等基础资料。

⑥合资、合作项目各方签订的协议书或意向书。

⑦与拟建项目有关的各种市场信息资料或社会公众要求等。

⑧有关专题研究报告,如:市场研究、竞争力分析、厂(场)址比选、风险分析等。

2)可行性研究的基本要求

①预见性。可行性研究不仅应对历史、现状资料进行研究和分析,更重要的是应对未来的市场需求、投资效益或效果进行预测和估算。

②客观公正性。可行性研究必须坚持实事求是,在调查研究的基础上,按照客观情况进行论证和评价。

③可靠性。可行性研究应认真研究确定项目的技术经济措施,以保证项目的可靠性,同时也应否定不可行的项目或方案,以避免投资损失。

④科学性。可行性研究必须应用现代科学技术手段进行市场预测、方案比选与优化等,运用科学的评价指标体系和方法来分析评价项目的财务效益、经济效益和社会影响等,为项目决策提供科学依据。

⑤合规性。可行性研究必须符合相关法律、法规和政策。必须重视生态文明、环境保护和安全生产。充分考虑与建设和谐社会,拥有美丽生活。

9.1.3　可行性研究的重点内容

①项目建设的必要性。要从两个层次进行分析,一是结合项目功能定位,分析拟建项目

对实现企业自身发展,满足社会需求,促进国家、地区经济和社会发展等方面的必要性;二是从国民经济和社会发展角度,分析拟建项目是否符合合理配置和有效利用资源的要求,是否符合区域规划、行业发展规划、城市规划的要求,是否符合国家产业政策和技术政策的要求,是否符合保护环境、安全生产、可持续发展、社会稳定的要求等。

②市场与竞争力分析。调查、分析和预测拟建项目产品(或服务)和主要投入品的国际、国内市场的供需状况和销售价格;研究确定产品的目标市场;在竞争力分析的基础上,预测可能占有的市场份额;研究产品的营销策略;提出市场风险。

③建设方案。主要包括产品方案与建设规模,工艺技术和主要设备方案,厂(场)址,主要原材料、辅助材料、燃料供应,总图运输和土建方案,公用工程,节能、节水措施、环境保护治理措施方案,安全、职业卫生措施和消防设施方案,项目的组织机构与人力资源配置等,对政府投资项目还应包括招标方案和代建制方案等。提出技术、装备、环境、安全等相关风险。

④投资估算与融资方案。在确定项目建设方案工程量的基础上估算项目的建设投资,分别估算建筑工程费、设备购置费、安装工程费、工程建设其他费用、基本预备费、涨价预备费,还要估算建设期利息和流动资金。在投资估算确定融资额的基础上,研究分析项目的融资主体,资金来源的渠道和方式,资金结构及融资成本、融资风险等。结合融资方案的财务分析,比较、选择和确定融资方案。

⑤财务分析(也称财务评价)与经济分析(也称国民经济评价)。按规定科目详细估算营业收入和成本费用,预测现金流量;编制现金流量表等财务报表,计算相关指标;进行财务盈利能力、偿债能力分析以及财务生存能力分析,评价项目的财务可行性。对于财务现金流量不能全面、真实地反映其经济价值的项目,应进行经济分析。从社会经济资源有效配置的角度,识别与估算项目产生的直接和间接的经济费用与效益,编制经济费用效益流量表,计算有关评价指标,分析项目建设对社会经济所做出的贡献以及项目所耗费的社会资源,评价项目的经济合理性。对于非营利性项目以及基础设施、服务性工程等,主要分析投资效果及财务可持续性,提出项目持续运行的条件。

⑥经济影响分析。对于行业、区域经济及宏观经济影响较大的项目,还应从行业影响、区域经济发展、产业布局及结构调整、区域财政收支、收入分配及是否可能导致垄断等角度进行分析。对于涉及国家经济安全的项目,还应从产业技术安全、资源供应安全、资本控制安全、产业成长安全、市场环境安全等角度进行分析。

⑦资源利用分析。对于高耗能、耗水、大量消耗自然资源的项目,如石油天然气开采、石油加工、发电等项目,应分析能源、水资源和自然资源利用效率;一般项目也应进行节能、节水、节地、节材分析;所有项目都要提出降低资源消耗的措施。

⑧土地利用及移民搬迁安置方案分析。对于新增建设用地的项目,应分析项目用地情况,提出节约用地措施。涉及搬迁和移民的项目,还应分析搬迁方案和移民安置方案的合理性。该部分内容还涉及社会稳定风险分析与评估。

⑨社会评价或社会影响分析。对于涉及社会公共利益的项目,如农村扶贫项目,要在社会调查的基础上,分析拟建项目的社会影响,分析主要利益相关者的需求,对项目的支持和接受程度,分析项目的社会风险,提出需要防范和解决社会问题的方案。

⑩风险分析。对项目主要风险因素进行识别,采用定性和定量分析方法估计风险程度,研究提出防范和降低风险的对策措施。

建设项目环境影响评价、安全预评价和节能评估,是由环境影响评价机构、安全预评价、节能评估机构具体执行的,是与项目可行性研究工作并行的重要工作。可行性研究报告项目建设方案中提出的环境保护治理和保障建设和运行安全及节能的措施与方案应充分体现环评、安评和能评的具体要求。

通常情况下可行性研究报告是项目申请报告编制的基础,为方便列入核准目录的企业投资项目的申请报告编制,上述内容是针对列入核准目录的企业投资项目的可行性研究报告设置的。对于备案的企业投资项目,其可行性研究报告内容可以适当简化或调整。

9.1.4　可行性研究报告的编制深度

可行性研究的成果是可行性研究报告。可行性研究报告内容和深度可根据项目性质结合国家、行业、地区或公司规范参照执行,并依据项目具体情况对内容和深度进行适当增加或简化。通常为满足项目决策要求,可行性研究及其报告应达到以下深度要求:

①可行性研究报告应达到内容齐全、数据准确、论据充分、结论明确的要求,以满足决策者定方案、定项目的需要。

②可行性研究要以市场为导向,围绕增强核心竞争力做工作,以经济效益或投资效果为中心,最大限度地优化方案,提高投资效益或效果。对项目可能的风险作出必要的提示。

③可行性研究中选用的主要设备的规格、参数应能满足预订货的要求。引进技术设备的资料应能满足合同谈判的要求。

④可行性研究中的重大技术、财务方案,应有两个以上方案的比选。

⑤可行性研究中确定的主要工程技术数据,应能满足项目初步设计的要求。

⑥可行性研究阶段对投资和成本费用的估算应采用分项详细估算法。投资估算的准确度应能满足决策者的要求。

⑦可行性研究确定的融资方案,应能满足项目资金筹措及使用计划对投资数额、时间和币种的要求,并能满足银行等金融机构信贷决策的需要。

⑧可行性研究报告应反映可行性研究过程中出现的某些方案的重大分歧及未被采纳的理由,以供决策者权衡利弊进行决策。

⑨可行性研究报告应符合国家、行业、地方或公司有关法律、法规和政策,符合投资方或出资人有关规定和要求。应附有供评估、决策审批所必需的合同、协议和相应行政许可文件。报告中采用的法规文件应是最新的和有效的。

9.2　可行性研究报告的编制内容

9.2.1　总论

1)概述

①项目名称,承办单位名称、性质及责任人,投资项目性质及类型,经营机制及管理体制。

②主办单位基本情况,改建、扩建和技术改造项目要说明现有企业概况。

③项目提出的背景,投资的目的、意义和必要性。

④可行性研究报告编制的依据、指导思想和原则。

⑤研究范围:指研究对象、工程项目的范围。

2)研究结论

①研究的简要综合结论。从项目建设的必要性、装置规模、产品(服务)方案、市场、原料、工艺技术、厂址选择、公用工程、辅助设施、协作配套、节能节水、环境保护、投资及经济评价等方面给出简要明确的结论性意见。简要说明投资项目是否符合国家产业政策要求,是否符合行业准入条件,是否与所在地的发展规划或城镇规划等相适应。境外投资项目还要提出项目遇到的特殊情况及处理措施等。提出可行性研究报告推荐方案的主要理由。列出项目的主要技术经济指标。对于服务类项目或无直接经济效益的项目及特殊行业项目,应根据具体情况增减或调整表中项目和指标。

②存在的主要问题和建议。提出投资项目在工程、技术及经济等方面存在的主要问题和主要风险,提出解决主要问题和规避风险的建议。

主要技术经济指标见表9-1。

表9-1　主要技术经济指标

序号	项目名称	单位	指标*	备注
一	生产规模	$10^4 t/a$		
二	产品方案	$10^4 t/a$		
1	产品			
1.1	×××	$10^4 t/a$		
1.2	×××	$10^4 t/a$		
2	副产品			
2.1	×××	$10^4 t/a$		
2.2	×××	$10^4 t/a$		
三	年操作日	天		或操作小时
四	主要原辅材料、燃料用量			
1	×××	实物量/a		
2	×××	实物量/a		
五	动力消耗量			
1	供水(新鲜水)	t/h		
	最大用水量	t/h		
	平均用水量	t/h		
2	供电			
	装机容量	$10^4 kW$		
	年耗电量	$10^4 kWh$		

续表

序号	项目名称	单位	指标*	备注
3	供汽(分等级)			
	最大用汽量	t/h		
	平均用汽量	t/h		
4	冷冻			
	最大用冷负荷	MJ/h		
	平均用冷负荷	MJ/h		
六	三废排放			
1	废水	t/h		
	其中:生产废水	t/h		
2	废气	Nm^3/h		
3	固体废物(废液)	t/h		
	其中:废液	t/h		
七	运输量			
1	运入量	10^4 t/a		
2	运出量	10^4 t/a		
八	定员	人		
1	生产工人	人		
2	技术及管理人员	人		
3	研发人员	人		
九	总占地面积	10^4 m^2		
1	厂区占地面积	10^4 m^2		
2	其他占地面积	10^4 m^2		
3	投资强度	万元/公顷		
4	绿化率			
十	总建筑面积	10^4 m^2		
1	生产用建筑面积	10^4 m^2		
2	非生产用建筑面积	10^4 m^2		
3	行政办公及生活服务设施用地面积所占比重	%		
4	容积率			
5	建筑系数			
十一	综合能耗总量	t 标煤/a		或 t 标油

续表

序号	项目名称	单位	指标*	备注
	（包括二次能源）			
十二	主要单位产品综合能耗	MJ/单位产品		
十三	工程项目总投资（评价用）	万元		
	其中:外汇	万美元		
1	建设投资	万元		
	其中:外汇	万美元		
2	建设期利息	万元		
	其中:外汇	万美元		
3	流动资金	万元		
	其中:外汇	万美元		
4	可抵扣的固定资产增值税	万元		
十四**	报批项目总投资（控制投资规模用）	万元		
	其中:外汇	万美元		
	其中:铺底流动资金	万元		
十五	年均销售收入	万元		
	其中:外汇	万美元		
十六	成本和费用	万元		
1	年均总成本费用	万元		
2	年均经营成本	万元		
3	主要产品单位生产成本	元/t		
十七	年均利润总额	万元		
十八	息税前利润（EBIT）	万元		
十九	息税折旧摊销前利润（EBITDA）	万元		
二十	年均销售税金及附加	万元		
二十一	年均增值税	万元		
二十二	工业增加值（必要时）	万元		
二十三	财务分析盈利能力指标			
1	投资利润率	%		
2	资本净利润率	%		
3	投资回收期	年		
4	全员劳动生产率	万元/人		

续表

序号	项目名称	单位	指标*	备注
5	项目财务内部收益率	%		
	所得税前	%		
	所得税后	%		
6	项目财务净现值(Ic=%)	万元		
	所得税前	万元		
	所得税后	万元		
7	权益投资财务内部收益率	%		
8***	投资各方财务内部收益率(必要时)	%		
二十四	清偿能力指标	年		
1	利息备付率	%		
2	偿债备付率	%		
3	人民币借款偿还期(含建设期)	年		
4	外汇借款偿还期(含建设期)	年		
二十五	经济增加值(EVA)	万元		年平均数
二十六	经济分析指标(必要时)			
1	经济内部收益率	%		
2	经济净现值(需注明 is 值)	万元		

注:①＊ 对于严格按照"有、无对比"方法进行评价的项目,该项应按"有项目""无项目"及增量分列填写。盈利能力分析一般只列出增量指标,必要时列出"有项目"指标,清偿能力分析指标可以根据具体情况分别列出项目指标和企业指标。对于投入物和产出物数据必须分三列填写。

②＊＊ 中外合资项目和境外投资项目不列此项,项目总投资不分评价用和控制投资规模用。

③＊＊＊ 中外合资项目需要计算中外双方收益率指标。

9.2.2　市场分析

市场分析是项目可行性研究报告的重点内容,尤其是产品竞争力分析,它是可行性研究的核心内容之一。在市场竞争激烈的领域,产品竞争力分析更凸显其重要性。市场预测环节,根据产品性质、经济社会状况等,有不同的分析方法和技巧,应根据具体情况选择使用。

1)产品(服务)市场分析

(1)国外市场预测分析

国外市场预测分析包括市场供应现状及预测、市场需求现状及预测、市场供需平衡分析。

①市场供应现状及预测。说明项目设定的主要产品近 5 年在世界及主要生产国或地区的生产能力、产量,主要生产企业的原料路线、技术水平和装置规模情况。分析相同或可替

代品目前已有的和在建的生产能力、产量情况,预测未来的发展和变化趋势。以项目的计算期为期限,预测设定产品的生产能力、产量并列表,预测可能建设的新增能力、投产时间和开工率。说明产品国际市场主要供应方式及供应商情况,国际贸易量及预测。

②市场需求现状及预测。说明世界及主要生产国或地区的消费量及消费结构情况并列表。

③市场供需平衡分析。根据市场供应、需求现状分析和预测,得出国外产品市场的供需平衡状况,分析产品发展空间及地区间的供需差距、贸易流向。预测今后的供需变化趋势及发展前景,预测年份为项目计算期内。

(2)国内市场预测分析

国内市场预测分析包括市场供应现状及预测、市场需求现状及预测、市场供需平衡分析、产品需求周期性分析。

①市场供应现状及预测。简述设定产品在我国的供应和生产发展历程,分地区生产情况,产品国内市场主要供应方式及供应商情况。分析国内生产能力、产量,主要生产企业的原料路线、技术水平和装置规模情况。

分析相同或可替代品目前已有的和在建的生产能力、产量情况,预测未来的发展和变化趋势。以项目的计算期为期限,预测设定产品的生产能力、产量并列表,预测可能建设的新增能力、投产时间和开工率。

②市场需求现状及预测。统计项目设定产品近 10 年国内实际消费量、消费区域分布及消费结构情况。统计近 10 年产品进出口基本情况(包括进口的贸易方式等)。

根据对设定产品国内区域消费分布、消费结构及该产品今后发展趋势等诸多因素的分析,以项目的计算期为期限,预测设定产品国内需求总量、消费区域分布及消费结构变化趋势。

③市场供需平衡分析。根据市场供应、需求现状分析和预测,结合进出口情况,包括进口品种和来源,出口品种和目的地的统计,得出国内产品市场的供需平衡状况,分析产品发展空间及地区间的供需差距及贸易流向。预测今后的供需变化趋势及发展前景。预测年份为项目计算期内。

④产品需求周期性分析。对市场波动较大,需求有明显周期性变化的产品进行周期性分析。根据调查历史数据(需要两个以上周期数据),绘制周期性变化图,分析造成供需波动的原因,预测今后的供需变化趋势及发展前景。预测年份为项目计算期内。

2)主要投入物市场预测

①主要投入物供应现状。简述设定投入物在我国的供应状况,国内外市场主要供应方式、供应量及供应商情况。分析设定投入物的进出口情况。分析主要需求方及潜在需求方对市场供应的影响。以项目的计算期为期限,预测设定投入物国内需求总量、消费区域分布及消费结构变化趋势。

②主要投入物供需平衡预测。根据市场供应、需求现状分析和预测,结合进出口情况,包括进口品种和来源,得出国内投入物市场的供需平衡状况,分析投入物供应能力及地区间的供需差距及贸易流向。预测今后的供需变化趋势及发展前景。预测年份为项目计算期内。

3）市场竞争力分析

①目标市场分析。目标市场分析包括目标市场选择与结构分析和主要用户分析。根据对目标市场当前实际销售量的分析，估算市场的潜力，包括市场饱和程度、增长率、需求的稳定性等，并预测将来需求结构的变化情况、需求量的发展及进入国际市场的可能性等。

②产品竞争力优劣势分析。项目产品竞争力分析一般按照下列顺序进行分析：能够进行产品成本对标分析的，至少有两个国内和国外竞争对手资料；当没有合适竞争对手时，应按照进口产品到岸价与项目产品出厂价考虑目标市场运输费用；当产品没有进口或数量较少不能说明问题时，可以按照该产品市场预测价格与该产品成本数据，进行盈利空间分析。

4）主要投入物与产出物价格预测

①产品价格现状及预测。分析产品在国际市场上价格历史演变过程和变化规律，预测在项目计算期内产品价格的变化趋势。结合产品市场调查与分析，给出可行性研究报告中产品的销售价格范围。其产出物价格按出厂价格确定。

②主要原辅材料、燃料、动力价格现状及预测。分析主要原辅材料、燃料在国际市场上价格历史演变过程和变化规律，预测在项目计算期内国际市场价格的变化趋势。分析主要原辅材料、燃料、动力在国内市场或地区市场上价格历史演变过程和变化规律。分析与国际市场价格的联动性。分析与主要下游产品价格走势的关联性。预测在项目计算期内国内价格或地区价格的变化趋势。结合主要原辅材料、燃料、动力的市场供需平衡分析，给出可行性研究报告中原辅材料、燃料、动力的采购价格范围。

5）市场风险分析

市场风险分析包括识别风险因素、估计风险程度、提出风险对策。

风险因素的识别主要分析预测新产品和新替代品投放市场后，对市场产生的影响；分析各种新竞争对手的加入对市场的影响；分析市场出现恶性竞争或出现垄断竞争对市场的影响；分析项目所在国政治经济及政策条件的稳定性。

风险程度估计就是估计各风险因素对项目的影响程度，判定风险等级，确定项目的主要风险因素。风险程度估计可以定性描述，也可以定量计算，要结合项目具体情况确定。

研究风险对策的目的是提出针对性的风险规避对策，避免市场风险的发生或将风险损失降低到最低程度。

9.2.3　建设方案研究与比选

建设方案研究与比选是项目可行性研究的核心内容之一，是在市场分析的基础上，通过多方案比选，构造和优化项目建设方案，作为后续各项分析决策的基础。对建设项目进行各种建设方案比选的工作不是孤立的，建设方案研究将与投资估算及项目财务、经济和社会评价发生有机联系，比选产生优化的建设方案。

1）产品方案与建设规模

（1）产品方案与产品组合

产品方案即拟建项目的主导产品、辅助产品或副产品及其生产能力的组合方案，包括产品品种、产量、规格、质量标准、工艺技术、材质、性能、用途、价格、内外销比例等。

产品方案需要在产品组合研究的基础上形成。有的项目只有一种产品。有的项目生产多种产品,其中一种或几种产品为主导产品。首先需要确定项目的主要产品、辅助产品、副产品的种类及其生产能力的合理组合,使它与技术、设备、原材料及燃料供应等方案协调一致。

(2)建设规模

建设规模也称生产规模,是指所设定的正常运营年份项目可能达到的生产或者服务能力。

进行项目可行性研究时应根据市场预测与产品竞争力、资源配置与保证程度、建设条件与运输条件、技术设备满足程度与水平、筹资能力、环境保护及产业政策等确定生产规模和产品方案。列出多方案建设规模和产品方案进行比选。

2)生产工艺技术与装备方案研究

生产工艺技术与装备方案的编制内容和要求包括:

①工艺技术方案的选择。简述国内外不同工艺的原料路线,包括现状、特点、发展变化趋势及前景等。经综合比选,提出推荐的原料路线。

②工艺流程和消耗定额。简述主要工艺过程、操作参数和关键的控制方案。分装置画出工艺流程图。详细计算全厂各装置主要物料平衡、燃料平衡和必要的热平衡,尤其对大型联合装置要说明各装置间的物料互供关系,要以总工艺物料平衡表或方块物料平衡图表示。物料平衡图要显示原料进量、装置组成和产品、副产品量。

③主要设备选择。简述设备概况,列出主要工艺设备,对主要设备分类汇总。

④自动控制。依据工艺生产过程对自动化的要求,确定拟建项目的自动化水平。

⑤装置界区内公用工程设施。根据工艺装置特点和工艺技术要求,当界区内需要单独配置公用工程或辅助设施时,应予以描述,说明其设置的必要性,并向相关专业提供条件。

⑥工艺装置"三废"排放与预处理。简述废水、废气、固体废物(废液)的排放情况,如排放点、排放量、组分等并分别列表。对于要求"三废"预处理的可根据"三废"成分和浓度等特性,说明预处理方案,给出预处理后的数量和浓度及组分构成。

对于存在其他污染的投资项目如电磁污染、噪声污染、放射性污染等,应根据污染排放情况,提出解决方案和防范措施。

⑦ 装置占地与建(构)筑物面积及定员。简述工艺装置占地、建(构)筑物面积、层数、层高及结构形式并列表。给出装置定员和岗位定员。

⑧工艺技术及设备风险分析。

3)建设条件与场(厂)址选择

场(厂)址选择应进行多方案比较,要依据地区规划与产业布局,结合建设项目近期目标和长远利益综合分析,从中选择符合国家政策,投资省、建设快、运营费低,经济效益和环境效益好的场(厂)址。不同行业项目场(厂)址选择需要研究的具体内容、方法和遵循的规程规范不同,其称谓也不同。例如,工业项目称厂址选择,水利水电项目称场址选择,铁路、公路、城市轨道交通项目称线路选择,输油气管道、输电和通信线路项目称路径选择等。建设条件与场(厂)址选择,主要内容包括:

①建设条件。建设条件包括建设地点的自然条件、社会经济条件、外部交通条件、公用

工程配套条件、用地条件、生态与环境条件等。

②场（厂）址选择。场（厂）址选择包括渣场（填埋场）或排污场（塘）地的选择。

根据场（厂）址比选的内容、要求和方法对拟选场（厂）址进行比选，提出厂址推荐方案意见，说明推荐理由，论述推荐方案的主要特点、存在的问题及对存在问题的处理意见或建议。

4）原材料与燃料及动力供应

在研究确定建设规模、产品方案、工艺技术方案的同时，要明确项目所需主要原材料和燃料的品种、数量、规格、质量的要求，对价格进行分析研究，并结合场（厂）址方案的比选确定其供应方案。原材料、燃料和动力供应的编制内容包括：

①主要原材料、辅助材料、燃料的种类、规格、年需用量。

②矿产资源的品位、成分、储量等初步情况。

③水、电、气和其他动力供应。

④供应方案选择。

5）总图运输

（1）总体布置与总平面布置的编制内容与要求

对大型联合项目应进行总体布置研究。总体布置应符合城镇总体规划、工业园区布局规划。分期建设时，要正确处理近期和远期的关系。近期集中布置，远期预留发展，分期征地，严禁先征待用。可行性研究报告应说明总体布置的原则，提出不同的布置方案，简述各方案的优劣，说明推荐方案的理由。

总平面布置编制的内容应说明厂区规划、总用地面积，以及各装置、设施占地并列表。简述总平面布置的原则。提出不同的总图布置方案，简述各方案的优、缺点。附各方案总平面布置图。列出推荐方案总图的主要参数指标，包括土地利用技术经济指标。因地制宜，提出工厂绿化方案及绿化面积。提出拆迁工程量，需要还建或补偿的，根据相关政策或投资方与当地政府协商的政策，对还建方案和补偿方式进行说明。

（2）竖向布置编制内容

当新建厂区占地面积较大，或自然地形坡度较大，或施工、生产、运输等方面有特殊要求时，应做竖向方案比较。提出推荐的竖向布置方案及设防说明。提出工厂防洪标准及措施、场地排水方式、土石方工程量等。

（3）总图主要工程量

简述主要工程量包括用地面积、道路长度、土石方量等，并将主要工程量列表表示。

（4）全厂运输的编制内容

说明总的货物吞吐量，论述选择运输方式的原则，根据全厂运输量和各种物料的属性、形态和物理性质等确定运输方案，对主要物料运输方案进行比较，列出采用不同运输方式的运输量。

说明运输方案基本情况；厂内道路及车辆选择，厂内道路应做到人流、货流分道行驶；说明公路运输，公路等级及长度，季节性原因对通行的影响，以地图表示的公路网。

（5）储运的编制内容

大型石油化工项目、炼油项目、煤炭及其他矿产开采、交通枢纽或储存量较大的项目，储运作为一项重要内容，要专门研究论述。一般项目可适当简化。

（6）界区外管网的编制内容

简述各种不同介质的管道，根据介质性质、输送压力等要求，说明各种管道的材质等主要参数。根据输送量，确定主要管道管径。根据总图布置，确定管线的长度，以延长米表示。必要时可列表表示。

说明管线的敷设方式，进行方案比选。一般中小型项目或管网占投资比重较小时，该部分内容可以简化。

6）工程方案及配套工程方案

（1）工程方案

工程方案选择是在已选定项目建设规模、技术方案和设备方案的基础上，研究论证主要建筑物、构筑物的建造方案。工程方案主要指土建工程，但不全是土建工程，还可按功能分类，有多种称谓。不同性质的项目，工程方案的内容差异较大。

一般工业项目工程方案编制内容主要包括：①工程地质概况；②建筑设计；③结构设计；④全部建、构筑物的情况列表，包括占地面积、建（构）筑物结构形式、面积等。

（2）系统配套工程

建设项目的配套工程是指公用工程、辅助工程和厂外配套工程等。配套工程方案是项目建设方案的重要部分，必须做到方案优化、工程量明确。位于工业园区的工程建设项目应优先考虑依托园区公用工程岛供应。

公用和辅助工程一般包括给水排水工程、供电与通信工程、供热工程、空调系统、采暖通风系统、压缩风（含压缩空气、仪表空气）和氮气等系统，以及分析化验、维修设施、仓储设施、环保设施、安全设施、消防设施等。

厂外配套工程通常包括防洪设施（如防潮防浪堤、防洪坝、导洪坝和导洪渠等）、铁路专用线、道路、业主码头，水源及输水管道，排水（包括污水管道、雨水和清净废水管道）管道，供电线路及通信线路，供热及原材料输送管道，厂外仓储及原材料堆场，固体废弃物堆场，危险废物填埋场或处置场，固体物料输送工程等。

（3）服务性工程编制内容

简述服务性工程建设内容和规模，确定服务对象和服务方式。

简述服务性工程或设施的技术方案比较过程，确定经济、合理、适用的技术方案。列出服务性工程的主要工程量、主要设备、设施配备。列出服务性工程的主要消耗定额。

（4）生活福利工程编制内容

简述生活福利工程建设内容和规模，确定服务对象和服务方式。

简述生活福利工程或设施的技术方案比较过程，确定经济、合理、适用的技术方案。列出生活福利工程的主要工程量、主要设备、设施配备。列出生活福利工程的主要消耗定额。

（5）厂外配套工程

厂外配套工程的面很广，不同类别、不同规模的项目及项目所在地区的不同条件，都会有很大差异。

厂外配套工程编制内容如下：说明给水水源的选择，取供水设施、输水线路等；说明码头规模,根据选定的码头建设地点,说明码头到生产界区的距离、物料量和物流方案;说明公路、铁路或管道的距离;说明供电线路和接线建设方案。

7)环境保护

建设项目实行环境保护一票否决权。建设项目可行性研究与环境影响评价形成互为条件关系,建设项目建设方案研究为环境影响评价提供条件,环境影响评价对环境的要求又会影响建设方案研究及其环保篇章内容的合理性,进而影响项目决策。

在建设项目建设方案研究中必须包括环境保护方案的研究,并形成相应的环境保护篇(章)。

环境保护篇(章)的编制可参照第 12 章环境评价的相关内容。

8)安全、职业卫生与消防

建设项目实行安全预评价一票否决权。建设项目可行性研究同安全预评价及职业卫生与消防研究内容形成互为条件关系,建设项目建设方案研究为安全预评价提供条件,安全预评价、职业卫生和消防的要求对建设方案研究及其安全、职业卫生和消防篇章内容产生影响,进而影响项目决策。

安全、职业卫生与消防是一项政策性很强的工作,涉及国家、地方有关法规和当地居民要求,对境外投资项目要了解当地政府和当地居民的规定和诉求,认真做好调研,避免引起麻烦和不必要的纠纷。

9)节能、节水

建设项目实行节能评价一票否决权。建设项目在可行性研究阶段同时要开展节能评价,按照规定编报节能评价有关文件。建设项目可行性研究同节能研究内容形成互为条件关系,建设项目建设方案研究为节能评价提供条件,建设方案研究及其安全篇章又要落实节能评价对能耗的要求。

10)项目组织与管理

(1)组织机构与人力资源配置

研究确定相适应的组织机构模式和管理方式,应结合项目具体情况,根据项目性质、规模、自动化水平、人员素质、运营特点和投资者的意见综合考虑。

①人力资源配置。不同行业、不同岗位人力资源配置的方法不同,主要有如下方法:

a.按劳动效率计算定员,即根据生产任务和生产人员的劳动效率计算操作定员人数。

b.按设备计算定员,即根据机器设备的数量、工人操作设备定额和生产班次等计算操作定员人数。

c.按劳动定额定员,即根据工作量或生产任务量,按劳动定额计算操作定员人数。

d.按岗位计算定员,即根据操作岗位和每个岗位需要的人数计算操作定员人数。

e.按比例计算定员,即按服务人员占职工人数比例计算服务人员人数。

f.按组织机构职责范围、业务分工计算管理人员人数,或按照经验数据和管理人员占总员工的比例计算管理人员人数。

②提前进场和员工培训。可行性研究阶段应根据需要提出提前进场人员、时间和数量,提出投产前员工培训计划,包括培训岗位、人数、培训内容、目标、方法、地点和培训费用等。为保证项目建成后顺利投入运营使用,应重点培训关键岗位的操作运行人员和管理人员。

（2）组织机构与人力资源配置的编制内容

①企业管理体制及组织机构设置。简述企业管理体制及其确定原则,列出企业管理组织机构,附管理机构设置示意图。

②生产班制与人力资源配置。根据国家、部门、地方的劳动政策法规,结合项目具体情况,提出生产运转班制和人员配置计划。附岗位定员表(总量)。

③人员培训与安置。根据国家、部门、地方的劳动政策法规,结合项目具体情况,合理招聘各种层次人员。

（3）项目招标

根据《中华人民共和国招标投标法》和《中华人民共和国招标投标法实施条例》,在中华人民共和国境内进行下列工程建设项目时(包括项目的勘察、设计、施工、监理及与工程建设有关的重要设备、材料等的采购),由国务院发展计划部门(国家发展计划委员会)会同国务院有关部门制订,报国务院批准,确定上述所列项目必须进行招标的具体范围和规模标准。

（4）项目代建制

工程项目代建制是规范政府投资项目管理的重要举措。《国务院关于投资体制改革的决定》要求对采用直接投资方式的非经营性政府投资项目加快实行代建制。在代建期间,代建单位在项目单位授权范围内行使代建职权。代建制项目的代建费用标准和付费方式,暂由各级政府价格主管部门或有权部门规定。

代建单位一般应在项目可行性研究报告批准后确定。在确定代建单位前,项目单位可以委托专业咨询单位,协助开展前期工作。根据代建项目的具体情况,也可以实行项目投资建设全过程代建。

（5）项目实施进度与计划的编制内容

①建设工期。建设工期一般是指从拟建项目永久性工程开工之日到项目全面建成投产或交付使用所需要的全部时间。建设工期可参考有关行业部门或专门机构制定的建设工期定额和单位工期定额,也可采用已建工程的经验数据。通常建设工期应根据项目建设内容、工程量大小、建设难易程度,以及资金保障程度、施工条件和管理组织等多因素综合研究确定。

②项目实施进度与计划的编制内容。主要包括项目组织与管理、实施进度计划、项目招标内容、代建制内容、主要问题及建议等。

根据项目性质,结合以往工程项目经验,确定合理的项目实施进度计划。列出项目实施进度计划表,见表9-2。

表9-2　项目实施进度计划表

序号	工作内容	××年												××年…						
		1	2	3	4	5	6	7	8	9	10	11	12	1	2	3	4	5	6	…
	阶段Ⅰ　前期准备																			
1	可行性研究编制																			

续表

序号	工作内容	××年												××年…					
		1	2	3	4	5	6	7	8	9	10	11	12	1	2	3	4	5	6	…
2	可行性研究评估及报批																			
3	技术交流及考察																			
4*	环境影响评价报告及批复等																			
5	引进技术谈判及签约																			
阶段Ⅱ　项目实施																				
1	工艺包																			
2	基础工程设计及初步设计																			
3	详细设计																			
4	设备、材料采购																			
5	现场施工																			
6	单机试运																			
7	考核验收																			

注:"＊"包括环境影响评价报告、项目立项安全评价报告、职业卫生(或职业病预防)评估报告、节能评估报告等编制及批复。

9.2.4　投资估算与资金筹措

1)投资估算

投资估算是可行性研究报告的核心内容之一。投资估算是在对项目的建设规模、产品方案、技术方案、设备方案、场(厂)址方案和工程建设方案及项目进度计划等进行研究并基本确定的基础上,对建设项目总投资及各分项投资数额估算。投资估算根据项目具体情况和资料掌握程度,可以采用不同的估算方法。

融资方案研究是可行性研究阶段的重要工作之一。一个好的建设项目方案,需要一个好的融资方案配合实施,可靠落实的资金来源是项目成功的关键。项目资金由权益资金和债务资金构成,其来源有多种渠道,筹措方式应根据项目具体情况选择。

在项目可行性研究阶段,随着工作的进展,项目条件的逐步明确,投资估算应逐步细化,准确度应逐步提高,从而对项目投资起到有效的控制作用。通常建设项目可行性研究阶段对投资估算的准确度要求(即允许误差率)为±10%以内。

投资估算包括以下编制内容：

（1）投资估算编制依据及说明

（2）建设投资估算

建设投资估算包括国内一般项目建设投资估算、引进项目建设投资估算、中外合资项目建设投资估算、境外投资项目建设投资估算等。

①国内一般项目建设投资估算。按照项目划分，国内一般项目建设投资估算分为固定资产费用、无形资产费用、其他资产费用和预备费用。

按照费用划分，国内一般项目建设投资估算分为设备及工器具购置费、安装工程费、建筑工程费和其他工程费。

按照对投资项目投资控制的要求，国内一般项目建设投资估算分为静态投资和动态投资两部分。

②引进项目建设投资估算。引进项目要列出引进内容，按照投资项目的划分和费用项目进行估算，包括引进价格、从属费用计算、与引进有关的出国人员费用、外籍人员来华等费用。

③中外合资项目建设投资估算。中外合资项目建设投资估算要符合《中华人民共和国中外合资经营企业法》等国家有关法律法规要求。中外合资项目要与合资伙伴在投资估算编制办法上达成一致，原则上应符合我国的有关规定，如有特殊要求，需要做说明。

④境外投资项目建设投资估算。境外投资项目要根据可行性研究报告的具体要求编制投资估算，原则上要依据投资项目所在国（地区）的有关规定编制。当对方无具体规范或要求时，可以按照国际惯例采用第三国或我国有关规范编制，但要经过协商得到对方有关部门认可，其价格计取和费用估算要根据具体项目情况通过调查按实操作。

（3）单项工程投资估算

对于大型联合生产装置投资项目或有多套生产装置的投资项目，还要求对各生产装置和其配套设施编制单项工程投资估算表。

（4）改、扩建和技术改造项目投资估算

改、扩建和技术改造项目需要了解或估算以下数据："现状"数据、"新增"投资、"有项目"投资、"无项目"投资、"增量"投资。

（5）并购项目投资估算

根据并购项目的方式确定投资估算的范围和内容，确定其投资数额。当以实物或技术投资（工业产权等）及股权置换等方式投资时，应根据委托方提供的相关资料，作必要的说明。对于并购后需要改造的应按照工程内容和工程量单独估算改造投资。

（6）建设期利息估算

根据资金使用计划和借款条件，分别计算不同资金使用条件下的建设期利息并汇总。

建设期利息估算时，根据落实的名义利率，要把名义利率折算为有效年利率。

（7）流动资金估算

流动资金估算应采用分项详细估算法，包括应收账款、存货、现金、应付账款等费用估算。特定情况或小型项目可以简化采用大指标估算。

（8）利用原有固定资产价值

对于依托现有企业或改、扩建和技术改造项目，对可利用的原有固定资产价值要给予说明,列出固定资产原值、净值或重估值,说明利用原有固定资产后可以节约的建设投资。

(9)总投资估算

项目总投资,包括建设投资、建设期利息和流动资金。适用于外商投资项目、境外投资项目和自主决策或公司审批的投资项目。

当需要向有关政府部门报批项目时(外商投资项目除外),还需计算规模总投资,即报批项目总投资,包括建设投资、建设期利息和铺底流动资金。

无论项目是否需要向政府报批,财务分析中都采用上述项目总投资概念。

(10)投资估算分析

投资估算分析包括按项目划分进行比例分析、按费用划分进行比例分析和对特殊项目或费用进行分析。

(11)提出投资中按规定可以抵扣的增值税额

2)资金筹措

(1)资金筹措的任务及要求

融资方案研究是在已确定建设方案并完成投资估算的基础上,结合项目实施组织和建设进度计划,构造融资方案,进行融资结构、融资成本和融资风险分析,优化融资方案,并作为融资后财务分析的基础。

项目的融资方案研究的任务,一是调查项目的融资环境、融资形式、融资结构、融资成本、融资风险,拟订出一套或几套可行的融资方案;二是经过比选优化,推荐资金来源可靠、资金结构合理、融资成本低、融资风险小的方案。

(2)资金筹措的编制内容

①资金来源。包括权益资本、债务资金、准股本资金、融资租赁等。

a.权益资本。说明项目权益资本的来源及方式,权益资本筹措时,权益资本的比例不仅要满足国家规定的不同行业最低要求,还应考虑债权人的要求。同时根据项目具体情况和投资者的情况,参照行业平均水平,合理确定投资项目权益资本比例。根据目前我国政府有关规定,项目资本金比例以规模总投资为依据,而符合国际惯例的权益资本比例以项目总投资为依据。外商投资项目和境外投资项目以符合国际惯例的项目总投资(或投资总额)为依据。

值得注意的是:上报国家和地方政府有关部门审批的项目,30%的铺底流动资金必须是权益资本。

b.债务资金。说明项目债务资金的来源及方式,给出债务资金的使用条件,包括利率、还款期、宽限期等。

c.准股本资金。说明项目使用准股本资金的来源及使用条件。

d.融资租赁。说明使用融资租赁的理由,明确租赁方案。必要时应对融资租赁作专门研究。

②中外合资经营项目资金筹措。包括注册资金最低比例、中外合资各方的出资比例。

a.注册资金最低比例。说明项目注册资金的比例和确定依据,根据《中华人民共和国中外合资经营企业法》和国家市场监督管理总局《中外合资经营企业注册资本与投资的比例的暂行规定》要求,根据投资规模不同确定,注意规定的最低比例以及软件所占比例的限度。

b. 中外合资各方的出资比例。说明合资各方的出资比例,说明是否按照规定其出资比例构成各方的股本比例,合资各方按照股本比例分享收益和承担风险。注意国家对外方股本比例的有关要求。部分行业不允许外方控股或限制股本比例在一定范围内。

③资金使用计划。根据项目的实施计划、资金的筹措情况,以及使用条件等编制投资计划与资金筹措表。附投资使用计划与资金筹措表。

④融资成本分析。主要分析计算债务资金成本、权益资本成本和加权平均资金成本。

权益资本采用资本定价模型计算资金成本。一般可行性研究报告中,可只做债务资金成本分析,根据项目的财务分析结果和债务资金利息的抵税因素,向投资者作出提示,合理确定各种资金的使用比例。

⑤融资风险分析。根据融资成本的分析和资金的使用条件,结合项目财务分析结果,向投资者作出风险提示。对项目融资的投资项目,要结合项目具体情况,在做融资成本分析的同时,专题做风险分析。

⑥融资渠道分析。根据项目具体情况,结合资金来源渠道、融资成本等,进行融资渠道分析,提出合理的融资渠道建议。包括政府资金介入的必要性和可能性分析、吸收其他不同渠道资金的必要性和可能性分析等,提出资金构成的建议。

9.2.5 财务分析

财务分析是在现行会计规定、税收法规和价格体系下,通过财务效益与费用(收益与支出)的预测,编制财务报表,计算评价指标,考察和分析项目的财务盈利能力、偿债能力和财务生存能力,据以判断项目的财务可行性,明确项目对财务主体及投资者的价值贡献。

1)财务分析的作用与要求

(1)财务分析的作用

①项目决策的重要依据。在竞争性项目决策过程中,财务分析结论是重要的决策依据。根据财务分析的结论,项目发起人决策是否发起或进一步推进该项目;权益投资人决策是否投资于该项目;债权人决策是否贷款给该项目。

②在项目方案比选中起着重要作用。一方面,财务分析是经济比选的重要方法,财务分析的结果直接作为方案比选的判据,同时财务分析结果可以反馈到建设方案构造和研究中,指导方案优化和方案设计,直至项目经济上趋于合理。

③配合投资各方谈判,促进平等合作。目前,投资主体多元化已成为项目的融资主流,存在着多种形式的合作方式,主要有国内合资或合作的股份制项目、中外合资或合作的项目、多个外商参与的合资或合作的项目等。在酝酿合资、合作的过程中,咨询工程师会成为各方谈判的有力助手,财务分析结果起着促使投资各方平等合作的重要作用。

④财务分析中的财务生存能力分析对非营利性项目决策发挥重要作用,特别是对非经营性项目、社会公益性项目的财务可持续性考察起着重要的作用。

⑤财务分析可以作为经济分析的重要基础和依据。

(2)财务分析的要求

财务分析内容随项目性质和目标有所不同,对于旨在实现投资盈利的经营性项目,其财务分析内容应包括本章所述全部内容;对于旨在为社会公众提供公共产品和服务的非经营性项目,在通过相对简单的财务分析比选优化项目方案的同时,了解财务状况,分析其财务可持续性和生存能力,以便采取必要的措施使项目得以财务收支平衡,正常运营。

财务分析时应根据项目具体情况,结合项目性质,掌握财务分析的原则,正确界定项目的范围,确定计算和判别参数与数据,选择合适的分析方法,必要时应满足决策者不同的需要。

2）财务分析的编制内容

（1）产品成本和费用估算

产品成本和费用估算的方法主要有生产要素法和制造成本加期间费用法。在可行性研究报告中,一般可按生产要素法估算,有特别要求时,可按制造成本加期间费用法估算。

生产成本费用（总成本费用）包括外购原材料费用、外购燃料费用、外购动力费用、制造费用、期间费用。制造费用包括折旧费用、维修费用、其他制造费用。由于固定资产投资实行消费型增值税政策,投资中的增值税可以抵扣企业增值税,因此,进行项目固定资产原值和摊销费用估算时,应扣除可抵扣的固定资产增值税额。

期间费用包括其他管理费用、财务费用、其他营业费用。

经营成本为总成本费用扣除固定资产折旧费、无形资产及其他资产摊销费用和利息后的成本费用。

副产品回收,为便于计算费用与效益,一般副产品回收计入销售收入中。但在计算单位生产成本时,应在原材料消耗中扣除副产品回收费用。如果副产品收入占比很小,可以直接扣减;如果副产品收入占比较大,直接扣减将会导致单位成本计算偏差较大,此时可以采取与联产品相似的分摊做法,按收入占比去分摊成本比较合理。

在计算单位生产成本时,联产品的成本分摊,应按行业有关规定或习惯做法。

根据估算应该形成的附表包括成本和费用估算表、原材料消耗表、燃料和动力消耗表、固定资产折旧计算表、无形资产和其他资产摊销表。然后对成本构成项目和费用比例进行简要分析,根据项目特点与行业普遍水平比较,提出建议。

（2）销售收入和税金估算

①销售收入估算。销售收入是指投资项目销售产品或者提供服务获得的收入,是折现现金流量表中现金流量的主要项目之一,也是利润与利润分配表的主要科目之一。销售收入估算的基础数据包括产品或服务的数量和价格。

②税金估算。销售产品或服务涉及的税费主要有:增值税、消费税、资源税、城市维护建设税及教育费附加等。

项目增值税为销项税和进项税之差。计算增值税金时,注意各种产品的不同税率、出口产品退税率和特殊产品的减免税率。

销售税金及附加包括城市维护建设税和教育费附加,目前税法规定以流转税额（包括增值税、消费税等）为基数进行计算,此项税费为地方税种,计算时要调查不同地区的税率规定。

（3）财务分析

根据估算数据形成财务分析的报表包括项目投资财务现金流量表、权益投资财务现金流量表、投资各方财务现金流量表、利润与利润分配表、借款还本付息计划表、财务计划现金流量表和资产负债表。

根据编制的报表数据计算的财务分析指标包括：

①盈利能力分析。静态指标,项目息税前利润(EBIT)、项目息税折旧摊销前利润(EBITDA)、经济增加值(EVA)、利润总额、税后利润、总投资利润率、权益投资净利润率、投资利税率等。

动态指标,项目财务内部收益率(FIRR)、项目财务净现值(FNPV)、权益投资内部收益率(EFIRR)、投资各方财务内部收益率等。

②偿债能力分析。利息备付率、偿债备付(覆盖)率、借款偿还期等。

③财务生存能力分析。分析是否有足够的净现金流量维持正常运营,尤其是在项目投产初期。分析各年累计盈余资金是否出现负值,是短期还是长期,对出现负值的原因进行分析。非经营性项目通过财务生存能力分析提出需要政府补助维持项目持续运营的费用。

由于是对拟建项目的评价,项目将来实施起来会面临很多不确定因素,因此还要进行不确定性分析,包括：

a. 敏感性分析。根据项目具体情况,找出项目的敏感因素,选择各敏感因素的变化率,计算对项目盈利能力的影响。通过敏感性分析,计算敏感度系数和临界点,确定敏感程度并绘制敏感性分析图。

b. 盈亏平衡分析。计算盈亏平衡点,一般用生产能力利用率或产量表示,分析结果表示项目经营的安全程度。

(4)改、扩建和技术改造项目财务分析特点

"有无对比"是可行性研究的基本法则之一,改、扩建和技术改造项目是使用"有无对比"分析法的典型项目。

新设项目法人项目,"无项目"和"现状"均为零,"有项目"状态即为拟建项目实现目标,此时"新增""增量""有项目"数据均相同。

既有项目法人项目,在确定的项目范围内,若"现状"在"无项目"状态下维持不变,且"有项目"对"现状"也不产生直接影响,则此时"新增"与"增量"相等。

(5)外商投资项目财务分析特点

外商投资项目财务分析要注意适用法律法规的不同对财务分析的影响,要调查税收政策等各种优惠条件和价格政策。注意利润的分配规定和要求等。

(6)境外投资项目财务分析特点

境外投资项目一般要做两个版本,中文版给我国有关政府部门核准用,外文版适用于项目建设地点所在国家或地区有关部门的审批。

境外投资项目财务分析要注意适用法律法规的不同对财务分析的影响,要调查会计准则(政策)、税收政策等及各种优惠条件和价格政策。注意成本的计算、利润的分配规定和要求等。

(7)非工业类项目评价特点

国家发展改革委和建设部颁发的《建设项目经济评价方法与参数》(第三版),专门介绍了非工业类特殊行业的项目评价特点与评价方法,非工业项目的财务分析应参照第三版规定执行。

(8)其他特殊项目

其他特殊项目包括科研开发项目、产业化项目等,安全、环保、设备更新项目等,政策性

搬迁项目等。各类特殊项目应根据项目具体情况,按照委托方的要求,具体情况具体分析,一般来说,此类项目以费用效果分析为主,必要时可按有无对比分析。

9.2.6　经济分析

经济分析按合理配置资源的原则,采用社会折现率、影子汇率、影子工资和货物影子价格等经济分析参数,从项目对社会经济所做贡献及社会经济为项目付出代价的角度,识别项目的效益和费用,分析计算项目对社会经济(社会福利)的净贡献,评价项目投资的经济效率,也即经济合理性。企业自主决策的项目一般不要求做经济分析,如遇特大型项目或国家有关部门要求进行经济分析时,应按照国家发展改革委、建设部《建设项目经济评价方法与参数》(第三版)的要求进行。

1)经济分析的作用

①正确反映项目对社会福利的净贡献,评价项目的经济合理性。当建设项目接受国家给予的项目补贴、项目业主向国家缴税、项目投入或产出的某些货物市场价格可能扭曲或者项目存在明显的外部效果(间接效益和间接费用)时,项目的财务盈利性就可能难以全面正确地反映项目的经济合理性,因而需要从项目对社会资源增加所做贡献和项目引起社会资源耗费增加的角度进行项目的经济分析,以便正确反映项目对社会福利的净贡献。

②为政府合理配置资源提供依据。项目的经济分析对项目的资源配置效率,也即项目的经济效益(或效果)进行分析评价,可为政府的资源配置决策提供依据,提高资源配置的有效性。

政府在审批或核准项目的过程中,对那些本身财务效益好,但经济效益差的项目实行限制,使有限的社会资源得到更有效的利用。

对那些本身财务效益差,而经济效益好的项目,政府可以采取某些支持措施鼓励项目的建设,促进对社会资源的有效利用。

③政府审批或核准项目的重要依据。在现行投资体制下,国家对项目的审批和核准重点放在项目的外部性、公共性方面,而经济分析强调对项目的外部效果进行分析,可以作为政府审批或核准项目的重要依据。

④为市场化运作的基础设施等项目提供财务方案的制订依据。对部分或完全市场化运作的基础设施等项目,可通过经济分析来论证项目的经济价值,为制订财务方案提供依据。

⑤比选和优化项目(方案)的重要作用。在项目可行性研究的全过程中强调方案比选,为提高资源配置的有效性,方案比选应根据能反映资源真实经济价值的相关数据进行,这只能依赖于经济分析,因此经济分析在方案比选和优化中可发挥重要作用。

2)经济分析的要求

在经济费用效益分析中,要正确理解和使用经济分析参数,正确估算经济效益和费用,计算评价指标并进行经济合理性的判断,从而进行方案的比选优化。当费用和效益流量识别和估算完毕之后,应编制经济费用效益分析报表,并根据报表计算评价指标,进行经济效率分析,判断项目的经济合理性。

社会折现率是经济分析的重要通用参数,既用作经济内部收益率的判别基准,也用作计算经济净现值的折现率。

不确定性分析同样是经济分析的重要内容。经济分析还应充分考虑间接费用和间接效益,间接费用和间接效益有可以量化的,也有不可以量化的,在经济分析时,都应充分说明。

3)经济分析的方法

费用效果分析是项目经济分析与评价的基本方法之一。当项目效果不能或难以货币量化时,或货币量化的效果不是项目目标的主体时,在经济分析中可采用费用效果分析方法,并将其结论作为项目投资决策的依据。例如,医疗卫生保健、政府资助的普及教育、气象、地震预报、交通信号设施、军事设施等项目。费用效果分析是通过对项目预期效果和所支付费用的比较,判断项目费用的有效性和项目经济合理性的分析方法。效果是指项目引起的效应或效能,表示项目目标的实现程度,往往不能或难以货币量化。费用是指社会经济为项目所付出的代价,是可以货币量化计算的。

4)经济分析的编制内容

(1)经济费用效益分析主要报表

经济费用效益分析主要报表是"项目投资经济费用效益流量表"。辅助报表一般包括建设投资调整估算表、流动资金调整估算表、营业收入调整估算表和经营费用调整估算表。如有要求,也可以编制国内投资经济费用效益流量表。

项目投资经济费用效益流量表可以按照前述效益和费用流量识别和计算的原则和方法直接进行编制,也可以在财务现金流量的基础上进行调整编制。

(2)主要经济分析指标

通过"项目投资经济费用效益流量表"计算经济净现值(ENPV)和经济内部收益率(EIRR)指标。

费用效果分析基本指标是效果费用比($R_{E/C}$),即单位费用所达到的效果,习惯上也可以采用费用效果比($R_{C/E}$)指标,即单位效果所花费的费用。

(3)敏感性分析

根据项目具体情况,找出项目的敏感因素,选择各敏感因素的变化率,计算对项目盈利能力的影响。

(4)部分行业项目特点

①交通运输项目的直接效益体现为时间节约的效果,可结合项目的具体情况计算。

②教育项目、医疗卫生和卫生保健项目等的产出效果表现为对人力资本、生命延续或疾病预防等方面的影响,可按人力资本增值的价值、可能减少死亡的价值,以及减少疾病、增进健康等的价值估算方法并结合项目的具体情况计算。

③水利枢纽项目的直接效益体现为防洪效益、减淤效益和发电效益等,可按照行业和项目具体情况分别估算。

9.2.7 风险分析

风险分析作为可行性研究的一项重要内容,贯穿于项目分析的各个环节和全过程。即在项目可行性研究的主要环节,包括市场、技术、环境、安全、消防、投资、融资、财务、经济及社会分析中进行相应的风险分析,并进行全面的综合分析和评价。

1）风险分析的作用

相对于一般经济活动而言，投资项目的风险尤为值得关注。在可行性研究阶段正确地认识到相关的风险，并在实施过程中加以控制，大部分风险的影响是可以降低和防范的。

充分考虑风险分析的结果，在可行性研究的过程中，通过信息反馈，改进或优化项目研究方案，直接起到降低项目风险的作用，避免因在决策中忽视风险的存在而蒙受损失。同时，充分利用风险分析的成果，建立风险管理系统，有助于为项目全过程风险管理打下基础，防范和规避项目实施和经营中的风险。

2）风险分析的编制内容

①风险因素的识别。应针对项目特点识别风险因素，层层剖析，找出深层次的风险因素。

②风险程度的估计。采用定性或定量分析方法估计风险程度。

③研究提出风险对策。提出针对性的、切实可行的防范和控制风险的对策建议。

④风险分析结果的反馈。在可行性研究过程中应将风险分析结果随时反馈于项目方案的各个方面，以便调整完善方案，规避风险。

⑤编制风险与对策汇总表。将项目的主要风险进行归纳和综述，说明其起因、程度和可能造成的后果，以全面、清晰地展现项目主要风险的全貌，将风险与对策研究结果汇总于表9-3。

⑥风险结论与提示。

表9-3 风险与对策汇总

序号	主要风险	风险起因	风险程度	后果与影响	主要对策
1					
2					
3					
…					

9.2.8 结论

①综合评价。对可行性研究中涉及的主要内容，概括性地给予总结评价。

②研究报告的结论。对可行性研究中涉及的主要内容及研究结果，给出明确的结论性意见，指出项目是否可行。

③存在的问题。对项目可行性研究过程中存在的问题汇总，并分析问题的严重性及对项目各方面的影响程度。

④建议及实施条件。明确提出下一步工作中需要协调、解决的主要问题和建议，提出项目达到预期效果需要满足的实施条件。

9.3　部分行业或项目可行性研究报告编制的特点

可行性研究及其报告的内容和侧重点,因项目的性质、特点不同有所差别。可行性研究及其报告的内容和侧重点,因行业不同有所差别并具有明显的行业特点。

9.3.1　政府投资项目

对于政府投资建设的社会公益性项目、公共基础设施项目和环境保护等项目,除上述各项内容外,可行性研究及其报告的内容还应包括:

①政府投资的必要性。

②项目实施代建制方案。

③政府投资的投资方式。对采用资本金注入方式的项目,要分析出资人代表的情况及其合理性。

④对没有营业收入或收入不足以弥补运营成本的公益性项目,要从项目运营的财务可持续性角度,分析、研究政府提供补贴的方式和数额。

⑤PPP项目应根据政府有关规定,在满足项目目标和基准收益的前提下,推算政府介入的条件和给予的优惠等。

9.3.2　部分行业项目

1)水利水电项目

水利水电项目通常具有防洪、灌溉、治涝、发电、供水等多项功能。需要重点研究:水利水电资源的开发利用条件,水文、气象、工程地质条件,坝型与枢纽布置,库区淹没与移民安置等;项目经济评价以经济分析为主,财务分析为辅;对于社会公益性的水利项目,如防洪、治涝项目,财务分析的目的是测算提出维持项目正常运行需要国家补助的资金数额和需要采取的经济优惠政策。

水利水电项目的主要工程方案是主要建筑物方案。库区淹没和移民安置是极其重要的内容之一,应重点研究和论述。

2)交通运输项目

交通运输项目包括公路、铁路、机场、地铁、桥梁、隧道等项目,不生产实物产品,而是为社会提供运输服务。需要重点研究:项目对经济和社会发展、区域综合运输网布局、路网布局等方面的作用和意义;研究运量、线路方案,建设规模、技术标准,建筑工程方案等;项目经济评价以经济分析为主,财务分析为辅。

交通运输项目出站点的建设与改造大多跨区域,尤其是交通干线,项目占用土地较多,跨越河流、村庄等敏感区域,因此社会评价是交通运输项目的重点内容之一。项目站线选择应充分考虑搬迁和移民安置等,应将其作为重点内容研究和论述。

机场建设项目涉及空域规划和无线电导航等飞行程序设计,轨道交通涉及城市地下与地面复杂环境与构造,这些都具有很强的行业和专业特点,技术复杂,应严格按照行业规范和标准执行。

3）农业开发项目

农业开发项目多为综合开发项目，可能包括农、林、牧、副、渔和加工业等项目，建设内容比较复杂。需要重点研究：市场分析、建设规模和产品方案、原材料供应等；农业项目受气候等自然条件影响，效益与费用的不确定性较大。项目经济评价一般分项目层和经营层两个层次，项目层评价以经济分析为主，财务分析为辅，经营层评价只进行财务分析。

农业综合开发、种植、养殖等行业均有可行性研究报告编制规定。

4）文教卫生项目

文教卫生项目包括学校、体育馆、图书馆、医院、卫生防疫与疾病控制系统等项目。项目建设的目的在于改善公共福利环境，提高人民的生活水平，保障社会公平，促进社会发展。需要重点研究：根据项目的服务范围，确定项目的建设规模；依据项目的功能定位，比较选择适宜的建筑方案、主要设备和器械；项目经济评价以经济分析为主，常用的方法有最小成本分析、费用效果分析等。

学校、体育设施、医疗卫生等行业均有可行性研究报告编制规定。

5）资源开发项目

资源开发项目包括煤、石油、天然气、金属、非金属等矿产资源的开发项目、水利水电资源的开发利用项目、森林资源的采伐项目等。需要重点研究资源开发利用的条件，包括资源开发的合理性、拟开发资源的可利用量、自然品质、赋存条件和开发价值；分析项目是否符合资源总体开发规划的要求，是否符合资源综合利用、可持续发展的要求，是否符合保护生态环境的有关规定。

资源开发项目大多从属于所属行业，各行业均有可行性研究报告编制规定。实际操作中应根据项目性质结合行业特点进行编制。

6）公共建设项目、城市基础设施项目和房地产项目

①公共建设项目。公共建设项目指行政办公用房、文化娱乐场馆、体育场馆、医疗卫生设施、教育科研设计机构用房、文物古迹和革命纪念建筑、城市通信设施、外国使领馆等。

这类项目具有很强的政府主导性，大部分属于政府投资，符合政府投资项目的特点。该类项目主要强调社会服务功能，分析的重点是社会需求与服务，强调投资效果分析，经济分析的重点强调费用效果最佳，以及财务的可持续性分析，在充分满足服务功能的前提下，计算项目的运行费用，提出可持续运行的方案等。

②城市基础设施项目。城市基础设施项目指给水、排水、道路、桥梁、隧道、防洪、燃气、热力、环境卫生、园林和景观等新建工程以及改造工程。

这类项目与公共建设项目基本类似，其财务分析和经济分析方法可以相互借鉴。

该类项目比较适合 PPP 模式，采用 PPP 方式建设时，应按照 PPP 项目的特点编制可行性研究报告。

③房地产项目。房地产项目包括商用住宅和商用办公、商场（统称商品房）等，也包括经济适用房、两限房、廉租房（统称经适房）等。

商品房项目完全由市场主导，与一般工业类项目一样，其建设目的在于满足市场需求和盈利，项目研究的重点在于取得较好的地块和容积率。项目的营销手段是项目定价并取得盈利的重要内容。

经适房项目不完全由市场主导,其定价和土地供应由政府主导,项目研究的重点在于取得较好的地块和容积率并有较好的设计方案,满足政府和客户的需求。项目不以追求盈利为目的。

9.3.3　非经营性项目

1)非经营性项目的概念

本节所述非经营性项目是指旨在实现社会目标和环境目标,为社会公众提供服务的非营利性投资项目,包括社会公益事业项目(如教育项目、医疗卫生保健项目)、环境保护与环境污染治理项目、某些公用基础设施项目(如市政项目)等。这些项目经济上的显著特点是对为社会提供的服务和使用功能不收取费用或只收取少量费用。

2)非经营性项目财务分析的目的

由于建设这类项目的目的是发挥其使用功能,服务于社会,对其进行财务分析的目的不一定是形成投资决策的依据,而是考察项目的财务状况,了解其赢利还是亏损,以便采取措施使其能维持运营,发挥功能。有的项目旨在结合财务生存能力分析寻求适宜的融资方案,包括申请政府补助。很多非经营性项目的财务分析,实质上是在进行方案比选,以使所选择方案能在满足项目目标的前提下,花费费用最少。

3)非经营性项目财务分析的要求

(1)非经营性项目财务分析的要求视项目具体情况有所不同

①对没有营业收入的项目,不需进行盈利能力分析。其财务分析重在考察财务可持续性。这类项目通常需要政府长期补贴才能维持运营。应同一般项目一样估算费用,包括投资和运营维护成本,在此基础上,推算项目运营期各年所需的政府补贴数额,并分析可能实现的方式。

②对有营业收入的项目,财务分析应根据收入抵补支出的不同程度,区别对待。通常营业收入补偿费用的顺序是:支付运营维护成本、缴纳流转税、偿还借款利息、计提折旧和偿还借款本金。具体分成以下几种情况处理:

一是有营业收入,但不足以补偿运营维护成本的项目,应估算收入和成本费用,通过两者差额来估算运营期各年需要政府给予补贴的数额,进行财务生存能力分析,并分析政府长期提供财政补贴的可行性。对有债务资金的项目,还应结合借款偿还要求进行财务生存能力分析。

二是有些项目在短期内收入不足以补偿全部运营维护成本,但随着时间推移,通过价格(收费)水平的逐步提高,不仅可以补偿运营维护成本、缴纳流转税、偿还借款利息、计提折旧、偿还借款本金,还可产生盈余。因此,对这类只需要政府在短期内给予补贴,以维持运营的项目,只需要进行偿债能力分析(如有借款时)和财务生存能力分析,推算运营前期各年所需的财政补贴数额,分析政府在有限时间内提供财政补贴的可行性。

三是营业收入在补偿项目运营维护成本、缴纳流转税、偿还借款利息、计提折旧、偿还借款本金后还有盈余,表明项目在财务上有盈利能力和生存能力,其财务分析内容可与一般项目基本相同。

由于非经营性项目类别繁多,情况各异,实践中可根据项目类别和具体情况进行选择,注意符合行业特点和要求。

（2）对收费项目应合理确定提供服务的收费价格

服务收费价格是指向服务对象提供单位服务收取的服务费用,需分析其合理性。分析方法一般是将预测的服务收费价格与消费者承受能力和支付意愿以及政府发布的指导价格进行对比,也可与类似项目对比。

有时需要在维持项目正常运营的前提下,倒推服务收费价格,同时分析消费者支付能力。

（3）效益难以货币化的非经营性项目

对效益难以货币化的非经营性项目,可采用效果费用比或费用效果比来进行方案比选。与经济分析的主要不同在于分析目标较为单一,采用的是财务数据。

在现实的实践工作中,往往是采用单位功能（效果）费用指标,或者单位费用效果指标,包括投资指标和成本指标,习惯上常采用前者。例如:

单位功能建设投资,系指提供一个单位的使用功能或提供单位服务所需要的建设投资,比如医院每张病床的投资、学校每个就学学生的投资等。

$$单位功能建设投资=建设投资/设计服务能力或设施规模$$

单位功能运营费用,系指提供一个单位的使用功能或提供单位服务所需要的运营费用。

$$单位功能运营费用=运营费用/设计服务能力或设施规模$$

以上指标直观、简单、易算,但也有明显的缺陷,一是只分别计算了投资和成本,没有进行全面比较;二是没有考虑整个计算期的费用,未按资金时间价值原理计算。

9.4　可行性研究案例

本节以某 120 万吨/年乙烯及配套工程项目为例,详细介绍项目可行性研究报告。

9.4.1　项目概况

由 MY 化学有限公司投资建设的 120 万吨/年乙烯及配套工程项目位于中国北方某市的临港经济开发区,主要生产装置包括 120 万吨/年乙烯装置、30（40）万吨/年 EO（EG）装置、50 万吨/年的 HDPE 装置、50 万吨/年的 FDPE 装置、30 万吨/年的 PP 装置、5 万吨/年 1-己烯装置、20 万吨/年混合 C4、25 万吨/年裂解汽油联合装置。

本项目总占地面积约为 160.23 公顷,其中生产装置区用地为 106.21 公顷,原料产品罐区用地为 40.14 公顷,低温乙烷罐区用地为 13.88 公顷,建设期为 2017 年 11 月至 2021 年 7 月。

本项目建设总投资 1 686 590 万元,其中固定资产 1 517 168 万元,无形资产 72 286 万元,其他资产 7 962 万元,预备费 89 173 万元。

当前,在国内炼油产能严重过剩,成品油需求增速大幅放缓,但芳烃和烯烃等基础有机化工原料仍大量短缺的背景下,国家鼓励地炼企业整合,发展乙烯等下游高端产业项目,从而化解炼油过剩产能,进一步延伸石化产业链条,加快推进石化产业供给侧结构性改革,推动实施新旧动能转换,促进石化企业改造升级、转型发展。本项目以当地丰富的石脑油等资源为原料,实现地炼资源整合优化,采用前脱丙烷工艺,采用最先进的茂金属催化剂,生产市场需求增长迅速、对外依存度高(48%~72%)、性能优越的特种管材合成树脂、化工中间体及聚酯原料等产品,在技术上一举达到世界最先进水平,并直接面对世界最大的合成树脂市场:山东、河北及整个华东地区。本项目将为××港建成国家石化产业基地提供有力支撑,助推××市乃至全省石化产业转型升级、由大变强。

9.4.2 项目可行性研究报告[①]

某120万吨/年乙烯及配套工程项目可行性报告详情,请扫二维码。

可行性研究报告

【本章小结】

本章介绍了工程项目可行性研究的几个方面,首先介绍了可行性研究的概念、作用、编制依据和要求以及编制深度要求,接着重点介绍了可行性研究报告的编制内容,其中涉及的重点内容包括项目市场分析、进行建设方案研究与比选等十个方面,项目投资估算与资金筹措,投资项目的财务分析、经济分析和风险分析。对不同行业或者类别的项目进行可行性研究时的内容和方法都有所不同,因此本章最后分别简要介绍了政府投资项目、水利水电和交通运输等部分行业项目、资本运作项目和非经营性项目的特点,以及对其进行可行性研究时的注意问题。

【习题与思考题】

1. 项目可行性研究的作用包括哪些方面?
2. 项目可行性研究一般都包括哪些内容?
3. 投资项目的市场分析通常包括哪些方面?
4. 对工程建设方案进行比选一般都包括哪些内容?
5. 可行性研究中的财务分析报表都包括哪些?
6. 外商投资项目和境外投资项目的财务分析各自有什么特点?
7. 对投资项目进行经济分析的作用包括哪些方面?
8. 对投资项目进行风险分析一般都包括哪些内容?

---

① 资料来源:根据实际项目改编。

第 **10** 章

工程项目融资

教学内容、重点与难点

教学内容：工程项目融资成功是项目成功的前提，本章首先介绍融资的类型和特点，以及融资活动的参与主体和融资环境；然后从权益资金融资和债务资金融资两个方面介绍常见的融资方式；接着结合我国近些年的工程实践和最新发展，讲解我国政府和社会资本合作（PPP）模式的概念及操作程序中关键的物有所值分析和财务承受能力论证；最后讲解针对融资方案的资金成本分析、资金结构分析和融资风险分析。

教学重点：要求学生重点掌握几种常见的权益资金融资方式和债务资金融资方式及其优缺点，学会针对 PPP 项目的物有所值分析和财务承受能力论证的原理和方法，学会几种常见的资金成本分析和资金结构分析的方法。

教学难点：本章涉及物有所值分析、财务承受能力论证、资金成本分析和资金结构分析的定量分析方法是学习的难点。

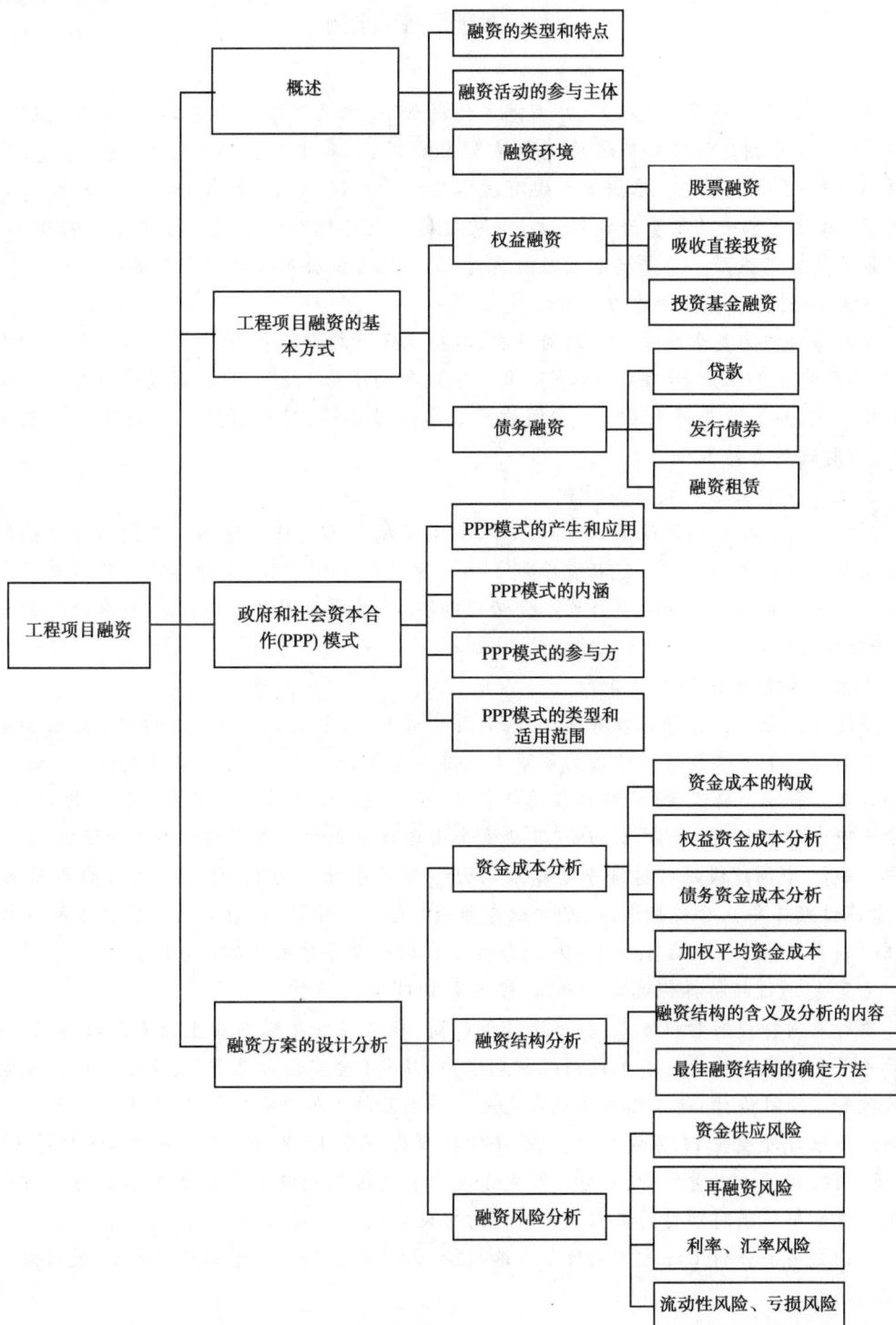

知识框架

```
                                    ┌─ 融资的类型和特点
                          ┌─ 概述 ──┼─ 融资活动的参与主体
                          │         └─ 融资环境
                          │
                          │                           ┌─ 股票融资
                          │                ┌─ 权益融资 ┼─ 吸收直接投资
                          │                │           └─ 投资基金融资
                          ├─ 工程项目融资的基
                          │   本方式 ──────┤
                          │                │           ┌─ 贷款
                          │                └─ 债务融资 ┼─ 发行债券
                          │                            └─ 融资租赁
                          │
工程项目融资 ─────────────┤                ┌─ PPP模式的产生和应用
                          │                ├─ PPP模式的内涵
                          ├─ 政府和社会资本合 ┤
                          │   作(PPP)模式 ─┼─ PPP模式的参与方
                          │                └─ PPP模式的类型和
                          │                    适用范围
                          │
                          │                           ┌─ 资金成本的构成
                          │                ┌─ 资金成本分析 ┼─ 权益资金成本分析
                          │                │               ├─ 债务资金成本分析
                          │                │               └─ 加权平均资金成本
                          │                │
                          └─ 融资方案的设计分析 ┤    ┌─ 融资结构的含义及分析的内容
                                           ├─ 融资结构分析 ┤
                                           │           └─ 最佳融资结构的确定方法
                                           │
                                           │           ┌─ 资金供应风险
                                           │           ├─ 再融资风险
                                           └─ 融资风险分析 ┤
                                                       ├─ 利率、汇率风险
                                                       └─ 流动性风险、亏损风险
```

导入案例

某污水处理厂融资案例

某市拟新建一座污水处理厂,项目基本情况如下:据规划该项目建设规模为日处理污水12万吨,据初步测算该项目工程总投资约33 000万元,其中厂区部分约18 000万元,管网及泵站工程15 000万元。根据该市现有污水厂运营情况和现行政策每吨污水处理成本为0.40元,每吨污水平均收费为0.30元,市财政局财政补贴为0.1元。按市政府的要求,本项目须尽快竣工投产。为筹措本项目所需资金,委托咨询公司设计了4个融资方案。

方案1:利用日本海外协力基金融资

日本海外协力基金属于日本政府贷款,其特点是贷款期限长、利率低。经与日方初步洽谈,本项目贷款年限为20年(其中宽限期2年),年利率为1.5%,中国建设银行转贷手续费为0.9%,保函手续费为1.4%。且须购买日本的设备等;日方贷款比例为项目总投资的70%,市财政局自筹30%。

方案2:申请国家开发银行贷款

国家开发银行为国家政策性贷款银行,本项目属于其支持的范围。开发银行贷款期限一般为10年(最长为15年,包括宽限期3年),贷款利率6.21%,贷款总额为项目总投资的50%~70%。其前提条件是项目资本金必须落实,并且要有市财政局担保,贷款评估时间较短,手续较为简单。

方案3:组建合作企业

组建合作企业由合作双方共同出资,其资金成本低,也能够引进先进的管理经验和先进的生产工艺。本方案合作的中方为某市下属排水有限公司,日方为日本株式会社荏原制作所和日本三井物产株式会社,经初步谈判取得如下共识:公司注册资本占总投资的40%,注册资本中中方占51%,日方占49%,其余资金由合作企业向日本国际协力银行贷款,贷款年利率2.1%,中国建设银行转贷手续费为0.9%,保函手续费为1.4%。双方合作期限为20年(含建设期2年),合作期满后,日方出资部分无偿交给中方,但日方年投资收益率为15%~8%(前5年15%,以后各年为8%),合作企业购买设备时须采购日方设备。

方案4:通过招标择优选定承包商,按内资BOT模式运作

政府采用特许经营权方式,招标选择承包商,在其经营年限内业主拥有产权和经营权,以后年限无偿交给政府。本承包商经营期限为20年(含建设期2年),20年后项目无偿移交给政府。项目设计、施工均由承包商完成。关于其污水处理量的计价:项目正式投入使用后第一年按日处理量11万吨计价,以后年份按日处理量12万吨计价,如污水量超过12万吨/日,则按实际污水量计价,此外还规定了其他有关污水处理质量方面、建设进度等方面的要求。投标单位须对项目的工程总投资和污水处理收费进行报价。

咨询公司要分析上述方案的优缺点和风险,计算比较每种方案的融资成本,最后做出最合理的建议。

10.1　概述

10.1.1　融资的类型和特点

1)公司融资和项目融资

了解现代融资方式,首先必须明白融资的分类。要投资建设一个项目,就项目的组织方式、债务资金的安排方式及风险结构的设计而言,国际上通常将融资方式分为两类,即公司融资和项目融资。这两类融资方式所形成的项目,在投资者与项目的关系、投资决策与信贷决策的关系、风险约束机制、各种财务比率约束等方面都有显著区别。

(1)公司融资

公司融资,又称企业融资,是指以现有企业为基础进行融资并完成项目的投资建设。无论项目建成之前或之后,都不出现新的独立法人。对于现有企业的设备更新、技术改造、改建、扩建,均属于公司融资类的项目。

公司融资的基本特点是:以现有公司为基础开展融资活动,进行投资决策,承担投资风险和决策责任。以这种融资方式筹集的债务资金虽然实际上用于项目投资,但债务人是公司而不是项目,即以企业自身的信用条件为基础,通过银行贷款、发行债券等方式,筹集资金用于企业的项目投资。债权人不仅对项目的资产进行债务追索,而且还可以对公司的全部资产进行追索,因而对于债权人而言,债务的风险程度相对较低。在市场经济条件下,依靠企业自身的信用进行融资,是为建设项目筹集资金的主要形式。在这种融资方式下,不论企业筹集的资金如何使用,不论项目未来的盈利能力如何,只要企业能够保证按期还本付息就行。因此,采用这种融资方式,必须充分考虑企业整体的盈利能力和信用状况,并且整个公司的现金流量和资产都可用于将来偿还债务。

(2)项目融资

"项目融资"是一个专用的金融术语,和通常所说的"为项目融资"是两个不同的概念,不可混淆。项目融资是指为建设和经营项目而成立新的独立法人——项目公司,由项目公司完成项目的投资建设和经营还贷。项目融资又叫无追索权融资方式(Non-Recourse Financing)。其含义是:项目负债的偿还,只依靠项目本身的资产和未来现金流量来保证,即使项目实际运作失败,债权人也只能要求以项目本身的资产或盈余还债,而对项目以外的其他资产无追索权。因此,利用项目融资方式,项目本身必须具有比较稳定的现金流量,必须具有较强的盈利能力。

在实际操作中,纯粹无追索权项目融资是无法做到的。由于项目自身的盈利状况受到多种不确定性因素的影响,仅仅依靠项目自身的资产和未来现金流量为基础进行负债融资,债权人的利益往往难以保障。因此,往往采用有限追索权融资方式(Limited-Recourse Financing)。即要求由项目以外的与项目有利害关系的第三者提供各种形式的担保。

项目融资的基本特点是:投资决策由项目发起人(企业或政府)作出,项目发起人与项目法人(项目公司)并非一体,而项目的债务融资风险由新成立的项目公司承担。项目能否还贷,仅仅取决于项目是否有财务效益及其所依托的项目资产,因此又称"现金流量融资"。

项目只能以自身的盈利能力来偿还债务,并以自身的资产作为债务追索的对象。对于此类项目的融资,必须认真设计债务和股本的结构,以使项目的现金流量足以还本付息,所以又称为"结构式融资"。

无论是公司融资还是项目融资,在债务资金的筹措中,都可能涉及"主权信用融资"这一范畴,即以国家主权的信用为基础进行的债务融资。信用评级理论认为,国家是最高的信用主体,以国家主权的信用为基础进行的负债融资,融资风险也最低。改革开放以来,我国引进了大量外资,如世界银行、亚洲开发银行等国际金融机构、外国政府、商业银行贷款等,其中绝大多数都是由国家财政、金融部门担保的。通过这种融资方式,我国为许多重点建设项目筹集了大量外资。在公司融资结构安排下,我国的国有企业对利用主权信用融资具有得天独厚的优势;在项目融资的结构安排下,有主权信用融资的参与,是吸引其他融资机构参与的有力保证,由此必须善于利用主权信用融资的技巧。

2)权益融资和负债融资

权益融资和负债融资是现代融资的另一重要分类,是设计融资方案、分析融资结构及财务杠杆的重要基础。

(1)权益融资

权益融资是指以用所有者的身份投入非负债性资金的方式所进行的融资。权益融资形成企业的"所有者权益"和项目的"资本金"。我国的项目资本金制度规定国内投资建设的项目必须按照国务院规定筹集必要的资本金,杜绝"无本项目"的存在。因此,权益融资在我国项目资金筹措中具有强制性。

权益融资具有以下特点:①权益融资筹措的资金具有永久性特点,无到期日,不需归还,项目资本金是保证项目投资对资金的最低需求,是维持项目长期稳定运营的基本前提;②没有固定的按期还本付息的压力,股利的支付与否和支付多少,视项目投产运营后的实际经营效果而定,因此项目企业法人的财务负担相对较小,融资风险较低;③权益融资是负债融资的基础,权益融资是项目投资最基本的资金来源,它体现着项目所依托的企业法人的实力,是其他融资方式的基础。尤其可为债权人提供保障,增强公司的举债能力。

根据国家有关项目资本金制度,项目资本金来源可以是货币资金,也可以用实物、工业产权、非专利技术、土地使用权作价出资。作为资本金来源的实物、工业产权、非专利技术、土地使用权,必须经过有资格的资产分析机构依照法律、法规进行分析作价,并不得高估或者低估。

(2)负债融资

负债融资是指通过银行贷款、发行债券等负债融资方式筹集资金。负债融资是建设项目资金筹措的重要形式。项目投资所依托的企业法人必须承担为建设项目筹集资金并为负债融资按时还本付息的责任。

负债融资的特点主要体现在:

①筹集的资金在使用上具有时间性限制,必须按期偿还。

②无论项目企业法人今后经营效果好坏,均需要固定支付债务利息,从而形成项目企业法人今后的财务负担。

③资金成本一般比权益融资低,且不会分散对项目未来权益的控制权。

债务资金主要是通过金融机构在金融市场进行各类负债性融资活动来解决的。金融市场是各种信用工具买卖的场所,其职能是把某些组织或个人的剩余资金转移到需要资金的组织或个人并通过利率杠杆在借款者和贷款者之间分配资金。在负债融资方案的设计和分析中,必须根据金融市场的特点、国际金融环境和我国金融体制改革的趋势,结合项目自身的实际情况进行审慎分析。

在现代融资方案的设计中,还经常使用一些介于权益融资和负债融资之间的融资方式,如股东附属贷款、可转股债券、认股证等,它们具有"权益"和"负债"的双重特征,在现代融资方案的策划中往往发挥重要作用。

3)长期融资和短期融资

企业和项目的资金筹措,必须分清是需要长期资金还是短期资金,二者的融资方式不同,融资成本不同,面临的融资风险也不同。

长期融资,是指企业因购建固定资产、无形资产或进行长期投资等资金需求,所筹集资金的使用期限在一年以上的融资。长期融资通常通过吸收直接股权投资、发行股票、发行长期债券或进行长期借款等融资方式进行融资。

短期融资,是指企业因季节性或临时性资金需求而筹集的使用期限在一年以内的融资。短期融资一般通过商业信用、短期借款和商业票据等融资方式进行融资。

项目的投资主要由固定资产投资和周转资金两部分构成。固定资产投资因其性质决定,一般应由长期融资来解决。周转资金为流动资产减流动负债之差。其中,流动资产可分为两类:一是永久性流动资产,即企业的生产经营所必需的,无论是处于高涨时期还是经营低谷,企业都必须保持的流动资产;二是波动性或临时性流动资产,即随企业经营状况的波动而临时需要的流动资产。相应地,周转资金也由永久性周转资金和波动性周转资金两部分构成。形成流动资产的资金来源,一部分通过流动负债来筹集,一部分需要周转资金来解决。在项目的融资方案分析中所涉及的周转资金,一般是指永久性周转资金,并需要长期融资来解决。

4)境内融资和利用外资

融资根据资金是否来源于海外,可分为境内融资和利用外资。

境内融资包括国内商业银行贷款、政策性银行贷款、发行公司(企业)债券、可转换债券、股票及其他产权融资方式。

利用外资包括组建中外合资、中外合作和外商独资企业,海外发行股票、债券、基金及ABS债券等证券融资方式,外国政府贷款、国际金融组织贷款、国际商业银行贷款、国际出口信贷、国际融资租赁等信贷融资方式,以及补偿贸易、对外加工装配等方式。

5)内部融资和外部融资

根据资金来源于企业内部还是外部,又可分为内部融资和外部融资。

内部融资主要是通过企业税后利润、留存收益、折旧资金、企业现有资产变现等方式为建设项目筹集的资金。

外部融资则是通过企业外部的各种渠道筹集的资金。

所有这些融资来源的划分方法,都是现代融资方案的策划过程中必须考虑的因素。

10.1.2 融资活动的参与主体

在现代融资环境下,融资活动涉及各种各样机构的参与,并形成复杂的融资结构框架。金融机构(如保险公司、银行、社保基金、住房储蓄信贷机构、单位信托投资基金等)在金融市场中作为金融中介,在资金的筹措、融通等方面发挥了重要的作用。

1)银行类机构

(1)商业银行

商业银行是为大型投资项目提供负债融资的重要金融机构。在国际信贷市场中,能否得到国际商业银行的贷款,往往取决于贷款国的银行及其他金融机构与国际标准接轨的程度,以及现已完成项目的信用记录,商业银行初始参与大型项目的贷款往往需要得到国际金融组织的担保。商业银行提供贷款的主要方式有:双边商业贷款、辛迪加贷款及俱乐部交易。

商业贷款要求项目必须具备足够的现金流量和贷款偿还能力,而不过多考虑项目对于经济及环境的影响,除非其影响到了项目财务效益的实现或政治上的可接受性。

商业银行融资的主要优势在于:

①可为项目提供负债融资。

②可提供长期贷款。

③商业银行追求风险最小化,为可保风险提供足额保险。

商业银行融资的主要劣势在于:

①比国际金融组织的贷款利率要高。

②贷款期限相对较短,通常难以满足一些大型基础设施项目的融资要求。

③可能难以获得宽限期。

④不愿为项目提供权益融资。

⑤其贷款要由项目公司的资产或其现金流量来担保。

(2)双边及多边国际开发银行

双边及多边国际开发银行在投资项目的资金筹措中发挥了重要作用。在中国,大量的国际金融组织在投资项目的资金筹措中扮演着重要角色。这些机构在很多诸如担保、贷款等事务上都有自己的政策和标准,形成其贷款规则和标准,这些标准又会进而影响项目融资的结构。这类金融机构往往仅对特定项目提供支持。如果项目具有良好的财务效益,但其经济效益不理想,或可能产生环境代价,这类项目可能更易于被商业银行接受。相反,如果项目具有较好的经济或环境效益,能够满足特定的社会、经济发展目标,但财务效益不理想,这类项目却可能获得国际开发银行的支持。

世界银行是最重要的国际金融组织之一,下设国际复兴开发银行、国际开发协会、国际金融公司及多边投资担保机构和国际投资争端解决中心等机构。国际复兴开发银行和国际开发协会直接对政府提供贷款并需要主权担保,国际金融公司主要以贷款或股权投资的形式为私营机构提供资金,且一般不要求主权担保。世界银行融资的主要特点是:①对于一些商业银行及其他金融机构不愿意参与融资的项目,世界银行可能给予资金资助;②利率比其他资金来源方式要低;③能够提供长期(15~20年)的带有宽限期的资金;④可以选择固定利率或浮动利率的融资方式;⑤世界银行贷款的项目要对项目的技术、财务、经济、环境条件认真分析,有利于加强项目管理;⑥有利于吸引其他金融组织加入到项目的融资计划中。

（3）出口信贷机构

各国为支持出口,建立了许多出口信贷机构,为设备的购买者提供融资,为政治及其他风险提供保险等,如美国的 Exim Bank、日本的 Jexim Bank、英国的 ECGD。这些机构通过以较具吸引力的利率为大型项目提供长期贷款融资,或直接投资于项目,或提供金融保险,或对出口国银行提供担保,为融资的实施创造条件。

（4）投资银行

投资银行又称商人银行,目前主要提供三类服务:

①金融顾问,包括安排辛迪加贷款和证券发行,为公司采用的金融工具组合提供建议,制订招募说明书,发行承销、开发新的金融产品,包括各种金融衍生工具。

②并购业务,包括提供"善意并购"的双方并购协议谈判顾问、预防"恶意并购"的对策等。

③投资组合管理,提供包括年金、保险公司、投资及单位信托及各种慈善基金的投资管理顾问。

（5）其他银行机构

国际金融市场中,尤其是欧洲金融市场,还有各种各类的银行机构,主要有:

①票据交换银行,这类银行在全国范围内运行,开展全国的票据清算业务。

②批发业务银行,这类银行产生于西方19世纪贸易的迅速增长对金融业的需求。

③汇票接受行,主要用于接受从贴现行中不太出名的贸易商手中转来的汇票。

④贴现银行,通过票据贴现为不太出名的汇票持有人提供现金。

⑤住房储蓄信贷机构,专门为购买住房提供融资服务的专业金融机构。

2）非银行金融机构

（1）租赁公司

租赁公司是现代融资中的重要参与机构。租赁公司通过取得项目公司所需的部分或全部资产并把它们返租给项目公司,以得到的租金收入来抵补购买成本,获得投资回报。租赁市场的主体由出租人、承租人和经销商构成。出租人可以是租赁公司,也可以是有闲置资产的企业,或者是由租赁公司、金融机构、制造厂商结成的联合体。承租人主要是需要资金的企业。经销商则代表租赁双方,寻求交易对象,促成交易。

（2）保险公司

投资项目的巨大资金需求规模及未来许多难以预料的不利因素,要求项目各方准确地认定自己面临的主要风险,并及时为它们投保。适当的保险是现代融资的一个重要内容,也是项目融资赖以存在的基础。特别是在贷款方对借款方或发起方的资产只有有限追索权的情况下,保险赔款就成了贷款方的一个最主要的抵押保证。

（3）投资基金

私人投资者个人独自管理其投资组合往往风险较大,一般委托单位信托或投资基金进行专业化投资组合管理。单位信托和投资基金的区别在于:投资基金一般是有限责任公司,其股票在证券市场上市,并对特定范围的证券进行投资。其股票价格取决于它所投资的证券的市场价值及证券市场供求状况。这类基金一般是"封闭"型的,股票持有人只有在证券市场抛售其拥有的股票才能变现。单位信托一般由银行或保险公司进行经营。信托价格一般由信托管理人确定,属于"开放"型基金,基金规模不受限制,信托持有人只能将所持有的信托基金回售给信托管理人以实现变现。

(4)其他各类机构投资者

在现代融资活动中,各类机构投资者如社保基金、信托投资机构等,在长期资金的募集方面往往发挥着重要作用。机构投资者出于规避风险的考虑,往往需要寻找投资期较长(通常超过 20 年)、安全性较强并在项目期内有可靠的预期收益的项目。这类投资者一方面需要订立长期的融资合同,另一方面又不愿意为仍处于建设阶段的项目提供融资,并竭力寻找已处于运行阶段并具有较强的预期收益和较低的现金流量风险的项目。机构投资者一般通过购买项目公司发行的私募债券或股票的方式为项目提供长期融资。

10.1.3　融资环境

项目参与机构在金融市场上运作的各类融资活动,都是在一定的融资环境下进行的,必然会受到融资环境的制约。融资环境既影响着企业的融资渠道、融资方式、融资成本和融资结构,也影响着企业融资活动的效率。

企业的融资环境指对融资活动可能产生影响的各种条件和因素的总和,主要包括金融制度、财务制度、税收制度及相关法律框架。

1)金融制度

金融制度指金融机构、金融市场和金融业务的组织管理制度,是国民经济管理体制的一个有机组成部分,包括各类金融机构和各类金融市场的设置方式、组成结构、隶属关系、职能划分、基本行为的规范和行为目标等。金融制度对企业融资的影响是多方面的,如对融资来源的影响,通过金融对外开放的有关改革,我国拓展了对外融资的渠道。

2)财务制度

财务制度是规定资金运动过程中企业与各方面的财务关系的制度,是一个国家财政管理体制的重要组成部分和经济管理体制的一个重要方面。包括资金分配体制、成本管理体制和利润分配体制等。财务管理体制对企业融资的影响体现在多个方面,如财务制度对项目资金的筹措方式和资金到位方式的规定,影响着资本金的筹集方式和到位期限。行业财务制度对企业所得税后利润的分配方式的规定,影响着企业收益分配方式等。

3)税收制度

税收制度是国家处理税收分配关系的总规范,是国家各项税收法律、规章、条例、征收管理办法和税收管理体制等的总称。税法、规章及条例是税收制度的主体,它是国家向纳税人征税和纳税人向国家纳税的法定依据,是征收管理办法和税收管理体制制定的基础。征收管理办法是税务机关和税务工作人员从事税收课征、税收管理和检查,以保证税收法律、规章、条例得以正确贯彻实施的工作规程。税收管理体制则是国家内部划分中央和地方税收收入及税收管理权限,充分发挥各级税务机关积极性的行政规范。

4)法律框架

在项目的融资过程中,必须考虑有关的法律框架,这包括国家在融资领域内有关的法律体系,以及指导各类项目融资结构的合同规范体系。在项目融资的合同结构框架下,不同的项目,其法律、商务、财务、股权、融资协议等方面的协议结构差别较大,应根据具体项目的特点进行设计。主要的合同框架有:建设合同、运营及管理/维护合同、项目公司与政府或其附属机构签订的特许协议合同、贷款合同、股东协议、购买合同、担保合同。

10.2　工程项目融资的基本方式

10.2.1　权益资金融资方式

1)股票发行上市融资

股票是股份公司为筹措自有资本而发行的有价证券,是反映股东对企业资产所有权的凭证。股票融资是建立现代企业制度的公司制企业进行融资的重要形式。

与其他融资方式相比,股票融资具有如下特点:

①所融资金具有永久性,无到期日,不需归还。这对保证公司对资本的最低需要,维持公司长期稳定发展极为有益。

②发行股票融资一般没有固定的股利负担,股利的支付与否和支付多少,视公司有无盈利和经营需要而定,经营波动给公司带来的财务负担相对较小。因此,对于融资公司而言,融资风险较小。

③发行股票筹集的资金是公司最基本的资金来源,它反映了公司的实力,可作为其他方式融资的基础,可为债权人提供保障,增强公司的举债能力。

④由于股票的预期收益较高并可一定程度地抵消通货膨胀的影响,因此比较容易吸引投资者。

⑤资金成本较高。首先,从投资者的角度讲,投资股票风险较高,相应地要求有较高的投资报酬率。其次,对于融资公司来讲,普通股股利从税后利润中支付,不像债券利息那样作为费用从税前支付,因而不具有抵税作用。最后,普通股的发行费用一般也高于其他证券。

⑥股票融资会增加新股东,从而分散公司的控制权。此外,新股东分享公司未发行新股前积累的盈余,会降低普通股的每股净收益,从而可能引起股价的下跌。

⑦股票的发行和上市,需要繁杂的信息披露,不仅信息报道成本较高,而且容易泄漏公司经营的商业机密。

⑧股票的市场价格变现并不一定反映公司经营的真实情况,甚至可能歪曲公司的形象,从而影响公司的正常经营活动。

2)吸收直接投资及产权嫁接融资

(1)吸收直接投资

项目吸收直接投资是指政府和社会资本方以自有资金入股项目公司作为项目公司的资本金,也可以称为资本金融资。投资者既可以现金出资,也可以实物资产或无形资产出资。所有者投入实物资产和无形资产,必须符合项目建设运营等活动的需要,并经过公正合理的估价。吸收直接投资的一般程序是:

①确定资本数量。无论是新建还是改扩建项目投资,都应首先合理确定所需资金的数量。国有独资企业的增资,须由国家授权投资的机构或部门进行决定,合资或合营企业的增资须由出资各方协商决定。

②选择出资形式。企业应根据经营性质、实际需要,以及资本市场、产品市场的状况,选择适当的吸收投资形式。

③签署出资协议。国有企业由国家授权投资的机构等签署创建或增资拨款决定;合资企业由合资各方共同签署合资或增资协议。

④按期取得资本。根据出资协议中规定的出资期限和出资方式,企业逐步取得资本。投资者以实物资产或无形资产出资的,须经专业的分析机构进行资产分析后,再办理资产转移手续。

吸收直接投资按照资金来源的不同可分为吸收国内资金直接投资和外商直接投资。这里,我们主要介绍吸收外商直接投资的融资方式。外商直接投资是一种国际直接投资行为,是一国的投资者将资本用于他国的生产或经营,并掌握一定经营控制权的投资行为。

我国企业利用国际直接投资进行国际融资一般采用组建中外合资经营企业、中外合作经营企业、外商独资企业及国际企业产权并购等方式。

（2）产权嫁接融资

产权嫁接融资是指将企业目前的部分产权进行转让,或扩大产权规模,吸收新的投资者加入,从而改变目前的产权结构而发生的投资和融资行为。产权嫁接融资伴随着新的投资者的加盟,产权结构发生变化,并通过嫁接新的产权成分而改变企业的经营方式和运行机制。产权嫁接的方式有多种类型,包括国内有实力的大型企业与小企业之间的嫁接,大型企业之间的强强联合,以及外资企业与国内企业之间的国际产权嫁接。特别是国际产权嫁接融资,在我国日益受到青睐,许多外国企业进入我国,往往不再从头开始建立一个新的企业,而是更倾向于采用产权嫁接融资的形式。

3）投资基金融资

（1）金融资本和投资基金融资方式

金融资本和投资基金是现代市场经济中发展比较成熟的一种投资融资方式,目前已成为发达国家的主要投融资方式,这种方式也被许多发展中国家和地区所广泛采用。

投资基金是将中小投资者手中分散的小额资本集中起来,然后按照投资组合原理再分散投资于有价证券、货币、黄金及企业产权和工业项目中,以期获得较为稳定的投资收益,降低投资风险。基金或投资公司在投资运作方式上与产业资本的差别及特点是:①产业资本与金融资本都可以引入资金,但在资金形态上,产业资本往往要求以设备或技术作价,其作价的公平性往往是中外双方争论的焦点之一。而金融资本在入资时通常以现金形式出资。②产业资本可以带来技术甚至市场,金融资本在此方面则有一定的局限性。③产业资本与金融资本在参与对所投资企业的经营管理方面存在着较大差别。产业资本习惯于在生产、销售、经营、财务等各个方面来加强对所投资企业的控制。④从引入的资金量上来说,金融资本有一定的优势,特别是当若干个分散的投资基金联合进行投资的时候,其融资量可以比产业资本大得多。

金融资本相对于产业资本而言参与所投资企业的管理要少,因此,金融资本只有在企业制度、管理体系及法律法规较为健全的经济环境下才比较愿意进行投资,以避免因为被投资企业的不规范的经济活动而给投资企业造成致命的风险。金融资本自身的技术及市场优势不如产业资本,因此,金融资本希望在被投资企业自身的技术及市场方面已有了较成熟的发展的情况下进行投资活动。

(2)产业投资基金融资方式

在我国,产业投资基金是一个与证券投资基金相对应的概念,证券投资基金投资于可流通证券,产业投资基金直接投资于产业领域;其产生是为了深化投融资体制改革,促进产业升级和经济结构调整,更多地体现为对某个行业的扶持。通常对私募对象进行一定数量的限制,每个投资者认缴的产业投资基金资本也有一定限制,产业投资基金的募集总规模也会有一定限制,一般是指向具有高增长潜力的未上市企业进行股权或准股权投资,并参与被投资企业的经营管理,以期所投资企业发育成熟后通过股权转让实现资本增值。

产业投资基金作为投资基金的一个种类,它具有"集合投资,专家管理,分散风险,运作规范"的特点。与贷款等传统的债权投资方式相比,最为重要的差异在于基金投资是权益性的,着眼点不在于投资对象当前的盈亏,而在于他们的发展前景和资产增值,以便能通过上市或出售获得高额的资本利得回报。

4)不动产信托投资基金(REITs)

(1)REITs 和类 REITs

不动产信托投资基金(REITs)是指把流动性较低的、非证券形态的不动产投资,直接转化为资本市场上的标准化证券资产(收益以不动产产生的现金流为依托)的金融交易过程,我国第一单 REITs 是 2005 年在香港发行的越秀 REITs,以越秀集团在广州优质的写字楼资产为依托向投资者发放收益,2018 年该 REITs 的资产规模已经超过 300 亿元,十几年来实现盘活资产再融资数百亿元。而我国内地对 REITs 探索的起步较晚,早年发行了许多交易结构与 REITs 非常相似,但是只能在非公开市场交易的资产证券化产品,被称为类 REITs,如 2014 年的"中信启航专项资产管理计划"是以中信证券在北京和深圳的两个写字楼为依托发行的,被深交所允许以私募资管计划的名义进行交易,但投资、转让还是受到诸多限制,直到 2020 年公募 REITs 的起步,这一问题才从政策和制度上有了解决的可能。

(2)基础设施公募 REITs

基础设施公募 REITs 是指依法向社会投资者公开募集资金形成基金财产,通过基础设施资产支持证券持有基础设施项目,由基金管理人等主动管理运营上述基础设施项目,并将产生的绝大部分收益分配给投资者的标准化金融产品(基础设施资产支持证券是指依据《证券公司及基金管理公司子公司资产证券化业务管理规定》等有关规定,以基础设施项目产生的现金流为偿付来源,以基础设施资产支持专项计划为载体,向投资者发行的代表基础设施财产或财产权益份额的有价证券)。

我国基础设施公募 REITs 起步于 2020 年 4 月,2021 年 6 月首批 9 支产品上市。上市时市场表现出了极高的认购热情,这 9 支产品可盘活资产近百亿元。基础设施公募 REITs 是国际通行的配置资产,具有流动性较高、收益相对稳定、安全性较强等特点,能有效盘活存量资产,填补当前金融产品空白,拓宽社会资本投资渠道,提升直接融资比重,增强资本市场服务实体经济质效。短期看有利于广泛筹集项目资本金,降低债务风险,是稳投资、补短板的有效政策工具;长期看有利于完善储蓄转化投资机制,降低实体经济杠杆,推动基础设施投融资市场化、规范化健康发展。

公募 REITs 的底层资产主要包括仓储物流,收费公路、机场港口等交通设施,水电气热等市政设施,污染治理、信息网络、产业园区等其他基础设施,租赁住房目前也受到了监管的支持。由于我国的基础设施有的收益较低,有的产权瑕疵较大,不能满足市场需求,故目前公募 REITs 的底层资产往往都是比较优质的,这种资产本身比较稀缺,而一些较差的资产不适合用 REITs 盘活。公募 REITs 的基本交易结构如图 10-1 所示,本书限于篇幅不再进行详细解释,有兴趣的读者可自行进行深入学习。

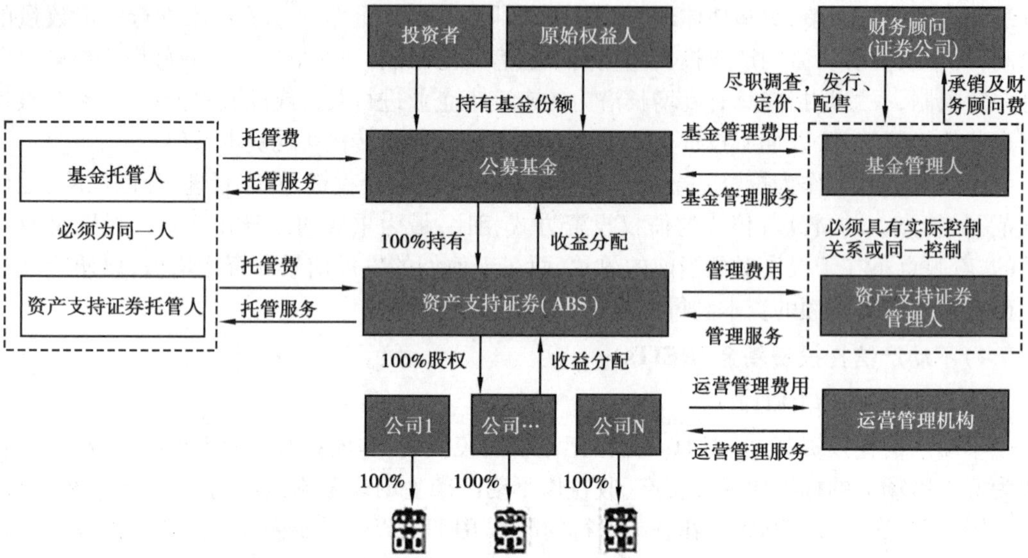

图 10-1　公墓 REITs 的基本交易结构

10.2.2　债务资金融资方式

1)商业银行贷款

(1)国内商业银行贷款

国内商业银行贷款是项目债务融资最常用的方法,商业银行可以为项目提供多种贷款期限的债务资金。其特点有三:一是贷款期限灵活,可以为企业提供 1 年以内的短期贷款、1~3 年的中期贷款、3 年以上的长期贷款等,同时,国内商业银行贷款通常不超过 10 年,超过 10 年期限的贷款需报经人民银行备案,除了国有四大行之外的商业银行通常很难提供大额度的 10 年以上长期贷款;二是贷款利率接受国家监管,以人民银行的基准利率为中心,受人民银行的调控,而各商业银行只可以在一定幅度内调节利率;三是贷款手续简单,是企业获得贷款资金的主要渠道。

(2)国际商业银行贷款

国际商业银行贷款是一国政府、金融机构或企业为某一特定项目融资而向国际金融市场上一家或几家商业银行申请贷款,从而取得的债务资金。贷款利率分为固定利率和浮动利率,浮动利率以国际金融市场利率为准,而近年来多采用利率封顶或利率保底方式来预防国际金融市场利率动荡。其特点:一是资金使用不受限制;二是贷款金额一般较大且贷款手续简单;三是国际金融市场利率水平较高且要支付一定的手续费,融资成本较高。

2）政策性银行贷款

政策性银行贷款是指政策性银行为了配合国家产业政策等经济政策的实施,对有关的项目提供的政策性贷款。其特点:一是项目必须与国家经济政策相符,是国家支持和倡导的经济活动;二是贷款期较长,额度较大;三是贷款条件优惠,如低息优惠贷款等;四是风险较高,因为申请政策性银行贷款的项目通常是经济收益性差,回收期较长,一般商业银行不愿提供贷款的项目。目前,我国政策性银行共有三家:国家开发银行、中国进出口银行和中国农业发展银行。

（1）国家开发银行

该行的主要任务是按照国家法律政策的规定,筹集和引导社会资金,支持国家基础设施、基础产业和支柱产业的大中型基础建设项目及重大技术改造等,并为其发放贷款。

（2）中国进出口银行

该行的主要任务是执行国家产业政策和外贸政策,为扩大我国机电产品和成套设备等资本性货物出口提供政策性金融支持,同时还办理中国政府的援外贷款及外国政府贷款的转贷款业务。

（3）中国农业发展银行

该行主要任务是按照国家有关法律法规和方针政策,以国家信用为基础,筹集农业政策性信贷资金,承担国家规定的农业政策性金融业务,代理财政性支农资金的拨付,为农业和农村经济发展服务。

3）外国政府贷款

外国政府贷款是一国政府向另一国家的企业或政府提供的具有一定外交目的的低息优惠贷款。其特点:一是贷款带有一定的援助性质,期限长,利率低,有的甚至无息;二是外国政府贷款必须得到我国政府的安排与支持,是以两国政治经济关系良好为前提的;三是贷款一般有限制性条件,如贷款必须用于采购贷款国的设备。目前我国可利用的外国政府贷款主要有:日本国际协力银行贷款、日本能源贷款、美国国际开发署贷款、加拿大国际开发署贷款,以及德国、法国等国的政府贷款。

4）国际金融组织贷款

国际金融组织贷款,是指国际金融组织按照章程向其成员国提供的各种贷款。这些贷款的特点有三:一是资金使用具有限制性,项目必须符合相应国际金融组织的贷款政策,并按照规定的程序和方法来实施项目;二是贷款条件优惠,带有援助性质;三是贷款程序严密。目前与我国关系最为密切的国际金融组织有国际货币基金组织、世界银行和亚洲开发银行。

5）出口信贷

出口信贷是设备出口国政府为支持促进本国设备出口,由出口国银行提供给本国出口商或外国进口商的贷款。其特点:一是资金使用受限,只能用于扩大本国设备出口;二是贷款期限多为中长期,2～10年;三是贷款利率大多低于市场利率,因为出口国大多都会为出口国银行提供利率补贴,来鼓励银行放贷,但也要求企业支付一定的附加费用,如管理费、承诺费等;四是出口国政府承担出口信贷风险;五是出口信贷通常不能对设备价款全额贷款,只能提供设备价款85%的贷款,其余的15%的价款需要由进口商以现金支付。根据借款人的不同,出口信贷可分为买方信贷与卖方信贷。

6）委托贷款

委托贷款是指银行或信托投资公司根据委托人的委托要求,如贷款对象、用途、金额等贷款条件,代为发放、监督管理并协助收回本息的贷款。

委托贷款有四个特点:一是贷款手续简单,但要支付一定的手续费;二是委托贷款利用了企业的闲余资金,提高资金使用效率;三是保障了最低收益,对于未发放的资金要按照中国人民银行规定的利息支付活期利息;四是银行不垫付资金,只履行受托服务,不享有项目收益,也不承担贷款风险。

7）企业债券

企业债券是企业依照《中华人民共和国公司法》《中华人民共和国证券法》等法律法规规定的条件和程序发行的、约定在一定期限内还本付息的债券。

企业债券融资的特点是:筹资对象广、市场大,但发债条件严格、手续复杂;其利率虽低于银行贷款利率但发行费用较高,需要支付承销费、发行手续费、兑付手续费及担保费等费用,适用于资金需求大、偿债能力较强的项目。

目前,我国企业债券的发行总量需纳入国家信贷计划,申请发行企业债券要经过严格的审核,只有实力强、资信好的企业才有可能被批准发行企业债券,同时还必须有实力很强的第三方提供担保。

8）国际债券

国际债券是一国政府、金融机构、工商企业或国际组织为筹措和融通资金,在国际金融市场上、以外国货币为面值发行的债券。国际债券的重要特征是债券发行者和债券投资者属于不同的国家,资金来源于国际金融市场,可以筹集到不同国家的货币资金。

按照发行债券所用货币与发行地点的不同,国际债券可分为欧洲债券、全球债券、亚洲债券和外国债券。

发行国际债券的优点是资金额度大,借款时间较长,可以获得外汇资金;缺点是发债条件严格,对发债人信用要求高;筹资成本高;手续复杂,国家对企业发行国际债券进行了严格的管理,适用于资金需求大,需要吸引外资的项目。

9）融资租赁

融资租赁是出租人在一定期限内将资产提供给承租人使用,由承租人定期支付给出租人一定租金,并使得承租人实质性地占有和使用租赁物,享有租赁物带来的利益与风险,即以租赁物品的所有权与使用权相分离为特征的信贷方式。

融资租赁的特点是融资活动与融物活动一起进行,承租人实际得到了承租资产全部价款的融资,融资额度一般比使用贷款要大,适用于以购买设备为主的项目。

10）资产证券化

资产证券化是将缺乏流动性但能够依据已有信用记录可预期其能产生的稳定现金流的资产,通过中介机构(一般是证券公司)的构造和转变,再打包成可以在交易所销售和流通的标准化金融产品,底层资产的原始权益人通过投资者认购这类资产实现融资。最初的资产证券化是美国以住房抵押贷款为底层资产发行的抵押贷款证券(Mortgage-backed Securities, MBS),资产支持证券(Asset-backed Securities, ABS)是随着 MBS 领域的证券化金融技术发展起来之后,将其应用到其他更广阔的资产领域的一系列产品。广义上 ABS 的底层资产可以是任何资产,包括本书"权益资金融资"一节中介绍的 REITs 本质上也是资产证券化的一种,但在实践中 ABS 的底层资产还是以债权为主。

ABS 产品的交易结构一般较为复杂,在实践中往往涉及多层结构化融资。以一般债权的资产证券化为例(图 10-2),其较为简化的过程是:发起人提出融资需求,由承做金融机构(一般是证券公司)根据发起人拥有的底层资产设计融资方案并对相应资产进行打包,信用较弱的发起人往往需要通过担保人等进行增信;经过信用评级机构对该 ABS 产品进行评级,满足监管要求后,ABS 产品成立,之后由承销金融机构对产品进行推介和销售,投资者持有该 ABS 产品,并基于发起人的底层债权获得投资收益(如 ABS 底层资产收益不满足投资者需求,往往会约定由发起人到期溢价回购)。

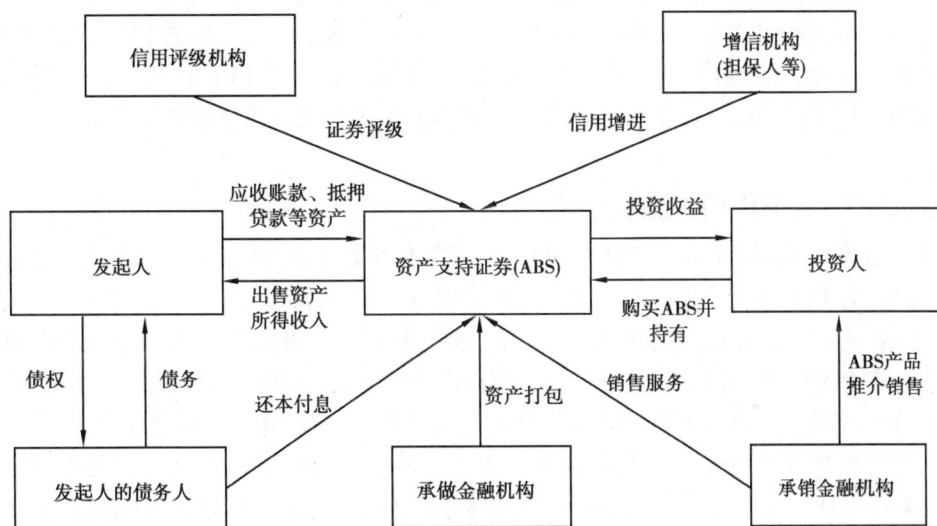

图 10-2　一般债权的资产证券化

实践中 ABS 的底层资产一般都是债权,如应收账款、"花呗""白条"等互联网金融产品的债权等,甚至可以构造债权进行融资,故 ABS 债券的属性很强,这也是把其归类到债务融资的原因。这种融资方式的优势在于可以缓解企业现金压力,同时可以通过一些结构化融资设计使企业的债务"出表",起到美化报表的作用。

10.3　政府和社会资本合作(PPP)模式

10.3.1　PPP 模式的产生和应用

社会资本参与基础设施的建设运营及提供公共服务的历史最早可以追溯到 1782 年,法国 Perrier 兄弟建设、运营自来水公司可以看作其应用的开端。直到 20 世纪中叶,随着各国经济的飞速发展,政府部门对基础设施的建设才得以重视,但是单靠政府资金难以满足这一巨大需求。因此,社会资本在基础设施建设中才开始发挥它的作用,从而出现了各种各样的社会资本参与基础设施建设的方式,但这些模式也存在着上一节所分析的一些问题,为了弥补这些不足,近年来出现并逐渐盛行的 PPP 模式得到了人们的广泛关注。

英国就是一个较早推广 PPP 模式的国家,自 20 世纪 90 年代以来,政府部门积极利用各私人领域的商业服务公司或机构在金融、设计和管理方面的技术和经验,为公共领域提供服务,形成完备的多元化投资模式,即 PPP 模式。

从英国应用 PPP 的经验来看,PPP 模式一般可以帮助政府节省 5% ~ 20% 的费用,而且节约时间,所提供的公共服务质量也显著上升。英国的统计数据表明,80% 的工程项目按规定工期完成(常规招标项目按期完成的只有 30%),20% 未按期完成的,拖延时间最长不超过 4 个月。同时,80% 的工程耗资均在预算之内(一般传统招标方式只能达到 25%),20% 超过预算的是因为政府提出调整工程方案。

我国 20 世纪八九十年代为解决电力、水务等工程的资金问题曾使用 BOT 模式(10.3.4 中会详细介绍该模式)引入外国公司建设电厂、水厂等设施,这是我国 PPP 模式的雏形。2014 年我国开始大力推广 PPP 模式,经过几年的探索,我国的 PPP 模式已经开始向规范化、可持续的方向发展,以央企为代表的社会资本开始为公众提供优质的公共服务。

10.3.2　PPP 模式的内涵

PPP 是英文 Public-Private-Partnerships 的简写,中文直译为"公私合伙制"。联合国培训研究院认为 PPP 的定义包含两层含义:第一是为了满足公共产品的需要而建立的公共和私人倡导者之间的各种合作关系;第二是为了满足公共产品的需要,公共和私人部门建立伙伴关系实施大型公共项目。联合国开发署(UNDP)的定义(1998)认为 PPP 是指政府、营利性企业和非营利性企业基于某个项目而形成的相互合作关系,通过这种合作形式,合作各方可以达到比预期单独行动更有利的结果。因此,我们可以认为,PPP 是指公共部门通过与社会资本建立伙伴关系来提供公共产品或服务的一种方式,是公共基础设施建设中发展起来的一种优化的项目融资与实施模式,是一种以各参与方的"双赢"或"多赢"为合作理念的现代融资模式,通过这种伙伴关系,合作各方可以达到比预期单独行动更有利的结果。PPP 模式的内涵主要包括以下四个方面:

1)PPP 模式是一种新型的项目融资模式

PPP 项目融资模式主要是根据项目的预期收益、资产及政府扶持措施的力度,而不是项目投资人或发起人的资信来安排融资。项目经营的直接收益和通过政府扶持所转化的效益是偿还贷款的资金来源,项目公司的资产和政府给予的有限承诺是贷款的安全保障。实践中有些不能靠自身现金流偿还融资的 PPP 项目需要政府进行一定的补贴,超出财政能力的补贴有造成地方债务危机的风险,故我国规定了地方政府对 PPP 项目的补贴不超过一般公共预算收入的 10%。

2)PPP 模式可以使更多的社会资本参与到项目中来,降低融资风险

政府的公共部门与社会资本以特许协议为基础进行全过程的合作。在这个过程中,由于政府的公共部门与社会资本共同对项目的整个周期负责,因此,当公共部门与社会资本之间出现分歧时,任何一方都不能独自改变项目的实施,而要平等地在特许协议的基础上处理问题。PPP 模式的这种操作规则不仅降低了社会资本的投资风险,而且能将社会资本中高效的管理方法和先进的技术运用到项目建设中,达到降低公私双方融资风险的目的。

3)PPP 模式成为政府在基础设施建设中减轻负担并降低风险的一种有效方式

在 PPP 模式下,公共部门和社会资本共同参与基础设施建设的运营,政府的任务就是引入社会资本参与合作,借助其资金来进行基础设施的建设,使得一些原来没有条件建设的基础设施获得了发展,从而不但为政府减轻了负担,还可以将项目的一部分风险转移给社会资本,从而减轻了政府的风险。当然社会资本不适宜承担超出其控制能力的风险,一般政策变化、不可抗力等风险还是需要政府承担。

4)PPP 模式在一定程度上保证了社会资本的"有利可图"

PPP 模式下,政府可以给予社会资本相应的政策扶持作为补偿,如贷款担保、税收优惠等,从长远意义上确保投资效益的可靠性,通过 PPP 项目也可以增进政企关系,从而提高社会资本投资基础设施项目建设的积极性。

10.3.3 PPP 模式的参与方

PPP 融资本身是一个内在结构相对灵活的模式。其基本结构如图 10-3 所示,通常情况下,具体到不同项目时,PPP 模式的结构或多或少存在差异。其中,PPP 项目的合同关系通常包括政府、社会资本、PPP 项目公司、金融机构、建设承包商、供应商、运营商及其他参与方。

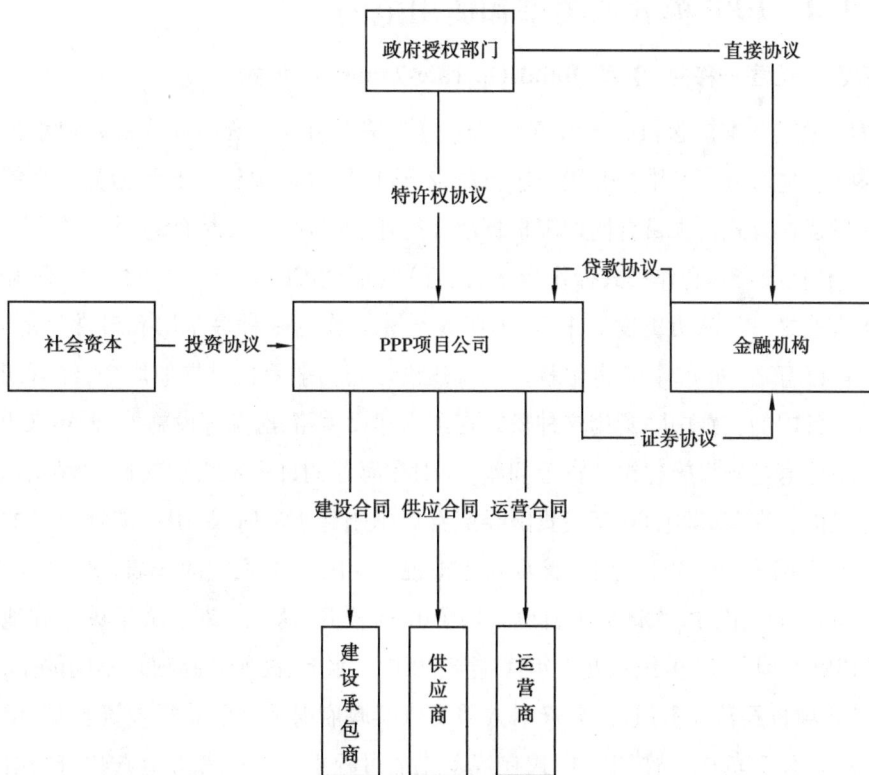

图 10-3　特许经营 PPP 模式基本结构

1）政府

政府（或政府指定的机构）通常是 PPP 项目的主要发起人，在法律上既不拥有项目，也不经营项目，而是通过给予某些特许经营权或给予一些政策扶持措施作为项目建设、开发、融资安排的支持，以吸引大量的社会资本并促进项目成功。

2）社会资本

社会资本是 PPP 项目的发起人之一，和代表政府的股权投资机构合作成立 PPP 项目公司，投入的股本形成公司的权益资本。通常，政府通过公开招标的方式选择合适的社会资本，也有少量项目是社会资本方发起的。

3）PPP 项目公司

PPP 项目公司是 PPP 项目的具体实施者，由政府和社会资本联合组成，负责项目从融资、设计、建设、运营到项目最后的移交等全过程的运作。

4）金融机构

由于基础设施项目投资巨大，在 PPP 项目的资金中，来自社会资本和政府的直接投资所占的比例通常较小，大部分资金来自金融机构，且贷款期限较长。因此，金融机构为 PPP 项目的顺利实施提供了资金和信用支持。

10.3.4　PPP 模式的类型和适用范围

1）建设—运营—移交（BOT，Build-Operate-Transfer）模式

①BOT 模式基本概念和历史沿革。BOT 模式是指由社会资本或项目公司承担新建项目设计、融资、建造、运营、维护和用户服务职责，合同期满后项目资产及相关权力等移交给政府的项目运作方式。项目合同期限根据所在行业、项目收益情况而定，大多在 20～30 年。

《政府和社会资本合作模式操作指南（试行）》（财金〔2014〕113 号）将 BOT 列为 PPP 实施的具体模式之一。从历史发展来看，BOT 是公私合作的一种最基本和最常见的形式，类似的实践古已有之，如英国 17 世纪就有私人建设灯塔为船只提供导航服务，经营期满后由政府收回。各国的实践中除了用这种模式在国内建设道路、医院等设施外，近年来也多用于解决发展中国家基础设施建设的资金问题，我国在海外的许多电力和交通工程就是通过这种形式建设的。在 20 世纪 80 年代我国经济发展刚刚起步的时候，引入港资建设的广东沙角 B 电厂是我国第一个 BOT 项目，该项目也被视为我国 PPP 模式的开端。2014 年以来，在我国 PPP 模式的热潮中，大部分项目也采用了 BOT 模式，这一时期有大量央企和地方国企参与到 PPP 中，但与 20 世纪八九十年代主流的电力、水务、高速公路项目不同的是，近年来的部分 PPP 项目经营性不强，社会资本方需要依赖政府财政补贴获得投资收益，增加了地方政府的隐形债务负担。故 PPP 模式在规范化的过程中会严格考虑地方政府的财政承受能力，并倾向采用 PPP 模式建设使用者付费比例较高的项目。

②典型 BOT 项目组织结构。典型的 BOT 项目的组织结构，如图 10-4 所示。

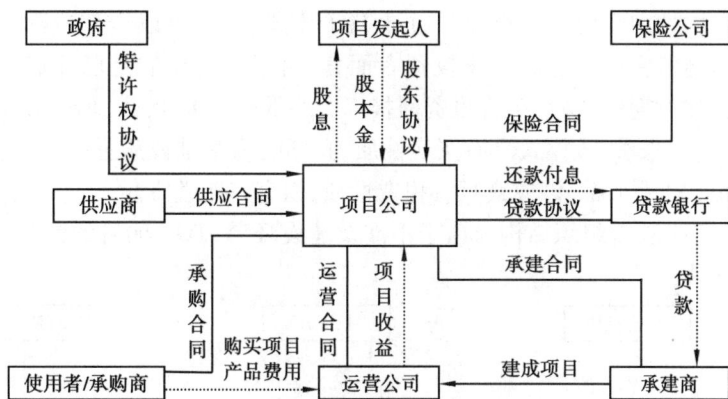

图 10-4 典型 BOT 项目组织结构图

③适用范围。BOT 模式主要适用于收费或价格形成机制较为健全的经营性、准经营性基础设施项目,常用领域包括:

收费的交通设施项目:高速公路、桥梁、隧道、港口、码头、城际轨道交通等。

水利建设项目:城镇源水供应项目、以发电或城镇供水等具有经营效益的综合利用水利枢纽项目等。

市政基础设施项目:城镇自来水、污水处理、垃圾处理、天然气供应、热力供应、城市轨道交通和城市公共汽车交通等。

部分社会服务性基础设施项目:如部分体育场馆、文化娱乐和旅游景观建设等。

2)建设—拥有—运营(BOO,Build-Own-Operate)模式

①BOO 模式基本概念。由 BOT 方式演变而来,社会资本根据政府赋予的特许权,建设并经营某个项目,但必须在合同中约定保证公益性的约束条款,BOO 项目不涉及项目期满移交。

②BOO 模式与 BOT 模式的比较。BOO 项目的参与者、组织方式与 BOT 非常相似,但相较 BOT 模式而言,BOO 模式是一种对公共基础设施更高级别的私有化途径。二者区别主要表现在两个方面:一是所有权方面,在 BOT 项目中,社会资本或项目公司在特许期结束后必须将项目设施交还给政府,社会资本或项目公司不拥有项目所有权;而在 BOO 项目中,社会资本或项目公司将拥有项目所有权。二是项目产品(服务)价格方面,在 BOT 项目中,由于存在特许经营期,为保证社会资本投入资金能够实现回收,项目产品(服务)定价相对较高;而在 BOO 项目中,社会资本或项目公司有权不受任何时间限制地拥有并经营项目设施,更长的特许期使得项目产品(服务)定价相对较低。

③适用范围。主要是有一定社会属性,但政府又可以接受其私有化的场合,如供电、部分环保设施等。

3)转让—运营—移交(TOT,Transfer-Operate-Transfer)模式

①TOT 模式基本概念。TOT 模式是指政府将存量基础设施有偿转让给社会资本或项目公司,并由其负责运营、维护和用户服务,合同期满后再将其移交给政府的项目运作方式。TOT 项目合同期限与 BOT 类似。

②TOT 模式的内涵。从本质上看,TOT 模式是政府将基础设施租赁给投资者的一种方

式,投资者一次性向政府支付租金。通过 TOT 模式,政府可以全部或部分回收设施建设投资,同时解决运营主体问题。对于投资者而言,由于其受让的是已建成且能正常运营的项目,不需承担建设期的风险,尽管投资回报率会略低于 BOT 模式,但对投资者仍有较大吸引力。从 T-O 过程来看,该模式具有买卖性质,其标的为基础设施在一定期限内的现金流量,但从 TOT 整个过程来看,该模式具有租赁性质,租金一次性支付。

③典型 TOT 项目组织结构。由于不涉及建设环节,TOT 项目的参与方少于 BOT 项目,如图 10-5 所示。

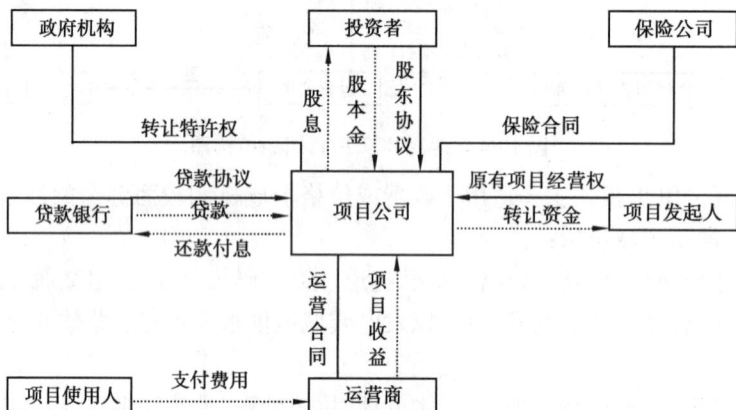

图 10-5 典型 TOT 项目组织结构图

④适用范围。TOT 模式的意义在于盘活政府存量基础设施项目的资产并提高其经营效率,多用于存量的桥梁、公路、电厂、水厂等具有一定经营收益的基础设施项目。

4)改建—运营—移交(ROT,Rehabilitate-Operate-Transfer)模式

①ROT 模式基本概念。ROT 模式是在 TOT 模式的基础上,增加对设施改扩建内容的项目运作方式。社会资本负责既有设施扩建/改建的资金筹措、建设及其运营管理,期满将全部设施无偿移交给政府部门。

②ROT 模式与 TOT 模式的差异。ROT 项目实质上是将 TOT 模式与 BOT 模式相结合。相较单纯的 TOT 模式,ROT 模式增加了改扩建内容,体现通过对既有项目的技术改造实现提质增效。

③典型 ROT 项目组织结构。典型 ROT 项目组织结构,如图 10-6 所示。

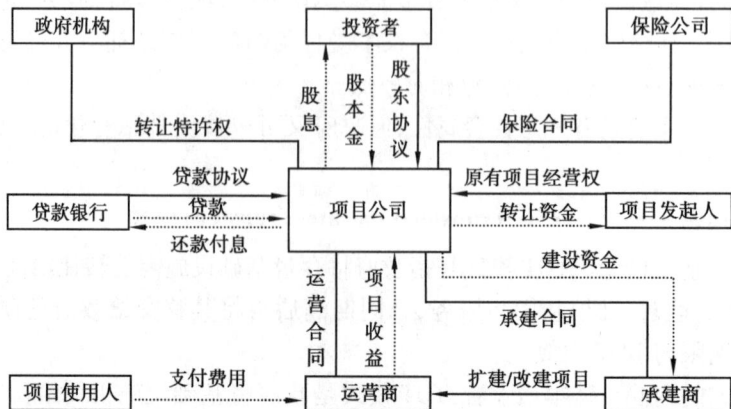

图 10-6 典型 ROT 项目组织结构图

④适用范围。用于已经建成且具有一定经营收益,但需要投资改造的基础设施项目,如已经营多年的电厂、水厂更新改造等。

5)委托运营(O&M,Operations & Maintenance)模式

①O&M 模式基本概念。O&M 模式是指政府将存量公共资产的运营维护职责委托给社会资本或项目公司,社会资本或项目公司不负责用户服务的 PPP 项目运作方式。政府保留资产所有权,只向社会资本或项目公司支付委托运营费。相对于 BOT 等模式,O&M 模式合同期限较短,一般不超过 8 年。

②适用范围。委托运营模式适合于物理外围及责任边界比较容易划分,同时其运营管理需要专业化队伍和经验的基础设施项目,如污水处理厂。

6)管理合同(MC,Management Contract)模式

①MC 模式基本概念。MC 模式是指政府将存量公共资产的运营、维护及用户服务职责授权给社会资本或项目公司的项目运作方式。政府保留资产所有权,只向社会资本或项目公司支付管理费。管理合同通常作为转让—运营—移交的过渡方式,合同期限一般不超过3 年。

②MC 模式结构。虽然公共部门是服务的最终提供者,但日常的管理和控制被分配给社会资本。多数情况下,社会资本提供运营资金,如图 10-7 所示。

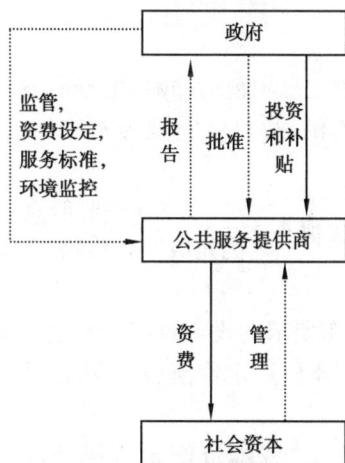

图 10-7　MC 模式结构图

③适用范围。管理合同适用范围较广,大多数公共服务,如公共设施、医院、港口管理等都可使用 MC 模式。

10.4　融资方案的设计与分析

10.4.1　资金成本分析

1)资金成本的构成

资金成本是指项目使用资金所付出的代价,由资金占用费和资金筹集费两部分组

成,即:

$$资金成本 = 资金占用费 + 资金筹集费 \tag{10.1}$$

资金占用费是指使用资金过程中发生的向资金提供者支付的代价,包括借款利息、债券利息、优先股股息、普通股红利及权益收益等。

资金筹集费是指资金筹集过程中所发生的各种费用,包括律师费、资信评估费、公证费、证券印刷费、发行手续费、担保费、承诺费、银团贷款管理费等。

资金成本通常以资金成本率来表示。资金成本率是指能使筹得的资金同筹资期间及使用期间发生的各种费用(包括向资金提供者支付的各种代价)等值时的收益率或贴现率。不同资金来源的资金成本率的计算方法不尽相同,但理论上均可用下列公式表示:

$$\sum_{t=0}^{n} \frac{F_t - C_t}{(1+i)^t} = 0 \tag{10.2}$$

式中　F_t——各年实际筹措资金流入额;

　　　C_t——各年实际资金筹集费和对资金提供者的各种付款,包括贷款、债券等本金的偿还;

　　　i——资金成本率;

　　　n——资金占用期限。

2)权益资金成本分析

(1)优先股资金成本

优先股有固定的股息,优先股股息用税后净利润支付,这一点与贷款、债券利息等的支付不同。此外,股票一般是不还本的,故可将它视为永续年金。优先股资金成本的计算公式为:

$$优先股资金成本 = \frac{优先股股息}{优先股发行价格 - 发行成本}$$

(2)普通股资金成本

普通股资金成本可以按照股东要求的投资收益率确定。如果股东要求项目评价人员提出建议,普通股资金成本可采用资本资产定价模型法、税前债务成本加风险溢价法和股利增长模型法等方法进行估算。

①资本资产定价模型法。按照"资本资产定价模型法",普通股资金成本的计算公式为:

$$K_s = R_f + \beta(R_m - R_f) \tag{10.3}$$

式中　K_s——普通股资金成本;

　　　R_f——社会无风险投资收益率;

　　　β——项目的投资风险系数;

　　　R_m——市场投资组合预期收益率。

【例10-1】假设无风险收益率是3%,市场平均风险报酬是5%,某公司权益资金的风险系数是1.8,计算该公司权益资金的成本是多少?

【解】把例中的数据带入式(10.3),则:

$$K_s = 3\% + 1.8 \times 5\% = 12\%$$

计算结果表明,按照资本资产定价模型法,该公司权益资金成本的估计值是12%。

②税前债务成本加风险溢价法。根据"投资风险越大,要求的报酬率越高"的原理,投资者的投资风险大于提供债务融资的债权人的投资风险,因而会在债权人要求的收益率上再要求一定的风险溢价。据此,普通股资金成本的计算公式为:

$$K_s = K_b + RP_c \qquad (10.4)$$

式中　K_s——普通股资金成本;

　　　K_b——税前债务资金成本;

　　　RP_c——投资者比债权人承担更大风险所要求的风险溢价。

风险溢价是凭借经验估计的。一般认为,某企业普通股风险溢价对其自己发行的债券来讲,在 3% ~ 5%。当市场利率达到历史性高点时,风险溢价较低,在 3% 左右;当市场利率处于历史性低点时,风险溢价较高,在 5% 左右;通常情况下,一般采用 4% 的平均风险溢价(特殊情况除外),也就是说如果某公司债务资金税前成本为 7%,则该公司的权益资金的成本可以估算为 7% +4% =11%。

③采用股利增长模型法。股利增长模型法是依照股票投资的收益率不断提高的思路来计算普通股资金成本的方法。一般假定收益以固定的增长率递增,其普通股资金成本的计算公式为:

$$K_s = \frac{D_1}{P_0} + G \qquad (10.5)$$

式中　K_s——普通股资金成本;

　　　D_1——预期年股利额;

　　　P_0——普通股市价;

　　　G——股利期望增长率。

【例 10-2】某公司普通股每股的市价是 80 元,第 1 年年末发放股利 5 元,以后每年预计增长 5%。试计算该公司自有资金的成本。

【解】按照式(10.5),该公司自有资金的成本为:

$$K_s = 5÷80+5\% =11.25\%$$

计算结果表明,按照股利折现模型法,该公司自有资金成本的估计值是 11.25%。

但是,就大多数企业的长期情况而言,股利既不固定,也不是按不变的比率增长。因此,该方法较适用于估算支付现金股利的增长率相对较为稳定的企业的权益资金成本,如公用事业或处于成熟期的企业,而对于其他众多企业来说,则应考虑采用资本资产定价模型法。

3)债务资金成本分析

在债务资金成本分析中,应通过分析各种可能的债务资金的利率水平、利率计算方式(固定利率、浮动利率)、计息(单利、复利)和付息方式,以及宽限期和偿还期等,计算债务资金的综合利率,并进行不同方案比选。

债务资金成本由债务资金筹集费和债务资金占用费构成。债务资金筹集费是指债务资金筹集过程中支付的一次性费用,而债务资金占用费是指使用债务资金过程中发生的经常性费用,如贷款利息和债券利息。

含筹资费用的税后债务资金成本可按下式计算:

$$P_0(1 - F) = \sum_{i=1}^{n} \frac{P_i + I_i \times (1 - T)}{(1 + K_D)^i} \qquad (10.6)$$

式中 P_0——债券发行价格或借款金额,即债务的现值;

   F——债务资金筹资费用率;

   P_i——时间 i 的本金偿还金额;

   I_i——债务的约定利息;

   T——所得税税率;

   n——债务的期限,通常以年表示;

   K_D——债务的税后资金成本。

【例 10-3】某公司正在研究一个投资项目,准备向银行借款 500 万元,年利率 7%,按年付息,期限 3 年,到期一次还本,项目适用的所得税税率是 25%,但按有关规定第 1 年免征所得税,试计算该公司的债务资金成本。

【解】根据例中的数据,利用式(10.6)计算该公司的债务成本如下:

$$500 \times (1 - 0.4\%) = \frac{500 \times 7\%}{(1 + K_D)} + \frac{500 \times 7\% \times (1 - 25\%)}{(1 + K_D)^2} + \frac{500 + 500 \times 7\% \times (1 - 25\%)}{(1 + K_D)^3}$$

把等号左边的债务现值移动等号右边,得到:

$$0 = \frac{500 \times 7\%}{(1 + K_D)} + \frac{500 \times 7\% \times (1 - 25\%)}{(1 + K_D)^2} + \frac{500 + 500 \times 7\% \times (1 - 25\%)}{(1 + K_D)^3} - 500 \times (1 - 0.4\%)$$

$$= \frac{35}{(1 + K_D)} + \frac{26.25}{(1 + K_D)^2} + \frac{526.25}{(1 + K_D)^3} - 498$$

借助于 EXCEL 中的净现值函数,可求得该公司的债务资金成本为 6%。

(1)银行借款的资金成本

银行借款的资金成本可以按照下列公式计算:

$$K_I = \frac{R_I(1 - T)}{1 - F_I} \tag{10.7}$$

式中 R_I——长期借款的利率;

   F_I——资金筹集费用率。

(2)债券融资的资金成本

发行债券的成本主要指债券利息和融资费用。债券利息应以税后成本计算,计算公式为:

$$K_b = \frac{I_b(1 - T)}{B(1 - F_b)} \tag{10.8}$$

式中 K_b——债券资金成本;

   I_b——债券年利息;

   T——所得税率;

   B——债券融资额;

   F_b——债券融资费用率。

或:

$$K_b = \frac{R_b(1 - T)}{1 - F_b} \tag{10.9}$$

式中 R_b——债券利率。

4)加权平均资金成本

为了反映整个融资方案的资金成本状况,在计算各种融资公式的个别资金成本的基础上,还要计算加权平均资金成本,它是企业比较各融资组合方案、进行融资结构决策的重要依据。加权平均资金成本一般是以各种资金占全部资金的比重为权数,对个别资金成本进行加权平均确定的,计算公式为:

$$K_W = \sum_{j=1}^{n} K_j W_j \tag{10.10}$$

式中　K_W——综合资金成本;

　　　K_j——第 j 种个别资金成本;

　　　W_j——第 j 种个别资金占全部资金的比重(权数)。

【例10-4】某公司的拟建项目的总资金为 800 万元,其中有 500 万元的银行借款,其余 300 万元资本金来源于公司的未分配利润,经计算借款的成本分别是计算的税后债务资金成本 6%,计算得到的权益资金成本 11%。试计算该公司项目资金的加权平均成本。

【解】按照式(10.10),该公司项目资金的加权平均成本为:

$K_W = 6\% \times 500 \div 800 + 11\% \times 300 \div 800 = 6\% \times 0.625 + 11\% \times 0.375 = 7.88\%$

计算结果表明,该公司拟建项目总资金的加权平均成本为 7.88%。

10.4.2 融资结构分析

1)融资结构的含义

融资结构就是各种资金的构成及其比例关系,应该包括各种融资方式的结构比例,长期融资和短期融资的结构比例,以及负债融资和权益融资的结构比例等。其中最关键的是负债融资和权益融资的比例,它直接影响到项目投产运营后企业的资产负债比例,项目还本付息压力及投资回收情况。因此,习惯上将负债融资和权益融资的结构比例称为融资结构。负债和权益的组合又被称为财务杠杆。负债比率越高,说明财务杠杆水平越高,杠杆风险也越大。

2)融资结构分析的内容

现代经济体系中的项目融资呈现出多渠道、多方式。将多渠道的资金按照一定的资金结构结合起来,是项目融资方案制订的主要任务。在项目融资方案的设计及优化中,资金结构的分析是一项重要内容。资金结构是指项目筹集股本资金、债务资金的形式,各种资金的来源方式及其所占的比例。

(1)资本金与债务融资比例

项目资金结构的一个基本比例是项目的资本金(即权益投资)与债务融资的比例,称为项目的资本结构。从投资者的角度考虑,项目融资的资金结构追求以较低的资本金投资争取较多的负债融资,同时希望尽可能降低对股东的追索。而对于提供债务融资的债权人,希望债权得到有效的风险控制,而通常希望项目能够有较高的资本金比例,以承担可能出现的各种风险。

一方面,项目资本金是项目总投资中由投资者认缴的投资额,是非债务性资金,项目法人不承担这部分资金的任何利息和债务。资本金的投入,表明投资者对项目的承诺和责任。

然而,由于资本金的收益权和求偿权是在债务资金之后,其风险高于债务资金,因而成本也较高。另一方面,项目负债经营也有两点优势:第一,由于债务资金的利息费用可以在税前收入中扣除,负债可以为项目带来减税效益,即项目可以通过增加债务资金来降低其实际成本,提高投资者的收益。第二,债务利息不论利润多少都是固定不变的,于是当息税前利润增大时,单位利润所负担的利息费用就会相对减少,从而使投资者收益有更大幅度的增长。过高的资本金比例,将使项目无法充分获得负债经营所带来的效益。因此,在项目的资金结构中,资本金没有不行,比例过高也不行。

(2)资本金结构

资本金结构包含两方面内容:投资产权结构和资本金比例结构。有关投资产权结构在前面已经讨论。这里研究项目资本金的比例结构。

参与投资的各方投资人占有多大的出资比例,对项目的成败有着重要影响。公司的控股形式可以是绝对控股或相对控股。各方投资比例需要考虑各方的利益需要、资金及技术能力、市场开发能力、已经拥有的权益等。不同的权益比例决定着各投资人在项目及公司中的作用、承担的责任义务、收益分配。不同的投资人,由于其背景和特长的不同,对于项目的成功有着不同的贡献。各个投资人之间的优势互补可以使项目的成功得到更好的保障。

在确定资本金结构时应注意:

①新设法人融资方式。采用这种方式融资时,应根据不同项目的行业特点、盈利能力、股东背景及其出资能力等因素,设计各股东的出资比例;应依据投资各方在资金、技术和市场开发方面的优势,通过协商确定各方的出资比例、出资形式和出资时间。

②既有法人融资方式。采用既有法人融资方式时,项目的资本金结构要考虑既有法人的财务状况和筹资能力,合理确定既有法人内部融资与新增资本金在项目筹资总额中所占的比例,分析既有法人内部融资与新增资本金的可能性和合理性。

(3)债务资金结构

债务资金结构分析中需要分析各种债务资金的占比,包括负债的方式及债务期限的配比。合理的债务资金结构需要考虑融资成本、融资风险,合理设计融资方式、币种、期限、偿还顺序及保证方式。

在债务期限配比方面,项目负债结构中,长短期负债借款需要合理搭配。短期借款利率低于长期借款,适当安排一些短期融资可以降低总的融资成本,但如果过多采用短期融资,会使项目公司的财务流动性不足,项目的财务稳定性下降,产生过高的财务风险。

在境内外借贷所占比例方面,对于借款公司来说,使用境外借款或国内银行外汇贷款,如果贷款条件一样,并没有什么区别。境内外借贷的所占比例主要决定于项目使用外汇的额度,同时可能主要由借款取得的可能性及方便程度决定。

在外汇币种选择方面,不同币种的外汇汇率总是在不断地变化,如果条件许可,项目使用外汇贷款需要仔细选择外汇币种。外汇贷款的借款币种与还款币种有时是可以不同的。

在确定项目债务资金结构比例时,通常要考虑的因素有:债权人提供债务资金的条件,长期资金占用采用长期融资的配比原则,短期资金占用采用短期融资的配比原则,债务资金的偿还顺序,内债和外债的比例,外汇币种及利率结构。

3)最佳融资结构的确定方法

最佳融资结构是指在适度的财务风险条件下,预期的加权平均资金成本率最低,同时收益及项目价值最大的资金结构。确定项目的最佳融资结构,可以采用比较资金成本法和每股利润分析法。

(1)比较资金成本法

比较资金成本法是指在适度财务风险的条件下,测算可供选择的不同资金结构或融资组合方案的加权平均资金成本率,并以此为标准相互比较确定最佳资金结构的方法。

项目的融资可分为创立初始融资和发展过程中追加融资两种情况。与此相应地,项目资金结构决策可分为初始融资的资金结构决策和追加融资的资金结构决策。下面分别说明比较资金成本法在这两种情况下的运用。

①初始融资的资金结构决策。项目公司对拟订的项目融资总额,可以采用多种融资方式和融资渠道来筹集,每种融资方式的融资额也可有不同安排,因而形成多个资金结构或融资方案。在各融资方案面临相同的环境和风险情况下,利用比较资金成本法,可以通过加权平均融资成本率的测算和比较来作出选择。

②追加融资的资金结构决策。项目有时会因故需要追加筹措新资,即追加融资。因追加融资以及融资环境的变化,项目原有的最佳资本结构需要进行调整,在不断变化中寻求新的最佳资金结构,实现资金结构的最优化。

项目追加融资可有多个融资方案供选择。按照最佳资金结构的要求,在适度财务风险的前提下,选择追加融资方案可用两种方法:一种方法是直接测算各备选追加融资方案的边际资金成本率,从中比较选择最佳融资组合方案;另一种方法是分别将各备选追加融资方案与原有的最佳资金结构汇总,测算比较各个追加融资方案下汇总资金结构的加权资金成本率,从中比较选择最佳融资方案。

在【例10-4】中,在债务资金成本为6%和权益资金成本为11%的情况下,该公司拟建项目的加权平均资金成本是7.88%。但是,由于财务杠杆的存在,该公司债务资金成本与权益资金成本会有其他组合,在不同的资金结构下,可以有使加权平均资金成本等于10%的不同的负债资金成本与权益资金成本组合,见表10-1。

表10-1 财务杠杆与加权平均资金成本

负债资金%	权益资金%	$K_D\%$ *	$K_E\%$	加权平均成本%
100	0	10.00		10
80	20	7.40	20.00	10
60	40	5.80	16.30	10
40	60	5.20	13.20	10
20	80	5.00	11.25	10
0	100		10.00	10

注:* 负债资金成本 K_D 为税后成本。

例如,当权益资金在总资金中的比重为100%时,它的成本是10%,因为此时权益资金只面临经营风险。随着负债资金比重的上升,权益资金开始既面临经营风险,又面临财务风险,因此成本不断上升。当负债资金的比重从20%上升到80%时,权益资金的成本也从11.25%上升到了20%。当负债资金的比重为100%时,它的成本也是10%,此时财务拮据成本和代理成本最高。随着权益资金比重的上升,负债资金的成本也随之下降,从7.4%降到了5%。表中也反映出,由于负债资金成本是税后成本,而权益资金成本面临经营和财务双重风险,因此,在每一资金结构水平中,后者均高于前者。

表10-1表明,由于财务杠杆的存在,在加权平均资金成本不变的情况下,通过对自身出资能力的分析研究,通过与投资者和债权人的反复谈判、协商,企业或项目有可能找到某种权益资金与债务资金的较理想组合,在此组合下,财务风险较低,而投资者的收益却较高,如表10-1所示中负债率为40%~60%时的组合。

(2)息税前利润——每股利润分析法

将企业的盈利能力与负债对股东财富的影响结合起来,去分析资金结构与每股利润之间的关系,进而确定合理的资金结构的方法,叫息税前利润——每股利润分析法(EBIT-EPS分析法),也称每股利润无差别点法。

息税前利润——每股利润分析法是利用息税前利润和每股利润之间的关系来确定最优资金结构的方法,也即利用每股利润无差别点来进行资金结构决策的方法。所谓每股利润无差别点是指在两种或两种以上融资方案下普通股每股利润相等时的息税前利润点,也称息税前利润平衡点或融资无差别点。根据每股利润无差别点,分析判断在什么情况下可利用什么方式融资,以安排及调整资金结构,这种方法确定的最佳资金结构亦即每股利润最大的资金结构。

每股利润无差别点的计算公式如下:

$$\frac{(EBIT - I_1)(1 - T) - D_{P_1}}{N_1} = \frac{(EBIT - I_2)(1 - T) - D_{P_2}}{N_2} \tag{10.11}$$

式中 $EBIT$——息税前利润平衡点,即每股利润无差别点;

I_1, I_2——两种增资方式下的长期债务年利息;

D_{P_1}, D_{P_2}——两种增资方式下的优先股年股利;

N_1, N_2——两种增资方式下的普通股股数;

T——所得税税率。

分析者可以在依据上式计算出不同融资方案间的无差别点之后,通过比较相同息税前利润情况下的每股利润值大小,分析各种每股利润值与临界点之间的距离及其发生的可能性,来选择最佳的融资方案。当息税前利润大于每股利润无差别点时,增加长期债务的方案要比增发普通股的方案有利;而息税前利润小于每股利润无差别点时,增加长期债务则不利。

所以,这种分析方法的实质是寻找不同融资方案之间的每股利润无差别点,找出对股东最为有利的最佳资金结构。

这种方法既适用于既有法人项目融资决策,也适用于新设法人项目融资决策。对于既有法人项目融资,应结合公司整体的收益状况和资本结构,分析何种融资方案能够使每股利润最大;对于新设法人项目而言,可直接分析不同融资方案对每股利润的影响,从而选择适合的资本结构。

10.4.3 融资风险分析

投资项目的融资风险分析,要分析项目的资金筹措过程可能遇到的各种风险,以及项目的融资方案对其投资经营活动可能带来的各类风险。通过全面认真地风险识别和分析,为项目融资的风险分散、风险管理提供基础。

1)资金供应风险

资金供应风险是指融资方案在实施过程中,由于资金不落实或不能及时到位,建设工期延误,工程预算超支,致使原定投资效益目标难以实现的可能性。造成资金供应风险的主要原因包括投资者出于各种原因不能兑现已承诺的出资;预定发行股票、债券的计划不能落实;既有企业法人无力按预定计划出资;金融机构无力或不愿提供已承诺的贷款。

2)再融资风险

项目的各项费用和效益数字都是预测值。在实际实施过程中,由于外部政治、经济环境的变化或内部情况的变化,可能会发生包括市场变化、技术变更、设计变更甚至预定出资人变更等情况,致使费用超出预测值,需要增加融资,即在项目的实施过程中进行再融资。然而,项目再融资时,有可能得不到资金且资金成本可能会上升。

3)利率风险

利率风险是指在项目的实施过程中,利率变动导致资金成本上升,从而使项目遭受损失的可能性。在项目的实施过程中,由于国际、国内宏观经济环境的变化,利率可能发生变化,致使项目资金成本发生变动。如果采用浮动利率贷款,项目的资金成本随未来市场利率的变化上升或下降;而如果采用固定利率贷款,则未来市场利率下降时项目的资金成本不能相应下降,从而使相对资金成本上升。

4)汇率风险

汇率风险是指汇率变动给项目造成损失的可能性。在国际金融市场上,各国货币的比价时刻处于起伏变动之中,这样,使用外汇借款的项目,未来还本付息的支出将会随之起伏,而有外汇收入的项目,收入也将会随之波动。

5)现金性融资风险

现金性融资风险是指项目在特定时点上,现金流出量超出现金流入量而产生的到期不能偿付债务本息的风险,是由现金短缺、债务的期限结构与现金流入的期间结构不相配套引起的,也称为流动性风险。为避免因负债融资而产生的到期不能支付的偿债风险并提高资本利润率,理论上认为,如果借款期限与借款周期能与生产经营周期相匹配,则总能利用借款来满足其资金需要。因此,按资产运用期限的长短来安排和筹集相应期限的债务资金,是回避风险的较好方法之一。

6)收支性融资风险

收支性融资风险是指项目在收不抵支情况下出现的不能偿还到期债务本息的风险。如果项目收不抵支即发生亏损,减少项目净资产,从而减少作为偿债保障的资产总量,在负债不变下,亏损越多,项目资产偿还债务的能力也就越低,终极的收支性财务风险表现为破产清理后的剩余财产不足以支付债务。

【本章小结】

本着"谁投资、谁决策、谁承担风险"的投融资理念,项目的投资主体将对项目的投资决策、债务资金的还本付息承担实质性责任,并力争实现股东权益的最大化。企业对融资方案必须进行精心策划、反复测算,以优化融资结构、降低融资成本、规避融资风险。本章首先介绍了工程项目融资的两种常见方式:权益资金融资和债务资金融资;接着针对近年来在我国的基本建设中被大量运用的政府和社会资本合作(PPP)模式,重点介绍了 PPP 操作流程中的关键步骤:物有所值分析和财务承受能力论证的原理和方法;最后通过介绍融资方案的资金成本的构成及计算方法、最佳资金结构的概念和确定方法、融资方案的风险分析,以期读者有能力选择最适合的投融资方案。

【习题与思考题】

1.简述目前我国投资项目可以采用哪些融资方式。

2.解释资金成本、资金结构、融资风险的概念。

3.由于某饮料公司的一项新产品在市场上很畅销,以致供不应求。现在,该公司决定扩大生产规模,但需要筹集长期资金 100 万元,这些资金问题必须全部通过发行新公司债券或增发新股来解决。这时,公司相关财务状况如下:公司有普通股 10 万股(原值 100 万元),优先股 40 万元(股息为 5%),第一抵押公司债 75 万元(利率 4%),边际公司所得税率为5%。另外,经过市场调查,公司预计本年度可实现税前利润 100 万元。

该公司的财务主管提出了如下两个融资方案:

方案 1:发行利率为 8% 的 100 万元信用公司债券。

方案 2:发行面值为 10 元的普通股股票 2.5 万股(发行价待定)。

问题:现在,该公司为了筹集这笔资金,到底应该发行公司债券还是应该发行股票呢?

4.某市现拟建设一座污水处理厂,设计日处理污水 20 万吨,预计项目总投资 5 亿元。该项目属于城市基础设施建设项目,由该市环保局作为项目的发起人和拥有者。

问题 1:试分析本项目可能的资金筹措渠道和方式。

问题 2:如果采用 BOT 方式,请设计该项目的融资结构和信用保证结构。

第**11**章

社会评价

教学内容：本章主要介绍工程项目社会评价的概念，社会评价的内容，社会评价主要的方法和指标，以及如何编写社会评价报告，并利用两个实际案例作为教学。

教学重点：本章重点是理解社会评价的概念、目的；掌握社会评价的定性和定量指标；掌握社会评价编写基本原则；掌握社会评价案例的分析。

教学难点：难点是掌握社会评价的项目范围；掌握社会评价的研究内容，包括社会影响分析、互适性分析以及社会风险分析；掌握社会评价的主要方法，包括利益相关者分析、有无对比分析法以及综合分析评价法；掌握社会评价报告编制程序；学会编制社会评价报告。

知识框架

```
                  ┌─ 社会评价的概述 ──┬─ 社会评价的概念
                  │                   ├─ 社会评价的目的
                  │                   └─ 社会评价项目范围
                  │
                  │                              ┌─ 社会风险识别
                  │                              ├─ 社会风险分析
                  ├─ 社会评价的主要内容 ─┬─ 社会影响评价   ├─ 社会风险评价
                  │                     ├─ 互适性评价     └─ 社会风险决策
                  │                     └─ 社会风险评价 ──┘
                  │
                  │                              ┌─ 利益相关者分析法
 社会评价 ─┤                     ┌─ 社会评价方法 ─┼─ 有无对比分析法
                  │                     │                └─ 综合分析评价法
                  ├─ 社会评价的主要方法 ─┤
                  │                     │                               ┌─ 就业效益指标
                  │                     └─ 社会评价指标 ─┬─ 定性指标     ├─ 收入分配效益指标
                  │                                      └─ 定量指标 ────┴─ 节约自然资源指标
                  │
                  ├─ 社会评价报告的编写 ─┬─ 报告编写原则
                  │                     └─ 社会评价报告编写步骤
                  │
                  └─ 社会评价报告案例 ─── 世行贷款甘肃丝绸之路经济带文化传承创新发展项目
```

导入案例

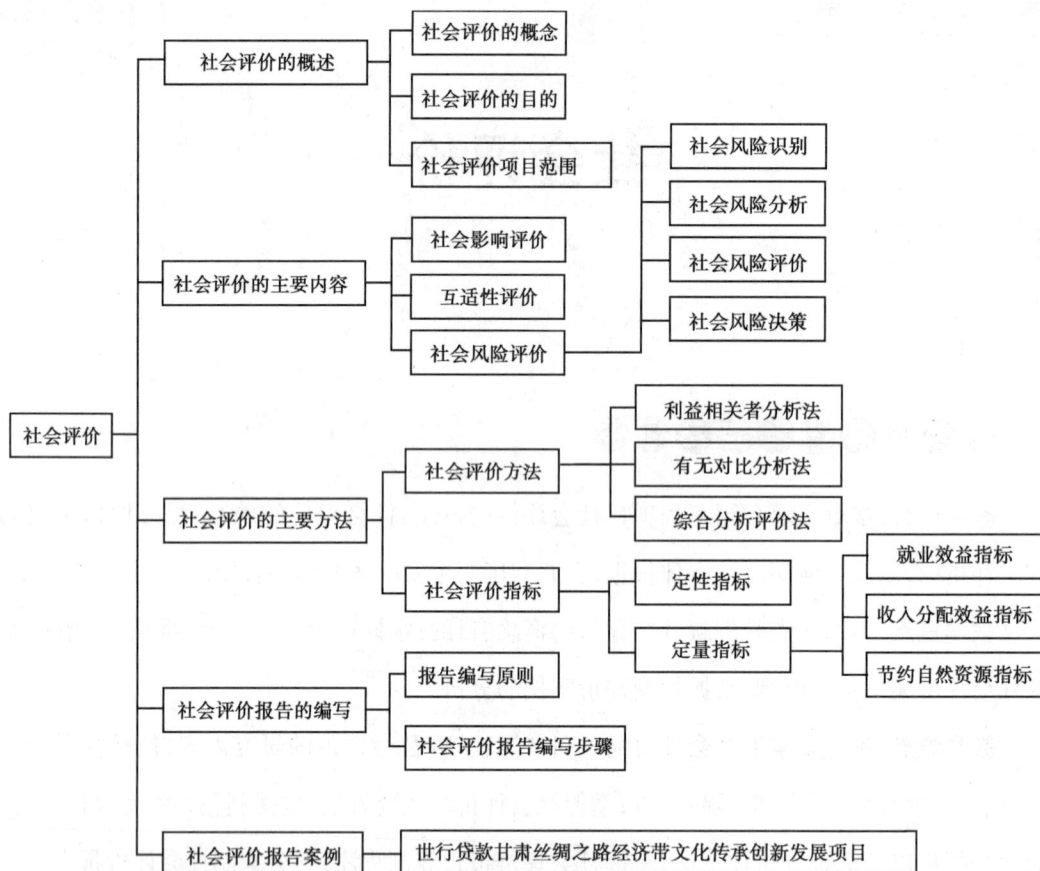

南水北调工程项目的社会影响[①]

　　世界上许多国家在现代化进程中都面临着水资源短缺的困扰,在我国尤为凸显,由于我国水资源人均拥有量较少且空间分布极不均衡,北方地区水资源十分短缺。水资源不同于一般的生产投入要素,其在一定条件下不能被其他要素替代。因此,要想解决我国北方地区水资源短缺的问题就需要依靠大型调水工程的介入,南水北调工程的实施将有利于缓解这一约束问题。南水北调工程时间跨度长,规划工期自 2002 年起至 2050 年结束;投资规模大,预计主体工程静态总投资 4 616 亿元(以 2000 年价格计);影响地域范围广,三条调水线路将长江、黄河、淮河和海河四大流域连接起来。

　　作为迄今为止世界上最宏伟的调水工程,南水北调工程将直接导致投资规模的扩大,以及对我国水资源的空间再分配,对我国尤其是相关地区的社会经济发展产生极其深远的影

---

①　资料来源:杨云彦.南水北调工程与中部地区经济社会可持续发展研究[M].北京:经济科学出版社,2011.

响。但是南水北调工程的实施伴随着大量社会问题出现,包括庞大的水源地移民数量,冲击社会原有的收入分配格局,改变地区间的经济关系等。

南水北调工程跨越了多个行政区域,不同行政区域之间可能会因为水资源分配问题导致水事纠纷。此外,工程建设和运行过程中与其他产业的冲突也有可能引发员工失业等社会问题。面对如此庞大的工程建设移民,它是否会引发社会不稳定因素,以及移民后存在哪些社会影响,都是政府和项目管理者应当科学评估的。因此,对工程项目进行社会评价具有重要的意义。

随着社会发展观从"以经济增长为中心"到"以人为中心的可持续发展"的转变,工程项目社会评价越来越被重视,那么,究竟什么是社会评价,如何进行社会评价? 本章将介绍工程项目的社会评价的基础理论,以便初步解决上述种种问题,理清思路。

11.1 社会评价的概述

由于项目建设对一个地区乃至一个国家的社会发展与布局、资源的配置等产生较大的影响,因此项目社会评价越来越受到人们的重视。

11.1.1 社会评价的概念

由于项目社会评价的复杂性,到目前为止,世界上还没有哪个国家制定了类似于建设项目经济评价那样完整的社会评价方法和标准。因此,社会评价概念因出发点不同或注重的方面不同而存在着不同理解,在名称、内容和方法上都存在一定差别。如美国从 1969 年开始重视社会评价,美国在该年发布的国家环境政策法令(NEPA),要求一份社会影响评价和环境影响报告来分析美国联邦投资或实施的所有项目和规划对环境方面的影响。美国的社会影响评价最先用于水资源项目的开发,1980 年美国水资源委员会正式提出水资源工程除考虑国民经济发展外,还要考虑社会影响评价对环境质量、地区经济发展及社会福利方面的影响。1983 年该委员会提出了《水土资源开发利用社会影响评价研究——经济与环境的原理与指南》,这份文件强调项目除了要重视经济发展外,也要进行社会影响评价分析和征求广大公众的意见,让广大公众参与项目的研究。在方法上,开发了多种模型,分定量和参与社会影响评价两类,定量方法多采用计算机模拟技术,参与方法以定性分析为主。英国更强调公众的参与,并将公众参与作为社会分析的主要内容。日本的项目社会评价强调经济开发效果和社会开发效果,前者包括直接经济效果、地区经济效果、国民经济效果,后者包括公共效果和国土开发效果等。

社会评价源于对社会发展过程的不断认识与理解,源于各国经济发展中克服项目带来的种种社会问题的需要。因此,社会评价受各国社会科学理论发展、经济制度及社会发展水平的制约。

随着社会评价理论方法的不断发展,我国对项目社会评价也越来越重视。从广义角度来说,社会的含义十分广泛,经济评价和环境评价都可以包括在社会评价的范畴内,但经济评价和环境评价都已制定了比较完善的评价规范和具体的评价方法。从狭义角度来说,社会评价是分析拟建项目对当地社会的影响和当地社会条件对项目的适应性和可接受程度,评价项目的社会可行性。

　　狭义角度的社会评价是我们经常理解的,社会评价是系统调查和预测拟建项目的建设、运营产生的社会影响与社会效益,分析项目所在地区的社会环境对项目的适应性和可接受程度,通过分析项目涉及的各种社会因素,评价项目的社会可行性,提出项目与当地社会协调关系,规避社会风险,促进项目顺利实施,保持社会稳定的方案。

11.1.2　社会评价的目的

　　社会评价有利于整个社会发展目标的实现,实现项目发展与地区经济社会发展的协调一致,防止单纯追求财务效益;有利于项目与所在地区利益协调,减少社会矛盾和纠纷,防止可能产生不利的社会影响和后果,促进社会稳定;有利于避免或减少项目社会风险,提高投资效益。社会评价可以从宏观层面和微观层面开展。

1)社会评价的宏观层次

①实现经济和社会的稳定、持续和协调发展。
②满足人们的基本社会需求。
③保证不同地区之间的公平协调发展。
④充分利用地方资源、人力、技术和知识,增强地方的参与程度。
⑤减少或避免项目建设和运行可能引致的社会问题。

2)社会评价的项目层次

①制定能够切实完成项目目标的机制和组织模式。
②保证项目收益在项目所在地区不同利益相关者之间的公平分配。
③预测潜在风险并分析减少不良社会后果和影响的对策措施。
④提出为实现各种社会目标而需要对项目社会方案进行改进的建议。
⑤通过参与方法的运用增强项目所在地区民众有效参与项目建设和管理。
⑥防止或尽量减少项目对地区社会环境造成负面影响。

11.1.3　社会评价项目范围

　　任何建设项目都与人和社会有着密切的联系,因而从理论上讲,社会评价适合各类投资建设项目的评价。然而,由于社会评价难度大、要求高,且需要一定的资金和时间投入,故不可能对全部项目都进行社会评价。通常,主要针对对当地居民受益较大的社会公益性项目、对人民生活影响较大的基础性项目、容易引起社会动荡的项目、区域性发展项目和扶贫项目进行评价。具体来说,进行社会评价的项目包括以下几类:

　　①农业、林业项目。农业项目的目的在于增加农业生产,其中包括品种改良、增加灌溉设施、改良土壤、加快农业科技的发展等,林业项目如植树造林、林业副产品加工等。这一类项目的运营直接涉及项目所在地人民的生产与生活,项目引起的社会变化对社区各方面的影响较大。因此,对这类项目要进行社会评价。

　　②水利项目。水利项目的建设具有发电、防洪、灌溉、养殖等多种效益,小型项目一般是当地人民直接受益,大中型项目一般是省、市甚至全国受益。水利项目对社会造成的影响较大,不仅促进当地经济的发展,而且移民及其安置所产生的社会影响直接关系到当地人民生活、生产方式,如果项目执行过程中移民安置未能做好,往往会对项目的建设产生很大的副

作用。因此,一般水利项目是进行社会评价的重点。

③社会事业项目。社会事业项目主要指教育、卫生、文化事业、体育事业项目等,除大型社会事业外,中小型项目以向当地人民提供社会服务为目的,其投资效益难以用经济指标衡量,在很大程度上是以当地居民的满意程度来衡量的。社会事业的建设和发展,直接关系到千家万户,如一个学校的选址、规模,势必受到人口密度、适龄人口总数等因素的约束,其效益的好坏直接关系到每个孩子的成长,涉及千家万户学生家庭的安定。因此,对社会事业项目进行社会评价是此类项目发挥作用的基本保证。

④能源、交通、大中型工业项目。能源、交通、大中型工业项目主要是经济效益,但社会效益也不容忽视。能源、交通属于基础性项目,往往为国民经济和社会发展提供必要的条件,社会效益的评价涉及土地征用、人口迁移等问题,对项目所在地人民的影响是直接的、长期的,对社区结构、社区发展,均有相当的影响。因此,对这类项目不仅要计算其经济效益,也要评价社会影响。通过社会评价,可以有效地扩大项目的有利影响,减轻项目对当地产生的不利影响,以促进项目与当地社会的协调发展。

针对各行业各类项目的不同特点,应进行程度不同的社会评价,以利于对项目进行全面的分析评价。社会评价应贯穿项目周期的始终,如项目立项、可行性研究、项目评估、实施和项目后评价的各个阶段之中,各类项目进行社会评价的侧重点、内容应有所不同,深度要求不一。在开展项目社会评价中,要按项目的类型、行业的特点和各个项目所处环境的具体情况,具体项目具体对待。

11.2　社会评价的主要内容

社会评价坚持以人为本的基本原则,研究内容主要包括项目的社会影响评价、项目与所在地区的互适性评价和社会风险评价。

11.2.1　社会影响评价

项目的社会影响评价在内容上可分为三个层次,从国家、地区、社区三个层面展开,包括正面影响和负面影响。

①对所在地居民收入的影响。主要分析预测项目实施可能造成当地居民收入增加或减少的范围、程度及其原因;收入分配是否公平,是否扩大了贫富收入差距,并提出促进收入公平分配的措施建议。

②对居民生活水平和生活质量的影响。分析预测项目实施后居民居住水平、消费水平、消费结构、人均寿命等的变化及其原因。

③对居民就业的影响。分析预测项目的建设、运营对当地居民就业结构和就业机会的正面与负面影响。

④对不同利益相关者的影响。分析预测项目的建设和运营使哪些人受益或受损,以及对受损群体的补偿措施和途径。

⑤对弱势群体利益的影响。分析预测项目的建设和运营对当地妇女、儿童、残疾人员利益的正面或负面影响。

⑥对文化、教育、卫生的影响。分析预测项目的建设和运营对当地文化教育水平、卫生

健康程度的变化,以及对当地人文环境的影响,提出减少不利影响的措施建议。

⑦对基础设施、社会服务容量和城市化进程等的影响。分析预测项目的建设和运营期间是否可能增加或占用当地道路、桥梁、供电、给排水、供汽等基础设施。

⑧对少数民族风俗习惯和宗教的影响。分析预测项目的建设和运营是否符合国家的民族和宗教政策,是否会引发民族矛盾、宗教纠纷,影响当地社会安定。

通过以上八个方面的分析,对项目的社会影响做出评价。编制项目社会影响评价表,见表 11-1。

表 11-1 项目社会影响评价表

序号	社会因素	影响的范围、程度	可能导致的后果	措施建议
1	对所在地居民收入的影响			
2	对居民生活水平和生活质量的影响			
3	对居民就业的影响			
4	对不同利益相关者的影响			
5	对弱势群体利益的影响			
6	对文化、教育、卫生的影响			
7	对基础设施、社会服务容量和城市化进程等的影响			
8	对少数民族风俗习惯和宗教的影响			

11.2.2 互适性评价

互适性评价主要是分析预测项目能否为当地的社会环境、人文条件所接纳,以及当地政府、居民支持项目的程度,考察项目与当地社会环境的相互适应关系。

①分析预测与项目直接相关的不同利益相关者对项目建设和运营的态度及参与程度,选择可以促使项目成功的各利益相关者的参与方式,对可能阻碍项目存在与发展的因素提出防范措施。

②分析预测项目所在地区的社会组织对项目建设和运营的态度。首先分析当地政府对项目的态度及协作支持的力度。其次分析当地群众对项目的态度以及群众参与的程度。通过分析项目的受益者及受益面的大小、受损者及其受损程度和补偿方案,寻找共赢方案。

③分析预测项目所在地区社会环境、文化状况能否适应项目建设和发展需要。应分析当地居民的教育水平能否适应项目要求的社会环境条件,能否保证实现项目的既定目标。

通过项目与所在地的互适性评价,评价当地社会对项目适应性和可接受程度,编制社会与项目的互适性评价表,见表 11-2。

表 11-2 社会与项目的互适性评价表

序号	社会因素	适应程度	可能出现的问题	措施建议
1	不同利益相关者的态度			

续表

序号	社会因素	适应程度	可能出现的问题	措施建议
2	当地社会组织的态度			
3	当地社会环境条件			

11.2.3　社会风险评价

社会风险是一种导致社会冲突、危及社会稳定和社会秩序的可能性,一旦这种可能性累积到一定程度,社会风险就会转变为社会危机,从而构成对社会稳定和社会秩序的威胁。

项目的社会风险评价是对可能影响项目的各种社会因素进行识别和排序,选择影响面大、持续时间长,并容易导致较大矛盾的社会因素进行预测,分析可能出现这种风险的社会环境和条件。

1)社会风险识别

工程项目社会风险管理中最基本的环节是对社会风险的识别。根据风险管理原则与指南对风险识别的解释,风险识别是通过识别风险源、影响范围、事件及其原因和潜在的后果等,生成一个全面的风险列表。

风险识别是进行风险评估时首先要进行的工作。在风险因素的识别过程中,无非有两种风险因素:一是确定性因素;二是不确定性因素。确定性因素一般为比较常规、程序和结构比较固定的管理工作中所产生的风险因素,针对这种情况,可以根据成功的经验和知识积累做出适当的处理,所需的风险应对措施可以有比较程序化和合规化的流程。但对于不确定的因素,所需的管理力度就会大大增加,如果采取的风险应对措施不当或放任不管,则可能诱发社会矛盾进而导致社会风险事件的发生。风险识别正是对这种不确定因素下所隐藏的各种潜在风险进行系统分析,其目的是识别可能出现的风险因素和风险事件。

2)社会风险分析

遵循的标准中规定的风险管理流程,在对风险因素进行识别后,要对风险进行分析。风险分析是根据风险类型、获得的信息和风险评估结果的使用目的,对识别出的风险进行分析,为风险评价和风险应对提供支持。风险分析要考虑导致风险的原因和风险源、风险事件的正面和负面的后果及其发生的可能性、影响后果和可能性的因素。

风险分析是根据风险类型、获得的信息和风险评估结果的使用目的等,对识别出的风险进行定性和定量的分析,为风险评价和风险应对提供支持。一般情况下首先采用定性分析,初步了解风险等级和揭示主要风险,适当时进行更具体和定量的风险分析。社会风险事件的后果和可能性可通过专家意见确定,或通过社会风险事件或事件的组合结果建模确定,也可通过对可获得的社会风险的历史数据的推导确定。对后果的描述可表达为有形或无形的影响。有形的影响表现为财产的损失、人员的伤亡等;无形的影响表现为信誉等的损失。在某些情况下,可能需要多个指标来确切描述不同时间、地点、类别或情形的后果。

3)社会风险评价

进行风险管理离不开风险评价,在进行分析评价前需要在思想、组织、计划和资料等方面做好充足的准备。其包括将风险分析的结果与预先设定的风险准则或风险标准相比较，或者比较分析各种风险的结果，从而达到确定风险等级的目的。一个可靠有效的对已识别的风险元素的评级是向系统化的风险减少迈进的一步。

风险评价应将风险分析过程中得出的风险水平与预先设定的风险准则进行比较。目前来说，风险准则制定并没有完全统一的标准。国家发展改革委《重大固定资产投资项目社会稳定风险评估暂行办法》中要求建设项目要在合法、合理、可行、可控等方面达到要求时才能予以审批。

（1）合法性评估

合法性主要评估拟建项目建设实施是否符合现行相关法律、法规、规范以及国家有关政策；是否符合国家与地区国民经济和社会发展规划、产业政策等；拟建项目相关审批部门是否有相应的项目审批权并在权限范围内进行审批；决策程序是否符合国家法律、法规、规章等有关规定。

（2）合理性评估

合理性主要评估拟建项目的实施是否符合科学发展观要求，是否符合经济社会发展规律，是否符合社会公共利益、人民群众的现实利益和长远利益，是否兼顾了不同利益群体的诉求，是否可能引发地区、行业、群体之间的相互盲目攀比；依法应给予相关群众的补偿和其他救济是否充分、合理、公平、公正；拟采取的措施和手段是否必要、恰当，是否维护了相关群众的合法权益等。

（3）可行性评估

可行性主要评估拟建项目的建设时机和条件是否成熟，是否有具体、翔实的方案和完善的配套措施；拟建项目实施是否与本地区经济社会发展水平相适应，是否超越本地区财力，是否超越大多数群众的承受能力，是否能得到大多数群众的支持和认可等。

（4）可控性评估

可控性主要评估拟建项目的建设实施是否存在公共安全隐患，是否会引发群众性事件、集体上访，是否会引发社会负面舆论、恶意炒作以及其他影响社会稳定的问题；对拟建项目可能引发的社会稳定风险是否可控；对可能出现的社会稳定风险是否有相应的防范、化解措施，措施是否可行、有效；宣传解释和舆论引导措施是否充分等。

除了国家发展改革委《重大固定资产投资项目社会稳定风险评估暂行办法》中有关于风险评价的规定，各地各级政府也都根据实际经验和当地情况制定了相关方法。上海市委审议通过了《关于建立重大事项社会稳定风险分析和评估机制的意见（试行）》，在此文件下，上海市委办公厅、市政府办公厅和市发展和改革委员会等部门制定了《上海市重大决策社会稳定风险分析和评估实施办法（试行）》和《上海市重点建设项目社会稳定风险分析和评估试点办法（试行）》，形成了一系列的规范体系。建立这一系列的规范体系的目的是确定其风险等级，并对各种风险进行综合排序，为进一步的决策提供依据。

4）社会风险决策

在充分地对社会风险因素进行了识别和评估之后，才能根据得出的结果做出决策。风险决策是在一定的信息条件下，由决策者根据一定的规则和方法来做出可能的实施方案，并且根据信息条件选择出最优的实施方案。

在社会风险评估后，决策者应该对识别出来的主要社会风险做进一步分析，确定该主要社会风险因素超出警戒值以后,是否有其他的社会风险伴随出现。假设这种社会风险不发生,情况是什么样;假设发生,其最坏结果是什么,能否在该公共工程项目的承受范围内。进一步来讲,还要分析如何避免该社会风险事件的发生,如果不能避免,或者这种社会风险因素不是现有能力能够控制的,则应该做好在最坏情况发生后的应对措施。

通过上述步骤,分析社会风险因素,估计可能导致的后果,提出相应的措施建议,最终编制项目社会风险评价表,见表11-3。

表 11-3　社会风险评价表

序号	风险因素	持续时间	可能导致的后果	措施建议
1	移民安置问题			
2	民族矛盾、宗教问题			
3	弱势群体支持问题			
4	受损补偿问题			

11.3　社会评价的主要方法

建设项目投资活动涉及的社会因素、社会影响和社会风险不可能用统一的指标、量纲和判断依据进行评价,因此社会评价应根据具体情况采用灵活的评价方法。通常,社会评价采用定量分析与定性分析相结合、参数评价与经验判断相结合的方法,其中定性分析在社会评价中占有重要地位。

11.3.1　社会评价的主要方法

在具体评价中,常采用利益相关者分析法、有无对比分析法、综合分析评价法等方法。

1)利益相关者分析法

项目利益相关者是指与项目有直接或间接利害关系,并对项目的成功与否有直接或间接影响的所有有关各方,如项目的受益人、受害人、与项目有关的政府组织与非政府组织等。利益相关者一般是由各群体与项目的关系、对项目的影响程度与性质或其受项目影响的程度与性质决定的。对一个具体项目的利益相关者分析是一件相当复杂的事情。这里仅对利益相关者分析的基本内容及分析步骤作一些介绍。

(1)项目利益相关者的一般划分

项目利益相关者一般划分为:①项目受益人;②项目受害人;③项目受影响人;④其他利益相关者,如项目的建设单位、咨询单位、与项目有关的政府部门与非政府组织。

(2)利益相关者分析法的基本步骤

项目利益相关者分析法一般按下列步骤进行:

①制定项目利益相关者一览表。识别项目所有潜在的利益相关者,鉴别项目各利益相关者的利益与项目所强调的问题及项目目标的关系,简要说明项目对各利益相关者的各种利益的影响,提出能满足各利益相关者利益的各种项目活动。

②评价各利益相关者对项目成功与否所起作用的重要程度。针对现有的问题及项目的各种方案,考察各利益相关者的利益会受到什么影响,就某些关键问题对项目的利益相关者进行调查,以了解各利益相关者期望得到什么,利益相关者可能对项目作出什么承诺,项目各利益相关者的既得利益是否会因项目的实施受到损害,各利益相关者彼此间的关系如何等;分析项目各利益相关者对项目的设计、实施方案的影响力或控制力,并作出评价。

③根据项目的目标,对项目各利益相关者的重要性作出评价。

④根据以上各步的分析结果,提出在项目实施过程中对各种利益相关者应采取的措施。

2)有无对比分析法

有无对比分析是指有项目情况与无项目情况的对比分析,这是项目社会评价中通常采用的分析评价方法,通过有无对比分析以确定拟建项目引起的社会变化,即各种效益与影响的性质与程度。在项目社会评价中,无项目情况,就是经过研究确定的基准线情况。有项目情况,即考虑拟建项目建设运营后引起各种社会经济变化的社会经济状况。有项目情况减去同一时刻的无项目情况,就是由项目引起的各种影响。例如,某项目的就业影响:无该项目时社区有120人就业,该项目实施后,社区就业人数增加到200人,即该项目引起的社区就业人数增加80人。采用有无对比分析,各种影响的性质与程度的确定比较复杂,因为有时基准线预测可能不准确,这一点在后评价时就会反映出来,特别是政策、体制的变化。因此,在进行后评价的社会评价时,可能需要对原来调查预测的基准线重新研究确定。

3)综合分析评价法

分析项目的社会可行性时通常要考虑项目的多个社会因素及目标的实现程度。对这种多个目标的评价决策问题,通常选用多目标决策科学方法,如德尔菲法、矩阵分析法、层次分析法、模糊综合评价法、数据包络分析法等。

社会综合分析评价结论不能单独应用,必须与项目社会适应性分析结合起来考虑。项目与社会的互适性评价,主要研究如何采取措施使项目与社会相互适应,以取得较好的投资效果。所以,综合分析评价得出项目社会评价的总分后,在方案比较中,除了要看总分高低,还要看各方案措施实施的难易和所需费用的高低及风险的大小情况,才能得出各方案社会可行性的优劣。有些项目可能因方案社会风险大或受损群众数量多,又难以减轻风险而改变方案。对于项目社会评价来说,多目标综合分析评价方法得出的结果,往往只能作为一种分析总结的参考数据,不能据以决策。

11.3.2 社会评价的主要指标

社会评价的指标包括各种效益和影响的定性指标和定量指标。注意所选指标不宜过多。

1)项目社会评价的定性指标

定性指标是指用文字描述说明事物性质的指标。项目的建设对社会各方面产生影响,很多只能定性描述。参考世界银行对项目进行社会动态评价的经验整理出下面一些定性分析的要点:

①对环境保护与生态平衡的影响;

②对提高国家、部门、地区科学技术水平的影响;

③对普及科学知识、提高人民科学水平的影响；

④对国防安全的影响；

⑤是否尊重当地的各民族习惯,对民族团结、和睦有无影响；

⑥对提高人民教育水平的影响；

⑦对丰富当地文化生活、提高人民生活水平的影响；

⑧对增进人民健康,延长寿命的影响；

⑨对增加绿地面积、美化环境、提高森林覆盖率的影响；

⑩项目的受益者是谁,多少人受益；

⑪有无项目受损者,受损者如何补偿；

⑫如果建设项目要求人们搬迁或移居异地,如何搬迁安置；

⑬项目是否影响当地土地使用上的变化,如何补偿原有土地的收入；

⑭其他诸如项目对水资源、卫生、人口等方面的影响。

2)项目社会评价的定量指标

定量指标是指可以具体计算量化的因素,有统一的量纲、相应的计算公式与判别标准。一般来说,定量指标用数据描述,比较客观、科学。由于项目社会评价涉及大量的、复杂的社会因素,都要进行定量计算,难度很大,因此社会评价中的定量指标一般选取以下几方面:

(1)就业效益指标

就业效益指标是指项目单位投资所能提供的就业机会,就业人数越多,则就业效益越大,社会效益越大。就业效益指标可按单位投资就业人数计算。

$$单位投资就业人数 = \frac{项目新增的就业人数(人)}{项目投资(万元)}$$

项目新增就业人数包括直接就业人数和间接就业人数。直接就业人数是指本项目新增的就业人数,是项目投入生产经营后正常年份新增的固定就业人数,项目建设期现场施工的临时就业人数不计入。如果项目投入生产经营后,主要是解决临时就业,比如林业项目,其临时就业人数可按劳动部门的有关标准折算为固定就业人数计算,并加以说明。间接就业人数一般是指项目直接相关的配套项目,如铁路专用线,港口及其他公用服务设施等未列入本项目投资的工程增加的就业人数。计算时,注意新增就业人数与投资的计算口径一致。项目投资包括直接投资和相关项目的投资。因此还可以用以下两个分指标表示:

单位投资直接就业人数 = 本项目新增的就业人数(人)/本项目直接投资(万元)

单位投资间接就业人数 = 相关项目新增的就业人数(人)/相关项目投资(万元)

由于项目创造的就业机会,往往与项目采用的技术和经济效益密切相关。高劳动密集型企业与资金密集型企业,就业效益相差很大。前者创造就业机会多,后者增加就业人数少而技术经济效益高。行业不同,产品不同,单位投资创造的就业机会也相差悬殊。因此,在评价就业效益指标时,应根据项目的行业特点,分析企业属劳动密集型或资金、技术密集型企业;并结合地区劳动就业情况进行具体分析。一般来说,从社会就业角度考察,在待业率高的地区,特别是经济效益相同的情况下,就业效益大的项目应为优先项目。如果当地劳动力紧张,或拟建项目属高新技术产业,就业效益指标的权重就应减小,可以只作为次要的或供参考的评价指标。

（2）收入分配效益指标

从国家宏观经济层次分析来看,收入分配分析是指社会在一定时期内创造的价值即国民收入在社会集团或社会成员之间的分配效益分析。单从项目的微观层次分析来看,收入分配分析指项目的净收益对社区居民的收入分配效益。收入分配效益指标用于检验项目收益分配在国家、地方、企业、职工之间的分配比重是否合理。一般用以下指标表示：

$$国家收益比重 = 项目上交国家的税金 / 项目总收益 \times 100\%$$

$$地方收益比重 = 项目上交地方的税金 / 项目总收益 \times 100\%$$

$$企业收益比重 = 企业收益 / 项目总收益 \times 100\%$$

$$职工收益比重 = 职工收益 / 项目总收益 \times 100\%$$

企业收益为企业税后利润。收入分配是否公平,不仅是经济问题,更是社会是否公平的重要问题,包括贫富分配之间、地区分配之间是否公平的问题。我国项目社会评价方法设置了"贫困地区分配效益指标",以促进国家经济在地区间合理分配,并促进国家扶贫目标的实现。贫困地区收益分配效益指标,按下列两步计算：

$$贫困地区收益分配系数 \ D_i = \left(\frac{全国人均国民收入}{同时期当地人均国民收入} \right)^m$$

$$贫困地区收入分配效益 = \sum (CI - CO)_t D_i (1 + i_s)^{-t}$$

式中,D_i 为贫困地区 i（某省、市、自治区）的收入分配系数,m 为国家规定的扶贫参数,反映国家对贫困地区从投资资金分配上照顾倾向的价值判断,由国家制定。国家规定的 m 值越高,贫困地区收入分配系数越大。确定的 m 值系数对贫困地区算出的收入分配系数应大于 1。$\sum (CI - CO)_t D_i (1 + i_s)^{-t}$ 为国家规定的项目的经济效益 $EN-PV$（项目的经济净现值）计算式,其年净现金流乘以 D_i 将使项目的经济净现值增值,有利于在贫困地区建设的项目优先通过经济评价,得以被国家接受。

国家的扶贫参数 m,可由国家根据国内贫困地区与先进地区经济发展的差距,并考虑国家的扶贫政策,通过对各地的人均国民收入与全国人均国民收入的测算,研究确定。在国家未发布参数以前,可按 $m = 1 \sim 1.5$,由评价人员根据具体情况确定 m 值,并予以说明。

（3）节约自然资源指标

自然资源是指国家的土地、水资源、矿产资源、生物资源、海洋资源等直接从自然界获得的物质与能量,是人类赖以生存的基本物质条件,是投资项目最重要的物质来源。如固定资产投资项目一般要占用国家的土地（包括耕地）,耗用水资源；以矿产为原料的项目还要耗用各种矿产资源；渔业项目耗用海洋资源；工业项目一般要分析评价节约能源、节约水资源、节约耕地等；水库建设要分析评价节约土地、少占耕地等问题；学校、医院等建设也要分析评价节约耕地的指标等。项目主要涉及哪种资源就分析评价哪种资源。

对于节约能源、节约耕地,节约水资源一般可采用以下公式计算：

①节能指标——项目的综合能耗。项目的综合能耗是项目在正常生产年度内每生产 1 单位净产值所消耗的能源。

$$项目的综合能耗 = 项目的年综合能耗 / 项目的净产值$$

项目的综合能耗指标要小于行业规定的定额。

②单位投资占用耕地 = 项目占用耕地面积（亩）/ 项目总投资（万元）。

③单位产品耗水量＝项目年生产耗水量/主要产品生产量。单位产品耗水量由主管部门按行业规定的定额考核，单位投资占用耕地根据同类项目的经验予以评定。

11.4　社会评价报告的编写

编制项目社会评价报告，将对所评价项目的调查、预测、分析、比较的过程和结论，以及方案中的重要问题和有争议的问题写成一定格式的书面报告，提出项目是否具有社会可行性的结论和建议。

11.4.1　社会评价报告编写原则

对项目进行社会评价时应遵循以下基本原则：

①认真贯彻党和国家有关社会发展的方针、政策，遵循国家有关的法规。我国经济与社会发展的方针、政策、法律法规和条例是政府为实现经济和社会发展目标而制定的指导性文件，其中有关经济与社会发展的战略、计划、指南、规范、条例等，是社会与经济发展方向的准则。项目的建设涉及资源优化与分配、区域经济的协调发展等问题，因此在进行项目社会评价时要遵循国家的有关法规。

②以国民经济与社会发展目标为依据。我国的经济与社会发展目标和可持续发展战略是社会活动的指导方向，是项目社会评价的依据。进行项目社会评价时，一般以社会发展的近期目标为重点，兼顾远期目标，并考虑项目与当地社会环境的关系，尽可能全面反映该项目投资所引起的各项社会效益与影响。

③遵循客观规律，实事求是，坚持可比性原则。项目社会评价应从实际出发，实事求是，采用科学适用的评价方法。无论是定量分析还是定性分析、取用的时空跨度、计算深度等要保持在同一性的基础上，分析计算的数据和参数要具有可比性，保证社会评价成果可靠实用。

④根据目标的重要程度进行评价。每个项目按其功能都有主要目标和次要目标之分，项目对实现各项社会发展目标的重要程度也不同，这些主次目标及重要程度要依据项目的目标结合国家的政策而定。评价应根据其重要程度进行分类排序，以作为综合评价的基础。

11.4.2　社会评价报告编写步骤

社会评估报编写主要包括以下步骤：

①筹备和制订评价工作计划。与项目的经济评价、环境评价一样，进行社会评价首先要组成一个相对独立的评价小组，根据项目的具体情况制订社会评价工作计划。

②确定评价目标与范围。根据项目建设的主要目标、功能及国家（或地区）的社会发展目标，由评价人员对主要社会因素进行分析研究，找出项目对社会各方面可能产生的影响，选出项目应当评价的目标，确定主要目标和次要目标，分析各种影响可能波及的地区范围与边界，以及时间范围、空间范围。空间范围一般是项目建设所在的社区、县市及相邻的社区、县市，时间范围一般是项目寿命期或预测可能影响的年限。

③选择评价指标。选择评价指标是社会评价中关键的一步，要根据国民经济和社会发

展目标及国家有关政策,针对项目特点、评价目标及范围,选择评价指标,包括各种效益与影响的定量分析与定性分析指标。

④调查预测,确定评价标准。采用各种必要的、有效的调查方法收集项目影响区域现有的社会经济、自然资源、自然与生态环境、社会人文情况及其他社会环境因素的资料作为评价的标准。

⑤制订备选方案。根据项目的目标、不同的建设地点、厂址、不同资源、不同的工艺路线等提出若干可供选择的方案,并采取访问、座谈等方式征求项目影响区域范围内,特别是厂址周围地区政府和群众的意见。

⑥进行预测评价。根据调查预测资料,对每一备选方案进行评价。首先对备选方案预测和计算各项社会效益与社会影响中能够定量的指标,对比有无项目的不同情况,计算各项定量指标的数值。对各种不能定量的影响因素进行定性分析,判断各因素对社会目标与当地社会环境相互影响的程度。其次分析各种指标的重要程度,进行各种效益与影响的计算,找出若干较重要的指标深入研究,制订必要的减轻不利影响的措施。最后采用多目标综合评价法或其他方法求得各方案的综合社会效益评价值。

⑦选出最优方案。先将各方案的综合效益评价值进行比较,选出最优方案。在比较综合效益时,要注意比较社会效益或影响较大的指标,特别是重大的单项指标。然后对最优方案进行全面分析评价,对不利影响及存在的问题提出补救措施与解决办法,并估算各项补偿费用与措施费作为社会费用,计入项目总投资中,得出评价结论。

⑧专家论证。根据项目的具体情况,召开不同规模的专家论证会,将选出的最优方案提交专家论证,充分吸收专家的意见,必要时对方案予以修改、调整。

⑨评价总结。将上述调查、预测、分析、比选方案、推荐最优方案的过程,分析论证情况,比选、论证的费用等,写成报告,提出项目社会评价的优劣和是否可行的评价结论,形成项目评价说明书,作为项目评价报告的重要组成部分。

11.5　工程项目社会评价报告案例

本节选取世行贷款甘肃丝绸之路经济带文化传承创新发展项目作为案例,详细介绍工程项目社会评价报告。

11.5.1　项目概况[①]

世行贷款甘肃丝绸之路经济带文化传承创新发展项目,是"一带一路"倡议为丝绸之路经济带"甘肃黄金段"的经济发展和扶贫工作提供的一个独特的机会。在世行项目的支持下,甘肃省拟利用国家发展战略优势和属地丰富文化旅游资源,挖掘经济发展新动因,推动关键基础设施的发展,加强并升级文化旅游产业,帮助贫困人口脱贫。从某种角度上说,这一投资巨大的公益性投资项目,其社会效益远远超过了其经济效益,因此对其社会效益及影响的评价的意义就不言而喻了。

---

① 资料来源:甘肃省文化和旅游厅。

甘肃省在中国"一带一路"倡议中的区位优势：①结合丝绸之路经济带甘肃省黄金段发展规划，沿线拟扶持发展8大组团12个重要节点城市中的4大组团8个核心城市（即天水、定西、张掖、酒泉及敦煌等）①；②甘肃建设文化强省和大景区的重大目标，以及着力打造向西开放大门户和文明传承大平台的十三五重要规划；③项目区助力文化扶贫、旅游扶贫开发的目标，致力于整合文化旅游资源，帮助贫困人口精准脱贫，助推低收入人口增收；④各县区地方政府拥有文化遗产资源禀赋、申报参与项目建设的积极性，主动与省项目办衔接推动意愿。世行贷款甘肃丝绸之路经济带文化传承与创新发展项目，在拟实施地区选择了4个地级市8个县区的8个项目，具体项目分布和建设内容分别为：天水市麦积区雕漆技艺传承与发展项目，秦安县大地湾遗址—陇城历史文化名镇—上关明清街改造提升项目，武山县山丹镇鸳鸯玉原产地特色文化小镇项目；定西市临洮县马家窑文化展示中心及大遗址景区项目，通渭县翰墨文化艺术中心项目；张掖市甘州区文化遗产保护传承开发与屋兰古镇民俗村项目；酒泉市肃州区丝绸之路文化研究中心及酒泉市图书馆项目，敦煌市悬泉置遗址保护和展示建设项目。

11.5.2　社会评价报告

世行贷款甘肃丝绸之路经济带文化传承创新发展项目社会评价报告详情，请登录甘肃省文化和旅游厅官网查询。

【本章小结】

社会评价是分析拟建项目对当地社会的影响和当地社会条件对项目的适应性和可接受程度，评价项目的社会可行性。社会评价坚持以人为本的基本原则，研究内容主要包括项目的社会影响评价、项目与所在地区的互适性评价和社会风险评价。在进行社会评价中，常采用利益相关者分析法、有无对比分析法、综合分析评价法等方法。社会评价的指标包括各种效益和影响的定性指标和定量指标。最终编制的项目社会评价报告，是把对所评价项目的过程和结论，以及方案中的重要问题和有争议的问题写成一定格式的书面报告，报告提出项目是否具有社会可行性的结论和建议。

【习题与思考题】

一、简答题

1. 论述项目社会评价的概念及目的。

2. 分析项目社会评价的主要使用范围。

3. 论述项目社会评价的主要内容。

4. 简述项目社会评价的编制。

---

① "丝绸之路经济带"甘肃黄金段规划的8个重要组团及12个重点城市分别是：兰(州)白(银)、酒(泉)嘉(峪关)、金(昌)武(威)、平(凉)庆(阳)、天水、定西、张掖、敦煌等。

5. 请以某个或某类建设项目为例,分析简述利益相关者分析的主要内容。

6. 简述项目社会评价的主要分析框架。

二、讨论题(实践题)

我国华北和西北地区土地、矿产资源丰富,但由于水资源短缺,具有开发价值和前景的资源处于闲置状态,不能发挥应有的经济价值。因此,南水北调工程是解决我国北方地区水资源短缺问题的重要战略性工程。南水北调工程时间跨度长,规划工期自 2002 年起至 2050 年结束;投资规模大,预计主体工程静态总投资 4 616 亿元(以 2000 年价格计);影响地域范围广,三条调水线路将长江、黄河、淮河和海河四大流域连接起来。

作为迄今为止世界上最宏伟的调水工程,南水北调工程将直接导致投资规模的扩大及对我国水资源的空间再分配,从而对我国尤其是相关地区的社会经济发展产生极其深远的影响。

问题:从社会评价研究内容的三个方面分析南水北调工程对社会的影响。思考南水北调工程建设工程中存在哪些社会风险?

第12章

环境评价

教学内容:矿产资源、水资源的节约和综合利用评价;节能评价的分析内容和评价指标;土地资源利用分析评价的基本内容和方法;环境影响评价报告书的内容及要求。

教学重点:矿产资源、水资源的节约和综合利用的概念,资源价值评价方法及应用,节能评价的分析内容和评价指标;环境影响评价的概念,环境影响评价报告书的内容。

教学难点:资源价值评价方法及应用,节能评价的评价指标;环境影响评价报告书的内容。

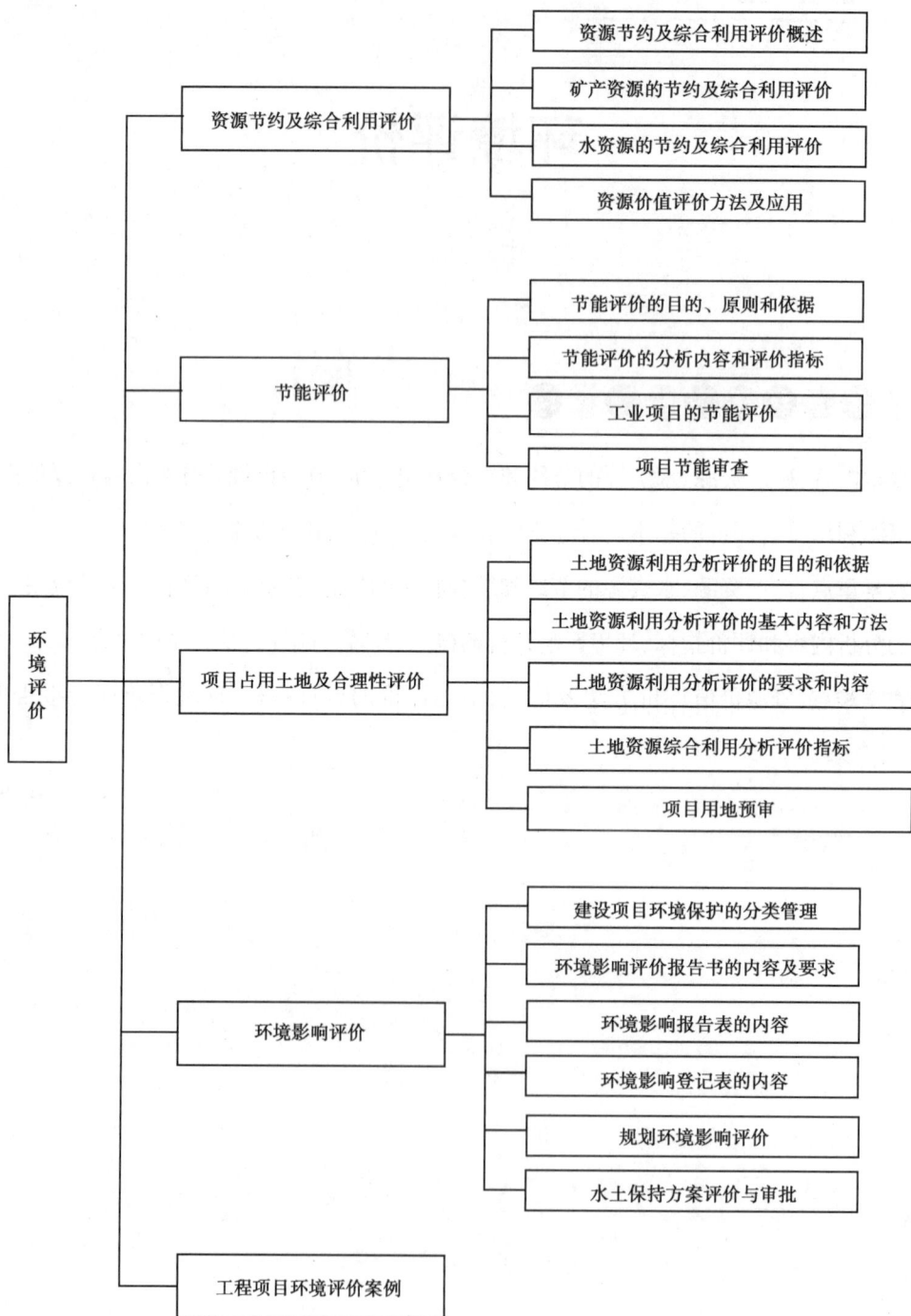

知 识 框 架

```
                                        ┌─ 资源节约及综合利用评价概述
                                        │
                     ┌─ 资源节约及综合利用评价 ─┼─ 矿产资源的节约及综合利用评价
                     │                   │
                     │                   ├─ 水资源的节约及综合利用评价
                     │                   │
                     │                   └─ 资源价值评价方法及应用
                     │
                     │                   ┌─ 节能评价的目的、原则和依据
                     │                   │
                     ├─ 节能评价 ─────────┼─ 节能评价的分析内容和评价指标
                     │                   │
                     │                   ├─ 工业项目的节能评价
                     │                   │
                     │                   └─ 项目节能审查
                     │
                     │                   ┌─ 土地资源利用分析评价的目的和依据
                     │                   │
环                   │                   ├─ 土地资源利用分析评价的基本内容和方法
境                   │                   │
评 ──────────────────┼─ 项目占用土地及合理性评价 ─┼─ 土地资源利用分析评价的要求和内容
价                   │                   │
                     │                   ├─ 土地资源综合利用分析评价指标
                     │                   │
                     │                   └─ 项目用地预审
                     │
                     │                   ┌─ 建设项目环境保护的分类管理
                     │                   │
                     │                   ├─ 环境影响评价报告书的内容及要求
                     │                   │
                     ├─ 环境影响评价 ──────┼─ 环境影响报告表的内容
                     │                   │
                     │                   ├─ 环境影响登记表的内容
                     │                   │
                     │                   ├─ 规划环境影响评价
                     │                   │
                     │                   └─ 水土保持方案评价与审批
                     │
                     └─ 工程项目环境评价案例
```

导入案例

惠州 32-5DPP 平台至惠州 25-8DPP 平台海管更换项目①

2020 年 12 月 25 日生态环境部对惠州 32-5DPP 平台至惠州 25-8DPP 平台海管更换项目等 2 个环境影响评价文件进行审查。项目包括对惠州 32-5DPP 平台至惠州 25-8DPP 平台的混输海管进行更换,在现有海管路由的南侧约 30 米处平行铺设 1 条同等长度和管径的混输管道(长 31.4 千米),直接铺设于海床上,不挖沟埋设。把现有海管清洗合格后就地封存。同时将惠州 32-5DPP 平台物流由越站输送改为依托惠州 25-8DPP 平台处理后再输送。

本项目在进行过程中不仅会对水环境造成影响,还会对海管铺设覆盖底栖生物产生影响;同时施工产生的悬浮物对鱼卵、仔稚鱼、底栖生物、游泳生物和水体中浮游动植物生长与繁殖也会产生一定的影响。针对以上可能存在的风险,本项目采取的防控措施主要包括:施工前申请发布航行通告,在核准的时段和区域内作业;加强值班瞭望,严禁无关船舶进入施工作业水域;管道两侧设置紧急关断阀和高低压保护装置,实时监测进出口端压力,发生异常情况通过紧急停车系统实现自动关断;严格执行海管巡线制度,进行不定期局部检测和定期全面检测。发生溢油事故时,立即启动溢油应急计划,采取有效措施减轻事故对海洋生态环境特别是敏感目标的影响,及时清理溢油并报告相关政府部门。

工程项目进行的过程可能会对环境造成潜在的危害。因此,如何判断项目过程中是否存在对环境的不利影响?如何对人为活动可能造成的环境影响进行分析论证?如何在此基础上提出采取的防治措施和对策?在处理这些危害的过程中存在哪些安全隐患?本章将在介绍环境评价相关基础理论的基础上,对以上种种问题进行初步解答。

12.1 资源节约及综合利用评价

12.1.1 资源节约及综合利用评价概述

1)综合概述

土地资源、矿产资源、水资源等自然资源是人类赖以生存的基础,也是经济社会可持续发展的物质保障。然而,我国资源目前面临着几个主要问题:①资源禀赋不足;②资源利用效率不高;③资源浪费和生态环境破坏现象突出。

资源综合利用是实现环境与经济协调发展的基本手段,是推动资源利用方式根本转变、大力节约集约利用能源资源、落实工业绿色发展要求的坚实保障,也是解决工业领域资源不当处置与堆积所带来的环境污染和安全隐患的治本之策。目前,工业项目的建设和生产对自然环境和生态平衡的破坏主要来自三个方面:一是来自项目投入的危险物料;二是来自工厂的生产过程,如在生产过程中产生的污水、废渣和有毒气体,直接对空气、土壤和水质等自

---

① 资料来源于中华人民共和国生态环境部官网

然环境产生污染;三是来自项目的产出物,如化肥和农药这类产出物,对环境和生态产生有害或不良影响。深入推进资源综合利用,将有效促使成本和资源的节约,使资源利用从低效率、高排放向高效、绿色、安全转型。

资源综合利用是推进生态文明建设的重要抓手。进一步研究工业资源综合利用产业发展重点方向和目标,健全资源节约集约循环利用政策体系,激发市场主体活力,发挥行业协会、产业联盟等机构的促进作用,有力推动资源综合利用产业高质量可持续发展,也是"十四五"工业绿色发展规划的主要发展方向。

2)目的及依据

资源节约及综合利用评价是依据循环经济的基本原则和相关法律法规,采用定性与定量的方法,分析并评价项目在资源节约及综合利用上所做的贡献,并且提出相应的改进意见和建议。

(1)评价目的

通过项目的选择、规划、设计和实施,促使增量资产实现最大限度的资源节约及综合利用,从而实现科学发展,转变经济增长方式,帮助建立和完善资源节约型和环境友好型社会。

(2)评价依据

资源节约及综合利用评价工作既要满足国家和地方的法律法规、标准及相关规定,也要满足行业法律法规、标准、规范及相关规定。

3)评价原则

(1)大系统分析的原则

以系统的整体最优为目标,在人口、资源、环境、经济、社会与科学技术的大系统中更全面、科学地分析投入与产出间的关系,遵循符合客观规律的循环经济原则,协调、均衡经济、社会和生态效益。

(2)生态成本总量控制的原则

把自然生态系统作为经济生产大系统的一部分,考虑生态成本,把治理时由资源过度消耗、生态退化、环境污染而造成的危害纳入成本核算之中。

(3)资源循环经济的3R原则

循环经济是一种区别于传统的线性经济的生态型闭环经济,是把自然生态系统形成合理的封闭循环生态系统,要求在项目建设和运营中将资源利用的各个环节做到合理利用资源,遵循3R原则,即:

①实施资源利用的减量化(Reduce);

②产品的再使用(Reuse);

③废弃物的回收利用再循环(Recycle)。

(4)尽可能利用可再生资源原则

优先使用可再生能源,降低资源消耗量,使生产循环依托在自然生态循环之上。

(5)尽可能利用高科技原则

"非物质化",尽可能以知识投入来替代物质投入。

(6)把生态系统建设作为基础设施建设的原则

通过基础设施的建设来提高生态系统对经济发展的承载能力。

（7）建立绿色消费制度的原则

适度节制消费，减少或避免对环境的破坏。

12.1.2　矿产资源的节约及综合利用评价

1）金属矿产资源开发项目资源利用评价

（1）评价内容

评价包括矿产储量和矿床地质条件、矿产地质特征、地矿工作、矿产储量计算等。除这些以外，对于主金属和伴、共生有价金属资源和"三废"的评价各有差异。

①主金属资源开发利用方案分析评价。分析项目开发方案是否合理地开发利用了主金属资源，尽量采用对比方法进行量化分析，并从资源利用的科学性、经济发展成本和环境成本、经济性等方面进行分析论证。

②伴、共生有价金属资源综合利用方案分析评价。往往一处矿藏不止含有一种金属资源，除了对主金属资源进行开发以外，分析项目开发方案主要采用定性分析评价对伴、共生有价金属按元素的种类进行了合理的综合回收利用。

③"三废"综合利用分析评价。一是对固体废物：采矿废石和选矿尾矿的综合利用。在技术可行、经济合理以及减少污染的前提下，主要采用定性分析评价开发方案是否合理利用了生产过程中的固体废弃物。二是对废水的综合利用。应从循环利用的角度对项目建设方案采矿、选矿产生的废水进行分析。通过定量分析评价生产用水循环利用率、选矿回水率是否符合有关要求。

（2）评价指标

金属矿产资源开发项目资源利用评价指标见表12-1。

表12-1　金属矿产资源开发项目资源利用评价指标

主金属	采矿回采率、选矿回收率
伴、共生有价金属	按元素种类应全部进行回收
固体废物	采矿废石和选矿尾矿用于生产建筑材料或采空区充填料的具体利用指标，应根据当时技术条件、经济条件等综合研究评估确定
废水（液）	生产用水循环利用率、选矿回水率

2）油气资源开发项目资源综合利用评价

（1）综合利用主要措施

先进的开采工艺可以提高油气资源的采收率，同时油气产品生产与储运过程中有效地降低烃类放空损耗以及采取回收措施可以提高产品的收率。因此，项目采用先进合理的工艺技术及设备是提高油气资源综合利用水平的关键。

分析评价项目油气资源综合利用水平，应首先分析项目采取了哪些综合利用措施，可分为：①油气田开发项目；②输油管道项目；③输气管道项目；④液化天然气接收终端项目；⑤原油及各类油品储存设施项目。

（2）综合利用评价指标

①油气田开发项目评价指标。油气田的石油和天然气储量一般分地质储量和可采储量。地质储量指存在于地下油气藏中的原始油、气量；可采储量指油气藏中，在一定经济技术条件下可以采出的油、气量。一个油气藏中可采储量与地质储量的比值称为采收率。对于油气田开发项目，油气资源综合利用的重点在于采用先进的开采工艺，提高难动用储量的开发利用程度，其主要评价指标为：不同开发阶段油气田原油、天然气最终采收率。

另外，在原油、天然气开采过程中应回收轻烃及伴生气，尽量经济合理地降低生产自用油气量。对于含硫气田，还应回收提取硫磺，相应主要评价指标为：轻烃、伴生气回收及利用率；油气处理厂单位油气综合处理自用指标；油气田单位产品生产油气综合利用指标；含硫气田硫磺的回收率。

②输油、输气管道项目评价指标。对于输油、输气管道项目，油气资源综合利用的重点在于尽量经济合理地降低输送过程中的自用及损耗油气量，评价指标主要为：单位输油、输气量下的油气综合利用指标。

③石油储存设施项目评价指标。对于石油储存设施项目，油气资源综合利用的重点在于回收储存过程中排放的烃类物质，同时经济合理地降低自用油气量，主要评价指标包括：液化天然气接收终端气化过程中油气综合利用指标；石油储存设施油气回收及利用率；装（卸）车过程中排放轻烃回收及利用率。

12.1.3　水资源的节约及综合利用评价

1）水资源基础评价

按照国家有关规定，建设项目要进行水资源论证。水资源基础评价主要是评价通过工程开发利用的、可更新的地表水和赋存在地下含水层中的地下水。新增水资源投资项目，应提供水行政主管部门的取水许可批件。水资源基础评价的目的是了解项目所在区的水资源量、水资源质量及其基本特性。

水资源基础评价主要包括：

①权威部门发布的最新统计资料，补充的资料要符合有关规范的规定。

②评价内容要全面，评价方法需采用有关规范的规定。

③综合考虑河川径流特征、地下水开采条件、生态环境保护要求和技术经济等因素，估算流域当地地表水资源可利用量、地下水资源可开采量和水资源可利用总量。

2）项目取水及用水合理性分析

（1）项目取水合理性分析

①分析建设项目所属行业、产品、规模、工艺、技术和当地水资源条件等是否符合国家的产业政策。

②投资项目取水应符合水资源规划、配置和管理的有关要求，应遵守经批准的水量分配方案（协议）或国际公约（协议），以及地下水超采区（禁采区、限采区）、水功能区的规定等。

③对取用当地水的投资项目，取水后必须保证当地居民基本生活、生产用水，并满足河道内最小生态需水量；在通航河道上要满足最小通航水深要求。对取用外地水的取水项目要以不影响引水水源地取用水安全为前提。

（2）项目用水合理性分析

①对于新建项目应分析其取水、用水、耗水及退水情况，并进行非正常工况和风险事故的可能性分析及应急措施。

②对于改、扩建项目，应按照"以新带旧"的原则，分析项目改、扩建前后的用水指标，提出对现有工程应采取的改进措施。

③需按国家标准《企业水平衡测试通则》（GB/T 12452—2008）的要求，绘制水平衡图和用水流程图，分析取水、用水、耗水、排水等过程。对于用水受季节影响较大的建设项目还需分析最大水量或绘制不同季节的水平衡图。

④应根据水平衡分析结果，计算相关用水指标。

（3）水资源的节约利用

①农业节水。农业节水主要内容：农业用水优化配置技术；高效输配水技术；田间节水灌溉技术；生物节水与农艺节水技术；降水和回归水利用技术；非常规水资源化技术；养殖业节水技术等。

②工业节水。工业节水的主要内容：工业用水的重复利用；冷却节水；热力和工艺系统节水；洗涤节水；工业给水和废水处理节水；非常规水资源的利用；工业输用水管网、设备防漏和快速堵漏修复等。

③城市生活节水。城市生活节水主要内容：节水型器具；城市再生水利用；城区雨水、海水、苦咸水利用；城市供水管网的检漏和防渗；公共供水企业自用水的节水；公共建筑的节水；市政环境的节水；城市节水信息技术应用。

3）水资源节约利用评价指标

水资源节约利用评价指标主要包括用水效率与效益指标，水生态与环境评价指标，水循环利用指标，见表 12-2。

表 12-2　水资源节约利用评价指标

水资源节约利用评价指标	①可利用量；②开发利用程度；③人均用水量
用水效率与效益指标	①灌溉水利用系数；②万元工业增加值用水量（也称工业用水定额）；③单方水 GDP 产出量；④单方水粮食产量
水生态与环境评价指标	①生态用水占水资源量比率；②污染入河量占纳污能力比率；③污水处理率
水循环利用指标	①重复利用率；②单位产品新水量；③新水利用系数

12.1.4　资源价值评价方法及应用

1）资源价值核算

资源核算是对一定时间和空间范围内的某类或若干类自然资源，在其真实统计和合理评价的基础上，从实物和价值两个方面，运用核算账户和比较分析，反映其总量和结构及供需平衡状况的经济活动。对自然资源进行核算，必须首先做好三个方面的基础性工作。第一，必须先界定所要核算的自然资源；第二，必须具备有关自然资源数量、质量和利用情况的真实、可靠、连续的统计数据;第三,必须对自然资源进行合理定价。

自然资源核算的内容,包括自然资源实物量核算和自然资源价值量核算两部分。两者又各自由个量核算和总量核算两部分组成。个量核算又称分类核算,是指对某一类自然资源的数量和价值量的变化进行的核算;总量核算又称综合核算,是指对一个地区或一个部门所有自然资源的价值的变化进行的核算,个量核算是总量核算的基础。不论是实物量核算还是价值量核算,都不仅仅是静态存量核算,还包括更为重要的动态流量核算,即进行连续时段的核算。

(1)自然资源实物量核算

自然资源实物量核算,是指在对自然资源及其利用情况进行真实、准确和连续统计的基础上,以账户等形式反映某类自然资源的存、流量和平衡状况,目的在于直观地反映一个区域、一个部门或一个企业所拥有的某类自然资源的数量及其变化情况。

自然资源实物量核算,只能是针对某类自然资源的核算,而价值量核算则不同,既可针对一类资源,又可针对若干类资源;但是,自然资源实物量核算能直观反映某类自然资源的数量及其变化,更有助于揭示自然资源消长的直接原因,且核算结果不受价值因素的影响,更为实际工作者容易接受和掌握。

(2)自然资源价值量核算

自然资源价值量核算,是指在自然资源实物量核算的基础上,采用适当的价格对资源进行定价,然后,运用账户或比较分析方法,反映一定时空范围内自然资源价值总量及其收支或增减情况,目的在于以价值量形式,反映一个地区所有种类自然资源的总量水平及变化。此外,自然资源价值量核算也是使自然资源总量及其变化在经济分析中得以反映的唯一方法。

资源价值应以资源不变价格(或基准价格)为基础,同时兼顾市场价格。以不变价格计算的自然资源价值,只在各年度之间具有可比性,因而能比较客观地反映自然资源基础在各年度间的消长变化;而以市场价格计算自然资源价值量,更能反映当年或即时自然资源供求关系基础之上的自然资源总供给量及其变化。

自然资源价值核算,既可用账户方法,也可用费用效益法。采用费用效益法时,费用的含义扩大为物质资本、人力资本、自然(资源)资本和环境资本;而效益不仅包括经济效益,也应包括资源节约效益和环境改善效益。

2)资源定价方法的选用

资源定价是自然资源核算的重点和难点。资源定价的方法较多,主要有现值法、净价值法、再生产补偿费用法、机会成本法、替代市场价值法等,但是,资源定价方法应该以资源费用效益法、资源市场价值法和社会价值法为主要方法。

(1)主要资源定价方法

①资源费用效益法。资源费用即人们为了生产或获得资源而发生的支出,资源效益即资源对人们欲望的满足和人们福利的增加。资源费用效益法是资源定价的重要方法,它有助于确定资源费用并据此判断资源的增加值。

②资源市场价值法。资源市场价值法是参照完全市场价格来确定那些无市场或市场发育不完全的资源价格的方法。资源市场价值法主要有:资源的重置成本法;资源的机会成本法;资源的替代成本法;资源的虚拟市场法。

③社会价值法。当资源不存在市场价格或市场价格不能完全反映资源利用的社会成本时,市场是不能有效地配置资源的。为解决企业的资源配置决策不考虑或较少考虑社会成本,造成资源浪费和环境污染的问题,社会(政府)在作出资源配置决策时必须把资源利用的全部社会成本考虑进来,这种根据资源的社会成本确定资源价格的方法就是资源的社会价值法。

（2）影响资源定价方法选择的因素

由于有多种资源定价方法存在,资源定价时必然要涉及各种方法间的选择问题。实际上,资源定价方法的选用,受诸多因素的影响,不同因素对定价方法选择的影响程度各不相同。影响资源定价方法选择的因素有:

①资源存量及其空间分布;

②资源流量及其时间价值;

③资源市场及资源供求关系;

④资源的国际贸易;

⑤资源价格政策与法规。

12.2 节能评价

按照国家有关规定,固定资产投资项目的可行性研究报告或项目申请报告必须包括节能分析篇章,咨询评估单位的评估报告中必须包括对节能分析篇章的评估意见。能源不足是当今世界面临的三大难题之一,鉴于能源在国民经济与生活中占据的重要地位,能源问题越来越受到重视。本节主要介绍了节能评价的目的、原则、依据、分析内容及评价指标。

12.2.1 节能评价的目的、原则和依据

1）节能评价的目的

节约资源是我国的基本国策,国家实施节约与开发并重、把节约放在首位的能源发展战略。在固定资产投资领域加强节能工作,是深入贯彻科学发展观,落实节约资源基本国策,建设节约型社会,实现可持续发展的一项重要措施。

2）节能评价的原则

①发展循环经济的原则;

②遵守国家规定并与国内外先进水平进行对比的原则;

③项目全过程、全方位节能的原则;

④宏观微观相结合、定性定量相结合的原则。

3）节能评价的依据

节能评价工作既要满足国家法律法规、标准及相关规定,如《中华人民共和国节约能源法》等,也要满足行业法律法规、标准、规范及相关规定。同时,还要满足地方法律法规及相关规定。

12.2.2 节能评价的分析内容和评价指标

1）节能评价的分析内容

节能评价主要包括项目节能方案及措施分析评价、能耗水平分析评价、节能效果分析评价、节能优化建议等内容。

（1）项目节能方案及措施分析评价

项目节能方案是指项目建设方案中采用的工艺技术、设备、材料等在建设期和运营期合理利用能源、提高能源利用率的方案。在满足工艺要求和不降低环境质量、生活质量的前提下，分析项目的工艺技术流程是否合理，分析评价项目是否采取了技术上先进可行、经济上合理及环境和社会上可以承受的节能方案及措施，从项目的能源生产、能源转化及能源消费的各个环节，从建设期到运营期的项目周期全过程，降低能耗、减少损失、杜绝浪费、提高能源利用效率，实现有效、合理地利用能源。分析项目是否利用了国家鼓励的新能源和可再生能源。此外，还应对项目周期全过程的节能管理措施进行分析评价。

（2）项目能耗水平分析评价

项目能耗水平的分析评价是指对项目能源利用的合理性及能耗计算的依据、方法和过程的合理性进行分析评价，在此基础上分析评价项目的能耗水平和指标是否符合国家和行业有关规范、规定要求，如有条件还要与同类项目的国内外先进水平进行对比分析，提出项目能耗水平的评价意见。对于有强制性节能标准要求的项目，应严格按照强制性标准执行，对不符合强制性节能标准要求的项目，要明确提出项目不能建设的意见。

（3）项目节能效果分析评价

采用定性与定量相结合方式，对项目节能效果进行分析评价。除定性分析外，尽量采用对比方法进行量化分析，通过对比分析得出项目节能效果的定量指标。

（4）节能优化建议

针对投资项目在节能方面存在的问题和不足之处，提出改进优化的意见和建议。

2）节能评价指标

原则上，可用单位产值能耗指标来评价投资项目的能耗和节能效果。由于各行业的能源消耗和节能具有不同特点，相应规定也不一致，单位产值能耗指标也难以涵盖所有的投资项目。因此，除单位产值能耗指标外，还需要分类（工业、交通运输业、建筑等）建立相应的节能评价指标体系。

（1）工业项目节能评价指标

①单位产品能耗指标。对于工业项目，通用的节能评价指标是单位产品能耗，这个指标在同行业、同类项目中具有可比性，是工业项目能耗指标是否先进、节能效果是否显著的重要评价指标。

测算单位产品能耗指标应注意口径一致、横向可比，对不可比因素要注意甄别剔除或补充说明，以保证指标的一致性、可比性。除特殊情况外，单位产品能耗指标的单位为吨、千克、克标准煤（或 GJ、kWh 等）/单位产品。

②其他能耗指标。对于无法或难以测算单位产品能耗指标的项目，主要有：产品不是最

终产品的项目,属生产过程中间环节的项目,辅助工序及辅助设施类项目,资源综合利用类项目,工业环境治理项目等,可以采用行业通用或认可的、具有一定可比性的其他能耗指标来代替单位产品能耗指标,如工序能耗指标(转炉炼钢工序能耗等),主要能耗指标(冶炼电耗、焦比等)等,比较的参照系一般是行业标准、规范、规定,以及同类项目的国内外先进水平。

③节能效果指标。如有可能,尽量对工业项目节能效果进行量化分析,分析测算项目年总能耗,并通过对比得出项目年节能的量化数据,例如,与项目建设前对比年节能×××吨(千克)标准煤、×××kWh(千瓦时)电等,与代替落后工艺相比节能××% 等。可选择的对比方式包括:与国家、行业标准、规范的指标数值对比,项目建设前后对比,不同建设方案对比,与国内外先进水平对比等。

(2)建筑节能评价指标

分别对建筑节能设计前后计算单位面积消耗量,将前后计算结果相减得出可节省的单位面积消耗量。即:

$$能源种类的数量×折算系数/建筑面积=单位面积消耗量$$

$$建筑节能设计前-建筑节能设计后=可节省的单位面积消耗量$$

建筑节能评价指标折算见表 12-3。a 即 average,代表年平均。kWh/a 意为年平均千瓦时,表征平均耗电量概念,以此类推。

表 12-3　建筑节能评价指标折算表

序号	能源种类	计量单位	数量	折算系数	折标煤(kg)	单位面积消耗量 (kg/m^2)
1	电力	104 kWh/a		0.122 9		
2	天然气	104 m^3/a		12.143		
3	热力	106 kJ/a		0.034 1		
4	原煤	t/a		0.714 3		
	合计					

12.2.3　工业项目的节能评价

节能评价可用于工业项目、交通项目、民用建筑项目等,这里以工业项目为例,分析工业项目的节能评价内容。

工业项目节能评价要求及方法适用于除交通运输、农林水、社会事业以外的工业投资项目。工业系统是全社会最大的用能产业,同时,也生产各种能源供全社会使用。工业系统用能量大、面广,节能潜力较大,对全社会的节能减排具有重要意义。

1)工业项目节能方案及措施分析评价

①项目是否符合产业结构调整方向,是否符合国家产业政策及有关规定中对节能的要求,主要耗能行业项目是否符合行业节能技术政策规定。

②项目能源开发和使用结构是否合理、优化,能源转换是否必要以及高效合理,是否采

用了国家鼓励支持利用的新能源和可再生能源(风能、太阳能、地热能、水电、沼气、生物质能等)。

③项目是否采用节能技术,特别是采用先进节能的工艺技术装备和材料。

④评价项目是否应用循环经济理念实现资源能源的减量化和循环利用,是否采用了热电联产、余热余压利用、洁净煤、可燃气体回收利用等先进适用的节能技术和措施,余能回收利用是否充分等。

2)工业项目能耗水平分析评价

①分析评价项目的能耗水平和指标是否符合有关标准规范的要求;

②项目能耗水平与国内外先进水平对比。

3)工业项目节能效果分析评价

尽量采用对比方法对工业项目节能效果进行量化分析。例如,与国家、行业标准规范要求进行对比,项目建设前后对比,与国内外先进水平对比,等等。通过对比分析得出节能效果评价结论,与××相比,项目年节能××吨标准煤(或其他能源计量单位),或单位能耗降低××%,节能效果显著(较好、一般、不佳等)。

4)工业项目节能优化建议

针对工业项目在能耗和节能方面存在的问题和不足之处,例如,用能结构不尽合理或不够优化,工艺技术不先进、不合理及布局不合理导致多耗能,设备不够先进导致能耗高,没有采用高效节能设备和材料,余能回收利用不充分等,提出对项目节能的优化建议。

12.2.4　项目节能审查

根据《固定资产投资项目节能审查办法》,固定资产投资项目节能审查意见是项目开工建设、竣工验收和运营管理的重要依据。政府投资项目,建设单位在报送项目可行性研究报告前,需取得节能审查机关出具的节能审查意见。企业投资项目,建设单位需在开工建设前取得节能审查机关出具的节能审查意见。未按本办法规定进行节能审查,或节能审查未通过的项目,建设单位不得开工建设,已经建成的不得投入生产、使用。

1)项目节能审查的分类管理

国家发展改革委核报国务院审批,以及国家发展改革委审批的政府投资项目,建设单位在报送项目可行性研究报告前,需取得省级节能审查机关出具的节能审查意见。国家发展改革委核报国务院核准,以及国家发展改革委核准的企业投资项目,建设单位需在开工建设前取得省级节能审查机关出具的节能审查意见。

①年综合能源消费量5 000吨标准煤以上(改扩建项目按照建成投产后年综合能源消费增量计算,电力折算系数按当量值)的固定资产投资项目,其节能审查由省级节能审查机关负责。其他固定资产投资项目,其节能审查管理权限由省级节能审查机关依据实际情况自行决定。

②年综合能源消费量不满1 000吨标准煤,且年电力消费量不满500万千瓦时的固定资产投资项目,以及用能工艺简单、节能潜力小的行业(具体行业目录由国家发展和改革委员会制定并公布)的固定资产投资项目应按照相关节能标准、规范建设,不再单独进行节能

审查。

2）项目节能报告的内容

建设单位应编制固定资产投资项目节能报告。项目节能报告应包括下列内容：分析评价依据；项目建设方案的节能分析和比选，包括总平面布置、生产工艺、用能工艺、用能设备和能源计量器具等方面；选取节能效果好、技术经济可行的节能技术和管理措施；项目能源消费量、能源消费结构、能源效率等方面的分析；对所在地完成能源消耗总量和强度目标、煤炭消费减量替代目标的影响等方面的分析评价。

3）项目节能报告的评审

（1）评审内容

节能审查机关受理节能报告后，应委托有关机构进行评审，形成评审意见，作为节能审查的重要依据。

（2）评审时限

节能审查机关应在法律规定的时限内出具节能审查意见。节能审查意见自印发之日起2年内有效。通过节能审查的固定资产投资项目，建设内容、能效水平等发生重大变动的，建设单位应向节能审查机关提出变更申请。

（3）评审结果跟踪

固定资产投资项目投入生产、使用前，应对其节能审查意见落实情况进行验收。

12.3 项目占用土地及合理性评价

对土地的合理利用可以促进经济社会协调可持续发展。本节主要介绍了土地资源利用分析评价的目的和依据、基本内容和方法、要求和内容、评价指标，以及项目用地预审。

12.3.1 土地资源利用分析评价的目的和依据

1）分析评价的目的

合理利用土地和切实保护耕地是我国的基本国策。由于经济社会快速发展和人类活动日益频繁，土地资源承受的压力加大，人地矛盾日益尖锐。土地资源利用分析评价有十分重要的现实性和紧迫性。对我国的土地资源利用进行分析评价可为国土整治、土地利用规划和土地利用制度制定等方面提供科学依据，有利于实现土地资源的高效利用，促进土地资源的可持续发展。

2）分析评价的依据

土地资源利用分析评价工作既要满足国家法律法规、标准及相关规定，如《中华人民共和国土地管理法》等，也要满足行业法律法规、标准、规范及相关规定，如《中华人民共和国土地管理法实施条例》等。同时，还要满足地方法律法规及相关规定。主要包括：

（1）国家相关法律

①《宪法》第十条第五款规定："一切使用土地的组织和个人必须合理地利用土地。"

②《中华人民共和国土地管理法》（2019 年 8 月 26 日修正，2020 年 1 月 1 日起施行）。

③《中华人民共和国农村土地承包法》(2018 年 12 月 29 日修正,2019 年 1 月 1 日起施行)。

④《中华人民共和国城市房地产管理法》(2019 年 8 月 26 日修正,2020 年 1 月 1 日起施行)。

⑤《中华人民共和国物权法》(2007 年 10 月 1 日起施行)等。

(2)国家有关法规

①《中华人民共和国土地管理法实施条例》(2014 年 7 月 29 日修正并实施)。

②《国家投资土地开发整理项目实施管理暂行办法》(2003 年 4 月 16 日)。

③《中华人民共和国农村土地承包经营权证管理办法》(2004 年 1 月 1 日起施行)。

④《自然保护区土地管理办法》(1995 年 7 月 24 日实施)。

⑤《国务院关于深化改革严格土地管理的决定》(国发〔2004〕28 号)。

⑥《国务院关于加强土地调控有关问题的通知》(国发〔2006〕31 号)。

⑦《国务院关于促进节约集约用地的通知》(国发〔2008〕3 号)。

⑧关于发布和实施《工业项目建设用地控制指标》的通知(国土资发〔2008〕24 号)等。

(3)其他

行业相关法律法规、标准、规范、规定和地方其他相关法律法规、标准、规范、规定等。

12.3.2　土地资源利用分析评价的基本内容和方法

按照国家有关规定,投资项目可行性研究报告或项目申请报告必须包括土地资源利用分析篇章,相应的评估报告中也必须对土地资源利用提出评估意见和建议。都应依据国家、行业,以及地方的相关法律法规、标准、规范、规定,并适当参考同类项目的国内外先进水平,进行分析评价。

1)土地资源利用分析评价的基本内容

土地资源利用分析评价主要包括项目土地资源综合利用方案及措施分析评价、项目环境效益分析评价、土地综合利用效果分析评价、土地资源优化配置建议等内容。

(1)项目土地资源综合利用方案及措施分析评价

分析项目是否采取了技术上先进可行、经济上合理,以及环境和社会上可以承受的措施,从各个环节减少土地资源的滥用、提高土地资源的利用效率,有效、合理地利用土地资源。

(2)项目环境效益分析评价

分析评价项目的土地资源利用水平和指标是否符合国家有关规定要求,如有条件与同类项目的国内外先进水平进行对比分析。对于不符合强制性综合利用标准要求的项目,对土地资源中的生态环境以及水环境或者其他人类环境造成一定破坏的,要明确提出项目不能建设的咨询评估意见。

(3)土地综合利用效果分析评价

采用定性定量相结合方式,对项目综合利用的效果进行分析评价。如有可能,尽量采用对比方法进行量化分析,如建设前后对比、与标准规范要求指标对比、与国内外先进水平对比等。

（4）土他资源优化配置建议

针对项目在土地综合利用方面存在的问题和不足,提出改进优化的意见和建议。

2）土地合理利用评价

土地合理利用评价具有系统的复杂性、多因素关联性、实现机制的多元性,以及区域的差异性与特殊性,其土地合理利用指标体系和评价方法的理论架构是关键的科学技术问题。为此,以土地利用的目标—土地利用的方式—影响土地利用的要素—可持续利用的指标—诊断标准为主线,突出土地利用对生态经济社会过程的影响评价。土地资源作为人类基本需求——食物的根本来源,是人类生存最基本的自然资源,因此,土地资源承载力评价就成为土地合理利用中生态环境研究的重点。

3）土地生态安全评价

土地生态安全评价通过项目的实施,研究区域生态系统中元素的地球化学分布分配规律及其空间分布特征;研究各类区域的地球化学问题的成因,从整体上对农业生态系统、城市生态系统、湿地生态系统等进行区域生态地球化学特征评价,在各层次的调查与评价的基础上,阐明区域性生态地球化学场的变化规律,提出区域性优质无公害农产品基地的选址方案,综合地质、水体、土壤和生物等生态因子特征,分层次对生态地球化学环境进行总体综合评价。

土地生态安全评价的基本思路是先根据综合评价的目标,对客观事物的影响因素进行分解,以构造不同层次的统计指标体系,然后对这些指标进行指标赋值并确定其权重系数,最后采用综合评价模型进行综合,得到综合评价值,以此进行排序和评价。

4）土地利用效率评价

先对土地利用效率进行总体评价,再对影响土地利用效率的几类因素进行回归分析,最后根据各类因素的指标系数分析其对土地利用效率的影响程度。通过一组实际观测数据,分析系统变量之间的因果关系,建立数学模型,并用该模型预测系统的发展趋势,可为控制系统作出最优决策提供参考依据。

12.3.3 土地资源利用分析评价的要求和内容

1）评价的基本要求

①评价应具有合规性。

②评价应具有适用性。

③评价应兼顾和谐性。

2）评价内容

（1）拟征建设用地合规性的评价

比如评价建设用地是否符合国家和地方政府及相关部门的法律法规和文件的规定;评价建设用地归档的文件、资料是否齐全、完整、规范,是否符合归档的要求等内容。为确保建设项目用地资料的真实性,确保交接完整、准确、规范进行,必须达到权属合法、界址清楚、面积准确、资料齐全、手续完备标准。

（2）居民搬迁入户实物调查的评价

比如评价受建设单位委托代办的地方土地行政主管部门所负责的征地拆迁补偿款是否拨付到位（按时、足额）；评价建设单位对居民搬迁入户的相关合同书，是否依法、合规、有效，安置房是否按规定标准落实等内容。

（3）征地拆迁符合性的评价

比如对拆迁征地工作过程及结果处理意见进行评价，评价内容包括工作过程是否依法、合规，居民回访满意率等内容。

12.3.4 土地资源利用分析评价指标

土地资源利用是一个相当复杂的系统，根据科学性、系统性、可操作性和动态性等原则，主要从农用地、建设用地和土地生态等内容来构建土地资源利用分析评价指标体系。

1）农用地综合利用评价指标

（1）内部效应指标

内部效应指标主要包括：农用地综合利用系统结构指数，其表观农用地在景观类型水平上的效应，是对农用地景观组成要素、格局及整体规模的响应的一种衡量，具体指标可选取农用地总量平衡指数、破碎度、连接度、分维数等；农用地综合利用系统功能指数，景观功能就是景观元素之间的相互作用，各农用地斑块之间、农用地斑块与其他生态系统要素间的物流、能流等的流通从根本上决定了农用地对人类的服务效应，具体指标可选取各功能流量和速度；土壤条件指数，土壤条件指数是微观层面上的内部效应，是土壤维持或发挥其功能的能力，体现了农用地生态系统服务功能的基础，具体指标可选取有效土层厚度、表层土壤质地、剖面构型、盐渍化程度、土壤污染状况、土壤有机质含量、土壤酸碱度（pH 值）、土壤障碍层次、排水条件、地形坡度、灌溉保证率、地表岩石露头状况、灌溉水源。

（2）外部效应指标

外部效应指标包括：社会效应指标，涉及文化、休闲娱乐和社会保障，具体可选取生态旅游净收益、粮食保证率、农业就业劳动力比重等；经济指标，主要指产品提供，具体可选取单位面积净产值、单位面积固定资产投入、农村居民人均纯收入等；生态环境指标，在气体、水及污染物的控制方面，指标包括单位面积农用地固碳量、释放 O_2 量、释放甲烷 CH_4 量、释放 SO_2 吸收量、滞尘量、农用地临近水源水质指数、水资源盈亏，在生物多样性的产生和维持方面，指标包括物种多样性指数、农用地综合利用结构多样性指数，在传粉方面，指标包括需动物传粉的作物种植比例。

2）建设用地主要评价指标

（1）建设用地开发利用程度评价指标

建设用地包括居民点及独立工矿用地、交通用地和水利设施用地，其开发利用程度的评价指标选择较为复杂。从土地利用层面、城市层面和开发区层面对建设用地开发利用程度进行指标选择。从土地利用层面来看，土地建设利用率、水库水面利用率、人均农村居民点用地面积、建制镇面积比例和土地闲置率是能反映开发程度的较好指标，而城市建筑密度、人均城市用地面积是反映城市开发利用程度的较好指标。对开发区而言，选择开发区土地开发率、开发区土地批租率、开发区土地建成率来反映开发区用地的开发利用程度。

（2）建设用地集约经营程度评价指标

建设用地的集约经营主要是指城市的集约经营和开发区的集约经营。而影响土地集约经营的主要因素有土地投入程度（包括固定资产投入和基础设施水平投入）、土地利用效果反映、土地利用强度和土地集约利用发展趋势，因此可以选择城镇化水平、城市土地利用系数（建成区内总建筑面积与建成区面积的比）、单位面积建设用地就业人数（非农人口/建设用地总面积）、单位面积建设用地固定资产投资、对外交通便利程度（每平方千米范围内的等级公路长度）、城市用地扩展系数（年均城市用地增长率/年均城市人口增长率）等指标来说明。

（3）建设用地效益评价指标

建设用地效益主要有资源效益、经济效益、社会效益和生态效益。从短期看，这四种效益间存在着一定的矛盾，如某建设用地经济效益最好时，其生态环境效益可能会最差，但从长远看，这些效益是统一的。

建设用地的经济效益可由同级别的土地基本地价水平、城市商业用地的比例、工业用地产出率、单位建设用地产值、非农产业占地系数、开发区土地产出指标、开发区土地收益指标来衡量；建设用地的社会效益主要由城市人均居住面积、社会人文环境（城市高校数量）、在岗职工人均工资、单位建设用地从业人员（非农从业人员/建设用地）、城市基础设施条件、用地布局分散程度等指标来说明；建设用地的生态效益体现了公众对人居环境质量的追求，可用绿化率、单位面积工业废水量、单位面积废气排放量等指标来反映，这些指标从不同方面反映了建设用地利用对生态环境的干扰程度；建设用地的资源效益是指建设用地本身的资源特性和利用过程中资源配置的合理程度，比如建设用地占用农用地水平、后备资源满足程度、重点项目、基础设施项目的用地保障程度和区位条件等评价指标。

3）土地生态主要评价指标

（1）生态环境状况评价

利用一个综合指数［生态环境状况指数，Ecological Index（EI）］反映区域生态环境的整体状态，指标体系包括生物丰度指数、植被覆盖指数、水网密度指数、土地胁迫指数、污染负荷指数五个分指数和一个环境限制指数，五个分指数分别反映被评价区域内生物的丰贫，植被覆盖的高低，水的丰富程度，遭受的胁迫强度，承载的污染物压力。环境限制指数是约束性指标，指根据区域内出现的严重影响人居生产生活安全的生态破坏和环境污染事项，对生态环境状况进行限制和调节。

生态环境状况指数（EI）= 0.35×生物丰度指数+0.25×植被覆盖指数+0.15×水网密度指数+
0.15×（100−土地胁迫指数）+0.10×（100−污染负荷指数）+环境限制指数

根据生态环境状况指数，将生态环境分为 5 级，即优、良、一般、较差和差。

生物丰度指数=（BI+HQ）/2

式中　BI 为生物多样性指数，评价方法执行 HJ623（区域生物多样性评价标准 HJ623）；HQ 为生境质量指数；当生物多样性指数没有动态更新数据时，生物丰度指数变化等于生境质量指数的变化。

生境质量指数=A_{bio}×（0.35×林地+0.21×草地+0.28×水域湿地+0.11×耕地+
0.04×建设用地+0.01×未利用地）/区域面积

式中　A_{bio} 为生境质量指数的归一化系数,参考值为 511. 264 213 106 7。

$$植被覆盖指数 = NDVI_{区域均值} = A_{veg} \times \frac{\sum_{i=1}^{n} P_i}{e}$$

式中　P_i 为 5—9 月象元 NDVI 月最大值的均值,建议采用 MOD13 的 NDVI 数据,空间分辨率 250 m,或者分辨率和光谱特征类似的遥感影像产品;n 为区域象元数;A_{veg} 为植被覆盖指数的归一化系数,参考值为 0. 012 116 512 4。

水网密度指数 = [A_{riv}×河流长度/区域面积+A_{lak}×水域面积(湖泊、水库、河渠和近海)/

区域面积+A_{res}×水资源量/区域面积]/3

式中　A_{riv} 为河流长度的归一化系数,参考值为 84. 370 408 398 1;A_{lak} 为水域面积的归一化系数,参考值 591. 790 864 200 5;A_{res} 为水资源量的归一化系数,参考值为 86. 386 954 828 1。

土地胁迫指数 = A_{ero}×(0. 4×重度侵蚀面积+0. 2×中度侵蚀面积+

0. 2×建设用地面积+0. 2×其他土地胁迫)/区域面积

式中　A_{ero} 为土地胁迫指数的归一化系数,参考值为 236. 043 567 794 8。

污染负荷指数 = 0. 20×A_{COD}×COD 排放量/区域年降水总量+0. 20×A_{NH3}×

氨氮排放量/区域年降水总量+0. 20×A_{SO2}×SO$_2$ 排放量/区域面积+

0. 10×A_{YFC}×烟(粉)尘排放量/区域面积+0. 2×A_{NOX}×

氮氧化物排放量/区域面积+0. 10×A_{SOL}×固体废物丢弃量/区域面积

式中　A_{COD} 为 COD 的归一化系数,参考值为 4. 393 739 728 9;A_{NH3} 为氨氮的归一化系数,参考值为 40. 176 475 498 6;A_{SO2} 为 SO$_2$ 的归一化系数,参考值为 0. 064 866 028 7;A_{YFC} 为烟(粉)尘的归一化系数,参考值为 4. 090 445 932 1;A_{NOX} 为氮氧化物的归一化系数,参考值为 0. 510 304 927 8;A_{SOL} 为固体废物的归一化系数,参考值为 0. 074 989 428 3。

环境限制指数是生态环境状况的约束性指标,指根据区域内出现的严重影响人居生产生活安全的生态破坏和环境污染事项,如重大生态破坏、环境污染和突发环境事件等,对生态环境状况类型进行限制和调节。

(2)土地利用经济效益分析指标

①土地生产率:土地生产率=产量或产值/土地数

②产值差异指标:产值差异指标=项目土地平均产值/城市土地平均产值

在土地经济效益分析的基础上,选择对环境意义较大的生态特征进行补充评价,着重土地生态价值和功能评价。

绿色 GDP 指标是指项目建设对区域或周边环境造成影响的好坏程度,主要包括大气、水体、其他固体污染等,其计算方法应从国民经济的角度考察投资项目对生态环境的耗费或贡献。

主要包括以下计算指标:

环境损失=绿地面积×单位面积损失价值

环境贡献=绿地面积×单位面积贡献价值

其中,单位面积损失价值或单位面积贡献价值是指绿化面积增加或减少对周围空气、水体等的影响。

12.3.5 项目用地预审

项目建设需要占用土地,为有效抑制土地资源消耗过快,从源头上和总量上控制用地规模、保护耕地,实现经济的可持续发展,国家加大了项目审批(核准)时对项目用地的评估和审查力度,2016年11月国土资源部令第68号颁发了《建设项目用地预审管理办法》(第二次修正后2017年1月1日施行),成为审批项目可行性研究报告、核准项目申请报告的主要前置条件和必备文件。

1)项目用地预审的申请和受理

建设项目用地预审是指国土资源主管部门在投资项目审批、核准、备案阶段,依法对建设项目涉及的土地利用事项进行的审查。

需审批的建设项目在可行性研究阶段,由建设用地单位提出预审申请;需核准的建设项目在项目申请报告核准前,由建设单位提出用地预审申请;需备案的建设项目在办理备案手续后,由建设单位提出用地预审申请。

由国土资源部预审的建设项目,国土资源部委托项目所在地的省级国土资源主管部门受理,但建设项目占用规划确定的城市建设用地范围内土地的,委托市级国土资源主管部门受理。受理后,提出初审意见,转报国土资源部。涉密军事项目和国务院批准的特殊建设项目用地,建设用地单位可直接向国土资源部提出预审申请。应当由国土资源部负责预审的输电线塔基、钻探井位、通信基站等小面积零星分散建设项目用地,由省级国土资源主管部门预审,并报国土资源部备案。

2)申请用地预审提交的材料

申请用地预审的项目建设单位,应提交的材料:

①建设项目用地预审申请表。

②建设项目用地预审申请报告,内容包括拟建项目的基本情况、拟选址占地情况、拟用地是否符合土地利用总体规划、拟用地面积是否符合土地使用标准、拟用地是否符合供地政策等。

③审批项目建议书的建设项目提供项目建议书批复文件,直接审批可行性研究报告或者需核准的建设项目提供建设项目列入相关规划或者产业政策的文件。

建设单位应当对单独选址建设项目是否位于地质灾害易发区、是否压覆重要矿产资源进行查询核实;位于地质灾害易发区或者压覆重要矿产资源的,应当依据相关法律法规的规定,在办理用地预审手续后,完成地质灾害危险性评估、压覆矿产资源登记等。

3)项目用地预审的原则和内容

(1)项目用地预审应遵循的原则

①符合土地利用总体规划。

②不能占用基本农田。

③节约和集约利用土地。

④符合国家供地政策。

(2)项目用地预审的内容

①建设项目用地是否符合国家供地政策和土地管理法律、法规规定的条件。

②建设项目选址是否符合土地利用总体规划,属《土地管理法》第二十六条规定情形,建设项目用地需修改土地利用总体规划的,规划修改方案是否符合法律、法规的规定。

③建设项目用地规模是否符合有关土地使用标准的规定;对国家和地方尚未颁布土地使用标准和建设标准的建设项目,以及确需突破土地使用标准确定的规模和功能分区的建设项目,是否已组织建设项目节地评价并出具评审论证意见。

占用基本农田或者其他耕地规模较大的建设项目,还应审查是否已经组织踏勘论证。

4)项目用地预审实行分级管理

需审批或核准的建设项目,由所在地的自然资源主管部门预审;建设用地超过一定面积的,需要自然资源部预审;需备案的建设项目,由与备案机关同级的自然资源主管部门预审。

根据中共中央、国务院 2017 年 1 月 9 日印发的《关于加强耕地保护和改进占补平衡的意见》和《国务院关于深化改革严格土地管理的决定》(国发〔2004〕28 号)的要求:农用地转用和土地征收的审批权在国务院和省、自治区、直辖市人民政府,各省、自治区、直辖市人民政府不得违反法律和行政法规的规定下放土地审批权,同时明确了已经确定的耕地红线绝不能突破,已经划定的城市周边永久基本农田绝不能随便占用。

12.4 环境影响评价

环境影响评价(Environmental Impact Assessment,EIA)的概念始于 1964 年在加拿大召开的"国际环境质量评价会议",一般指人们在采取对环境有重大影响的行动(政策、规划、计划和建设项目)之前,在充分调查研究的基础上,识别、预测和评价该行动可能带来的影响,按照社会经济发展与环境保护相协调的原则进行决策,并在行动之前制定出消除或减轻负面影响的措施。

环境影响评价制度是我国的一项基本环境保护法律制度。《中华人民共和国环境保护法》给出的环境影响评价的法律定义为:对规划和建设项目实施后可能造成的环境影响进行分析、预测和评估,提出预防或者减轻不良环境影响的对策和措施,进行跟踪监测的方法与制度。为全面实施可持续发展战略,从规划决策源头防治环境污染和生态破坏,2003 年实施、2016 年修订的《中华人民共和国环境影响评价法》将环境影响评价从建设项目拓展到规划领域,并通过制定行政法规《规划环境影响评价条例》(2009 年 10 月 1 日起施行)及行业规范《规划环境影响评价技术导则 总纲》(HJ130—2019)对规划环境影响评价做出了具体规定,要求规划编制机关在规划编制过程中对规划进行环境影响评价。规划审批机关在审批专项规划草案时,应当将环境影响报告书结论及审查意见作为决策的重要依据。

本节重点介绍了环境影响评价报告书的内容,以及规划环境影响评价的内容。

12.4.1 建设项目环境保护的分类管理

国家根据建设项目对环境的影响程度,按照《建设项目环境保护管理条例》(2017 年 7 月 16 日修订版)的规定对建设项目的环境保护实行分类管理:

①建设项目对环境可能造成重大影响的,应当编制环境影响报告书,对建设项目产生的污染和对环境的影响进行全面、详细的评价。

②建设项目对环境可能造成轻度影响的,应当编制环境影响报告表,对建设项目产生的污染和对环境的影响进行分析或者专项评价。

③建设项目对环境影响很小,不需要进行环境影响评价的,应当填报环境影响登记表。

12.4.2 环境影响评价报告书的内容及要求

建设项目环境影响评价报告书一般包括概述、总则、建设项目工程分析、环境现状调查与评价、环境影响预测与评价、环境保护措施及其可行性论证、环境影响经济损益分析、环境管理与监测计划、环境影响评价结论和附录附件等内容。

1)概述

概述可简要说明建设项目的特点、环境影响评价的工作过程、分析判定相关情况、关注的主要环境问题及环境影响、环境影响评价的主要结论等。

2)总则

总则应包括编制依据、评价因子与评价标准、评价工作等级和评价范围、相关规划及环境功能区划、主要环境保护目标等。

(1)环境影响评价等级的划分

按建设项目的特点、所在地区的环境特征、相关法律法规、标准及规划、环境功能区划等划分各环境要素、各专题评价工作等级。具体由环境要素或专题环境影响评价技术导则规定。

(2)环境影响评价范围的确定

建设项目整体实施后可能对环境造成的影响范围,具体根据环境要素和专题环境影响评价技术导则的要求确定。环境影响评价技术导则中未明确具体评价范围的,根据建设项目可能影响的范围确定。

3)工程分析

工程分析是环境影响评价中分析项目建设环境内在因素的重要环节,是决定环境影响评价工作质量好坏的关键,是把握项目环境影响特点的重要手段,在建设项目环境影响评价工作中占有举足轻重的地位。

(1)建设项目概况

建设项目包括主体工程、辅助工程、公用工程、环保工程、储运工程以及依托工程等。以污染影响为主的建设项目应明确项目组成、建设地点、原辅料、生产工艺、主要生产设备、产品(包括主产品和副产品)方案、平面布置、建设周期、总投资及环境保护投资等。

以生态影响为主的建设项目应明确项目组成、建设地点、占地规模、总平面及现场布置、施工方式、施工时序、建设周期和运行方式、总投资及环境保护投资等。

改扩建及异地搬迁建设项目还应包括现有工程的基本情况、污染物排放及达标情况、存在的环境保护问题及拟采取的整改方案等内容。

(2)影响因素分析

①污染影响因素分析。遵循清洁生产的理念,从工艺的环境友好性、工艺过程的主要产污节点,以及末端治理措施的协同性等方面,选择可能对环境产生较大影响的主要因素进行深入分析。

②生态影响因素分析。重点为影响程度大、范围广、历时长或涉及环境敏感区的作用因素和影响源,关注间接性影响、区域性影响、长期性影响,以及累积性影响等特有生态影响因素的分析。

（3）污染源源强核算

根据污染物产生环节（包括生产、装卸、储存、运输）、产生方式和治理措施,核算建设项目有组织与无组织、正常工况与非正常工况下的污染物产生和排放强度,给出污染因子及其产生和排放的方式、浓度、数量等。

污染源源强核算方法由污染源源强核算技术指南具体规定。现行为《污染源源强核算技术指南准则》（HJ884—2018）及一些行业污染源核算技术指南,如纸浆造纸、水泥工业、火电、钢铁工业等。

污染源源强核算可采用实测法、物料衡算法、产污系数法、排污系数法、类比法、实验法等方法。

（4）环境现状调查与评价

对与建设项目有密切关系的环境要素应全面、详细调查,给出定量的数据并作出分析或评价。对于自然环境的现状调查,可根据建设项目情况进行必要说明。

①环境现状调查的方法。环境现状调查方法由环境要素环境影响评价技术导则具体规定,如《环境影响评价技术导则大气环境》《环境影响评价技术导则地面水环境》《环境影响评价技术导则地下水环境》《环境影响评价技术导则声环境》《环境影响评价技术导则生态环境》等。

②环境现状调查与评价内容。根据环境影响因素识别结果,开展相应的现状调查与评价,分为自然环境现状调查与评价;环境保护目标调查;环境质量现状调查与评价;区域污染源调查。

（5）环境影响预测与评价

环境影响预测与评价的时段、内容及方法均应根据工程特点与环境特性、评价工作等级、当地的环境保护要求确定。环境影响预测与评价一般包括规划开发强度的分析,水环境（包括地表水、地下水、海水）、大气环境、土壤环境、声环境的影响,对生态系统完整性及景观生态格局的影响,对环境敏感区和重点生态功能区的影响,资源与环境承载能力的评估等内容。设置多种预测情景,估算不同情景下规划实施对各类支撑性资源的需求量和主要污染物的产生量、排放量,以及主要生态因子的变化量。预测与评价不同情景下规划实施对生态系统结构和功能、环境质量、环境敏感区的影响范围与程度,明确规划实施后能否满足环境目标的要求。根据不同类型规划及其环境影响特点,开展人群健康风险分析、环境风险预测与评价。评价区域资源与环境对规划实施的承载能力。

预测和评价的因子应包括反映建设项目特点的常规污染因子、特征污染因子和生态因子,以及反映区域环境质量状况的主要污染因子、特殊污染因子和生态因子。

须考虑环境质量背景与环境影响评价范围内在建项目同类污染物环境影响的叠加。

对于环境质量不符合环境功能要求或环境质量改善目标的,应结合区域限期达标规划对环境质量变化进行预测。

①环境影响预测与评价方法。预测与评价方法主要有数学模式法、物理模型法、类比调查法等,由各环境要素或专题环境影响评价技术导则具体规定。

②环境影响预测与评价内容。应重点预测建设项目生产运行阶段正常工况和非正常工况等情况的环境影响。当建设阶段的大气、地表水、地下水、噪声、振动、生态,以及土壤等影响程度较重、影响时间较长时,应进行建设阶段的环境影响预测和评价。可根据工程特点、规模、环境敏感程度、影响特征等选择开展建设项目服务期满后的环境影响预测和评价。

当建设项目排放污染物对环境存在累积影响时,应明确累积影响的影响源,分析项目实施可能发生累积影响的条件、方式和途径,预测项目实施在时间和空间上的累积环境影响。

(6)环境保护措施及其可行性论证

明确提出建设项目建设阶段、生产运行阶段和服务期满后(可根据项目情况选择)拟采取的具体污染防治、生态保护、环境风险防范等环境保护措施;分析论证拟采取措施的技术可行性、经济合理性、长期稳定运行和达标排放的可靠性、满足环境质量改善和排污许可要求的可行性、生态保护和恢复效果的可达性。

(7)环境影响经济损益分析

以建设项目实施后的环境影响预测与环境质量现状进行比较,从环境影响的正负两方面,以定性与定量相结合的方式,对建设项目的环境影响后果(包括直接和间接影响、不利和有利影响)进行货币化经济损益核算,估算建设项目环境影响的经济价值。

(8)环境管理与监测计划

按建设项目建设阶段、生产运行、服务期满后(可根据项目情况选择)等不同阶段,针对不同工况、不同环境影响和环境风险特征,提出具体环境管理要求。

给出污染物排放清单,明确污染物排放的管理要求。包括工程组成及原辅材料组成要求,建设项目拟采取的环境保护措施及主要运行参数,排放的污染物种类、排放浓度和总量指标,污染物排放的分时段要求,排污口信息,执行的环境标准,环境风险防范措施及环境监测等。提出应向社会公开的信息内容。

环境监测计划应包括污染源监测计划和环境质量监测计划,内容包括监测因子、监测网点布设、监测频次、监测数据采集与处理、采样分析方法等,明确自行监测计划内容。

(9)环境影响评价结论

对建设项目的建设概况、环境质量现状、污染物排放情况、主要环境影响、公众意见采纳情况、环境保护措施、环境影响经济损益分析、环境管理与监测计划等内容进行概括总结,结合环境质量目标要求,明确给出建设项目的环境影响可行性结论。

对存在重大环境制约因素、环境影响不可接受或环境风险不可控、环境保护措施经济技术不满足长期稳定达标及生态保护要求、区域环境问题突出且整治计划不落实或不能满足环境质量改善目标的建设项目,应提出环境影响不可行的结论。

12.4.3　环境影响报告表的内容

《建设项目环境影响报告表(试行)》必须由具有环评资质的环评机构填写。其填报内容主要有:建设项目基本情况、建设项目所在地自然环境社会环境简况、环境质量状况、主要环境保护目标、评价适用标准、工程内容及规模、与本项目有关的原有污染情况及主要环境问题、建设项目工程分析、项目主要污染物产生及预计排放情况、环境影响分析、建设项目拟采取的防治措施及预期治理效果、结论与建议等。需要注意,环境影响报告表如不能说明项目产生的污染及对环境造成的影响,应根据建设项目的特点和当地环境特征,选择 1 到 2 项进行专项评价,专项评价按照环境影响评价技术导则中有关要求进行。

12.4.4　环境影响登记表的内容

《建设项目环境影响登记表》一般由建设单位自行填写,不要求具备环评资质。其填报内容包括四个表:表一为项目基本情况;表二为项目地理位置示意图和平面布置示意图;表三为周围环境概况和工艺流程与污染流程;表四为项目排污情况及环境措施简述。

12.4.5　规划环境影响评价

规划环境影响评价概念的提出,是因为人们认识到建设项目环境影响评价制度,以及以往对规划采取的事后环保论证等程序上的被动地位,从而希望通过将其发展为一项新的环境管理制度,能够在更接近环境问题源头处对环境问题进行主动预防和控制。

《规划环境影响评价条例》是根据《中华人民共和国环境影响评价法》制定的,为了加强对规划的环境影响评价工作,提高规划的科学性,从源头预防环境污染和生态破坏,促进经济、社会和环境的全面协调可持续发展。

1)规划环境影响评价的适用范围和责任主体

(1)规划环境影响评价的适用范围

国务院有关部门、设区的市级以上地方人民政府及其有关部门,对其组织编制的土地利用的有关规划和区域、流域、海域的建设、开发利用规划(以下称综合性规划),以及工业、农业、畜牧业、林业、能源、水利、交通、城市建设、旅游、自然资源开发的有关专项规划(以下称专项规划),应当进行环境影响评价。

编制综合性规划,应当根据规划实施后可能对环境造成的影响,编写环境影响篇章或者说明。编制专项规划,应当在规划草案报送审批前编制环境影响报告书。编制专项规划中的指导性规划,应当编写环境影响篇章或者说明。

(2)规划环境影响评价的责任主体

规划环境影响篇章或者说明、规划环境影响报告书,由规划编制机关编制或者组织规划环境影响评价技术机构编制。规划编制机关应当对环境影响评价文件的质量负责。

2)规划环境影响评价的内容

(1)评价原则

全程互动、一致性、整体性、层次性、科学性原则。

(2)评价内容

①规划概述;

②规划协调性分析;

③现状调查与评价;

④环境影响识别与评价指标体系构建;

⑤环境影响预测与评价。

3)规划环境影响评价的公众参与

任何单位和个人对违反《规划环境影响评价条例》规定的行为或者对规划实施过程中

产生的重大不良环境影响,有权向规划审批机关、规划编制单位或者环境保护主管部门举报。有关部门接到举报后,应当依法调查处理。

公众参与可采取调查问卷、座谈会、论证会、听证会等形式进行。

4)规划环境影响评价的审查

(1)规划环境影响评价文件的报审

规划编制单位在报送审批综合性规划草案和专项规划中的指导性规划草案时,应当将环境影响篇章或者说明作为规划草案的组成部分一并报送规划审批机关。未编写环境影响篇章或者说明的,规划审批机关应当要求其补充;未补充的,规划审批机关不予审批。

(2)规划环境影响报告书的审查内容

审查意见应当包括下列内容:

①基础资料、数据的真实性;

②评价方法的适当性;

③环境影响分析、预测和评估的可靠性;

④优化调整建议及预防或者减轻不良环境影响的对策和措施的合理性和有效性;

⑤公众意见采纳与不采纳情况及其理由的说明的合理性;

⑥环境影响评价结论的科学性。

5)规划环境影响的跟踪评价

对环境有重大影响的规划实施后,规划编制单位应当及时组织规划环境影响的跟踪评价,将评价结果报告规划审批机关,并通报环境保护等有关部门。

12.4.6　水土保持方案评价与审批

为了预防和治理水土流失,保护和合理利用水土资源,减轻水、旱、风沙灾害,改善生态环境,保障经济社会可持续发展,国家颁发第 39 号主席令《中华人民共和国水土保持法》(修订版自 2011 年 3 月 1 日起施行),明确规定对可能造成水土流失的建设项目开展水土保持方案评价。

1)水土保持方案评价的作用

水土保持是指对自然因素和人类活动造成水土流失所采取的预防和治理措施。水土保持方案评价,主要有三个方面的作用:

①实现合理利用水土资源,预防和治理水土流失,改善生态环境;

②项目可行性研究报告审批或项目核准、备案重要的报建条件;

③项目优化场址(线位)方案的重要条件之一。

2)水土保持方案评价的主要内容

(1)水土保持方案评价的范围

水土保持方案分为水土保持方案报告书和水土保持方案报告表(统称水土保持方案评价文件)。凡征占地面积在一公顷以上或者挖填土石方总量在一万立方米以上的开发建设项目,应当编报水土保持方案报告书;其他开发建设项目应当编报水土保持方案报告表。

建设项目的初步设计,应当依据水土保持技术标准和经批准的水土保持方案,编制水土保持篇章,落实水土流失防治措施和投资概算。

(2)水土保持方案报告书的编制

编制水土保持方案报告书的主要内容:

①方案编制总则;

②建设项目地区概况;

③生产建设过程中水土流失预测;

④水土流失防治方案;

⑤水土保持投资估(概)算及效益分析;

⑥方案实施和保证措施。

12.5　工程项目环境评价案例

本节选取秦皇岛 32-6、曹妃甸 11-1 油田群岸电应用工程项目作为案例,详细介绍工程项目环境评价报告。

12.5.1　项目概况[①]

秦皇岛 32-6、曹妃甸 11-1 油田群岸电[②]应用工程通过国家电网公司的 220 kV 唐山港开关站,经陆地电缆将电力输送至曹妃甸新建的 220 kV 陆上开关站,再通过陆地电缆及海底电缆最终将电力输送至曹妃甸油田区海上新建的 220 kV 海上电力动力平台,为曹妃甸区域海上平台进行供电;通过临港 220 kV 变电站,经陆地电缆将电力输送至乐亭新建的 220 kV 陆上开关站,再通过陆地电缆及海底电缆最终将电力输送至秦皇岛 32-6 油田新建的 220 kV 海上电力动力平台,为秦皇岛 32-6 油田区域海上平台进行供电。秦皇岛海上变电站与曹妃甸海上变电站之间再通过新建一条 110 kV 交流海缆实现联络。另外,为积极响应国家区域环评及国家区域用海统筹规划要求,结合渤海油田七年行动计划及秦皇岛 32-6 油田油藏规划数据,充分利用岸电带来的产能提升,打破目前秦皇岛 32-6 油田地面设施能力已接近上限运行的瓶颈,中海石油(中国)有限公司将秦皇岛 32-6 油田提液扩容项目合并到秦皇岛 32-6、曹妃甸 11-1 油田群岸电应用工程内,成立专门工程建设项目组统筹管理,结合中海石油(中国)有限公司在国家取得的项目备案确认单,项目名称定为:秦皇岛 32-6、曹妃甸 11-1 油田群岸电应用工程。岸电应用工程与提液扩容项目合并后,通过方案优化,可减少铺设电缆数量,减少用海。为了遵循规划衔接、陆海统筹、生态优先、集约节约 4 大原则,以及规划选址、平面布局等具体要求,项目选址严格执行生态红线制度,在区域建设用海规划实施过程中,集约节约使用海域资源,将依法用海、生态用海理念贯穿于项目编制和实施的全过程,着力打造海洋生态文明建设的典范。

本次评价陆上工程位于河北省唐山市乐亭县乐亭经济开发区(唐山市曹妃甸陆上工程

[①]　资料来源:中华人民共和国生态环境部。

[②]　中国海油提出利用陆地大电网为海上油田生产供电的方案(简称"岸电"),通过岸电替代油田自发电方式,大幅削减海上温室气体和污染气体的排放量,同时各油田氮氧化物排放大幅下降。

另行评价），海上工程位于河北省唐山市东南海域秦皇岛 32-6 油田、曹妃甸 11-1 油田，部分改造平台位于曹妃甸 11-6 油田及曹妃甸 6-4 油田。

本次评价陆上工程包括：新建乐亭 220 kV 开关站 1 座，并对临港 220 kV 变电站乐亭开关站间隔扩建，以及新建 2 条 220 kV 单回电缆陆地电缆。

本次评价海上工程包括：在秦皇岛 32-6 油田和曹妃甸 11-1 油田各新建 1 座 220 kV 海上电力动力平台（CFD11-1EPP、QHD32-6EPP），以及 2 个电力动力平台 220 kV 交流单回登陆海底电缆、2 平台间 110 kV 交流单回互联海底电缆及油田间电缆，总计 7 条，并对现有平台进行改造；秦皇岛 32-6 油田拟进行整体提液扩容，拟新建 2 座油水处理平台（QHD32-6CEPK、QHD32-6CEPL）、1 条海底注水管道和 3 条海底电缆，并对现有关联平台进行改造，同时现有 2 口生产井大修补孔转注水井，1 口注水井大修补孔增注。

本评价旨在查明建设项目评价范围内的环境质量现状，在全面分析建设项目施工期和营运期的主要污染因子的种类和数量的基础上，预测和评价建设项目对周围环境的影响范围和程度，阐明该项目的环境效益、经济效益和社会效益，提出相应的环境保护措施和建议，从环境保护角度论证该项目建设的合理性和可行性，从而为工程开发主管部门和环境保护主管部门提供决策依据，为项目的环境保护设计提供科学依据，为建设单位实施完善的环境管理提供可操作依据。

12.5.2　秦皇岛 32-6、曹妃甸 11-1 油田群岸电应用工程项目环境评价报告

秦皇岛 32-6、曹妃甸 11-1 油田群岸电应用工程项目环境评价报告详情，请登录中华人民共和国生态环境部官网查阅。

【本章小结】

本章介绍了环境评价的几个方面，首先介绍了资源节约及综合利用评价和节能评价的内容，然后分析了项目占用土地及合理性评价的内容，接着重点介绍了环境影响评价报告书的内容及要求，最后简单介绍了安全预评价的内容和程序。环境影响评价旨在识别并评价决策过程中初始方法和替代方法对环境的影响，重点是公认需得到最大关注的环境问题。环境影响评价近年来越来越受到公众、国家和政府的重视，它对实现经济可持续发展的目标具有很大的作用。

【习题与思考题】

一、简答题

1. 资源节约及综合利用评价的目的与要求是什么？
2. 资源价值评价方法有哪些，如何应用？
3. 节能评价的目的、分析内容及评价指标分别是什么？
4. 环境影响评价报告书的内容和要求是什么？

5. 安全预评价分为哪几个程序?

二、案例题①

某新建成的水利工程位于平原区,功能为防洪、城市供水和灌溉。工程由拦河坝、提灌工程、护岸工程、排涝工程、城市供水提水工程和附属工程组成。水库正常蓄水位 139.4 米,校核洪水位 144.1 米,坝址控制流域面积 14 860 平方千米。城市供水提水工程取水口位于大坝上游左岸距大坝 780 米 处。工程永久占地 362 公顷,临时占地 21 公顷:部分占地为耕地。岸区周边土地利用类型以耕地为主,其中,水田占 63%,水库回水区内左、右岸各有 1 条支流汇入,入库河流执行Ⅲ类水质标准。

经行政主管部门同意,水库已蓄水至正常蓄水位。现开展该水利工程的竣工环境保护验收调查。环境影响评估报告书记载,左岸入库支流上游 15 千米河段沿岸分布有工矿企业及固体废物堆存场,工业废水排放总量约 $6.8×10^4$ 立方米/年。环境影响评估批复文件要求,应进一步加强排涝设施等建设,减轻对农业生态的影响;水库应按集中式生活饮用水地表水源地进行管理与保护。根据初步调查,工程建设内容与环境影响评估批复的工程建设内容基本一致;坝前断面各项水质监测指标达标;按工程设计方案,坝下左、右岸各设 1 个弃渣场,均占用耕地。施工过程中只启用了左岸弃渣场,工程施工总弃渣量与设计的总弃渣量基本一致;已按设计要求完成沿岸农田排水设施的改建,沿岸农田灌溉回归水就近排入库区;当地已编制饮用水水源地保护方案,正上报审批。

根据以上案例素材,回答以下问题:

①提出水库水质监测断面布设方案。

②说明本工程农业生态影响调查的主要内容。

③弃渣场验收调查应包括哪些主要内容?

④针对水库担负的城市供水功能,应关注哪些调查内容?

---

① 注:该案例为 2018 年环境影响评价师《案例分析》考试题。

第 13 章

项目后评价

教学内容、**重点与难点**

教学内容:项目后评价是项目管理的一项重要内容。通过项目后评价反馈的信息,可以发现项目决策与实施过程中的问题,吸取经验教训,提高项目决策与管理水平。本章主要介绍项目后评价的概念、方法及内容。

教学重点:项目后评价的目的与作用;项目后评价的方法;项目后评价报告的主要内容。

教学难点:本章的难点在于项目后评价报告主要内容的编制。

知识框架

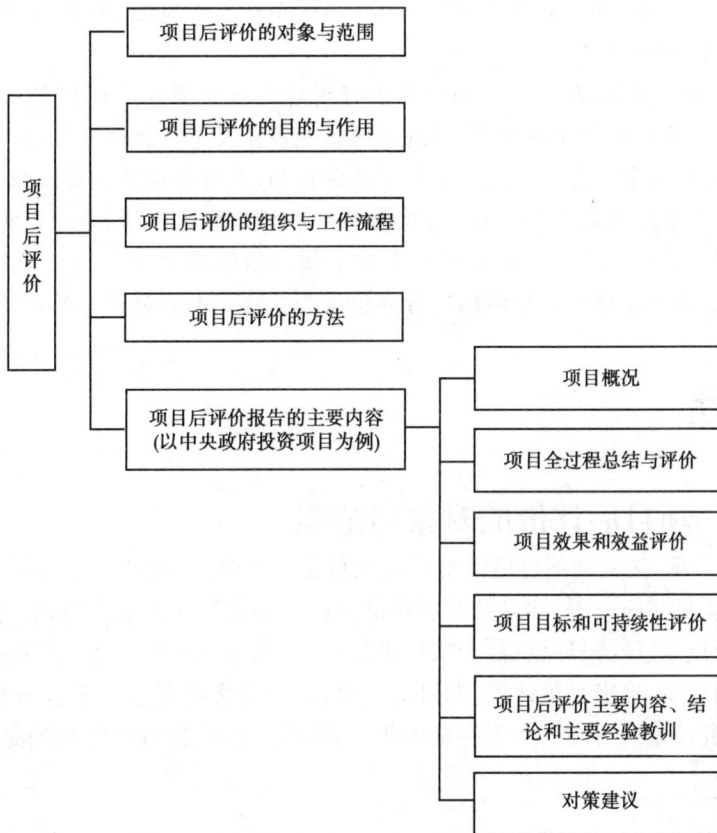

导入案例

三门峡水利枢纽工程生态影响后评价①

为了有效地利用、调控水资源,我国修建了大量的水库大坝。虽然水库大坝给社会带来了巨大经济效益,但也可能对生态环境产生重大影响。三门峡水利枢纽工程从 20 世纪 50 年代开工兴建,到 80 年代全面发挥综合效益,经历了我国水利建设史上从未有过的曲折,一直备受世人关注。由于工程筹建较早,没有开展前期的生态环境影响研究,工程运行几十年以来产生了一系列生态环境问题。对三门峡水利枢纽工程开展生态影响后评价有助于全面、准确地衡量工程的生态环境影响,进而改善现有工程环境的管理措施。

通过对工程资料的统计分析发现,受水库蓄水后土壤盐碱化、沼泽化影响,汾河、洛河及渭河与黄河干流交汇处是气候生产潜力实现率较低的区域。工程对减轻下游洪涝灾害的威胁起到了明显作用,各灾种总频率由水库蓄水前每 10 年 11.38 次,降为每 10 年 9.86 次,主要灾种为洪涝和风雹,同时水库的建成蓄水也没有使区域地震的发生频次增加。水库建成蓄水后,水体、湿地、滩涂面积显著增加,水流变缓泥沙沉积,栖息环境的改善使得陆生鸟类的种类和数量明显增加,例如,蓄水后库区鸭科鸟类由 20 世纪 50 年代的 9 种增至 12 种。此外,藻类、浮游动物等也有显著增加,但洄游性鱼类受大坝阻隔影响基本绝迹,水生态环境的整体恶化也使得鱼类种类和数量明显下降,已有 13 种鱼类基本绝迹,潼关港口地区 20 世纪 50 年代年产鲜鱼 $3 \times 10^4 \sim 4 \times 10^4$ 千克,至 70 年代年产鱼已不足 1×10^4 千克,而 80 年代末期以来年产鱼仅 5 000 千克。

20 世纪 80 年代初期,原国家计划委员会将国外进行的项目后评价与可行性研究方法引入我国,组织开展理论和方法研究工作,并选择能源等多个行业的项目进行试点。中国国际工程咨询公司和国家开发银行先后成立了后评价局,并对部分重点建设项目开展后评价。如今,国家发展改革委制定了《中央政府投资项目后评价管理办法》和《中央政府投资项目后评价报告编制大纲(试行)》,各省市也发布了相应的管理办法。为何进行项目后评价?如何开展项目后评价活动?又如何编制后评价报告?这是本章将介绍的内容。

13.1　概述

13.1.1　项目后评价的对象与范围

如图 13-1 所示,狭义的项目后评价是指项目投资完成之后的生产运营阶段所进行的评价。它通过对项目实施过程、结果及其影响进行调查研究和全面系统回顾,与项目决策时确定的目标,以及技术、经济、环境、社会指标进行对比,找出差别和变化,分析原因,总结经验,吸取教训,得到启示,提出对策建议,通过信息反馈,改善和指导新一轮投资管理和决策,从而达到提高投资效益的目的。如无特别说明,本章所述的项目后评价指的是狭义的项目后

---

① 资料来源:郭乔羽,杨志峰.三门峡水利枢纽工程生态影响后评价[J].环境科学学报,2005,25(5):580-585.

评价。

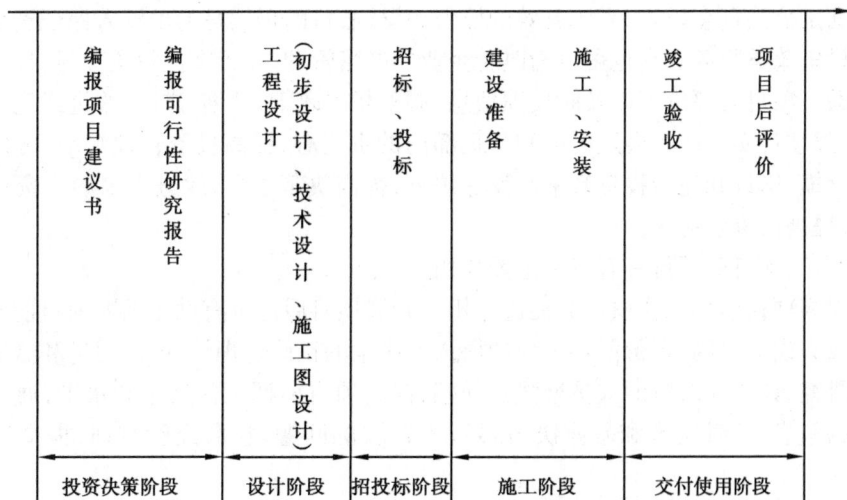

图 13-1 一般工程项目全寿命周期示意图

如图 13-2 所示,广义的项目后评价还包括项目中间评价,或称中间跟踪评价、中期评价,是指从项目开工到竣工验收前所进行的阶段性评价,即在项目实施过程中的某一时点,对建设项目实际状况进行的评价。一般在规模较大、情况较复杂、施工期较长的项目,以及主客观条件发生较大变化的情况下采用。以项目实施过程中出现重大变化因素为着眼点,并以变化因素对项目实施和项目预期目标的影响进行重点评价。

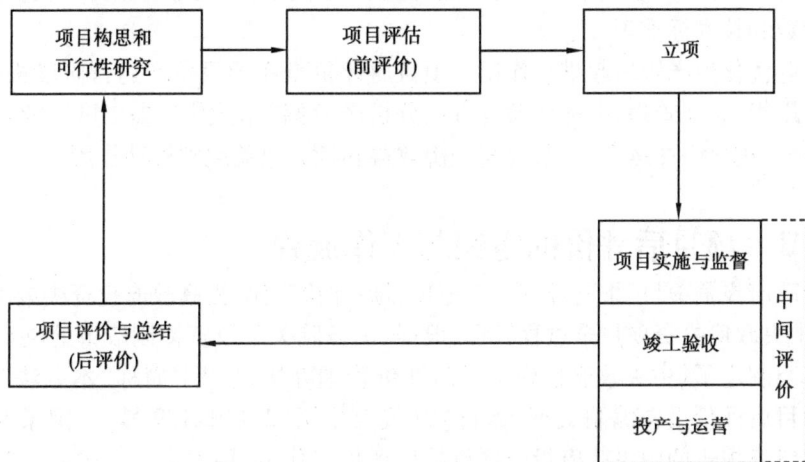

图 13-2 工程项目多时点评价

13.1.2 项目后评价的目的与作用

按照国务院国有资产监督管理委员会颁布的《中央企业固定资产投资项目后评价工作指南》(2014),项目后评价工作已在中央企业中全面开展;以国家、各省市政府投资为主的项目后评价工作,也正在规范有序地进行。非国有企业投资行为可以参照政府和国有企业已经形成的规范性运作机制开展工作。

项目后评价的主要目的是服务于投资决策,是出资人对投资活动进行监管的重要手段之一。特别是公共资金投入,需要有效的监督,其核心目的仍然是为出资人保证资金合理使用和提高投资效益服务。它也可以为改善企业的经营管理,完善在建投资项目,提高投资效益提供帮助。项目后评价可以及时反馈信息,调整相关政策、计划、进度,改进或完善在建项目;可以增强项目实施的社会透明度和管理部门的责任心,提高投资管理水平;可以通过经验教训的反馈,修订和完善投资政策和发展规划,提高决策水平,改进未来的投资计划和项目的管理,提高投资效益。

具体而言,项目后评价具有以下主要作用:

①对提高项目前期工作质量起促进作用。开展项目后评价有助于回顾项目前期决策成功的经验及失误的原因,评价前期工作的质量及决策的正确合理性,能够促进和激励参与项目可行性研究、评估和决策的人员增强责任感,提高项目前期工作质量和水平;通过项目后评价反馈的信息,及时发现和暴露决策过程中存在的问题,吸取经验教训,提高项目决策水平。

②对项目业主提高管理水平起借鉴作用。项目后评价对项目业主在项目实施过程中的管理工作、管理效果进行分析,剖析项目业主履行职责的情况,总结管理经验教训。这些经验教训既是对被评价项目业主管理工作的检验总结,也可通过行业系统组织后评价经验交流,为其他项目业主提供借鉴,为提高工程项目建设管理水平发挥作用。

③对政府制定和调整有关经济政策起参谋作用。集合多个项目后评价总结的经验教训和对策建议,作为政府进行宏观经济管理的借鉴,有关部门可参考这些建议,合理确定和调整投资规模与投资流向,修正某些不适合经济发展要求的宏观经济政策、产业政策,以及过时的指标参数和技术标准等。

④对企业优化生产管理起推动作用。项目后评价是在项目生产运营阶段进行的,因而可以从生产组织、企业管理、财务效益等方面分析产生偏差的原因,提出可持续发展的建议与措施,对企业优化生产运营管理,提高经济效益和社会效益起到推动作用。

13.1.3 项目后评价的组织与工作流程

为健全政府投资项目后评价制度,规范项目后评价工作,提高政府投资决策水平和投资效益,加强中央政府投资项目全过程管理,根据《国务院关于投资体制改革的决定》要求,国家发展改革委制定了《中央政府投资项目后评价管理办法》(以下简称"本办法")和《中央政府投资项目后评价报告编制大纲(试行)》(发改投资〔2014〕2129号)。国家发展改革委审批可行性研究报告的中央政府投资项目的后评价工作,适用本办法。国际金融组织和外国政府贷款项目后评价管理办法另行制定。

国家发展改革委负责项目后评价的组织和管理工作。具体包括:确定后评价项目,督促项目单位按时提交项目自我总结评价报告并进行审查,委托承担后评价任务的工程咨询机构,指导和督促有关方面保障后评价工作顺利开展和解决后评价中发现的问题,建立后评价信息管理系统和后评价成果反馈机制,推广通过后评价总结的成功经验和做法等。

其他相关主体的工作如下:①项目行业主管部门负责加强对项目单位的指导、协调、监督,支持承担项目后评价任务的工程咨询机构做好相关工作;②项目所在地的省级发展改革部门负责组织协调本地区有关单位配合承担项目后评价任务的工程咨询机构做好相关工作;③项目单位负责做好自我总结评价并配合承担项目后评价任务的工程咨询机构开展相关工作;④承担项目后评价任务的工程咨询机构负责按照要求开展项目后评价并提交后评价报告。

适用于本办法的项目,项目后评价工作应遵循以下工作程序开展:

1)项目单位自行或委托咨询单位编制自我总结评价报告

项目单位应在项目竣工验收并投入使用或运营一年后两年内,将自我总结评价报告报送国家发展改革委。其中,中央本级项目通过项目行业主管部门报送同时抄送项目所在地省级发展改革部门,其他项目通过省级发展改革部门报送同时抄送项目行业主管部门。

项目单位可委托具有相应资质的工程咨询机构编写项目自我总结评价报告。项目单位对项目自我总结评价报告及相关附件的真实性负责。

项目自我总结评价报告应主要包括:①项目概况:项目目标、建设内容、投资估算、前期审批情况、资金来源及到位情况、实施进度、批准概算及执行情况等;②项目实施过程总结:前期准备、建设实施、项目运行等;③项目效果评价:技术水平、财务及经济效益、社会效益、资源利用效率、环境影响、可持续能力等;④项目目标评价:目标实现程度、差距及原因等;⑤项目总结:评价结论、主要经验教训和相关建议。项目自我总结评价报告可参照项目后评价报告编制大纲进行编制。

项目自我总结评价报告内容不完整或深度达不到相应要求的,项目行业主管部门或者省级发展改革部门应当要求项目单位限期补充完善。

2)国家发展改革委制订项目后评价年度计划

国家发展改革委结合项目单位自我总结评价情况,确定需要开展后评价工作的项目,制订项目后评价年度计划,印送有关项目行业主管部门、省级发展改革部门和项目单位。

列入后评价年度计划的项目主要从以下项目中选择:①对行业和地区发展、产业结构调整有重大指导和示范意义的项目;②对节约资源、保护生态环境、促进社会发展、维护国家安全有重大影响的项目;③对优化资源配置、调整投资方向、优化重大布局有重要借鉴作用的项目;④采用新技术、新工艺、新设备、新材料、新型投融资和运营模式,以及其他具有特殊示范意义的项目;⑤跨地区、跨流域、工期长、投资大、建设条件复杂,以及项目建设过程中发生重大方案调整的项目;⑥征地拆迁、移民安置规模较大,可能对贫困地区、贫困人口及其他弱势群体影响较大的项目,特别是在项目实施过程中发生过社会稳定事件的;⑦使用中央预算内投资数额较大且比例较高的项目;⑧重大社会民生项目;⑨社会舆论普遍关注的项目。

3)国家发展改革委委托工程咨询机构开展项目后评价

国家发展改革委根据项目后评价年度计划,委托具备相应资质的工程咨询机构承担项目后评价任务。国家发展改革委不得委托参加过同一项目前期、建设实施工作或编写自我总结评价报告的工程咨询机构承担该项目的后评价任务。

承担项目后评价任务的工程咨询机构,在接受委托后,应组建满足专业评价要求的工作组,在现场调查、资料收集和社会访谈的基础上,结合项目自我总结评价报告,对照项目的可行性研究报告、初步设计(概算)文件及其审批文件的相关内容,对项目进行全面系统地分析评价。承担项目后评价任务的工程咨询机构,应当按照国家发展改革委的委托要求和投资管理相关规定,根据业内应遵循的评价方法、工作流程、质量保证要求和执业行为规范,独立开展项目后评价工作,在规定时限内完成项目后评价任务,提出合格的项目后评价报告。

项目后评价应按照适用性、可操作性、定性和定量相结合原则,制定规范、科学、系统的评价指标。承担项目后评价任务的工程咨询机构,应根据项目特点和后评价的要求,在充分调查研究的基础上,确定具体项目后评价指标及方案。

工程咨询机构在开展项目后评价的过程中,应当采取适当方式听取社会公众和行业专家的意见,并在后评价报告中设立独立篇章予以客观反映。

4)成果应用

国家发展改革委通过项目后评价工作,认真总结同类项目的经验教训,后评价成果应作为规划制定、项目审批、资金安排、项目管理的重要参考依据。

国家发展改革委应及时将后评价成果提供给相关部门、省级发展改革部门和有关机构参考,加强信息沟通。

对于通过项目后评价发现的问题,有关部门、地方和项目单位应认真分析原因,提出改进意见,并报送国家发展改革委。

国家发展改革委会同有关部门,定期以适当方式汇编后评价成果,大力推广通过项目后评价总结出来的成功经验和做法,不断提高投资决策水平和政府投资效益。

13.1.4 项目后评价的方法

项目后评价常用的方法有对比分析法、逻辑框架法、成功度法等。各评价方法之间不是排他和相抵触的,可以在同一个项目后评价工作中综合选择应用。

1)对比分析法

对比分析法包括"前后对比"和"有无对比"。"前后对比"是将项目可行性研究和评估时所预测的效益和项目竣工投产运行后的实际结果相比较,找出差异和原因。这种对比分析可以提示项目的计划、决策和实施的质量,常用于项目过程评价。"有无对比"是将项目投产后实际发生的情况与没有运行投资项目可能发生的情况进行对比,以度量项目的真实效益、影响和作用。对比的重点主要是分清项目自身的作用和项目以外的作用。这种对比常用于项目的效益评价和影响评价。

2)逻辑框架法

逻辑框架法(Logical Framework Approach,LFA)是项目后评价中普遍采用的一种分析工具。它是由美国国际开发署(CUSAID)在1970年开发并使用的一种项目设计、计划和评价工具,并逐步在国际组织援助项目的计划管理及评价中得到普遍推广应用。

LFA的结果是要形成一个逻辑框架表。由于该表能够充分体现表内包含的各项内容之间的逻辑关系,而且这种逻辑关系构成了一个矩阵式框架结构,因此逻辑框架表又称为逻辑框架矩阵表。LFA的模式是一张4×4的矩阵,基本模式见表13-1。

表13-1 逻辑框架法的基本模式

目标层次	客观验证指标	客观验证方法	重要假设及外部条件
宏观目标	宏观目标验证指标	评价及监视手段和方法	实现宏观目标的假设条件
具体目标	具体目标验证指标	评价及监视手段和方法	实现具体目标的假设条件

目标层次	客观验证指标	客观验证方法	重要假设及外部条件
产出成果	产出成果衡量指标	评价及监视手段和方法	实现项目产出的假设条件
投入/活动	投入方式及定量指标	投入活动验证方法	落实项目投入的外部条件

上述逻辑框架表,自上而下分别代表项目的宏观目标、具体目标、产出、投入四个层次;自左而右则分别为各层次目标文字叙述、客观验证指标、客观验证方法和实现该目标的重要假设及外部条件。

3)成功度法

成功度法依靠评价专家或专家组的经验,根据项目各方面的执行情况并通过系统准则或目标判断表来评价项目总体的成功程度。成功度评价是以逻辑框架法分析的项目目标的实现程度和经济效益分析的评价结论为基础,以项目的目标和效益为核心,所进行的全面系统的评价。进行成功度分析时,首先确立项目绩效衡量指标,然后根据如下的评价体系将每个绩效衡量指标进行专家打分:

①完全成功(A):原定目标全面实现或超过预期,项目功能、效益和影响充分发挥。

②基本成功(B):原定目标大部分实现,项目功能、效益和影响基本达到预期要求。

③部分成功(C):原定目标部分实现,项目功能有缺陷,效益和影响只有部分实现。

④不成功(D):原定目标实现非常少,项目功能有问题,效益和影响很差。

⑤失败(E):原定目标无法实现,项目不得不终止。

见表 13-2,项目成功度评价表设置了评价项目的主要指标。测评指标是指与该项目成功与否相关的主要因素(包含项目外部条件和内部因素),如工业项目的测评指标一般主要包括宏观目标、项目布局、项目规模、项目目标、产品市场、工程设计、技术装备水平、资源条件、建设条件、资金来源、工程进度管理、工程质量管理、HSE 管理、项目投资控制、项目经营管理、财务效益、经济效益、社会影响、环境影响、可持续性、项目总评等。

在评定具体项目的成功度时,并不一定要测定所有的指标。评价人员根据具体项目的类型和特点确定表中指标与项目相关的程度,把它们分为"重要""次重要""不重要"三类。对不重要的指标可以不测定。

表 13-2 国内典型的项目成功度评价表

评定项目指标	项目相关重要性	评定等级
宏观目标和产业政策		
决策及其程序		
布局与规模		
项目目标及市场		
设计与技术装备水平		
资源和建设条件		
资金来源和融资		

续表

评定项目指标	项目相关重要性	评定等级
项目进度及其控制		
项目质量及其控制		
项目投资及其控制		
项目运营		
机构和管理		
项目财务效益		
项目经济效益和影响		
社会和环境影响		
项目可持续性		
项目总评		

13.2　项目后评价报告的主要内容

国家发展改革委制定了《中央政府投资项目后评价报告编制大纲（试行）》,指导和规范项目后评价报告的编制工作。本章以该大纲为例,介绍项目后评价报告的主要内容。根据该大纲,项目后评价报告主要包括以下六个部分:①项目概况;②项目全过程总结与评价;③项目效果和效益评价;④项目目标和可持续性评价;⑤项目后评价结论和主要经验教训;⑥对策建议。

13.2.1　项目概况

项目后评价报告首先要介绍被评价项目的基本情况,主要包括以下内容:

①项目基本情况。对项目建设地点、项目业主、项目性质、特点（或功能定位）、项目开工和竣工、投入运营（行）时间进行概要描述。

②项目决策理由与目标。概述项目决策的依据、背景、理由和预期目标（宏观目标和实施目标）。

③项目建设内容及规模。项目经批准的建设内容、建设规模（或生产能力）,实际建成的建设规模（或生产能力）;项目主要实施过程,变化内容及原因的说明;项目经批准的建设周期和实际建设周期。

④项目投资情况。项目经批准的投资估算、初步设计概算及调整概算、竣工决算。

⑤项目资金到位情况。项目经批准的资金来源,资金到位情况,竣工决算资金来源及不同来源资金所占比重。

⑥项目运营（行）及效益现状。项目运营（行）现状,生产能力（或系统功能）实现现状,项目财务及经济效益现状,社会效益现状。

⑦项目自我总结评价报告情况及主要结论。

⑧项目后评价依据、主要内容和基础资料。

13.2.2　项目全过程总结与评价

项目全过程的总结和评价,一般分三个阶段:项目前期决策、项目建设准备与实施、项目投产运营(行)等。

1)项目前期决策总结与评价

总结与评价的重点是项目决策的正确性;评价项目建设的必要性、可行性、合理性;分析项目目标实现的程度、产生差异或失败的原因。合理性和效率是本阶段评价衡量的重要标尺。主要包括以下内容:

①项目建议书主要内容及批复意见。

②可行性研究报告主要内容及批复意见。主要包括可行性研究报告内容,比如项目建设必要性、建设条件、建设规模、主要技术标准和技术方案、建设工期、总投资及资金筹措,以及环境影响评价、经济评价、社会稳定风险评估等专项评价主要结论等。此外,还要对可行性研究报告的批复意见,以及可行性研究报告和项目建议书的主要变化进行简要的原因分析。

③项目初步设计(含概算)主要内容及批复意见(大型项目应在初步设计前增加总体设计阶段)。主要包括:工程特点、工程规模、主要技术标准、主要技术方案、初步设计批复意见。

④项目前期决策评价。主要包括项目审批依据是否充分,是否依法履行了审批程序,是否依法附具了土地、环评、规划等相关手续。

2)项目建设准备与实施的总结与评价

(1)项目实施准备

总结与评价的重点是各项准备工作是否充分,开工前的各项报批手续是否齐全。效率是本阶段评价衡量的重要标尺。

评价内容主要包括:①项目实施准备的组织管理,比如组织形式及机构设置,管理制度的建立,勘察设计、咨询、强审等建设参与方的引入方式及程序,各参与方资质及工作职责情况;②项目施工图设计内容;③根据项目设计完成情况,可以选取包括初步设计(大型项目应在初步设计前增加总体设计阶段)、施工图设计等各设计阶段与可行性研究报告相比的主要变化,并进行主要原因分析;④项目勘察设计工作评价;⑤征地拆迁工作情况及评价;⑥项目招投标工作情况及评价;⑦项目资金落实情况及其评价;⑧项目开工程序执行情况,主要包括开工手续落实情况,实际开工时间,存在问题及其评价。

(2)项目实施

总结与评价的重点是工程建设实施活动的合理性和成功度,项目业主的组织能力与管理水平。此阶段项目执行的效率和效益是评价衡量的重要标尺。主要包括以下内容:

①项目实施组织与管理。包括项目管理组织机构(项目法人、指挥部),项目的管理模式(法人直管、总承包、代建、BOT 等),参与单位的名称及组织机构(设计、施工、监理、其他),管理制度的制定及运行情况(管理制度的细目、重要的管理活动、管理活动的绩效),以及对项目组织与管理的评价(针对项目的特点分别对管理主体及组织机构的适宜性、管理

有效性、管理模式合理性、管理制度的完备性,以及管理效率进行评价)。

②合同执行与管理。包括项目合同清单(包括正式合同及其附件并进行合同的分类、分级),主要合同的执行情况,合同重大变更、违约情况及原因,以及合同管理的评价。

③信息管理。包括信息管理的机制与制度、信息管理系统的运行情况以及信息管理的评价。

④控制管理。包括进度控制管理、质量控制管理、投资控制管理,以及 HSE(健康、安全与环境管理)。

⑤重大变更设计情况。

⑥资金使用管理。

⑦工程监理情况。

⑧新技术、新工艺、新材料、新设备的运用情况。

⑨竣工验收情况。

⑩项目试运营(行)情况。

⑪工程档案管理情况。

3)项目投产运营(行)总结与评价

总结与评价的重点是项目由建设实施到交付生产运营转换的稳定、顺畅。项目效益和可持续性是评价衡量的重要标尺。主要包括项目运营(行)概况和项目运营(行)状况评价两方面的内容。

项目运营(行)概况主要包括:

①运营(行)期限。项目运营(行)考核期的时间跨度和起始时刻的界定。

②运营(行)效果。项目投产(或运营)后,产品的产量、种类和质量(或服务的规模和服务水平)情况及其增长规律。

③运营(行)水平。项目投产(或运营)后,各分项目、子系统的运转是否达到预期的设计标准;各子系统、分项目、生产(或服务)各环节间的合作、配合是否和谐、正常。

④技术及管理水平。项目在运营(行)期间的表现,反映出项目主体处于什么技术水平和管理水平(世界、国内、行业内)。

⑤产品营销及占有市场情况。描述产品投产后,销售现状、市场认可度及占有市场份额情况。

⑥运营(行)中存在的问题。生产项目的总平面布置、工艺流程及主要生产设施(服务类项目的总体规模、主要子系统的选择、设计和建设)是否存在问题,属于什么性质的问题。项目的配套工程及辅助设施的建设是否必要和适宜。配套工程及辅助设施的建设有无延误,原因是什么,产生什么副作用。

项目运营(行)状况评价主要包括:

①项目能力评价。项目是否具备预期功能,达到预定的产量、质量(服务规模、服务水平)。如未达到,差距多大。

②运营(行)现状评价。项目投产(或运营)后,产品的产量、种类和质量(或服务的规模和服务水平)与预期存在的差异,产生上述差异的原因分析。

③达到预期目标可能性分析。项目投产(或运营)后,产品的产量、种类增长和质量(或服务的规模和服务水平)提高的规律总结,项目可达到预期目标的可能性分析。

13.2.3　项目效果和效益评价

项目效果和效益评价是对项目实施的最终效果和效益进行分析评价,即将项目的工程技术效果、经济(财务)效益、环境效益、社会效益和管理效果等,与项目可行性研究和评估决策时所确定的主要指标,进行全面对照、分析与评价,找出变化和差异,分析原因。

1)项目技术效果评价

项目技术效果评价是针对项目实际运行状况,对工程项目采用的工艺流程、装备水平进行再分析,主要关注技术的先进性、适用性、经济性、安全性。

评价内容主要包括:①项目的技术标准评价,比如采用的技术标准是否满足国家或行业标准的要求、节能环保措施是否落实以及是否达标;②项目的技术方案评价,比如是否进行多方案比选后选择了最优方案、是否符合各阶段批复意见;③技术创新评价,比如分析技术创新的适应性及对工程质量、投资、进度等产生的影响等。

此外,对于轨道交通等国家特定要求项目,还应进行设备国产化评价。主要内容包括:①所选用的设备国产化率评价,进口设备是否可采用国产设备;②设备采购对工程带来的利弊评价;③国产化设备与国外同类产品的技术经济对比分析;④国产设备对运营、维修保养的影响评价。

2)项目财务及经济效益评价

财务效益后评价与前期评估时的分析内容和方法基本相同,都应进行项目的盈利能力分析、清偿能力分析、财务生存能力和风险分析。评价时要同时使用已实际发生数据和根据变化了的内、外部因素更新后的预测数据,并注意保持数据口径的一致性,使对比结论科学可靠。

经济效益评价根据项目实际运营指标,根据变化了的内、外部因素更新后的预测数据,全面识别和调整费用和效益,编制项目投资经济费用效益流量表,从资源合理配置的角度,分析项目投资的经济效率和对社会福利所做的贡献,评价项目的经济合理性,判别目标效益的实现程度。

主要包括以下内容:

①竣工决算与可研报告的投资对比分析评价。主要包括:分年度工程建设投资,建设期贷款利息等其他投资。

②资金筹措与可研报告对比分析评价。主要包括:资本金比例,资本金筹措,贷款资金筹措等。

③运营(行)收入与可研报告对比分析评价。主要包括:分年度实际收入,以后年度预测收入。

④项目成本与可研报告对比分析评价。主要包括:分年度运营(行)支出,以后年度预测成本。

⑤财务评价与可研报告对比分析评价。主要包括:财务评价参数,评价指标。

⑥国民经济评价与可研报告对比分析评价。主要包括:国民经济评价参数,评价指标。

⑦其他财务、效益相关分析评价。比如,项目单位财务状况分析与评价。

3）项目管理效果评价

项目管理效果评价是对项目建设期和运营期的组织管理机构的合理性、有效性，项目执行者的组织能力与管理水平进行的综合分析与评价。通常，项目业主应对项目组织机构所具备的能力进行适时监测和评价，以分析项目组织机构选择的合理性，并及时进行调整。主要内容包括：①经营管理机构设置与可研报告对比分析评价；②人员配备与可研报告对比分析评价；③经营管理目标；④运营（行）管理评价。

4）项目环境影响评价

项目工程技术效果、经济（财务）效益和管理效果又被称为项目直接效益。项目环境效益与社会效益又被称为项目间接效益，一般单独成章，列为项目环境影响评价。

随着我国经济发展进入转型阶段，环境影响评价越来越受到重视。环境影响后评价是指对照项目前期评估时批准的《环境影响报告书》或《环境影响备案表》，依据环境影响评价验收文件和运行期间的环境监测数据，重新审查项目环境影响的实际结果。

主要内容包括：①项目环境保护合规性；②环保设施设置情况，比如项目环境保护设施落实环境影响报告书及前期设计情况、差异原因；③项目环境保护效果、影响及评价；④公众参与调查与评价；⑤项目环境保护措施建议；⑥环境影响评价结论；⑦节能效果评价，比如项目落实节能评估报告及能评批复意见情况，差异原因，以及项目实际能源利用效率。

5）项目社会效益评价

项目社会效益评价主要是指对项目内外利益相关者的分析，以及项目建设对当地经济和社会发展以及技术进步的影响。主要包括以下内容：

①利益相关者分析。主要是识别利益相关者、分析利益相关者利益构成及其对项目的潜在影响力。此外还应对比项目实际利益相关者与可行性研究中所识别的利益相关者之间的差异。

②社会影响分析。主要对以下八项的影响范围、影响程度、已经出现的后果与可行性研究进行对比，分析差异及其原因：a.项目对所在地区居民收入的影响；b.项目对所在地区居民生活水平的生活质量的影响；c.项目对所在地区居民就业的影响；d.项目对所在地区不同利益相关者的影响；e.项目对所在地区弱势群体利益的影响；f.项目对所在地区文化、教育、卫生的影响；g.项目对当地基础设施、容量和城市化进程的社会服务影响；h.项目对所在地区少数民族风俗习惯和宗教的影响。

③互适应性分析。主要分析并评价不同利益相关者的态度、当地社会组织的态度等方面，以及可行性研究中提出的措施是否发挥作用等。

④社会稳定风险分析。主要分析以下几个方面出现的社会风险因素，包括移民安置问题、民族矛盾与宗教问题、弱势群体支持问题以及受损补偿问题。同时要评价可行性研究中提出的措施是否发挥作用。

13.2.4　项目目标和可持续性评价

在对项目建设全过程进行回顾、对项目效果、效益，环境与社会影响等方面进行细致分析评价的基础上，进一步分析项目立项决策预定目标的实现程度及其合理性，以及项目持续发展能力与存在的问题，对项目的成功度做出综合性评价，得出项目后评价结论。通常借助后评价项目逻辑框架表(表13-3)和后评价项目成功度评价表(13-4)。

表13-3 后评价项目逻辑框架表

项目描述	实施效果 (可客观验证的指标)			原因分析		项目可持续 能力
	原定指标	实现指标	变化情况	内部原因	外部条件	
项目宏观目标						
项目直接目标						
产出/建设内容						
投入/活动						

表13-4 后评价项目成功度评价表

评定项目指标	项目相关重要性	评定等级
宏观目标和产业政策		
决策及其程序		
布局与规模		
项目目标及市场		
设计与技术装备水平		
资源和建设条件		
资金来源和融资		
项目进度及其控制		
项目质量及其控制		
项目投资及其控制		
项目运营		
机构和管理		
项目财务效益		
项目经济效益和影响		
社会和环境影响		
项目可持续性		
项目总评		

注:①项目相关重要性可以分为:重要、次重要、不重要。
　　②评定等级可以分为:A——成功、B——基本成功、C——部分成功、D——不成功、E——失败。

1)项目目标评价

项目目标评价的任务在于评价项目实施中或实施后,是否达到在项目前期评估中预定的目标、达到预定目标的程度,分析与预定的目标产生偏离的主观和客观原因;提出在项目以后的实施或运行中应采取的措施和对策,以保证达到或接近达到预定的目标和目的时,还要对有些项目预定的目标和目的进行分析和评价,确定其合理性、明确性和可操作性,提出调整或修改目标和目的的意见和建议。主要包括以下内容:

①项目的工程建设目标。

②总体及分系统技术目标。

③总体功能及分系统功能目标。

④投资控制目标。

⑤经济目标。对经济分析及财务分析主要指标、运营成本、投资效益等是否达到决策目标进行评价。

⑥项目影响目标。项目实现的社会经济影响、项目对自然资源综合利用和生态环境的影响,以及对相关利益群体的影响等是否达到决策目标。

2)项目可持续性评价

项目的可持续性是指在项目的建设资金投入完成之后,项目可以按既定目标继续执行和发展,项目投资人和项目业主愿意并可能依靠自己的力量继续去实现既定目标。可持续性评价即实现上述能力的可能性评价。可持续性也是项目目标评价的重要内容之一。

主要包括:①项目的经济效益(项目全生命周期的经济效益、项目的间接经济效益);②项目建设期资源利用情况以及项目运营(行)期资源利用情况;③项目的可改造性,比如改造的经济可能性和技术可能性;④项目对自然环境、社会环境以及生态环境的影响;⑤项目设计以及技术的先进性;⑥项目的可维护性。

13.2.5　项目后评价主要内容、结论和主要经验教训

1)后评价主要内容和结论

过程总结与评价是根据对项目决策、实施、运营阶段的回顾分析,归纳总结评价结论。效果、目标总结与评价是根据对项目经济效益、外部影响、持续性的回顾分析,归纳总结评价结论。最后在全面回顾过程总结与评价,以及效果、目标总结与评价的基础上,对项目决策、执行状况及前景有一个整体判断,得出综合性结论。该结论既是一个综合判断,也应根据项目特点或委托方要求有所侧重。

2)主要经验和教训

经验和教训应该从项目、企业、行业和宏观四个层面分别进行分析。这样做,一是有利于改进项目的设计、施工管理水平和决策水平;二是有利于企业改善经营管理;三是有利于行业的进步与发展;四是有利于国家进一步调整经济结构和宏观经济政策。按照决策和管理部门所关心问题的重要程度,主要从决策和前期工作评价、建设目标评价、建设实施评价、征地拆迁评价、经济评价、环境影响评价、社会评价、可持续性评价等方面进行评述。

13.2.6　对策建议

对策建议包括对项目及企业的微观建议,也包括对行业、地方政府及国家的宏观建议,从而对项目管理提出改善对策与建议,对企业投资和运营管理提出完善对策与建议,对行

业、地方及国家政策制定提出改进对策与建议。

13.3 项目后评价案例

本节选取京津塘高速公路项目作为案例,详细介绍项目后评价报告。

13.3.1 项目概况[①]

京津塘高速公路是连接北京、天津和塘沽的高速公路。该工程于1987年12月23日开工,至1993年10月1日全线竣工通车,建设期历时长达六年。

京津塘高速公路工程建设总投资22.7亿人民币(1.54亿美元世界银行贷款)。起于北京市四环线上的朝阳区十八里店,路经北京市的大兴县、通县,河北省廊坊市,天津的武清县、北辰区、东丽区,止于天津市塘沽区河北路,正线(不包括连接线)全长142.69千米,设计行车速度为每小时120千米,路基宽26米。它的全线竣工,打开了首都直达天津港口的快速通道,汽车单程只需一个半小时,与北京机场、天津机场又构成"海陆空"完整的交通体系。京津塘高速公路正以其对高新技术产业的强大吸附力,形成我国北方的"黄金通道"。

京津塘高速公路是我国首条采用国际通行的菲迪克条款进行国际招标建设的高速公路,实施了建设方、施工方和监理方三方相互监督与制衡的项目管理模式。京津塘高速公路也是我国利用世界银行贷款修建的第一条跨省市高速公路。为了适应世界银行贷款的要求,还首次成立了作为独立法人的京津塘高速公路联合公司,肩负起把高速公路建设的先进设备、先进技术和先进管理经验引进来的重要职责。京津塘高速公路1993年被交通部授予改革开放以来中国十大工程公路;1995年被交通部评为公路优质工程一等奖;1996年获中国建筑工程鲁班奖和交通部科学技术进步特等奖;1997年获国家科学技术进步一等奖。

交通基础设施建设是事关国计民生的百年大计,它的成功与否、实施效果的好坏对国民经济能否健康稳定地发展具有极为重要的意义。后评价将实际建设效果与前期决策评估阶段的预期目标进行对比分析和评价,以确定项目是否已经完全达到其预期目的。

13.3.2 京津塘高速公路项目后评价报告

京津塘高速公路项目的后评价报告详情,请参考《项目社会经济效益与影响后评价——京津塘高速公路实证分析》。

【本章小结】

狭义的项目后评价是指项目投资完成之后的生产运营阶段所进行的评价。它通过对项目实施过程、结果及其影响进行调查研究和全面系统回顾,与项目决策时确定的目标及技术、经济、环境、社会指标进行对比,找出差别和变化,分析原因,总结经验,吸取教训,得到启示,提出对策建议,通过信息反馈,改善和指导新一轮投资管理和决策,从而达到提高投资效

---

① 资料来源:蔡成果.项目社会经济效益与影响后评价——京津塘高速公路实证分析[D].长沙:湖南大学,2001.

益的目的。大型复杂项目一般还会开展多时点项目后评价,包括项目中间评价,是指从项目开工到竣工验收前所进行的阶段性评价,即在项目实施过程中的某一时点,对建设项目实际状况进行的评价。

项目后评价一般采用对比分析法、逻辑框架法、成功度法等方法,评价报告的内容主要包括项目概况、项目全过程总结与评价、项目效果和效益评价、项目目标和可持续性评价、项目后评价结论和主要经验教训、对策建议等。

【习题与思考题】

一、选择题

1. 社会影响评价的方法一般是( ),在诸要素分析评价的基础上做综合评价。

A. 定性和定量相结合,以定性为主　　　　B. 定性和定量相结合,以定量为主

C. 定期和定量相结合,以定量为主　　　　D. 定期和定量相结合,以定期为主

2. 建设项目中间评价应以( )为着眼点。

A. 项目实施过程中出现的重大变化因素

B. 项目的投资收益

C. 项目实施过程中出现的重大变化因素对项目预期目标的影响

D. 建设实施效果及生产运营状况

3. 项目技术效果评价是针对项目实际运行状况,对工程项目采用的工艺流程、装备水平进行再分析,主要关注技术的( )。

A. 先进性　　　　B. 适用性　　　　C. 经济性　　　　D. 安全性　　　　E. 创新性

4. 项目后评价建设单位的主要职责是( )。

A. 向项目后评价单位提供必要的信息资料

B. 自行或委托工程咨询机构编写"项目自我总结评价报告"

C. 配合项目后评价现场调查及其他相关事项

D. 在项目内及时反馈评价信息

E. 制订项目后评价计划,选择项目后评价单位

二、简答题

1. 项目后评价的主要作用是什么?

2. 中央政府投资项目后评价报告的主要内容包括哪些?

参考文献

[1] 刘晓君.工程经济学[M].3版.北京:中国建筑工业出版社,2015.

[2] 张仕廉.建设工程经济学[M].北京:科学出版社,2014.

[3] 何亚伯,张海涛,杨海红.工程经济学[M].北京:机械工业出版社,2008.

[4] 威廉·G.沙利文,[美]埃琳·M.威克斯,C.帕特里克·科林.工程经济学:英文注释版[M].15版.北京:电子工业出版社,2013.

[5] 钱·S.帕克.工程经济学[M].邵颖红,译.5版.北京:中国人民大学出版社,2012.

[6] 梁学栋.工程经济学[M].3版.北京:经济管理出版社,2017.

[7] 魏法杰,王玉灵,郑筠.工程经济学[M].3版.北京:电子工业出版社,2020.

[8] 胡斌.工程经济学[M].北京:清华大学出版社,2016.

[9] 刘玉明.工程经济学[M].2版.北京:清华大学出版社,2014.

[10] 陆菊春,徐莉.工程经济学[M].北京:清华大学出版社,2017.

[11] 李南.工程经济学[M].5版.北京:科学出版社,2018.

[12] 李伟,陶红霞.工程经济学[M].北京:北京理工大学出版社,2016.

[13] 赵峰,周燕.工程经济学[M].3版.武汉:武汉理工大学出版社,2016.

[14] 李明孝.工程经济学[M].2版.北京:化学工业出版社,2018.

[15] 项勇,徐姣姣,卢立宇.工程经济学[M].3版.北京:机械工业出版社,2018.

[16] 郝彤,郭春显.工程经济学[M].3版.郑州:郑州大学出版社,2017.

[17] 张彦春.工程经济与项目管理[M].北京:中国建筑工业出版社,2018.

[18] 王雪青.工程估价[M].3版.北京:中国建筑工业出版社,2019.

[19] 吴添祖,虞晓芬,龚建立.技术经济学概论[M].3版.北京:高等教育出版社,2010.

[20] 吴宗法,等.技术经济学[M].北京:清华大学出版社,2018.

[21] 傅家骥.技术创新学[M].北京:清华大学出版社,1998.

[22] 吴贵生,王毅.技术创新管理[M].3版.北京:清华大学出版社,2013.

[23] 许庆瑞.研究、发展与技术创新管理[M].2版.北京:高等教育出版社,2010.

[24] 李开孟.工程项目融资评价理论方法及应用[M].北京:中国电力出版社,2017.

[25] 陈宪.项目决策分析与评价[M].9版.北京:机械工业出版社,2018.

[26] 罗曲云.项目决策分析与评价[M].10版.北京:机械工业出版社,2019.

[27] 周振玉,李素华.怎样写项目建议书[M].哈尔滨:黑龙江科学技术出版社,1988.

[28] 吴静,何增勤,李丽红.项目决策分析与评价[M].北京:中国计划出版社,2008.

[29] 王勇,方志达.项目可行性研究与评估[M].北京:中国建筑工业出版社,2004.

[30] 高华.项目可行性研究与评估[M].北京:机械工业出版社,2014.

[31] 周惠珍.投资项目评估[M].5版.大连:东北财经大学出版社,2013.

[32] 杨云彦,等.南水北调工程与中部地区经济社会可持续发展研究[M].北京:经济科学出版社,2011.

[33] 董发根.建设工程项目全过程管理操作指南[M].北京:中国建筑工业出版社,2017.

[34] 国家发展改革委,建设部.建设项目经济评价方法与参数[M].3版.北京:中国计划出版社,2006.

[35] 全国咨询工程师(投资)职业资格考试参考教材编写委员会.项目决策分析与评价:2019年版[M].北京:中国统计出版社,2018.

[36] 投资项目可行性研究指南编写组.投资项目可行性研究指南[M].北京:中国电力出版社,2002.

[37] 环境保护部环境工程评估中心.环境影响评价技术方法:2017年版[M].10版.北京:中国环境出版社,2017.

[38] MEREDITH J R,MANREL S J. Project Management:A Managerial Approach[M].6th Ed. John Wilrey &

Sons,2005.

[39] 蔡成果.项目社会经济效益与影响后评价——京津塘高速公路实证分析[D].长沙:湖南大学,2001.

[40] 朱田惠.价值工程在上海机场工程建设投资控制中的应用研究[J].建筑经济,2012,33(10):51-53.

[41] 李成祥,李庆瑞.PPP融资模式下的问题及对策研究——以杭州湾跨海大桥为例[J].经济研究导刊,2019(1):81-83.

[42] 郭乔羽,杨志峰.三门峡水利枢纽工程生态影响后评价[J].环境科学学报,2005,25(5):580-585.

[43] 杨志平.迈尔斯是怎样创立价值工程的?[J].经营与管理,1983(4):47.

[44] 黄永根.价值工程及其在工程项目成本控制中的应用[J].建筑经济,2004,25(8):38-41.

[45] 李锦荣.浅析工程建设项目决策与决策分析评价[J].科技信息,2012(6):392-393.

[46] 彭运芳.投资项目决策分析不可忽视社会效益评价[J].科技与管理,2003,5(6):88-90.

[47] 贾绍凤.如何看待南水北调工程的社会经济影响?[J].科学对社会的影响,2003(3):32-37.

[48] 何晓光.南水北调工程调水期的社会发展影响[J].水利发展研究,2003,3(4):15-19.

[49] 余建林,张丽娟,刘友平.公共工程项目可行性研究中社会评价理论探讨[J].经济师,2006(3):14-15.

[50] 朱东恺.投资项目社会评价探析[J].中国工程咨询,2004(7):14-16.

[51] 陈彬.世行贷款项目的社会影响评价——以辽宁省P县集中供热工程项目为例[J].金融经济,2014(8):80-82.

[52] 史秀美.浅谈安全评价及其作用及意义[J].科技创新导报,2011,8(8):72.

[53] 吴涛.关于建立我国轨道交通安全评估体系的思考[J].中国铁路,2009(1):52-54.

[54] 赵培.燃煤电厂干式贮灰场的危险有害因素辨识[J].电力安全技术,2008,10(12):22-25.

[55] 吴晶,陈龙.医院建设项目后评价分析[J].建材与装饰,2019(8):115-116.

[56] ABERNATHY W J,UTTERBACK J M. Patterns of Industrial Innovation:Technology Review[J]. The Journal of Science Policy and Research Management,2017,3(4):555.

[57] 从模仿到创新——韩国技术学习的动力[M].刘小梅,刘鸿基,译.北京:新华出版社,1998.

[58] CHIESA V. R&D Strategy and Organization:Managing Technical Change in Dynamic Contexts[M]. Lindon:Imperial College Press,2001.

[59] LINTON J D,WALSH S T,MORABITO J. Analysis,Ranking and Selection of R&D Projects in a Portfolio [J]. R&. D Management,2002,32(2):139-148.

[60] 国家发展改革委.关于印发中央政府投资项目后评价管理办法和中央政府投资项目后评价报告编制大纲(试行)的通知(发改投资〔2014〕2129号)[EB/OL]. (2014-09-21)[2022-01-01]. 中华人民共和国国家发展和改革委员会网站.

[61] 财政部.财政部关于推广运用政府和社会资本合作模式通知(财金〔2014〕76号)[EB/OL]. (2014-09-23)[2022-01-01]. 中华人民共和国财政部网站.

[62] 财政部.政府和社会资本合作模式操作指南(试行)(财金〔2014〕113号)[EB/OL]. (2014-11-29)[2022-01-01]. 中华人民共和国财政部网站.

[63] 财政部.政府和社会资本合作项目财政承受能力论证指引(财金〔2015〕21号)[EB/OL]. (2015-04-07)[2022-01-01]. 中华人民共和国财政部网站.

[64] 财政部.PPP物有所值评价指引(试行)(财金〔2015〕167号)[EB/OL]. (2015-12-18)[2022-01-01]. 中华人民共和国财政部网站.

附录　复利系数表

1%

年限 n/年	一次支付 终值系数 ($F/P,i,n$)	一次支付 现值系数 ($P/F,i,n$)	等额系列 终值系数 ($F/A,i,n$)	等额系列 偿债基金系数 ($A/F,i,n$)	等额系列 资金回收系数 ($A/P,i,n$)	等额系列 现值系数 ($P/A,i,n$)
1	1.010 0	0.990 1	1.000 0	1.000 0	1.010 0	0.990 1
2	1.020 1	0.980 3	2.010 0	0.497 5	0.507 5	1.970 4
3	1.030 3	0.970 6	3.030 1	0.330 0	0.340 0	2.941 0
4	1.040 6	0.961 0	4.060 4	0.246 3	0.256 3	3.902 0
5	1.051 0	0.951 5	5.101 0	0.196 0	0.206 0	4.853 4
6	1.061 5	0.942 0	6.152 0	0.162 5	0.172 5	5.795 5
7	1.072 1	0.932 7	7.213 5	0.138 6	0.148 6	6.728 2
8	1.082 9	0.923 5	8.285 7	0.120 7	0.130 7	7.651 7
9	1.093 7	0.914 3	9.368 5	0.106 7	0.116 7	8.566 0
10	1.104 6	0.905 3	10.462 2	0.095 6	0.105 6	9.471 3
11	1.115 7	0.896 3	11.566 8	0.086 5	0.096 5	10.367 6
12	1.126 8	0.887 4	12.682 5	0.078 8	0.088 8	11.255 1
13	1.138 1	0.878 7	13.809 3	0.072 4	0.082 4	12.133 7
14	1.149 5	0.870 0	14.947 4	0.066 9	0.076 9	13.003 7
15	1.161 0	0.861 3	16.096 9	0.062 1	0.072 1	13.865 1
16	1.172 6	0.852 8	17.257 9	0.057 9	0.067 9	14.717 9
17	1.184 3	0.844 4	18.430 4	0.054 3	0.064 3	15.562 3
18	1.196 1	0.836 0	19.614 7	0.051 0	0.061 0	16.398 3
19	1.208 1	0.827 7	20.810 9	0.048 1	0.058 1	17.226 0
20	1.220 2	0.819 5	22.019 0	0.045 4	0.055 4	18.045 6
21	1.232 4	0.811 4	23.239 2	0.043 0	0.053 0	18.857 0
22	1.244 7	0.803 4	24.471 6	0.040 9	0.050 9	19.660 4
23	1.257 2	0.795 4	25.716 3	0.038 9	0.048 9	20.455 8
24	1.269 7	0.787 6	26.973 5	0.037 1	0.047 1	21.243 4
25	1.282 4	0.779 8	28.243 2	0.035 4	0.045 4	22.023 2
26	1.295 3	0.772 0	29.525 6	0.033 9	0.043 9	22.795 2
27	1.308 2	0.764 4	30.820 9	0.032 4	0.042 4	23.559 6
28	1.321 3	0.756 8	32.129 1	0.031 1	0.041 1	24.316 4
29	1.334 5	0.749 3	33.450 4	0.029 9	0.039 9	25.065 8
30	1.347 8	0.741 9	34.784 9	0.028 7	0.038 7	25.807 7

2%

年限 n/年	一次支付终值系数 ($F/P,i,n$)	一次支付现值系数 ($P/F,i,n$)	等额系列终值系数 ($F/A,i,n$)	等额系列偿债基金系数 ($A/F,i,n$)	等额系列资金回收系数 ($A/P,i,n$)	等额系列现值系数 ($P/A,i,n$)
1	1.020 0	0.980 4	1.000 0	1.000 0	1.020 0	0.980 4
2	1.040 4	0.961 2	2.020 0	0.495 0	0.515 0	1.941 6
3	1.061 2	0.942 3	3.060 4	0.326 8	0.346 8	2.883 9
4	1.082 4	0.923 8	4.121 6	0.242 6	0.262 6	3.807 7
5	1.104 1	0.905 7	5.204 0	0.192 2	0.212 2	4.713 5
6	1.126 2	0.888 0	6.308 1	0.158 5	0.178 5	5.601 4
7	1.148 7	0.870 6	7.434 3	0.134 5	0.154 5	6.472 0
8	1.171 7	0.853 5	8.583 0	0.116 5	0.136 5	7.325 5
9	1.195 1	0.836 8	9.754 6	0.102 5	0.122 5	8.162 2
10	1.219 0	0.820 3	10.949 7	0.091 3	0.111 3	8.982 6
11	1.243 4	0.804 3	12.168 7	0.082 2	0.102 2	9.786 8
12	1.268 2	0.788 5	13.412 1	0.074 6	0.094 6	10.575 3
13	1.293 6	0.773 0	14.680 3	0.068 1	0.088 1	11.348 4
14	1.319 5	0.757 9	15.973 9	0.062 6	0.082 6	12.106 2
15	1.345 9	0.743 0	17.293 4	0.057 8	0.077 8	12.849 3
16	1.372 8	0.728 4	18.639 3	0.053 7	0.073 7	13.577 7
17	1.400 2	0.714 2	20.012 1	0.050 0	0.070 0	14.291 9
18	1.428 2	0.700 2	21.412 3	0.046 7	0.066 7	14.992 0
19	1.456 8	0.686 4	22.840 6	0.043 8	0.063 8	15.678 5
20	1.485 9	0.673 0	24.297 4	0.041 2	0.061 2	16.351 4
21	1.515 7	0.659 8	25.783 3	0.038 8	0.058 8	17.011 2
22	1.546 0	0.646 8	27.299 0	0.036 6	0.056 6	17.658 0
23	1.576 9	0.634 2	28.845 0	0.034 7	0.054 7	18.292 2
24	1.608 4	0.621 7	30.421 9	0.032 9	0.052 9	18.913 9
25	1.640 6	0.609 5	32.030 3	0.031 2	0.051 2	19.523 5
26	1.673 4	0.597 6	33.670 9	0.029 7	0.049 7	20.121 0
27	1.706 9	0.585 9	35.344 3	0.028 3	0.048 3	20.706 9
28	1.741 0	0.574 4	37.051 2	0.027 0	0.047 0	21.281 3
29	1.775 8	0.563 1	38.792 2	0.025 8	0.045 8	21.844 4
30	1.811 4	0.552 1	40.568 1	0.024 6	0.044 6	22.396 5

3%

年限 n/年	一次支付 终值系数 （F/P,i,n）	一次支付 现值系数 （P/F,i,n）	等额系列 终值系数 （F/A,i,n）	等额系列 偿债基金系数 （A/F,i,n）	等额系列 资金回收系数 （A/P,i,n）	等额系列 现值系数 （P/A,i,n）
1	1.030 0	0.970 9	1.000 0	1.000 0	1.030 0	0.970 9
2	1.060 9	0.942 6	2.030 0	0.492 6	0.522 6	1.913 5
3	1.092 7	0.915 1	3.090 9	0.323 5	0.353 5	2.828 6
4	1.125 5	0.888 5	4.183 6	0.239 0	0.269 0	3.717 1
5	1.159 3	0.862 6	5.309 1	0.188 4	0.218 4	4.579 7
6	1.194 1	0.837 5	6.468 4	0.154 6	0.184 6	5.417 2
7	1.229 9	0.813 1	7.662 5	0.130 5	0.160 5	6.230 3
8	1.266 8	0.789 4	8.892 3	0.112 5	0.142 5	7.019 7
9	1.304 8	0.766 4	10.159 1	0.098 4	0.128 4	7.786 1
10	1.343 9	0.744 1	11.463 9	0.087 2	0.117 2	8.530 2
11	1.384 2	0.722 4	12.807 8	0.078 1	0.108 1	9.252 6
12	1.425 8	0.701 4	14.192 0	0.070 5	0.100 5	9.954 0
13	1.468 5	0.681 0	15.617 8	0.064 0	0.094 0	10.635 0
14	1.512 6	0.661 1	17.086 3	0.058 5	0.088 5	11.296 1
15	1.558 0	0.641 9	18.598 9	0.053 8	0.083 8	11.937 9
16	1.604 7	0.623 2	20.156 9	0.049 6	0.079 6	12.561 1
17	1.652 8	0.605 0	21.761 6	0.046 0	0.076 0	13.166 1
18	1.702 4	0.587 4	23.414 4	0.042 7	0.072 7	13.753 5
19	1.753 5	0.570 3	25.116 9	0.039 8	0.069 8	14.323 8
20	1.806 1	0.553 7	26.870 4	0.037 2	0.067 2	14.877 5
21	1.860 3	0.537 5	28.676 5	0.034 9	0.064 9	15.415 0
22	1.916 1	0.521 9	30.536 8	0.032 7	0.062 7	15.936 9
23	1.973 6	0.506 7	32.452 9	0.030 8	0.060 8	16.443 6
24	2.032 8	0.491 9	34.426 5	0.029 0	0.059 0	16.935 5
25	2.093 8	0.477 6	36.459 3	0.027 4	0.057 4	17.413 1
26	2.156 6	0.463 7	38.553 0	0.025 9	0.055 9	17.876 8
27	2.221 3	0.450 2	40.709 6	0.024 6	0.054 6	18.327 0
28	2.287 9	0.437 1	42.930 9	0.023 3	0.053 3	18.764 1
29	2.356 6	0.424 3	45.218 9	0.022 1	0.052 1	19.188 5
30	2.427 3	0.412 0	47.575 4	0.021 0	0.051 0	19.600 4

4%

年限 n/年	一次支付终值系数 $(F/P,i,n)$	一次支付现值系数 $(P/F,i,n)$	等额系列终值系数 $(F/A,i,n)$	等额系列偿债基金系数 $(A/F,i,n)$	等额系列资金回收系数 $(A/P,i,n)$	等额系列现值系数 $(P/A,i,n)$
1	1.040 0	0.961 5	1.000 0	1.000 0	1.040 0	0.961 5
2	1.081 6	0.924 6	2.040 0	0.490 2	0.530 2	1.886 1
3	1.124 9	0.889 0	3.121 6	0.320 3	0.360 3	2.775 1
4	1.169 9	0.854 8	4.246 5	0.235 5	0.275 5	3.629 9
5	1.216 7	0.821 9	5.416 3	0.184 6	0.224 6	4.451 8
6	1.265 3	0.790 3	6.633 0	0.150 8	0.190 8	5.242 1
7	1.315 9	0.759 9	7.898 3	0.126 6	0.166 6	6.002 1
8	1.368 6	0.730 7	9.214 2	0.108 5	0.148 5	6.732 7
9	1.423 3	0.702 6	10.582 8	0.094 5	0.134 5	7.435 3
10	1.480 2	0.675 6	12.006 1	0.083 3	0.123 3	8.110 9
11	1.539 5	0.649 6	13.486 4	0.074 1	0.114 1	8.760 5
12	1.601 0	0.624 6	15.025 8	0.066 6	0.106 6	9.385 1
13	1.665 1	0.600 6	16.626 8	0.060 1	0.100 1	9.985 6
14	1.731 7	0.577 5	18.291 9	0.054 7	0.094 7	10.563 1
15	1.800 9	0.555 3	20.023 6	0.049 9	0.089 9	11.118 4
16	1.873 0	0.533 9	21.824 5	0.045 8	0.085 8	11.652 3
17	1.947 9	0.513 4	23.697 5	0.042 2	0.082 2	12.165 7
18	2.025 8	0.493 6	25.645 4	0.039 0	0.079 0	12.659 3
19	2.106 8	0.474 6	27.671 2	0.036 1	0.076 1	13.133 9
20	2.191 1	0.456 4	29.778 1	0.033 6	0.073 6	13.590 3
21	2.278 8	0.438 8	31.969 2	0.031 3	0.071 3	14.029 2
22	2.369 9	0.422 0	34.248 0	0.029 2	0.069 2	14.451 1
23	2.464 7	0.405 7	36.617 9	0.027 3	0.067 3	14.856 8
24	2.563 3	0.390 1	39.082 6	0.025 6	0.065 6	15.247 0
25	2.665 8	0.375 1	41.645 9	0.024 0	0.064 0	15.622 1
26	2.772 5	0.360 7	44.311 7	0.022 6	0.062 6	15.982 8
27	2.883 4	0.346 8	47.084 2	0.021 2	0.061 2	16.329 6
28	2.998 7	0.333 5	49.967 6	0.020 0	0.060 0	16.663 1
29	3.118 7	0.320 7	52.966 3	0.018 9	0.058 9	16.983 7
30	3.243 4	0.308 3	56.084 9	0.017 8	0.057 8	17.292 0

5%

年限 n/年	一次支付 终值系数 ($F/P,i,n$)	一次支付 现值系数 ($P/F,i,n$)	等额系列 终值系数 ($F/A,i,n$)	等额系列 偿债基金系数 ($A/F,i,n$)	等额系列 资金回收系数 ($A/P,i,n$)	等额系列 现值系数 ($P/A,i,n$)
1	1.050 0	0.952 4	1.000 0	1.000 0	1.050 0	0.952 4
2	1.102 5	0.907 0	2.050 0	0.487 8	0.537 8	1.859 4
3	1.157 6	0.863 8	3.152 5	0.317 2	0.367 2	2.723 2
4	1.215 5	0.822 7	4.310 1	0.232 0	0.282 0	3.546 0
5	1.276 3	0.783 5	5.525 6	0.181 0	0.231 0	4.329 5
6	1.340 1	0.746 2	6.801 9	0.147 0	0.197 0	5.075 7
7	1.407 1	0.710 7	8.142 0	0.122 8	0.172 8	5.786 4
8	1.477 5	0.676 8	9.549 1	0.104 7	0.154 7	6.463 2
9	1.551 3	0.644 6	11.026 6	0.090 7	0.140 7	7.107 8
10	1.628 9	0.613 9	12.577 9	0.079 5	0.129 5	7.721 7
11	1.710 3	0.584 7	14.206 8	0.070 4	0.120 4	8.306 4
12	1.795 9	0.556 8	15.917 1	0.062 8	0.112 8	8.863 3
13	1.885 6	0.530 3	17.713 0	0.056 5	0.106 5	9.393 6
14	1.979 9	0.505 1	19.598 6	0.051 0	0.101 0	9.898 6
15	2.078 9	0.481 0	21.578 6	0.046 3	0.096 3	10.379 7
16	2.182 9	0.458 1	23.657 5	0.042 3	0.092 3	10.837 8
17	2.292 0	0.436 3	25.840 4	0.038 7	0.088 7	11.274 1
18	2.406 6	0.415 5	28.132 4	0.035 5	0.085 5	11.689 6
19	2.527 0	0.395 7	30.539 0	0.032 7	0.082 7	12.085 3
20	2.653 3	0.376 9	33.066 0	0.030 2	0.080 2	12.462 2
21	2.786 0	0.358 9	35.719 3	0.028 0	0.078 0	12.821 2
22	2.925 3	0.341 8	38.505 2	0.026 0	0.076 0	13.163 0
23	3.071 5	0.325 6	41.430 5	0.024 1	0.074 1	13.488 6
24	3.225 1	0.310 1	44.502 0	0.022 5	0.072 5	13.798 6
25	3.386 4	0.295 3	47.727 1	0.021 0	0.071 0	14.093 9
26	3.555 7	0.281 2	51.113 5	0.019 6	0.069 6	14.375 2
27	3.733 5	0.267 8	54.669 1	0.018 3	0.068 3	14.643 0
28	3.920 1	0.255 1	58.402 6	0.017 1	0.067 1	14.898 1
29	4.116 1	0.242 9	62.322 7	0.016 0	0.066 0	15.141 1
30	4.321 9	0.231 4	66.438 8	0.015 1	0.065 1	15.372 5

6%

年限 n/年	一次支付终值系数 $(F/P,i,n)$	一次支付现值系数 $(P/F,i,n)$	等额系列终值系数 $(F/A,i,n)$	等额系列偿债基金系数 $(A/F,i,n)$	等额系列资金回收系数 $(A/P,i,n)$	等额系列现值系数 $(P/A,i,n)$
1	1.060 0	0.943 4	1.000 0	1.000 0	1.060 0	0.943 4
2	1.123 6	0.890 0	2.060 0	0.485 4	0.545 4	1.833 4
3	1.191 0	0.839 6	3.183 6	0.314 1	0.374 1	2.673 0
4	1.262 5	0.792 1	4.374 6	0.228 6	0.288 6	3.465 1
5	1.338 2	0.747 3	5.637 1	0.177 4	0.237 4	4.212 4
6	1.418 5	0.705 0	6.975 3	0.143 4	0.203 4	4.917 3
7	1.503 6	0.665 1	8.393 8	0.119 1	0.179 1	5.582 4
8	1.593 8	0.627 4	9.897 5	0.101 0	0.161 0	6.209 8
9	1.689 5	0.591 9	11.491 3	0.087 0	0.147 0	6.801 7
10	1.790 8	0.558 4	13.180 8	0.075 9	0.135 9	7.360 1
11	1.898 3	0.526 8	14.971 6	0.066 8	0.126 8	7.886 9
12	2.012 2	0.497 0	16.869 9	0.059 3	0.119 3	8.383 8
13	2.132 9	0.468 8	18.882 1	0.053 0	0.113 0	8.852 7
14	2.260 9	0.442 3	21.015 1	0.047 6	0.107 6	9.295 0
15	2.396 6	0.417 3	23.276 0	0.043 0	0.103 0	9.712 2
16	2.540 4	0.393 6	25.672 5	0.039 0	0.099 0	10.105 9
17	2.692 8	0.371 4	28.212 9	0.035 4	0.095 4	10.477 3
18	2.854 3	0.350 3	30.905 7	0.032 4	0.092 4	10.827 6
19	3.025 6	0.330 5	33.760 0	0.029 6	0.089 6	11.158 1
20	3.207 1	0.311 8	36.785 6	0.027 2	0.087 2	11.469 9
21	3.399 6	0.294 2	39.992 7	0.025 0	0.085 0	11.764 1
22	3.603 5	0.277 5	43.392 3	0.023 0	0.083 0	12.041 6
23	3.819 7	0.261 8	46.995 8	0.021 3	0.081 3	12.303 4
24	4.048 9	0.247 0	50.815 6	0.019 7	0.079 7	12.550 4
25	4.291 9	0.233 0	54.864 5	0.018 2	0.078 2	12.783 4
26	4.549 4	0.219 8	59.156 4	0.016 9	0.076 9	13.003 2
27	4.822 3	0.207 4	63.705 8	0.015 7	0.075 7	13.210 5
28	5.111 7	0.195 6	68.528 1	0.014 6	0.074 6	13.406 2
29	5.418 4	0.184 6	73.639 8	0.013 6	0.073 6	13.590 7
30	5.743 5	0.174 1	79.058 2	0.012 6	0.072 6	13.764 8

7%

年限 n/年	一次支付 终值系数 (F/P,i,n)	一次支付 现值系数 (P/F,i,n)	等额系列 终值系数 (F/A,i,n)	等额系列 偿债基金系数 (A/F,i,n)	等额系列 资金回收系数 (A/P,i,n)	等额系列 现值系数 (P/A,i,n)
1	1.070 0	0.934 6	1.000 0	1.000 0	1.070 0	0.934 6
2	1.144 9	0.873 4	2.070 0	0.483 1	0.553 1	1.808 0
3	1.225 0	0.816 3	3.214 9	0.311 1	0.381 1	2.624 3
4	1.310 8	0.762 9	4.439 9	0.225 2	0.295 2	3.387 2
5	1.402 6	0.713 0	5.750 7	0.173 9	0.243 9	4.100 2
6	1.500 7	0.666 3	7.153 3	0.139 8	0.209 8	4.766 5
7	1.605 8	0.622 7	8.654 0	0.115 6	0.185 6	5.389 3
8	1.718 2	0.582 0	10.259 8	0.097 5	0.167 5	5.971 3
9	1.838 5	0.543 9	11.978 0	0.083 5	0.153 5	6.515 2
10	1.967 2	0.508 3	13.816 4	0.072 4	0.142 4	7.023 6
11	2.104 9	0.475 1	15.783 6	0.063 4	0.133 4	7.498 7
12	2.252 2	0.444 0	17.888 5	0.055 9	0.125 9	7.942 7
13	2.409 8	0.415 0	20.140 6	0.049 7	0.119 7	8.357 7
14	2.578 5	0.387 8	22.550 5	0.044 3	0.114 3	8.745 5
15	2.759 0	0.362 4	25.129 0	0.039 8	0.109 8	9.107 9
16	2.952 2	0.338 7	27.888 1	0.035 9	0.105 9	9.446 6
17	3.158 8	0.316 6	30.840 2	0.032 4	0.102 4	9.763 2
18	3.379 9	0.295 9	33.999 0	0.029 4	0.099 4	10.059 1
19	3.616 5	0.276 5	37.379 0	0.026 8	0.096 8	10.335 6
20	3.869 7	0.258 4	40.995 5	0.024 4	0.094 4	10.594 0
21	4.140 6	0.241 5	44.865 2	0.022 3	0.092 3	10.835 5
22	4.430 4	0.225 7	49.005 7	0.020 4	0.090 4	11.061 2
23	4.740 5	0.210 9	53.436 1	0.018 7	0.088 7	11.272 2
24	5.072 4	0.197 1	58.176 7	0.017 2	0.087 2	11.469 3
25	5.427 4	0.184 2	63.249 0	0.015 8	0.085 8	11.653 6
26	5.807 4	0.172 2	68.676 5	0.014 6	0.084 6	11.825 8
27	6.213 9	0.160 9	74.483 8	0.013 4	0.083 4	11.986 7
28	6.648 8	0.150 4	80.697 7	0.012 4	0.082 4	12.137 1
29	7.114 3	0.140 6	87.346 5	0.011 4	0.081 4	12.277 7
30	7.612 3	0.131 4	94.460 8	0.010 6	0.080 6	12.409 0

8%

年限 n/年	一次支付终值系数 $(F/P,i,n)$	一次支付现值系数 $(P/F,i,n)$	等额系列终值系数 $(F/A,i,n)$	等额系列偿债基金系数 $(A/F,i,n)$	等额系列资金回收系数 $(A/P,i,n)$	等额系列现值系数 $(P/A,i,n)$
1	1.080 0	0.925 9	1.000 0	1.000 0	1.080 0	0.925 9
2	1.166 4	0.857 3	2.080 0	0.480 8	0.560 8	1.783 3
3	1.259 7	0.793 8	3.246 4	0.308 0	0.388 0	2.577 1
4	1.360 5	0.735 0	4.506 1	0.221 9	0.301 9	3.312 1
5	1.469 3	0.680 6	5.866 6	0.170 5	0.250 5	3.992 7
6	1.586 9	0.630 2	7.335 9	0.136 3	0.216 3	4.622 9
7	1.713 8	0.583 5	8.922 8	0.112 1	0.192 1	5.206 4
8	1.850 9	0.540 3	10.636 6	0.094 0	0.174 0	5.746 6
9	1.999 0	0.500 2	12.487 6	0.080 1	0.160 1	6.246 9
10	2.158 9	0.463 2	14.486 6	0.069 0	0.149 0	6.710 1
11	2.331 6	0.428 9	16.645 5	0.060 1	0.140 1	7.139 0
12	2.518 2	0.397 1	18.977 1	0.052 7	0.132 7	7.536 1
13	2.719 6	0.367 7	21.495 3	0.046 5	0.126 5	7.903 8
14	2.937 2	0.340 5	24.214 9	0.041 3	0.121 3	8.244 2
15	3.172 2	0.315 2	27.152 1	0.036 8	0.116 8	8.559 5
16	3.425 9	0.291 9	30.324 3	0.033 0	0.113 0	8.851 4
17	3.700 0	0.270 3	33.750 2	0.029 6	0.109 6	9.121 6
18	3.996 0	0.250 2	37.450 2	0.026 7	0.106 7	9.371 9
19	4.315 7	0.231 7	41.446 3	0.024 1	0.104 1	9.603 6
20	4.661 0	0.214 5	45.762 0	0.021 9	0.101 9	9.818 1
21	5.033 8	0.198 7	50.422 9	0.019 8	0.099 8	10.016 8
22	5.436 5	0.183 9	55.456 8	0.018 0	0.098 0	10.200 7
23	5.871 5	0.170 3	60.893 3	0.016 4	0.096 4	10.371 1
24	6.341 2	0.157 7	66.764 8	0.015 0	0.095 0	10.528 8
25	6.848 5	0.146 0	73.105 9	0.013 7	0.093 7	10.674 8
26	7.396 4	0.135 2	79.954 4	0.012 5	0.092 5	10.810 0
27	7.988 1	0.125 2	87.350 8	0.011 4	0.091 4	10.935 2
28	8.627 1	0.115 9	95.338 8	0.010 5	0.090 5	11.051 1
29	9.317 3	0.107 3	103.965 9	0.009 6	0.089 6	11.158 4
30	10.062 7	0.099 4	113.283 2	0.008 8	0.088 8	11.257 8

9%

年限 n/年	一次支付 终值系数 (F/P,i,n)	一次支付 现值系数 (P/F,i,n)	等额系列 终值系数 (F/A,i,n)	等额系列 偿债基金系数 (A/F,i,n)	等额系列 资金回收系数 (A/P,i,n)	等额系列 现值系数 (P/A,i,n)
1	1.090 0	0.917 4	1.000 0	1.000 0	1.090 0	0.917 4
2	1.188 1	0.841 7	2.090 0	0.478 5	0.568 5	1.759 1
3	1.295 0	0.772 2	3.278 1	0.305 1	0.395 1	2.531 3
4	1.411 6	0.708 4	4.573 1	0.218 7	0.308 7	3.239 7
5	1.538 6	0.649 9	5.984 7	0.167 1	0.257 1	3.889 7
6	1.677 1	0.596 3	7.523 3	0.132 9	0.222 9	4.485 9
7	1.828 0	0.547 0	9.200 4	0.108 7	0.198 7	5.033 0
8	1.992 6	0.501 9	11.028 5	0.090 7	0.180 7	5.534 8
9	2.171 9	0.460 4	13.021 0	0.076 8	0.166 8	5.995 2
10	2.367 4	0.422 4	15.192 9	0.065 8	0.155 8	6.417 7
11	2.580 4	0.387 5	17.560 3	0.056 9	0.146 9	6.805 2
12	2.812 7	0.355 5	20.140 7	0.049 7	0.139 7	7.160 7
13	3.065 8	0.326 2	22.953 4	0.043 6	0.133 6	7.486 9
14	3.341 7	0.299 2	26.019 2	0.038 4	0.128 4	7.786 2
15	3.642 5	0.274 5	29.360 9	0.034 1	0.124 1	8.060 7
16	3.970 3	0.251 9	33.003 4	0.030 3	0.120 3	8.312 6
17	4.327 6	0.231 1	36.973 7	0.027 0	0.117 0	8.543 6
18	4.717 1	0.212 0	41.301 3	0.024 2	0.114 2	8.755 6
19	5.141 7	0.194 5	46.018 5	0.021 7	0.111 7	8.950 1
20	5.604 4	0.178 4	51.160 1	0.019 5	0.109 5	9.128 5
21	6.108 8	0.163 7	56.764 5	0.017 6	0.107 6	9.292 2
22	6.658 6	0.150 2	62.873 3	0.015 9	0.105 9	9.442 4
23	7.257 9	0.137 8	69.531 9	0.014 4	0.104 4	9.580 2
24	7.911 1	0.126 4	76.789 8	0.013 0	0.103 0	9.706 6
25	8.623 1	0.116 0	84.700 9	0.011 8	0.101 8	9.822 6
26	9.399 2	0.106 4	93.324 0	0.010 7	0.100 7	9.929 0
27	10.245 1	0.097 6	102.723 1	0.009 7	0.099 7	10.026 6
28	11.167 1	0.089 5	112.968 2	0.008 9	0.098 9	10.116 1
29	12.172 2	0.082 2	124.135 4	0.008 1	0.098 1	10.198 3
30	13.267 7	0.075 4	136.307 5	0.007 3	0.097 3	10.273 7

10%

年限 n/年	一次支付 终值系数 $(F/P,i,n)$	一次支付 现值系数 $(P/F,i,n)$	等额系列 终值系数 $(F/A,i,n)$	等额系列 偿债基金系数 $(A/F,i,n)$	等额系列 资金回收系数 $(A/P,i,n)$	等额系列 现值系数 $(P/A,i,n)$
1	1.100 0	0.909 1	1.000 0	1.000 0	1.100 0	0.909 1
2	1.210 0	0.826 4	2.100 0	0.476 2	0.576 2	1.735 5
3	1.331 0	0.751 3	3.310 0	0.302 1	0.402 1	2.486 9
4	1.464 1	0.683 0	4.641 0	0.215 5	0.315 5	3.169 9
5	1.610 5	0.620 9	6.105 1	0.163 8	0.263 8	3.790 8
6	1.771 6	0.564 5	7.715 6	0.129 6	0.229 6	4.355 3
7	1.948 7	0.513 2	9.487 2	0.105 4	0.205 4	4.868 4
8	2.143 6	0.466 5	11.435 9	0.087 4	0.187 4	5.334 9
9	2.357 9	0.424 1	13.579 5	0.073 6	0.173 6	5.759 0
10	2.593 7	0.385 5	15.937 4	0.062 7	0.162 7	6.144 6
11	2.853 1	0.350 5	18.531 2	0.054 0	0.154 0	6.495 1
12	3.138 4	0.318 6	21.384 3	0.046 8	0.146 8	6.813 7
13	3.452 3	0.289 7	24.522 7	0.040 8	0.140 8	7.103 4
14	3.797 5	0.263 3	27.975 0	0.035 7	0.135 7	7.366 7
15	4.177 2	0.239 4	31.772 5	0.031 5	0.131 5	7.606 1
16	4.595 0	0.217 6	35.949 7	0.027 8	0.127 8	7.823 7
17	5.054 5	0.197 8	40.544 7	0.024 7	0.124 7	8.021 6
18	5.559 9	0.179 9	45.599 2	0.021 9	0.121 9	8.201 4
19	6.115 9	0.163 5	51.159 1	0.019 5	0.119 5	8.364 9
20	6.727 5	0.148 6	57.275 0	0.017 5	0.117 5	8.513 6
21	7.400 2	0.135 1	64.002 5	0.015 6	0.115 6	8.648 7
22	8.140 3	0.122 8	71.402 7	0.014 0	0.114 0	8.771 5
23	8.954 3	0.111 7	79.543 0	0.012 6	0.112 6	8.883 2
24	9.849 7	0.101 5	88.497 3	0.011 3	0.111 3	8.984 7
25	10.834 7	0.092 3	98.347 1	0.010 2	0.110 2	9.077 0
26	11.918 2	0.083 9	109.181 8	0.009 2	0.109 2	9.160 9
27	13.110 0	0.076 3	121.099 9	0.008 3	0.108 3	9.237 2
28	14.421 0	0.069 3	134.209 9	0.007 5	0.107 5	9.306 6
29	15.863 1	0.063 0	148.630 9	0.006 7	0.106 7	9.369 6
30	17.449 4	0.057 3	164.494 0	0.006 1	0.106 1	9.426 9

12%

年限 n/年	一次支付终值系数 ($F/P,i,n$)	一次支付现值系数 ($P/F,i,n$)	等额系列终值系数 ($F/A,i,n$)	等额系列偿债基金系数 ($A/F,i,n$)	等额系列资金回收系数 ($A/P,i,n$)	等额系列现值系数 ($P/A,i,n$)
1	1.120 0	0.892 9	1.000 0	1.000 0	1.120 0	0.892 9
2	1.254 4	0.797 2	2.120 0	0.471 7	0.591 7	1.690 1
3	1.404 9	0.711 8	3.374 4	0.296 3	0.416 3	2.401 8
4	1.573 5	0.635 5	4.779 3	0.209 2	0.329 2	3.037 3
5	1.762 3	0.567 4	6.352 8	0.157 4	0.277 4	3.604 8
6	1.973 8	0.506 6	8.115 2	0.123 2	0.243 2	4.111 4
7	2.210 7	0.452 3	10.089 0	0.099 1	0.219 1	4.563 8
8	2.476 0	0.403 9	12.299 7	0.081 3	0.201 3	4.967 6
9	2.773 1	0.360 6	14.775 7	0.067 7	0.187 7	5.328 2
10	3.105 8	0.322 0	17.548 7	0.057 0	0.177 0	5.650 2
11	3.478 5	0.287 5	20.654 6	0.048 4	0.168 4	5.937 7
12	3.896 0	0.256 7	24.133 1	0.041 4	0.161 4	6.194 4
13	4.363 5	0.229 2	28.029 1	0.035 7	0.155 7	6.423 5
14	4.887 1	0.204 6	32.392 6	0.030 9	0.150 9	6.628 2
15	5.473 6	0.182 7	37.279 7	0.026 8	0.146 8	6.810 9
16	6.130 4	0.163 1	42.753 3	0.023 4	0.143 4	6.974 0
17	6.866 0	0.145 6	48.883 7	0.020 5	0.140 5	7.119 6
18	7.690 0	0.130 0	55.749 7	0.017 9	0.137 9	7.249 7
19	8.612 8	0.116 1	63.439 7	0.015 8	0.135 8	7.365 8
20	9.646 3	0.103 7	72.052 4	0.013 9	0.133 9	7.469 4
21	10.803 8	0.092 6	81.698 7	0.012 2	0.132 2	7.562 0
22	12.100 3	0.082 6	92.502 6	0.010 8	0.130 8	7.644 6
23	13.552 3	0.073 8	104.602 9	0.009 6	0.129 6	7.718 4
24	15.178 6	0.065 9	118.155 2	0.008 5	0.128 5	7.784 3
25	17.000 1	0.058 8	133.333 9	0.007 5	0.127 5	7.843 1
26	19.040 1	0.052 5	150.333 9	0.006 7	0.126 7	7.895 7
27	21.324 9	0.046 9	169.374 0	0.005 9	0.125 9	7.942 6
28	23.883 9	0.041 9	190.698 9	0.005 2	0.125 2	7.984 4
29	26.749 9	0.037 4	214.582 8	0.004 7	0.124 7	8.021 8
30	29.959 9	0.033 4	241.332 7	0.004 1	0.124 1	8.055 2

15%

年限 n/年	一次支付终值系数 ($F/P,i,n$)	一次支付现值系数 ($P/F,i,n$)	等额系列终值系数 ($F/A,i,n$)	等额系列偿债基金系数 ($A/F,i,n$)	等额系列资金回收系数 ($A/P,i,n$)	等额系列现值系数 ($P/A,i,n$)
1	1.150 0	0.869 6	1.000 0	1.000 0	1.150 0	0.869 6
2	1.322 5	0.756 1	2.150 0	0.465 1	0.615 1	1.625 7
3	1.520 9	0.657 5	3.472 5	0.288 0	0.438 0	2.283 2
4	1.749 0	0.571 8	4.993 4	0.200 3	0.350 3	2.855 0
5	2.011 4	0.497 2	6.742 4	0.148 3	0.298 3	3.352 2
6	2.313 1	0.432 3	8.753 7	0.114 2	0.264 2	3.784 5
7	2.660 0	0.375 9	11.066 8	0.090 4	0.240 4	4.160 4
8	3.059 0	0.326 9	13.726 8	0.072 9	0.222 9	4.487 3
9	3.517 9	0.284 3	16.785 8	0.059 6	0.209 6	4.771 6
10	4.045 6	0.247 2	20.303 7	0.049 3	0.199 3	5.018 8
11	4.652 4	0.214 9	24.349 3	0.041 1	0.191 1	5.233 7
12	5.350 3	0.186 9	29.001 7	0.034 5	0.184 5	5.420 6
13	6.152 8	0.162 5	34.351 9	0.029 1	0.179 1	5.583 1
14	7.075 7	0.141 3	40.504 7	0.024 7	0.174 7	5.724 5
15	8.137 1	0.122 9	47.580 4	0.021 0	0.171 0	5.847 4
16	9.357 6	0.106 9	55.717 5	0.017 9	0.167 9	5.954 2
17	10.761 3	0.092 9	65.075 1	0.015 4	0.165 4	6.047 2
18	12.375 5	0.080 8	75.836 4	0.013 2	0.163 2	6.128 0
19	14.231 8	0.070 3	88.211 8	0.011 3	0.161 3	6.198 2
20	16.366 5	0.061 1	102.443 6	0.009 8	0.159 8	6.259 3
21	18.821 5	0.053 1	118.810 1	0.008 4	0.158 4	6.312 5
22	21.644 7	0.046 2	137.631 6	0.007 3	0.157 3	6.358 7
23	24.891 5	0.040 2	159.276 4	0.006 3	0.156 3	6.398 8
24	28.625 2	0.034 9	184.167 8	0.005 4	0.155 4	6.433 8
25	32.919 0	0.030 4	212.793 0	0.004 7	0.154 7	6.464 1
26	37.856 8	0.026 4	245.712 0	0.004 1	0.154 1	6.490 6
27	43.535 3	0.023 0	283.568 8	0.003 5	0.153 5	6.513 5
28	50.065 6	0.020 0	327.104 1	0.003 1	0.153 1	6.533 5
29	57.575 5	0.017 4	377.169 7	0.002 7	0.152 7	6.550 9
30	66.211 8	0.015 1	434.745 1	0.002 3	0.152 3	6.566 0

18%

年限 n/年	一次支付 终值系数 ($F/P,i,n$)	一次支付 现值系数 ($P/F,i,n$)	等额系列 终值系数 ($F/A,i,n$)	等额系列 偿债基金系数 ($A/F,i,n$)	等额系列 资金回收系数 ($A/P,i,n$)	等额系列 现值系数 ($P/A,i,n$)
1	1.180 0	0.847 5	1.000 0	1.000 0	1.180 0	0.847 5
2	1.392 4	0.718 2	2.180 0	0.458 7	0.638 7	1.565 6
3	1.643 0	0.608 6	3.572 4	0.279 9	0.459 9	2.174 3
4	1.938 8	0.515 8	5.215 4	0.191 7	0.371 7	2.690 1
5	2.287 8	0.437 1	7.154 2	0.139 8	0.319 8	3.127 2
6	2.699 6	0.370 4	9.442 0	0.105 9	0.285 9	3.497 6
7	3.185 5	0.313 9	12.141 5	0.082 4	0.262 4	3.811 5
8	3.758 9	0.266 0	15.327 0	0.065 2	0.245 2	4.077 6
9	4.435 5	0.225 5	19.085 9	0.052 4	0.232 4	4.303 0
10	5.233 8	0.191 1	23.521 3	0.042 5	0.222 5	4.494 1
11	6.175 9	0.161 9	28.755 1	0.034 8	0.214 8	4.656 0
12	7.287 6	0.137 2	34.931 1	0.028 6	0.208 6	4.793 2
13	8.599 4	0.116 3	42.218 7	0.023 7	0.203 7	4.909 5
14	10.147 2	0.098 5	50.818 0	0.019 7	0.199 7	5.008 1
15	11.973 7	0.083 5	60.965 3	0.016 4	0.196 4	5.091 6
16	14.129 0	0.070 8	72.939 0	0.013 7	0.193 7	5.162 4
17	16.672 2	0.060 0	87.068 0	0.011 5	0.191 5	5.222 3
18	19.673 3	0.050 8	103.740 3	0.009 6	0.189 6	5.273 2
19	23.214 4	0.043 1	123.413 5	0.008 1	0.188 1	5.316 2
20	27.393 0	0.036 5	146.628 0	0.006 8	0.186 8	5.352 7
21	32.323 8	0.030 9	174.021 0	0.005 7	0.185 7	5.383 7
22	38.142 1	0.026 2	206.344 8	0.004 8	0.184 8	5.409 9
23	45.007 6	0.022 2	244.486 8	0.004 1	0.184 1	5.432 1
24	53.109 0	0.018 8	289.494 5	0.003 5	0.183 5	5.450 9
25	62.668 6	0.016 0	342.603 5	0.002 9	0.182 9	5.466 9
26	73.949 0	0.013 5	405.272 1	0.002 5	0.182 5	5.480 4
27	87.259 8	0.011 5	479.221 1	0.002 1	0.182 1	5.491 9
28	102.966 6	0.009 7	566.480 9	0.001 8	0.181 8	5.501 6
29	121.500 5	0.008 2	669.447 5	0.001 5	0.181 5	5.509 8
30	143.370 6	0.007 0	790.948 0	0.001 3	0.181 3	5.516 8

20%

年限 n/年	一次支付终值系数 ($F/P,i,n$)	一次支付现值系数 ($P/F,i,n$)	等额系列终值系数 ($F/A,i,n$)	等额系列偿债基金系数 ($A/F,i,n$)	等额系列资金回收系数 ($A/P,i,n$)	等额系列现值系数 ($P/A,i,n$)
1	1.200 0	0.833 3	1.000 0	1.000 0	1.200 0	0.833 3
2	1.440 0	0.694 4	2.200 0	0.454 5	0.654 5	1.527 8
3	1.728 0	0.578 7	3.640 0	0.274 7	0.474 7	2.106 5
4	2.073 6	0.482 3	5.368 0	0.186 3	0.386 3	2.588 7
5	2.488 3	0.401 9	7.441 6	0.134 4	0.334 4	2.990 6
6	2.986 0	0.334 9	9.929 9	0.100 7	0.300 7	3.325 5
7	3.583 2	0.279 1	12.915 9	0.077 4	0.277 4	3.604 6
8	4.299 8	0.232 6	16.499 1	0.060 6	0.260 6	3.837 2
9	5.159 8	0.193 8	20.798 9	0.048 1	0.248 1	4.031 0
10	6.191 7	0.161 5	25.958 7	0.038 5	0.238 5	4.192 5
11	7.430 1	0.134 6	32.150 4	0.031 1	0.231 1	4.327 1
12	8.916 1	0.112 2	39.580 5	0.025 3	0.225 3	4.439 2
13	10.699 3	0.093 5	48.496 6	0.020 6	0.220 6	4.532 7
14	12.839 2	0.077 9	59.195 9	0.016 9	0.216 9	4.610 6
15	15.407 0	0.064 9	72.035 1	0.013 9	0.213 9	4.675 5
16	18.488 4	0.054 1	87.442 1	0.011 4	0.211 4	4.729 6
17	22.186 1	0.045 1	105.930 6	0.009 4	0.209 4	4.774 6
18	26.623 3	0.037 6	128.116 7	0.007 8	0.207 8	4.812 2
19	31.948 0	0.031 3	154.740 0	0.006 5	0.206 5	4.843 5
20	38.337 6	0.026 1	186.688 0	0.005 4	0.205 4	4.869 6
21	46.005 1	0.021 7	225.025 6	0.004 4	0.204 4	4.891 3
22	55.206 1	0.018 1	271.030 7	0.003 7	0.203 7	4.909 4
23	66.247 4	0.015 1	326.236 9	0.003 1	0.203 1	4.924 5
24	79.496 8	0.012 6	392.484 2	0.002 5	0.202 5	4.937 1
25	95.396 2	0.010 5	471.981 1	0.002 1	0.202 1	4.947 6
26	114.475 5	0.008 7	567.377 3	0.001 8	0.201 8	4.956 3
27	137.370 6	0.007 3	681.852 8	0.001 5	0.201 5	4.963 6
28	164.844 7	0.006 1	819.223 3	0.001 2	0.201 2	4.969 7
29	197.813 6	0.005 1	984.068 0	0.001 0	0.201 0	4.974 7
30	237.376 3	0.004 2	#######	0.000 8	0.200 8	4.978 9

25%

年限 n/年	一次支付 终值系数 ($F/P,i,n$)	一次支付 现值系数 ($P/F,i,n$)	等额系列 终值系数 ($F/A,i,n$)	等额系列 偿债基金系数 ($A/F,i,n$)	等额系列 资金回收系数 ($A/P,i,n$)	等额系列 现值系数 ($P/A,i,n$)
1	1.250 0	0.800 0	1.000 0	1.000 0	1.250 0	0.800 0
2	1.562 5	0.640 0	2.250 0	0.444 4	0.694 4	1.440 0
3	1.953 1	0.512 0	3.812 5	0.262 3	0.512 3	1.952 0
4	2.441 4	0.409 6	5.765 6	0.173 4	0.423 4	2.361 6
5	3.051 8	0.327 7	8.207 0	0.121 8	0.371 8	2.689 3
6	3.814 7	0.262 1	11.258 8	0.088 8	0.338 8	2.951 4
7	4.768 4	0.209 7	15.073 5	0.066 3	0.316 3	3.161 1
8	5.960 5	0.167 8	19.841 9	0.050 4	0.300 4	3.328 9
9	7.450 6	0.134 2	25.802 3	0.038 8	0.288 8	3.463 1
10	9.313 2	0.107 4	33.252 9	0.030 1	0.280 1	3.570 5
11	11.641 5	0.085 9	42.566 1	0.023 5	0.273 5	3.656 4
12	14.551 9	0.068 7	54.207 7	0.018 4	0.268 4	3.725 1
13	18.189 9	0.055 0	68.759 6	0.014 5	0.264 5	3.780 1
14	22.737 4	0.044 0	86.949 5	0.011 5	0.261 5	3.824 1
15	28.421 7	0.035 2	109.686 8	0.009 1	0.259 1	3.859 3
16	35.527 1	0.028 1	138.108 5	0.007 2	0.257 2	3.887 4
17	44.408 9	0.022 5	173.635 7	0.005 8	0.255 8	3.909 9
18	55.511 2	0.018 0	218.044 6	0.004 6	0.254 6	3.927 9
19	69.388 9	0.014 4	273.555 8	0.003 7	0.253 7	3.942 4
20	86.736 2	0.011 5	342.944 7	0.002 9	0.252 9	3.953 9
21	108.420 2	0.009 2	429.680 9	0.002 3	0.252 3	3.963 1
22	135.525 3	0.007 4	538.101 1	0.001 9	0.251 9	3.970 5
23	169.406 6	0.005 9	673.626 4	0.001 5	0.251 5	3.976 4
24	211.758 2	0.004 7	843.032 9	0.001 2	0.251 2	3.981 1
25	264.697 8	0.003 8	1 054.791 2	0.000 9	0.250 9	3.984 9
26	330.872 2	0.003 0	1 319.489 0	0.000 8	0.250 8	3.987 9
27	413.590 3	0.002 4	1 650.361 2	0.000 6	0.250 6	3.990 3
28	516.987 9	0.001 9	2 063.951 5	0.000 5	0.250 5	3.992 3
29	646.234 9	0.001 5	2 580.939 4	0.000 4	0.250 4	3.993 8
30	807.793 6	0.001 2	3 227.174 3	0.000 3	0.250 3	3.995 0

30%

年限 n/年	一次支付终值系数 $(F/P,i,n)$	一次支付现值系数 $(P/F,i,n)$	等额系列终值系数 $(F/A,i,n)$	等额系列偿债基金系数 $(A/F,i,n)$	等额系列资金回收系数 $(A/P,i,n)$	等额系列现值系数 $(P/A,i,n)$
1	1.300 0	0.769 2	1.000 0	1.000 0	1.300 0	0.769 2
2	1.690 0	0.591 7	2.300 0	0.434 8	0.734 8	1.360 9
3	2.197 0	0.455 2	3.990 0	0.250 6	0.550 6	1.816 1
4	2.856 1	0.350 1	6.187 0	0.161 6	0.461 6	2.166 2
5	3.712 9	0.269 3	9.043 1	0.110 6	0.410 6	2.435 6
6	4.826 8	0.207 2	12.756 0	0.078 4	0.378 4	2.642 7
7	6.274 9	0.159 4	17.582 8	0.056 9	0.356 9	2.802 1
8	8.157 3	0.122 6	23.857 7	0.041 9	0.341 9	2.924 7
9	10.604 5	0.094 3	32.015 0	0.031 2	0.331 2	3.019 0
10	13.785 8	0.072 5	42.619 5	0.023 5	0.323 5	3.091 5
11	17.921 6	0.055 8	56.405 3	0.017 7	0.317 7	3.147 3
12	23.298 1	0.042 9	74.327 0	0.013 5	0.313 5	3.190 3
13	30.287 5	0.033 0	97.625 0	0.010 2	0.310 2	3.223 3
14	39.373 8	0.025 4	127.912 5	0.007 8	0.307 8	3.248 7
15	51.185 9	0.019 5	167.286 3	0.006 0	0.306 0	3.268 2
16	66.541 7	0.015 0	218.472 2	0.004 6	0.304 6	3.283 2
17	86.504 2	0.011 6	285.013 9	0.003 5	0.303 5	3.294 8
18	112.455 4	0.008 9	371.518 0	0.002 7	0.302 7	3.303 7
19	146.192 0	0.006 8	483.973 4	0.002 1	0.302 1	3.310 5
20	190.049 6	0.005 3	630.165 5	0.001 6	0.301 6	3.315 8
21	247.064 5	0.004 0	820.215 1	0.001 2	0.301 2	3.319 8
22	321.183 9	0.003 1	1 067.279 6	0.000 9	0.300 9	3.323 0
23	417.539 1	0.002 4	1 388.463 5	0.000 7	0.300 7	3.325 4
24	542.800 8	0.001 8	1 806.002 6	0.000 6	0.300 6	3.327 2
25	705.641 0	0.001 4	2 348.803 3	0.000 4	0.300 4	3.328 6
26	917.333 3	0.001 1	3 054.444 3	0.000 3	0.300 3	3.329 7
27	1 192.533 3	0.000 8	3 971.777 6	0.000 3	0.300 3	3.330 5
28	1 550.293 3	0.000 6	5 164.310 9	0.000 2	0.300 2	3.331 2
29	2 015.381 3	0.000 5	6 714.604 2	0.000 1	0.300 1	3.331 7
30	2 619.995 6	0.000 4	8 729.985 5	0.000 1	0.300 1	3.332 1

40%

年限 n/年	一次支付 终值系数 ($F/P,i,n$)	一次支付 现值系数 ($P/F,i,n$)	等额系列 终值系数 ($F/A,i,n$)	等额系列 偿债基金系数 ($A/F,i,n$)	等额系列 资金回收系数 ($A/P,i,n$)	等额系列 现值系数 ($P/A,i,n$)
1	1.400 0	0.714 3	1.000 0	1.000 0	1.400 0	0.714 3
2	1.960 0	0.510 2	2.400 0	0.416 7	0.816 7	1.224 5
3	2.744 0	0.364 4	4.360 0	0.229 4	0.629 4	1.588 9
4	3.841 6	0.260 3	7.104 0	0.140 8	0.540 8	1.849 2
5	5.378 2	0.185 9	10.945 6	0.091 4	0.491 4	2.035 2
6	7.529 5	0.132 8	16.323 8	0.061 3	0.461 3	2.168 0
7	10.541 4	0.094 9	23.853 4	0.041 9	0.441 9	2.262 8
8	14.757 9	0.067 8	34.394 7	0.029 1	0.429 1	2.330 6
9	20.661 0	0.048 4	49.152 6	0.020 3	0.420 3	2.379 0
10	28.925 5	0.034 6	69.813 7	0.014 3	0.414 3	2.413 6
11	40.495 7	0.024 7	98.739 1	0.010 1	0.410 1	2.438 3
12	56.693 9	0.017 6	139.234 8	0.007 2	0.407 2	2.455 9
13	79.371 5	0.012 6	195.928 7	0.005 1	0.405 1	2.468 5
14	111.120 1	0.009 0	275.300 2	0.003 6	0.403 6	2.477 5
15	155.568 1	0.006 4	386.420 2	0.002 6	0.402 6	2.483 9
16	217.795 3	0.004 6	541.988 3	0.001 8	0.401 8	2.488 5
17	304.913 5	0.003 3	759.783 7	0.001 3	0.401 3	2.491 8
18	426.878 9	0.002 3	1 064.697 1	0.000 9	0.400 9	2.494 1
19	597.630 4	0.001 7	1 491.576 0	0.000 7	0.400 7	2.495 8
20	836.682 6	0.001 2	2 089.206 4	0.000 5	0.400 5	2.497 0
21	1 171.355 6	0.000 9	2 925.888 9	0.000 3	0.400 3	2.497 9
22	1 639.897 8	0.000 6	4 097.244 5	0.000 2	0.400 2	2.498 5
23	2 295.856 9	0.000 4	5 737.142 3	0.000 2	0.400 2	2.498 9
24	3 214.199 7	0.000 3	8 032.999 3	0.000 1	0.400 1	2.499 2
25	4 499.879 6	0.000 2	1 1247.199 0	0.000 1	0.400 1	2.499 4
26	6 299.831 4	0.000 2	15 747.078 5	0.000 1	0.400 1	2.499 6
27	8 819.764 0	0.000 1	22 046.909 9	0.000 0	0.400 0	2.499 7
28	12 347.669 6	0.000 1	30 866.673 9	0.000 0	0.400 0	2.499 8
29	17 286.737 4	0.000 1	43 214.343 5	0.000 0	0.400 0	2.499 9
30	24 201.432 4	0.000 0	60 501.080 9	0.000 0	0.400 0	2.499 9